Simone Huck

Public Relations ohne Grenzen?

Organisationskommunikation. Studien zu Public Relations/
Öffentlichkeitsarbeit und Kommunikationsmanagement

Herausgegeben von
Günter Bentele

Die Reihe „Organisationskommunikation. Studien zu Public Relations/Öffentlichkeitsarbeit und Kommunikationsmanagement" zielt darauf, wesentliche Beiträge zur Forschung über Prozesse und Strukturen der Kommunikation von und in Organisationen in ihrem gesellschaftlichen Kontext zu leisten. Damit kommen vor allem Arbeiten zum Tätigkeits- und Berufsfeld Public Relations/Öffentlichkeitsarbeit und Kommunikationsmanagement von Organisationen (Unternehmen, politische Organisationen, Verbände, Vereine, Non-Profit-Organisationen, etc.), aber auch zur Werbung oder Propaganda in Betracht. Nicht nur kommunikationswissenschaftliche Arbeiten, sondern auch Beiträge aus angrenzenden Sozialwissenschaften (Soziologie, Politikwissenschaft, Psychologie), der Wirtschaftswissenschaften oder anderen relevanten Disziplinen zu diesem Themenbereich sind erwünscht. Durch Praxisbezüge der Arbeiten sollen Anstöße für den Professionalisierungsprozess der Kommunikationsbranche gegeben werden.

Simone Huck

Public Relations ohne Grenzen?

Eine explorative Analyse der Beziehung zwischen Kultur und Öffentlichkeitsarbeit von Unternehmen

VS Verlag für Sozialwissenschaften
Entstanden mit Beginn des Jahres 2004 aus den beiden Häusern
Leske+Budrich und Westdeutscher Verlag.
Die breite Basis für sozialwissenschaftliches Publizieren

Bibliografische Information Der Deutschen Bibliothek
Die Deutsche Bibliothek verzeichnet diese Publikation in der Deutschen Nationalbibliografie;
detaillierte bibliografische Daten sind im Internet über <http://dnb.ddb.de> abrufbar.

D 100

1. Auflage April 2004

Alle Rechte vorbehalten
© VS Verlag für Sozialwissenschaften/GWV Fachverlage GmbH, Wiesbaden 2004

Lektorat: Barbara Emig-Roller / Sigrid Scheel

Der VS Verlag für Sozialwissenschaften ist ein Unternehmen von Springer Science+Business Media.
www.vs-verlag.de

Das Werk einschließlich aller seiner Teile ist urheberrechtlich geschützt. Jede Verwertung außerhalb der engen Grenzen des Urheberrechtsgesetzes ist ohne Zustimmung des Verlags unzulässig und strafbar. Das gilt insbesondere für Vervielfältigungen, Übersetzungen, Mikroverfilmungen und die Einspeicherung und Verarbeitung in elektronischen Systemen.

Die Wiedergabe von Gebrauchsnamen, Handelsnamen, Warenbezeichnungen usw. in diesem Werk berechtigt auch ohne besondere Kennzeichnung nicht zu der Annahme, dass solche Namen im Sinne der Warenzeichen- und Markenschutz-Gesetzgebung als frei zu betrachten wären und daher von jedermann benutzt werden dürften.

Umschlaggestaltung: KünkelLopka Medienentwicklung, Heidelberg
Druck und buchbinderische Verarbeitung: Rosch-Buch, Scheßlitz
Gedruckt auf säurefreiem und chlorfrei gebleichtem Papier
Printed in Germany

ISBN 3-531-14158-9

Vorwort

Unternehmen agieren zunehmend grenzüberschreitend. Die Internationalisierung technischer, politischer und ökonomischer Prozesse des Kommunikationsmanagements ist inzwischen zur Herausforderung für Wissenschaftler und Praktiker gleichermaßen geworden. Technische Innovationen von der Satellitentechnik bis zum Internet haben regionale und nationale Grenzen mühelos überschritten und suggerieren eine Weltsicht als „globales Dorf". Wird die Vision des kanadischen Kommunikationswissenschaftlers Marshall McLuhan nunmehr Realität?

Die vorliegende Studie untersucht eine höchst spannende und anspruchsvolle Fragestellung, indem sie sich auf einen Ausschnitt des Kommunikationsgeschehens konzentriert, in dem Unternehmen als machtvolle Akteure handeln. Gibt es in den einzelnen Ländern bzw. Regionen Grenzen für die PR-Strategie von Unternehmen oder können Kommunikationsaktivitäten für alle Kulturen weltweit einheitlich, standardisiert und integriert umgesetzt werden? Welche Einflussfaktoren fördern die Standardisierung bzw. die Individualisierung von Public Relations? Welche Antworten liefern die theoretischen Ansätze in der PR zu dieser Fragestellung?

Das Buch analysiert das Verhältnis von Kultur und PR – ein äußerst komplexes Beziehungsgeflecht – in einer Zeit, in der theoretische Ansätze zur PR angesichts der Medien- und Informationsvielfalt die Integration von Kommunikationskonzepten betonen, also die Vereinheitlichung von Inhalten, die Harmonisierung von Kommunikationsprozessen und die Standardisierung von Kommunikationsstrukturen und -abläufen. Stoßen Corporate-Identity-Strategien in der PR an kulturelle Grenzen? Wie entwickelt sich das Spannungsverhältnis von Standardisierung versus Individualisierung, von Einheitlichkeit versus Vielfalt in der Unternehmenskommunikation?

Die Beziehungen zwischen Public Relations-Konzepten von Unternehmen und den kulturellen Bedingungen in den unterschiedlichen Ländern stehen im Zentrum der wissenschaftlichen Analyse, die eindrucksvoll ein bislang von der Kommunikationswissenschaft kaum beachtetes, komplexes Forschungsfeld strukturiert. Die PR-Theorie hat nach wie vor die Problematik von Identitäten im Kontext von Globalisierung und Medien- bzw. Kommunikationskulturen kaum thematisiert. Die Kommunikationswissenschaft nähert sich auch nur zögernd diesem Forschungsfeld, wohingegen die übrigen Sozial- und auch die Kulturwissenschaften unterschiedliche Diskussionsfelder in diesem Zusammenhang umreißen (vgl. u. a. Giddens, Goffman).

Konsequenterweise greift Simone Huck in ihrer Dissertation zahlreiche sozial- und wirtschaftswissenschaftliche Theorieansätze auf mit dem Ziel, sie auf systemtheoretischer Grundlage zu einem „Kultur-PR-Modell" zu integrieren. Dieses Modell wird anhand einer breit angelegten Literaturauswertung entwickelt, um dann in einer explorativen, ersten empirischen Analyse zumindest ansatzweise geprüft zu werden. Der Arbeit liegt eine interdisziplinär ausgerichtete theoretische Strukturierung zugrunde, die mit großem Aufwand mittels einer international angelegten Online-Befragung von PR-Verantwortlichen der umsatzstärksten Unternehmen in Deutschland, Österreich, Dänemark und Indien überprüft wird.

Für Praxis und Theorie gleichermaßen spannend sind die Befunde und Anregungen, die Simone Huck mit Blick auf das derzeit noch wenig bearbeitete Forschungsfeld, aber auch hinsichtlich der Internationalisierungsstrategien von Unternehmen formuliert. Möglicherweise wird der Einfluss der Unternehmenskultur auf das internationale Kommunikationsmanagement von Unternehmen weit überschätzt. Er wird bislang in theoretischen Ansätzen (z. B. von James Grunig) als dominant angesehen, wohingegen der Einfluss der jeweiligen Nationalkultur bzw. der höchst individuellen Welt des PR-Verantwortlichen eher unterschätzt werden. Vielleicht wird gerade im Zeitalter der Globalisierung und der Grenzaufhebungen der Bedarf an territorial definierten Identitäten steigen und die Makro-Umwelt eines Unternehmens als zentraler Einflussfaktor für das Kommunikationsmanagement eines Unternehmens in den jeweiligen Ländern wieder aufleben.

Die Dissertation von Simone Huck wurde in der Wirtschafts- und Sozialwissenschaftlichen Fakultät der Universität Hohenheim (Stuttgart) zur Erreichung des Titel „Dr. rer. soc." eingereicht. Sie liefert für PR-Forschung und Praxis gleichermaßen spannende Denkanstösse.

Claudia Mast
Stuttgart, im Dezember 2003

Danksagung

Die vorliegende Arbeit entstand im Rahmen meiner Tätigkeit als wissenschaftliche Mitarbeiterin am Fachgebiet für Kommunikationswissenschaft und Journalistik der Universität Hohenheim (Stuttgart). Im Oktober 2003 wurde sie unter dem Titel „Public Relations ohne Grenzen? Eine explorative Analyse der Beziehung zwischen Kultur und Öffentlichkeitsarbeit von Unternehmen" von der Fakultät Wirtschafts- und Sozialwissenschaften der Universität Hohenheim als Dissertation angenommen.

Die Promotion war für mich eine spannende und lehrreiche Zeit, die viel Spaß gemacht hat. Vor allem in der zweijährigen Entstehungszeit dieser Arbeit habe ich sowohl fachlich-inhaltlich als auch methodisch viel gelernt. Am wertvollsten ist mir jedoch die Erfahrung, dass mich so viele Menschen begleitet und unterstützt haben. Ihnen allen möchte ich an dieser Stelle ein großes Dankeschön sagen. Stellvertretend seien diejenigen genannt, die den größten Anteil am Gelingen der Arbeit haben:

Mein besonderer Dank gilt Prof. Dr. Claudia Mast, die meine Arbeit betreut und gefördert hat. Die Fachdiskussionen mit ihr waren mir in allen Phasen des Schreibens wertvolle Anregungen, die die Arbeit deutlich geprägt haben. Ohne ihre vorbehaltlose Unterstützung und die produktive Arbeitsatmosphäre an ihrem Fachgebiet wäre die Arbeit weder in dieser Form noch in dieser Zeit zu schreiben gewesen.

Prof. Dr. Gerhard Maletzke verdanke ich wichtige Hinweise sowohl zu grundsätzlichen Fragen als auch im Themenfeld Kultur. Darüber hinaus hat er mir manch neuen Ein- und Durchblick in der Kommunikationswissenschaft ermöglicht und mein Verständnis des Faches nachhaltig geprägt.

Prof. Dr. Eugen Buß, der den Vorsitz in meinem Prüfungskolloquium führte, danke ich für die zahlreichen Anstöße für eine weitergehende Beschäftigung mit dem Thema interkulturelle PR. Er hat mir u. a. vor Augen geführt wie fruchtbar ein Perspektivenwechsel sein kann.

Fakultätsassistent Thomas Gutmann von der Fakultät Wirtschafts- und Sozialwissenschaften der Universität Hohenheim gilt mein Dank für die Betreuung und Beratung in formalen und verfahrensbezogenen Fragen.

Einen wesentlichen Beitrag zum Gelingen der Arbeit leisteten auch die PR-Verantwortlichen, die an der schriftlichen Befragung teilnahmen. Ihnen allen danke ich dafür, dass sie sich die Zeit genommen und mir einen kleinen Einblick in ihren PR-Alltag erlaubt haben.

Ein ganz besonderer Dank gebührt meinen Kollegen am Fachgebiet für Kommunikationswissenschaft und Journalistik der Universität Hohenheim für ihre Unterstützung. Sie haben mit großer Ausdauer methodische, inhaltliche und formale Fragen mit mir diskutiert und mich in Augenblicken des Zweifelns wieder motiviert. Insbesondere Klaus Spachmann, Karoline Güller und Monika Stöckl danke ich für die konstruktiven Anregungen und für die Begeisterung, die sie für meine Fragestellung entwickelt haben. Rainer Bluthard bin ich für die technische Unterstützung dankbar. Ohne ihn würde ich vermutlich noch heute am Online-Fragebogen basteln.

Der größte Dank jedoch gilt meiner Familie: Meinen Eltern und Geschwistern, die unerschütterlich an mich glauben. Und meinem Freund für seine Geduld.

Simone Huck
Stuttgart, im Dezember 2003

Inhalt

Abbildungsverzeichnis.. 12
Tabellenverzeichnis.. 14

1 Einleitung 17
1.1 Problemstellung 17
1.2 Zielsetzung und Gang der Arbeit... 19
1.3 Grundlagen der Arbeit 21
    1.3.1 Prämissen und daraus resultierende Einschränkungen 21
    1.3.2 Kultur und PR als neues Forschungsfeld 24
    1.3.3 Systemtheorie als Analyserahmen und Strukturierungshilfe 25
1.4 Kultur und Public Relations – Entstehung eines Forschungsfeldes 27

I THEORETISCHE FUNDIERUNG 29

2 Public Relations als Kommunikationsfunktion des Unternehmens 29
2.1 Grundzüge der Public Relations 29
    2.1.1 Einordnung und Abgrenzung der PR 31
    2.1.2 PR als offenes, soziales System 34
    2.1.3 Erklärungsansätze zur Funktion von PR 36
2.2 Public Relations als strategischer Erfolgsfaktor des Unternehmens 47
    2.2.1 PR als Interaktion 48
    2.2.2 PR als Managementfunktion 55
    2.2.3 PR als Prozess 61
    2.2.4 Bedingungsfaktoren exzellenter PR 70
2.3 Gesellschaftliche Rahmenfaktoren der Public Relations............................... 75
    2.3.1 Politisch-ökonomisches System 76
    2.3.2 Mediensystem und Öffentlichkeit 78
    2.3.3 Sozio-kulturelle Faktoren 81

3 Kulturdimensionen und ihre Bedeutung für die Public Relations 84
3.1 Elemente des Kultursystems.. 84
    3.1.1 Ansätze zur Definition von Kultur 85
    3.1.2 Werte, Normen und Symbole als Kulturelemente 87
    3.1.3 Kultur als offenes, soziales System... 88
3.2 Kulturebenen.. 90
    3.2.1 Nationalkultur... 91
    3.2.2 Unternehmenskultur 91
    3.2.3 Individualkultur 94
    3.2.4 Verbindung und Zusammenhang der unterschiedlichen Kulturebenen ... 94

3.3 Kulturdimensionen und -distanzen 95
    3.3.1 Ansätze zur Klassifikation und Abgrenzung von Kulturen 97
    3.3.2 Kulturdimensionen als Basis für Wahrnehmung und Kommunikation .. 110
3.4 Bezugspunkte von Kultur und Public Relations 112
    3.4.1 Kulturbedingte Besonderheiten von Kommunikation 112
    3.4.2 Kulturebenen als Grundlage für PR-Ausprägungen 117
    3.4.3 Weltsicht der PR-Fachleute als Verbindung zur Kultur 118

4 Public Relations und ihr Zusammenhang mit Kultur **120**

4.1 Specific Applications als Ausdruck einer kulturspezifischen PR-Praxis 120
    4.1.1 Konzept kulturspezifischer PR-Ausprägungen 121
    4.1.2 Forschungsergebnisse 123
4.2 Empirische Erkenntnisse zum Verhältnis von Kultur und Public Relations .. 126
    4.2.1 Nationalkultur, PR-Modelle und -Rollen 127
    4.2.2 Bedeutung von Machtdistanz und Unsicherheitsvermeidung
         für die PR-Praxis 130
    4.2.3 Kritische Würdigung der Studien 132
4.3 Entwicklung eines Kultur-PR-Modells 134
    4.3.1 Zusammensetzung des Modells 134
    4.3.2 Formulierung von Hypothesen 137
    4.3.3 Zusammenfassung der Hypothesen 158

II EMPIRISCHE ÜBERPRÜFUNG **161**

5 Kulturvergleichende Forschung in der Public Relations **161**

5.1 Merkmale kulturvergleichender Forschung 161
    5.1.1 Grundzüge des Kulturvergleichs 162
    5.1.2 Kulturvergleichende Forschung im Rahmen der PR 163
    5.1.3 Forschungsansätze im Rahmen des Kulturvergleichs 164
5.2 Methodische Anforderungen an kulturvergleichende Primärforschung 166
    5.2.1 Äquivalenz auf allen Stufen einer kulturvergleichenden
         Untersuchung 166
    5.2.2 Kritische Würdigung der Methode 169
5.3 Umsetzung der Anforderungen im empirischen Teil 171
    5.3.1 Grundzüge der Vorgehensweise im empirischen Teil 171
    5.3.2 Dreistufige Auswahl der Stichprobe 172
    5.3.3 Entwicklung und Übersetzung des Fragebogens 177
    5.3.4 Anlage und Verlauf der Online-Studie 177
5.4 Aussagekraft und Reichweite der Ergebnisse 181
    5.4.1 Rücklauf der Fragebögen 181
    5.4.2 Vergleichbarkeit und Verallgemeinerbarkeit der Ergebnisse 183

6 Datenauswertung und Interpretation der Ergebnisse **185**

6.1 Ergebnisse im Kulturvergleich: Verhältnis von Nationalkultur und
   Public Relations 186
   6.1.1 Allgemeine Rahmenfaktoren der PR 188
   6.1.2 Gemeinsamkeiten und Unterschiede der PR-Praxis: Prüfung der
         Hypothesen 193
   6.1.3 Ergebnisse der Hypothesenprüfung im Überblick 225
6.2 Intrakulturelle Auswertung: Verhältnis von Unternehmens- und
   Individualkultur zu Public Relations 229
   6.2.1 Zusammenhang von Unternehmenskultur und PR 230
   6.2.2 Individualkultur als Indikator der Nationalkultur 233
   6.2.3 Vernetzung der PR-Dimensionen 238
6.3 Anpassung des Kultur-PR-Modells 243
   6.3.1 Bedeutung der Unternehmenskultur für PR 244
   6.3.2 Bedeutung von Individual- und Nationalkultur für PR 245
   6.3.3 Überarbeitung des Modells 246

**III BEDEUTUNG DER ERGEBNISSE FÜR FORSCHUNG
UND PRAXIS** **249**

7 Kultur als Basis und Rahmen der Public Relations **249**

7.1 Kultur als Rahmenfaktor der Public Relations 249
7.2 Bedeutung der Ergebnisse für die Forschung 254
7.3 Bedeutung der Ergebnisse für die Praxis 258

Anhang **269**

Literaturverzeichnis 269
Tabellen und Abbildungen 294
Fragebogen 312

Abbildungsverzeichnis

Abb. 1: Internationalisierung von PR vor dem Hintergrund kultureller Unterschiede.. 18
Abb. 2: Gang der Arbeit.. 22
Abb. 3: Entwicklung eines interdisziplinären Theoriegerüsts............................. 24
Abb. 4: Charakteristika offener sozialer Systeme.. 26
Abb. 5: Graphische Veranschaulichung der Zuordnung der PR-Elemente.......... 30
Abb. 6: Offenes Systemmodell der PR.. 35
Abb. 7: PR als Subsystem des Unternehmens im Rahmen der Umfeldsysteme... 36
Abb. 8: Einordnung der Erklärungsansätze zur Funktion von PR auf Mikro-, Meso- und Makroebene... 38
Abb. 9: Evolution der PR in fünf Entwicklungsschritten................................... 50
Abb. 10: Handwerklich-technische und professionelle PR................................ 52
Abb. 11: Das Mixed-Motive Model der PR.. 54
Abb. 12: PR als Management-Subsystem des Unternehmens............................ 56
Abb. 13: Der PR-Prozess als Kreislauf... 62
Abb. 14: Ansätze zur Identifikation und Klassifikation möglicher PR-Adressaten... 65
Abb. 15: Gesellschaftliche Rahmenfaktoren der PR... 76
Abb. 16: Kultur als kollektive Ebene mentaler Programmierung......................... 85
Abb. 17: Werte, Normen und Symbole als Kulturelemente................................ 87
Abb. 18: Kulturen als Systeme... 89
Abb. 19: Subkulturen im Rahmen einer Kultur.. 90
Abb. 20: Unternehmenskulturebenen und ihre Verbindungen............................ 92
Abb. 21: Kulturtypen in Anlehnung an Bleicher... 93
Abb. 22: Zusammenhang von National-, Unternehmens- und Individualkultur..... 95
Abb. 23: Systematisierung der Abgrenzungskriterien von Kulturen................... 100
Abb. 24: Wechselseitige Beziehung zwischen Kulturelementen und Verhalten... 111
Abb. 25: Kontextdimension, Informationsverarbeitung und Individualismusdimension.. 116
Abb. 26: PR-Elemente und ihre Wechselwirkung.. 135
Abb. 27: Kultur-PR-Modell... 136
Abb. 28: Ebenen interkultureller Marktforschung... 162
Abb. 29: Äquivalenzbereiche kulturvergleichender Forschung......................... 167
Abb. 30: Motivatoren zur Teilnahme an Online-Umfragen............................... 179
Abb. 31: Verlauf der Datenauswertung im Kulturvergleich............................. 187
Abb. 32: Geschlecht der Befragten... 188
Abb. 33: Letzte Tätigkeit der Befragten vor ihrer aktuellen Stelle..................... 190
Abb. 34: Derzeitiges Ansehen der PR.. 191
Abb. 35: Prognostizierte Entwicklung der PR in den nächsten 10 Jahren........... 191
Abb. 36: Reihung der vier Länder auf den Kulturdimensionen nach Hofstede..... 194
Abb. 37: PR als Kommunikationsmanagement... 195
Abb. 38: PR als Bemühen um Vertrauen.. 196
Abb. 39: PR als gesamtgesellschaftlicher Interessenausgleich......................... 197

Abb. 40:	PR als Funktion des Marketing	198
Abb. 41:	Einstellung zur Wahrheit – Unternehmensaspekte kommunizieren	202
Abb. 42:	Einstellung zur Wahrheit – feindliche Übernahme	203
Abb. 43:	Einstellung zur Wahrheit – drohende Regierungsintervention vermeiden	204
Abb. 44:	Kommunikationspartner, mit denen sehr häufig kommuniziert wird	208
Abb. 45:	Am häufigsten verwendete Kommunikationskanäle	209
Abb. 46:	Organisation der PR-Abteilung	210
Abb. 47:	Prozentuale Verteilung der PR-Modelle auf die Länder	216
Abb. 48:	Ziele der PR im Ländervergleich	218
Abb. 49:	Prozentualer Anteil des Evaluationsbudgets am PR-Gesamtbudget	224
Abb. 50:	Das Kultur-PR-Modell nach seiner empirischen Überprüfung	246
Abb. 51:	Die vier Kulturdimensionen nach Hofstede und ihr Zusammenhang mit PR	262
Abb. 52:	Zuteilung der Internationalisierungsstrategien zu Standardisierung und Differenzierung	265
Abb. 53:	Zahl der Mitarbeiter international	298
Abb. 54:	Zahl der Mitarbeiter im Land	298
Abb. 55:	Soziale Verantwortung von Unternehmen	299
Abb. 56:	PR als Managementfunktion	299
Abb. 57:	PR zur Lenkung der öffentlichen Meinung	300
Abb. 58:	Boundary Spanning als Aufgabe der PR	300
Abb. 59:	Reaktive PR	301
Abb. 60:	Vorgaben der internationalen Zentrale in den einzelnen Bereichen	310
Abb. 61:	Organisation internationaler PR	310
Abb. 62:	Vorgaben der internationalen Zentrale für nationale PR-Arbeit	311

Tabellenverzeichnis

Tab. 1:	Erklärungsbeitrag der PR-Ansätze zur Fragestellung der Arbeit	46
Tab. 2:	Charakteristika und grundlegende Elemente der PR in der Kapitelzuordnung	47
Tab. 3:	Die vier PR-Modelle im Überblick	48
Tab. 4:	Einflussmöglichkeiten der PR im Rahmen ihrer organisatorischen Einordnung	61
Tab. 5:	PR-Aufgabenfelder und ihre Adressatengruppen	67
Tab. 6:	Neun Kernfaktoren exzellenter PR	71
Tab. 7:	Zusammenhang von Nationalkultur und PR – erste Studien im Überblick	133
Tab. 8:	Bedeutung der Machtdistanz für das Unternehmen	138
Tab. 9:	Hypothesen zur Dimension der Machtdistanz im Überblick	145
Tab. 10:	Bedeutung von Individualismus und Kollektivismus für das Unternehmen	147
Tab. 11:	Hypothesen zur Individualismus-Kollektivismus-Dimension im Überblick	151
Tab. 12:	Bedeutung von Maskulinität und Femininität für das Unternehmen	153
Tab. 13:	Hypothesen zur Maskulinität-Femininität-Dimension im Überblick	155
Tab. 14:	Bedeutung der Unsicherheitsvermeidung für das Unternehmen	156
Tab. 15:	Hypothesen zur Unsicherheitsvermeidungstendenz im Überblick	159
Tab. 16:	Etic- und Emic-Ansatz im Vergleich	165
Tab. 17:	Länderranglisten der vier Kulturdimensionen nach Hofstede	174
Tab. 18:	Rankings und Auswahl der Teilnehmer	176
Tab. 19:	Rücklauf der Fragebögen	182
Tab. 20:	Prozentualer Anteil der PR-Stellen an der Gesamtmitarbeiterzahl	192
Tab. 21:	Operationalisierung der PR-Rollen	205
Tab. 22:	PR-Manager- und PR-Techniker-Index	206
Tab. 23:	Einfluss der befragten PR-Verantwortlichen im internen Entscheidungszentrum	212
Tab. 24:	Operationalisierung der PR-Modelle	214
Tab. 25:	PR-Modelle und ihre Verteilung auf die Länder	215
Tab. 26:	Angestrebte Ergebnisse der PR und ihre Indizes	221
Tab. 27:	Aufgabenfelder der PR	222
Tab. 28:	Zusammenhang von Nationalkultur und PR: Machtdistanz	225
Tab. 29:	Zusammenhang von Nationalkultur und PR: Individualismus – Kollektivismus	227
Tab. 30:	Zusammenhang von Nationalkultur und PR: Maskulinität – Femininität	227
Tab. 31:	Zusammenhang von Nationalkultur und PR: Unsicherheitsvermeidungstendenz	228
Tab. 32:	Items zur Erhebung der Unternehmenskultur	231
Tab. 33:	Zusammenhang von partizipativer bzw. autoritärer Unternehmenskultur und PR	232

Tab. 34:	Items zur Messung der Individualismusdimension	235
Tab. 35:	Items zur Messung der Maskulinitätsdimension	236
Tab. 36:	Wirkung des PR-Verständnisses auf die konkrete Ausgestaltung	240
Tab. 37:	PR-Ziele und ihre Wechselwirkungen mit anderen PR-Elementen	241
Tab. 38:	Beziehung der PR-Elemente zueinander	243
Tab. 39:	Strategien internationaler Unternehmenstätigkeit im Hinblick auf die Kultur	263
Tab. 40:	Machtdistanzindex	294
Tab. 41:	Individualismusindex	294
Tab. 42:	Maskulinitätsindex	295
Tab. 43:	Unsicherheitsvermeidungsindex	296
Tab. 44:	Alter der Befragten	297
Tab. 45:	Branchenzuordnung der Unternehmen	297
Tab. 46:	Ergebnisse einer Faktoranalyse zu den PR-Rollen in Deutschland	301
Tab. 47:	Ergebnisse einer Faktoranalyse zu den PR-Rollen in Österreich	302
Tab. 48:	Ergebnisse einer Faktoranalyse zu den PR-Modellen in Deutschland	304
Tab. 49:	Ergebnisse einer Faktoranalyse zu den PR-Modellen in Österreich	305
Tab. 50:	Erklärungsbeitrag der Unternehmenskultur für die PR	306
Tab. 51:	Erklärungsbeitrag der Individualkultur für die PR	307

1 Einleitung

„The cultural differences among societies must affect the way public relations is practiced by people of different societies." (Sriramesh/White, 1992, S. 597)

1.1 Problemstellung

Die Internationalisierung von Wirtschaft, Politik und Gesellschaft hat die Rahmenbedingungen der Public Relations (PR) revolutioniert. PR ist längst nicht mehr nur auf die Öffentlichkeit eines Landes beschränkt, sondern überschreitet zunehmend nationale, regionale und damit auch kulturelle Grenzen. Mit jedem neuen Land, auf das ein weltweit tätiges Unternehmen seine PR-Arbeit ausweitet, vervielfachen sich die Herausforderungen des Umfeldes. Von Bedeutung sind dabei v.a. die klassischen Einflussfaktoren jeder wirtschaftlichen Tätigkeit: Neben das politisch-ökonomische System, das Mediensystem und das Ausmaß an Aktivismus tritt für die PR als weiterer Umfeldfaktor die jeweilige Nationalkultur. Sie umfasst alle Werte, Normen und Überzeugungen, die den Mitgliedern eines Landes gemeinsam sind. In je mehr Ländern ein Unternehmen kommunikativ tätig ist, desto weiter ist das Spektrum der kulturellen Unterschiede seiner Stakeholder. Und diese Heterogenität der Kulturen ist es, die die größte Herausforderung, vielleicht sogar den größten Hemmschuh für die Globalisierung von PR darstellt.

Je nach Bedeutung, die der Kultur im Rahmen der Unternehmens-PR zukommt, können zwei idealtypische Strategien der internationalen Kommunikation unterschieden werden: In der PR-Praxis grenzüberschreitend tätiger Unternehmen weit verbreitet ist (1) die Strategie der internationalen PR im engeren Sinn, die auch als lokale internationale PR bezeichnet wird. Sie geht davon aus, dass international agierende Unternehmen für jedes Land, in dem sie tätig sind, ein landesspezifisches PR-Programm zu erarbeiten haben. Länderübergreifende Synergien und Gemeinsamkeiten können und sollen in diesem Verständnis nicht oder nur ansatzweise realisiert werden. Die Grenzen und Schwächen der lokalen internationalen PR liegen auf der Hand. Hoher Ressourcenaufwand und Schwierigkeiten bei der Entwicklung eines weltweit konsistenten Images sind nur zwei der augenscheinlichsten Problembereiche. Eine Vermeidung dieser Nachteile verspricht die so genannte (2) globale PR. Sie zielt darauf ab, eine aus Sicht des Unternehmens möglichst standardisierte, globale Kommunikation für alle Länder gemeinsam zu realisieren. PR-Programme sollen hier – basierend auf einer ganzheitlichen, integrierten Perspektive – in zwei oder mehr Ländern implementiert werden. Problematisch ist dabei jedoch die Vernachlässigung kultureller Besonderheiten. Alyse Booth schrieb bereits 1986 (S. 22): „The question is: Is it possible to adopt one strategy and one campaign for one product and reproduce it all over the world?". Während die Praxis seit den achtziger Jahren auf der Suche nach Lösungsansätzen und Erfolgsrezepten für eine tatsächlich globale PR-Arbeit ist, erregt die Frage nach Möglichkeiten der Internationalisierung von PR erst allmählich das Interesse der Forschung. Einigkeit besteht jedoch darin, dass eine Internationalisierungsstrategie als spezifische Ausprägung des Leitmottos "think global, act local" (Morley, 1998, S. 29) auf dem Kontinuum zwischen den beiden Extrempositionen Globalisierung und Lokalisierung liegen muss. Ein Mittelweg hat den Vorteil, dass er sowohl die Vorteile der übergreifenden Perspektive als auch Länder- und Kulturspezifika berücksichtigen kann. Abbildung 1 zeigt die beiden idealtypischen Strategien der Internationalisierung von PR und ihren Zusammenhang mit Kulturspezifika der gesellschaftlichen Ebene.

Abb. 1: Internationalisierung von PR vor dem Hintergrund kultureller Unterschiede

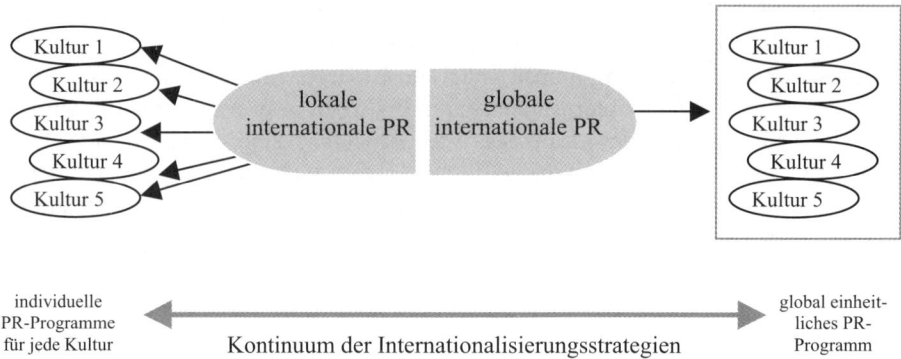

Quelle: eigene Darstellung

Eine stärkere Orientierung der bislang eher international ausgerichteten PR hin auf die globale Komponente ist für viele weltweit tätige Unternehmen wünschenswert, aber aufgrund mangelnder Kenntnis der vielfältigen Einflussfaktoren auf nationalen Ebenen und im internationalen Feld kaum optimal umsetzbar. Diese mangelnde Kenntnis nationaler und internationaler Einflussfaktoren ist einer der Gründe dafür, dass das Interesse der Wissenschaft an Funktionen, Aufgaben und der Praxis von PR im Rahmen verschiedener Länderkontexte innerhalb der letzten Dekade kontinuierlich gewachsen ist. Herausgebildet hat sich das Forschungsfeld der internationalen PR, das die Internationalisierung von PR anhand der nationalen Praxis einzelner Länder untersucht. Allerdings fehlen bis heute Erkenntnisse, die erste Hinweise darauf liefern, wie sich unterschiedliche Rahmenbedingungen der einzelnen Länder auf die PR-Praxis vor Ort auswirken, in welchen Bereichen standardisiert, in welchen differenziert werden kann, oder wie etwa eine „erfolgreiche PR-Arbeit" international tätiger Unternehmen gestaltet werden könnte.

Insbesondere das Verhältnis von Kultur und PR ist bislang ein nahezu weißer Fleck auf der Landkarte der kommunikationswissenschaftlichen Forschung. Dabei ist durchaus denkbar, dass sich Kultur als *der* zentrale Einflussfaktor für PR erweist. Schließlich ist PR aufgrund ihrer Ausrichtung auf Verständnis und Vertrauensbildung wesentlich stärker kulturgebunden als z.B. Marketing oder Werbung. In der Literatur geht man von einem starken Zusammenhang zwischen Kultur und PR aus: Bereits 1989 kamen Grunig und Grunig nach einer Literaturdurchsicht zu dem

Ergebnis, „that culture could be a key determinant of the public relations activity of organizations" (vgl. Sriramesh/White, 1992, S. 600). Culbertson (1996, S. 6) kann (in der Einleitung eines Sammelbandes mit Länderstudien) diese These bestätigen. Mitte der 1990er Jahre sei es erwiesen, „that a nation's (...) culture shape[s] its practice of public relations". Wie allerdings kulturelle Spezifika eines Landes mit der PR-Praxis genau zusammenhängen, ist bislang nicht untersucht.

1.2 Zielsetzung und Gang der Arbeit

Ziel dieser Arbeit ist es, erste Hinweise für den Zusammenhang von Kultur und PR zu gewinnen und daraus Ansatzpunkte für Reichweite und Umsetzungsmöglichkeiten der Internationalisierung von PR abzuleiten. Im Mittelpunkt des Erkenntnisinteresses steht die Untersuchung der möglichen Wechselwirkung zwischen der Kultur und der PR-Praxis in ausgewählten Ländern. Schwerpunkt bildet dabei die Nationalkultur des jeweiligen Landes, d.h. die allen Menschen eines Landes gemeinsamen Werte, Normen und Überzeugungen. Aber auch die Unternehmenskultur und die Individualkultur, also die kulturell geprägte Weltsicht des Einzelnen, sollen als relevante Kulturebenen mit einbezogen werden. Zentrale Fragestellungen der Arbeit sind:
- Gibt es einen Zusammenhang zwischen Kultur und PR?
- Wie hängen unterschiedliche Kulturdimensionen mit den PR-Elementen im Einzelnen zusammen?
- Welche unterschiedlichen Ausprägungen kann PR nach zu Grunde liegender Landes- bzw. Individualkultur annehmen?
- Was sind allgemeingültige Elemente jeder PR-Arbeit und welche Elemente variieren von Kultur zu Kultur?

Aus diesen grundlegenden Fragen ergeben sich weitere, für die Forschung und für die praktische Umsetzbarkeit der Ergebnisse in der nationalen und internationalen PR-Arbeit relevante Fragen:
- Wenn ein Zusammenhang zwischen Kultur und PR nachgewiesen werden kann, was bedeutet das für die Theoriebildung der PR? Müssen bestehende PR-Modelle in ihrer Reichweite auf den kulturellen Kontext, in dem sie entstanden sind, eingeschränkt werden?
- Wie könnte eine globale PR-Praxis auf Basis möglicher allgemeingültiger Elemente aussehen? In welchen Bereichen kann differenziert, in welchen Bereichen standardisiert werden?

In Verbindung mit der Frage nach dem Zusammenhang von Kultur und PR gewinnt eine nähere Betrachtung der zur PR-Theorie vorliegenden Erkenntnisse an Bedeutung. Nur wenn die Beziehungen der PR-Elemente und -Charakteristika untereinander bekannt sind, kann das Verhältnis Kultur – PR näher bestimmt werden. Für die PR liegt bislang noch keine Theorie mittlerer Reichweite vor. Einzelne Bereiche oder Elemente wie z.B. PR-Verständnis, -Rollen oder -Modelle werden isoliert und weitgehend unabhängig voneinander theoretisch und empirisch analysiert. Eine systematische, integrierte Betrachtung dieser Einzelfalluntersuchungen steht noch aus. Die Beschäftigung mit den PR-Elementen legt jedoch die Annahme nahe, dass sie im Sinne eines schlüssigen Aussagensystems miteinander vernetzt werden können. In Erweiterung der Frage nach einer Kulturbezogenheit von PR will die Arbeit auch aufzeigen, ob sich in der bisherigen Theoriebildung und im Rahmen einer ersten empirischen Überprüfung wechselseitige Beziehungen zwischen den PR-Elementen selbst erkennen lassen. Um diese Annahme theoretisch und empirisch zu überprüfen, werden die Grundlagen der PR ausführlicher behandelt, als es zur bloßen Überprüfung des Zusammenhangs von Kultur und PR notwendig wäre.

Ziel des zweiten Kapitels dieser Arbeit ist es, die bislang zur PR vorliegenden modell- und theoriebildenden Erkenntnisse vorzustellen. Der Schwerpunkt liegt in der Strukturierung von Zusammenhängen und Beziehungsebenen der einzelnen PR-Elemente sowie in der Diskussion von Abgrenzungslinien und Überschneidungsbereichen. Dazu werden Erkenntnisse sowohl aus dem amerikanischen als auch europäischen Raum miteinander verbunden, so dass der Anspruch des zweiten Kapitels in einer Vernetzung unterschiedlicher Forschungskontexte und -felder besteht. Am Ende des zweiten Kapitels werden verschiedene gesellschaftliche Rahmenfaktoren näher beleuchtet und untersucht, in deren Kontext die PR-Praxis eines Landes steht. Einer dieser Umfeldfaktoren ist die Kultur, auf die im dritten Kapitel ausführlich eingegangen wird. Nach der Formulierung einer Arbeitsdefinition werden die Kulturbestandteile Werte, Normen und Praktiken sowie die drei Kulturebenen der National-, Unternehmens- und Individualkultur dargestellt. Das Kernstück dieses Kapitels bilden Kulturdimensionen und -distanzen, d.h. Ansätze zur Klassifikation und Unterscheidung von Kulturen. Sie werden vorgestellt, kritisch diskutiert und schließlich mit dem Konzept der PR vernetzt. Das vierte Kapitel dient der theoretischen Fundierung des Verhältnisses von Kultur und PR, das durch Ergebnisse bereits vorliegender Studien gestützt wird. Als Ergebnis dieser theoretischen Analyse und ihrer empirischen Untermauerung wird ein Modell entwickelt, das die vermutete Wechselwirkungen zwischen Kultur und PR aufgreift und die Formulierung von Hypothesen erlaubt. Dieses Kultur-PR-Modell beruht auf einem interdisziplinären Sockel aus Kultur-, Management-, Organisations-, kommunikationswissenschaftlichen und PR-Theorien.

Am Beginn des empirischen Teils der Arbeit werden die Grundzüge und elementaren Probleme der kulturvergleichenden Forschungsmethode aufgegriffen und für die Erhebung dieser Arbeit berücksichtigt. Ausgehend von den Erläuterungen zur Anlage der Studie werden im fünften Kapitel Besonderheiten von Erhebungsmethode und Verlauf der Befragung sowie Aussagekraft und Reichweite der Ergebnisse erklärt. Im sechsten Kapitel erfolgen die Datenauswertung und -interpretation für die Beziehung zwischen Nationalkultur und PR (Makroebene), aber auch für den möglichen Zusammenhang zwischen Unternehmenskultur und PR (Mesoebene) sowie zwischen Individualkultur und PR (Mikroebene). Im Anschluss werden Wechselwirkungen zwischen den PR-Elementen selbst analysiert. Aus den Erkenntnissen werden Hinweise für das Kultur-PR-Modell abgeleitet, die zu seiner Weiterentwicklung und Modifikation führen. Kapitel sieben fasst die zentralen Ergebnisse des theoretischen und des empirischen Teils zusammen und zeigt Ansatzpunkte für weiterführende Studien auf. Die Arbeit schließt mit einem Ausblick auf mögliche Lösungsansätze für die zentralen Problemstellungen weltweiter PR. Ziel ist es im Hinblick auf die praktische Verwertbarkeit der Ergebnisse, sich der Idee und konkreten Ausprägung einer „global architecture" (Ovaitt, 1988, S. 8) der PR anzunähern. Abbildung 2 zeigt den Verlauf der Arbeit im graphischen Überblick.

1.3   Grundlagen der Arbeit

1.3.1   Prämissen und daraus resultierende Einschränkungen

Dass PR in gewissen Bereichen weltweit standardisiert erfolgen kann, in anderen Bereichen hingegen fast vollständig an nationale Gegebenheiten angepasst werden muss, ist unumstritten. Wie diese Bereiche jedoch voneinander abgegrenzt werden können, welche Faktoren für eine Abgrenzung relevant sind oder wie eine weltweite PR in diesem Rahmen strategisch geplant und umgesetzt werden kann, ist bislang nicht geklärt. In der näheren Beschäftigung mit dem Themenbereich der Internationalisierung wird deutlich, dass eine Untersuchung z.B. von Strategien, Kampagnen oder der ganz konkreten Umsetzung internationaler PR-Arbeit nur dann systematisch erfolgen kann, wenn Forschungserkenntnisse zu den Rahmen- und Einflussfaktoren nationaler PR vorliegen. Erst wenn die verschiedenen Rahmenfaktoren der nationalen Umwelten und ihre komplexen Wechselwirkungen mit der PR-Praxis bekannt sind, ist der Weg für eine fundierte wissenschaftliche Beschäftigung mit der Internationalisierung von PR bereitet.

Die Zurückhaltung der PR-Forschung in diesem Gebiet ist verständlich: Die Untersuchung des Zusammenhangs von Nationalkultur und PR erfordert die Analyse von Gemeinsamkeiten und Unterschieden von PR in verschiedenen Kulturen im Vergleich und damit den Einsatz kulturvergleichender Methoden. Neben die Schwierigkeit der Abgrenzung von Kulturen treten in methodologischer Hinsicht die Unmöglichkeit, Validität und Reliabilität über alle Kulturen hinweg zu gewährleisten sowie die Herausforderung, im Rahmen der üblichen finanziellen und raum-zeitlichen Begrenzungen aussagekräftiges Datenmaterial in ausreichendem Umfang zu erhalten. Eine weitere Einschränkung kulturvergleichender Forschung stellt die ethnozentrische Perspektive bzw. die Parochialität dar. Sie bezeichnet die „kulturelle Brille" des Forschers, die v.a. in der Phase der Dateninterpretation zum Tragen kommt. Die explorative Auswertung und Interpretation der Ergebnisse ist im Rahmen des Kulturvergleichs noch weit mehr durch die persönliche Weltsicht des Forschers geprägt als im Rahmen einer Studie, die auf den Bereich innerhalb von Länder- bzw. Kulturgrenzen beschränkt ist. Für diese Arbeit bedeutet die Entscheidung für einen Kulturvergleich höhere Anforderungen an den methodischen Teil, denn aufgrund mangelnder Forschung im Feld „Kultur und PR" kommt zur Untersuchung der Fragestellung dieser Arbeit lediglich eine Primärstudie in Frage. Da bereits einige qualitative, anekdotische Erkenntnisse zur Beziehung zwischen einzelnen Kulturdimensionen und verschiedenen PR-Elementen in Form von Fall- und Pilotstudien vorliegen, soll die Untersuchung in quantitativer Form erfolgen.

Abb. 2: Gang der Arbeit

1 Einleitung

Teil I: THEORETISCHE FUNDIERUNG

2 Public Relations als Kommunikationsfunktion des Unternehmens

| 2.1 Grundzüge der Public Relations | 2.2 PR als strategischer Erfolgsfaktor des Unternehmens | 2.3 Gesellschaftliche Rahmenfaktoren der Public Relations |

3 Kulturdimensionen und ihre Bedeutung für die Public Relations

| 3.1 Elemente des Kultursystems | 3.2 Kulturebenen | 3.3 Kulturdimensionen und -distanzen |

| | 3.4 Bezugspunkte von Kultur und Public Relations | |

4 Public Relations und ihr Zusammenhang mit Kultur

| 4.1 Specific Applications als Ausdruck einer kulturspezifischen PR-Praxis | 4.2 Empirische Erkenntnisse zum Verhältnis Kultur und Public Relations | 4.3 Entwicklung eines Kultur-PR-Modells |

Teil II: EMPIRISCHE ÜBERPRÜFUNG

5 Kulturvergleichende Forschung in der Public Relations

| 5.1 Merkmale kulturvergleichender Forschung | 5.2 Methodische Anforderungen an kulturvergleichende Primärforschung | 5.3 Umsetzung der Anforderungen im empirischen Teil |

| | 5.4 Aussagekraft und Reichweite der Ergebnisse | |

6 Datenauswertung und Interpretation der Ergebnisse

| 6.1 Ergebnisse im Kulturvergleich: Nationalkultur und Public Relations | 6.2 Intrakulturelle Auswertung: Verhältnis von Unternehmens- und Individualkultur zu PR | 6.3 Anpassung des Kultur-PR-Modells |

Teil III: BEDEUTUNG DER ERGEBNISSE FÜR THEORIE UND PRAXIS

7 Kultur als Basis und Rahmen der Public Relations

| 7.1 Kultur als Rahmenfaktor der Public Relations | 7.2 Rolle der Ergebnisse für die Forschung | 7.3 Bedeutung der Ergebnisse für die Praxis |

Anhang

Um den Einfluss der Parochialität so gering wie möglich zu halten, wird das vermutete Verhältnis von Kultur und PR von mehreren Seiten aus betrachtet. Im empirischen Teil der Arbeit kommen sowohl der Vergleich von Nationalkulturen als auch eine intrakulturelle Datenauswertung zum Einsatz: Im ersten Teil der Datenauswertung handelt es sich um einen Vergleich der PR-Praxen in unterschiedlichen Kulturen, um (1) deren Zusammenhänge mit der Nationalkultur zu messen. Die Nationalkultur, d.h. die allen Menschen eines Landes gemeinsame kulturelle Prägung, stellt den Kern der Arbeit dar und wird im theoretischen Teil entsprechend ausführlich behandelt. Im zweiten Teil soll der Zusammenhang zwischen Kultur und PR auch im Rahmen einer intrakulturellen Auswertung gemessen werden, um die Beziehung zwischen (2) Unternehmenskultur und (3) der kulturell geprägten Weltsicht des einzelnen PR-Fachmanns auf der einen und der PR auf der anderen Seite genauer zu erkennen. Diese beiden Kulturkonzepte der Meso- und Mikroebene sollen der Vollständigkeit halber im empirischen Teil aufgegriffen werden, im theoretischen Teil stellen sie jedoch lediglich Randbereiche dar. Denn einerseits wurde das Zusammenwirken von Unternehmenskultur und PR bereits häufiger untersucht, so dass dieses Konzept im Rahmen der Theoriebildung der Arbeit in den Hintergrund treten soll. Andererseits ist die Individualkultur, also die Weltsicht des Einzelnen, direkt durch die Nationalkultur geprägt.

Da im zweiten Kapitel der Arbeit lediglich diejenigen Aspekte der PR ausgewählt werden, die sich für ein kulturunabhängiges Analyseraster der PR-Praxis eignen, findet mit Blick auf die Modellentwicklung eine bewusste Verdichtung der PR-Theorie statt. Eine weitere Beschränkung findet sich in der Konzentration auf die Unternehmensebene. Da die Fragestellung der Arbeit von Beginn an auf die Unternehmensebene ausgelegt ist, liegt ihr Fokus auf der Unternehmens-PR. Somit bleiben einerseits alle Formen von Non-Profit-PR, Entwicklungs-PR oder der PR von Staaten unbeachtet. Andererseits werden Ansätze und Konzeptionen der PR, die sich etwa auf die Makroebene und nicht unmittelbar auf die Erkenntnisebene dieser Arbeit beziehen, lediglich kurz angesprochen, um Elementen der Mesoebene mehr Raum widmen zu können. Die Makrobetrachtung wird an jenen Stellen ausführlicher in die Ausführungen mit einbezogen, an denen sie direkten Bezug zur organisatorischen Einordnung und Ausprägung der PR aufweist, wie es z.B. im Rahmen der gesellschaftlichen Rahmenfaktoren für PR der Fall ist (Kapitel 2.3).

Ergänzt wird die Mesoebene jedoch auch um Teile der mikrotheoretischen Betrachtung. In Kapitel 1.1 wurde angesprochen, dass bislang kaum systematische Hinweise für die Bedeutung von landesspezifischen Rahmenfaktoren für PR existieren. Da die PR eines Landes in ihrer Komplexität und Absolutheit weder erhoben werden kann, noch eine Messung ihrer Wirkungen (im Hinblick auf die Frage nach ihrem Erfolg) möglich ist, erscheint eine Konzentration auf die Kommunikatorseite als einzige Möglichkeit zur Untersuchung der Fragestellung. Zwar sind durch diese Einschränkung keine Aussagen für die PR des Landes generell oder über ihre Wirkung und ihren Erfolg möglich. Aber durch die entsprechende Auswahl der Befragten¹ lässt sich die Beschränkung der Aussagekraft teilweise aufheben, die z.B. eine Befragung von Mitgliedern der nationalen PR-Berufsverbände mit sich bringt. Dass eine solche Einschränkung die theoretischen Ausführungen, die Modellentwicklung und schließlich auch die Repräsentativität und Reichweite der erhobenen Daten einschränkt, wird in Kauf genommen.

1.3.2 Kultur und PR als neues Forschungsfeld

Für die Vernetzung der beiden Konzepte Kultur und PR und die Entwicklung eines Kultur-PR-Modells sind sowohl die ausführliche Darstellung der relevanten Teile der PR-Theorie als auch eine umfassende Beschäftigung mit der Kultur, ihren Bestandteilen und Ausprägungen notwendig. Die Forschungsfragen lassen sich aufgrund des bislang äußerst spärlichen Kenntnis- und Forschungsstands zum Verhältnis von Kultur und PR nicht ohne einen Blick in angrenzende Felder beantworten. Abbildung 3 veranschaulicht den interdisziplinären Ansatz der Arbeit.

Abb. 3: Entwicklung eines interdisziplinären Theoriegerüsts

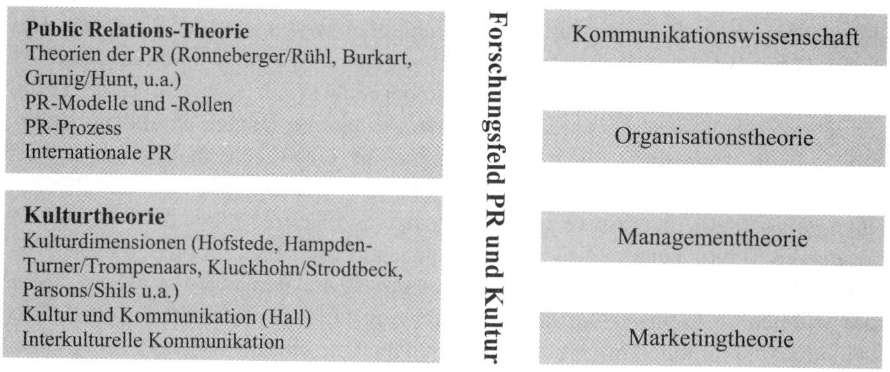

Public Relations-Theorie Theorien der PR (Ronneberger/Rühl, Burkart, Grunig/Hunt, u.a.) PR-Modelle und -Rollen PR-Prozess Internationale PR	Forschungsfeld PR und Kultur	Kommunikationswissenschaft
		Organisationstheorie
Kulturtheorie Kulturdimensionen (Hofstede, Hampden-Turner/Trompenaars, Kluckhohn/Strodtbeck, Parsons/Shils u.a.) Kultur und Kommunikation (Hall) Interkulturelle Kommunikation		Managementtheorie
		Marketingtheorie

Quelle: eigene Darstellung

Die wissenschaftliche Beschäftigung mit der Kultur war in den vergangenen Jahrzehnten sehr intensiv. Allerdings gibt es bislang nur eine repräsentative Untersuchung von Kulturunterschieden, die von Geert Hofstede 1980 veröffentlich wurde. Er identifizierte vier Kulturdimensionen, die sich in ähnlicher Form in anderen Klassifikationen kultureller Abgrenzungskriterien wie z.B. bei Hall (1959), Hall und Hall (1990) oder Hampden-Turner und Trompenaars (1993) wiederfinden. Hall und Hall (1990) nahmen darüber hinaus eine Verknüpfung von Kultur und Kommunikation vor, liefern jedoch kaum Ansatzpunkte für das Verhältnis von Kultur und PR. Die

---

[1] z.B. Auswahl von PR-Verantwortlichen in Unternehmen, die in einem bestimmten Kriterium wie etwa dem Umsatz zu den größten ihres Landes gehören.

im Feld der PR-Theorie im Allgemeinen vorliegende Literatur ist im Rahmen ihres kulturellen Entstehungs- und Verwertungszusammenhangs zu sehen. Der Großteil der für diese Arbeit verwendeten Quellen stammt aus dem amerikanischen Kontext der organisationalen Forschungsperspektive nach Grunig, in dessen Rahmen weitgehend allgemeine und neutral gehaltene Konzepte und Modelle (z.B. PR-Modelle und -Rollen) entwickelt wurden. Darüber hinaus wurde – worin bereits die oben angesprochene Parochialität deutlich wird – deutschsprachige Literatur einbezogen. Insbesondere im Rahmen des vierten Kapitels treten zahlreiche Erkenntnisse lateinamerikanischer und asiatischer, aber auch weiterer europäischer Autoren hinzu. Sie sollen dazu dienen, die Ausführungen in Kapitel zwei auf ein breiteres kulturelles Fundament zu stellen. Dennoch weist die Arbeit eine zwangsläufig europäische, amerikanische und angelsächsische Prägung auf, die beim aktuellen Stand der Literatur kaum zu vermeiden ist.

Die Internationalisierung der PR ist ein Feld, mit dem sich die Wissenschaft erst seit kurzem intensiver beschäftigt (vgl. Wakefield, 1996, S. 17). Zwar tauchte die Idee der internationalen PR bereits recht früh bei Philip Lesly (1962) und Peter Dornis (1971) auf. Erste Ansätze einer theoretischen Fundierung des Forschungsfeldes finden sich jedoch erst zu Beginn der 1990er Jahre (z.B. vgl. Botan, 1992; vgl. Nally, 1991; vgl. Wouters, 1991; vgl. Anderson, 1989). Die Mehrzahl der Quellen besteht bis heute aus Praktikerliteratur, die auf ein einzelnes Land bezogen, anekdotisch oder deskriptiv ist.[2] Eine Verknüpfung von Kultur und PR wurde bislang kaum vorgenommen. Die derzeit vorliegenden Studien können in ihrer Mehrzahl weder als kulturvergleichend noch als international bezeichnet werden, so dass Botan (1992, S. 152) auch von „trans-border"-Untersuchungen spricht.

1.3.3 Systemtheorie als Analyserahmen und Strukturierungshilfe

Basis der Arbeit ist die Systemtheorie – jedoch nicht als Theoriegerüst, das die verschiedenen Bezugspunkte von PR und Kultur analysiert, sondern zur Darstellung und Erklärung von deren Einordnungen, Ebenen und Funktionsweisen. Die Systemtheorie wurde ausgewählt, weil sie ein allgemein gehaltener, kulturneutraler Analyserahmen ist (vgl. Warnaby/Moss, 1997, S. 12; vgl. Hazleton, 1992, S. 34) und somit ideale Voraussetzungen für die kulturvergleichende Forschung bietet. Im Rahmen dieser Arbeit wird sie als Instrument zur Strukturierung der unterschiedlichen PR-Theorien und Kulturelemente etwa auf Mikro-, Meso- und Makroebene eingesetzt, ohne ihren Charakter eines Theoriekonstrukts explizit zu betonen. Ursprünglich aus der klassischen Mathematik stammend, möchte die Systemtheorie (1) Prinzipien benennen, die allen Systemen gemeinsam sind, (2) Techniken zu deren Beschreibung und Untersuchung liefern und (3) diese Techniken auf konkrete Fragestellungen anwenden (vgl. von Bertalanffy, 1968, S. 19). Sie rückt die Gesamtheit eines Systems und seiner Teile in den Vordergrund („wholeness" oder „organized

---

2 an aktuellen Beiträgen zur Internationalisierung von PR vgl. z.B. Gerwien/Halik (2002); Johanssen/Steger (2001); Gerdemann (2001); Huck (2001; 2000); Walther (1998); Bird (2001).

wholes" nach von Bertalanffy, 1968, S. 37; alles „Seiende" nach Avenarius, 2000, S. 57). Ein System ist definiert als die Entität verschiedener Elemente, zwischen denen Wechsel- und Austauschbeziehungen bestehen.

> „Dabei wird impliziert, dass ein System Eigenschaften, Funktionen oder Zwecke besitzt, die von den konstituierenden Objekten, Beziehungen und Attributen unterschieden sind. Objekte sind dabei Teile oder Komponenten eines Systems. Attribute sind die systemrelevanten Eigenschaften der Objekte." (Kunczik, 1993, S. 166)

Systeme, die einen externen Input aufnehmen und ihrerseits Output an die Systemumwelt abgeben, werden deshalb auch als offene Systeme bezeichnet (vgl. Warnaby/Moss, 1997, S. 13; vgl. Kunczik, 1993, S. 167; vgl. von Bertalanffy, 1968, S. 39). Sie sind gekennzeichnet durch die dynamische Interaktion ihrer Einzelkomponenten und ein Feedback durch Information. Wenn Systeme einander penetrieren und miteinander Informationen austauschen, spricht man neben der Offenheit auch von Interdependenz (vgl. Kunczik, 1993, S. 205; vgl. Parsons/Shils, 1962, S. 109). Abbildung 4 zeigt die schematische Veranschaulichung eines offenen Systems.

Abb. 4: Charakteristika offener sozialer Systeme

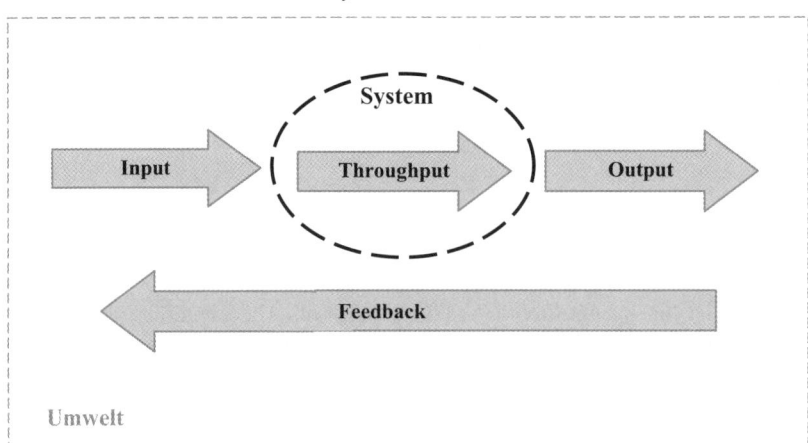

Quelle: Grunig/Hunt (1984, S. 94)

Parsons und Shils benennen vier Charakteristika offener Systeme (vgl. Kunczik, 1993, S. 124):
- Anpassungsfunktion („adaptive function"),
- Zielerreichungsfunktion („goal attainment")
- Integrationsfunktion („integrative function") und
- Funktion der latenten Normerhaltung und Spannungsbewältigung („latent patternmaintenance and tension-management function").

Soziale Systeme als Sonderform des offenen Systems sind nach Kunczik (ebd., S. 167) „in einer symbolischen und physischen Umwelt eingebettete und nach ‚Überleben' trachtende, relativ persistente, raum-zeitlich abgrenzbare Einheiten (...), wobei das Schwergewicht auf dem Vorhandensein eines Identitätsbewußtseins bei den Systemmitgliedern liegt" und diese durch Austauschprozesse mit ihrer Umwelt in Kontakt stehen. Ziel eines jeden sozialen Systems ist es, seine Umwelt so gut wie möglich zu kontrollieren und zu beeinflussen. Diese Fähigkeit der Umweltbeeinflussung macht zusammen mit der Fähigkeit, Wandel zu antizipieren, die Besonderheit von offenen sozialen Systemen aus, wie es bei der Unternehmens-PR und auch der Kultur der Fall ist.

Auf der Makroebene kann die Umwelt der Organisation in verschiedene Teilsysteme und Systemfunktionen untergliedert werden. Entsprechend des Konzepts der relevanten Umwelt spricht man von der relevanten Umwelt einerseits und der irrelevanten Umwelt andererseits. Unter dem Begriff der relevanten Umwelt versteht Kunczik (ebd., S. 167) „die Gesamtheit derjenigen Elemente der Umwelt eines (offenen) Systems (...), die in einer Wirkungsbeziehung zu den Randelementen des Systems stehen". Im Gegensatz dazu besteht die irrelevante Umwelt eines Systems aus den Umsystemen, die im Hinblick auf eine bestimmte Forschungsfrage keine Rolle spielen. Die Einteilung von Umweltsystemen in relevant oder irrelevant hängt also immer von der zu Grunde liegenden Fragestellung bzw. dem Erkenntnisinteresse ab. Wie die hier auszugsweise wiedergegebenen Teile der Systemtheorie für die Felder Kultur und PR adaptiert und spezifiziert werden können, um zu einer Strukturierung und besseren Verständlichkeit der Darstellungen beizutragen, wird in den jeweiligen Kapiteln dieser Arbeit aufgezeigt werden.

1.4 Kultur und Public Relations – Entstehung eines Forschungsfeldes

Die Ausführungen zur Entstehung der Fragestellung und zum Stand der Literatur verdeutlichen, dass mit dieser Arbeit weitgehend wissenschaftliches Neuland betreten wird. Es handelt sich um einen der ersten Forschungsbeiträge, der Kultur und PR systematisch miteinander verbindet. Mit ihrem Blick auf Theorie und Praxis bewegt sich die Arbeit an der Schnittstelle zwischen Grundlagen- und anwendungsbezogener Forschung und verbindet den erklärenden mit dem prognostischen Ansatz.

Im Hinblick auf die Weiterentwicklung der Theorie ist es das Ziel dieser explorativen Arbeit, die Relevanz des Forschungsfelds Kultur und PR zu verdeutlichen und durch die Entwicklung und erste Überprüfung eines Kultur-PR-Modells nachfolgenden Untersuchungen den Weg zu bereiten. Dabei liegt ein Schwerpunkt auf der Analyse der Beziehungen und Wechselwirkungen der PR-Elemente untereinander, so dass von einer theoriebildenden oder -festigenden Vorgehensweise gesprochen werden kann. Die PR-Praxis verschiedener Kulturen soll beschrieben und auf Basis unterschiedlicher Kulturdimensionen erklärt werden. Da im Hinblick auf die Frage nach der Kulturbezogenheit von PR insbesondere die mögliche Prägung der PR-Praxis durch unterschiedliche Kulturebenen an Relevanz gewinnt, möchte diese Arbeit Basis für eine nähere Untersuchung dieser Wirkungsrichtung bilden und einen Ausblick in diese Richtung geben. Weiterführende Untersuchungen könnten die Vermutung eines möglicherweise starken Einflusses von Kultur auf PR fundieren und seine Stärke und genauen Auswirkungen erheben. Sind Wirkungsrichtung und -ausprägung der jeweiligen Kulturdimension auf die PR bekannt, so lassen sich auf Basis dieser Kenntnisse heuristische Vorhersagen für das im jeweiligen Kulturkontext dominierende Verständnis von PR und seine Umsetzung treffen. Eine Festschreibung dieser Einflüsse in einer Kultur-PR-Matrix kann einen wesentlichen Beitrag v.a. für die Internationalisierung von PR im Rahmen einer grenzüberschreitenden Unternehmenstätigkeit leisten. Internationale PR-Strategien und -Programme könnten in Kenntnis nationaler, kultureller Einflussfaktoren weit genauer als bislang nicht nur global standardisiert, sondern auch und gerade zielgenau auf nationale Gegebenheiten eines Landes zugeschnitten und differenziert werden.[3]

---

3 Die Arbeit ist in neuer deutscher Rechtschreibung verfasst. Die in der Mehrzahl nach alter Rechtschreibung vorliegenden Quellen wurden im Rahmen direkter Zitate wortwörtlich übernommen und der einfacheren Lesbarkeit halber nicht mit entsprechenden Hinweisen auf die alte Rechtschreibung versehen. Wenn im Laufe dieser Arbeit die männlichen Bezeichnungen z.B. für die Tätigkeit des PR-Technikers gewählt werden oder vom PR-Fachmann die Rede ist, so ist die weibliche Form immer mit inbegriffen. Englische Fachbegriffe werden wenn möglich übersetzt. Ist eine Übersetzung nicht sinnvoll oder ist der englische Fachausdruck bereits unverändert in die deutschsprachige Literatur eingegangen, so wird er beibehalten und kursiv gesetzt.

I Theoretische Fundierung

2 Public Relations als Kommunikationsfunktion des Unternehmens

Die PR ist eine der zentralen Kommunikationsfunktionen des Unternehmens. Als Teilbereich der Unternehmenskommunikation ist sie darauf ausgerichtet, das Vertrauen und Verständnis von für das Unternehmen relevanten Teilen der Öffentlichkeit zu gewinnen. Sie wird im 21. Jahrhundert nicht mehr länger als Unterfunktion des Marketing verstanden, sondern zunehmend als Managementfunktion. Der PR-Verantwortliche wird zum zentralen Faktor der Unternehmens-PR, indem er nicht nur über bestimmte Fähig- und Fertigkeiten verfügen muss, sondern auch die Unternehmensleitung strategisch und kommunikativ beraten soll. Kapitel zwei stellt die Grundzüge der PR dar (Abbildung 5). Die PR-Funktion wird mit ihren zentralen Zielen und Aufgaben in das Feld der Unternehmenskommunikation eingeordnet und von anderen Teilbereichen abgegrenzt. Auf Basis dieser Abgrenzung wird in Abschnitt 2.1.1 eine Arbeitsdefinition von PR formuliert. Im Anschluss daran sollen – nach einer kurzen Betrachtung der PR aus systemtheoretischem Blickwinkel (Abschnitt 2.1.2) – zentrale Erklärungsansätze zur Funktion der PR beschrieben und bewertet werden (Abschnitt 2.1.3). Im Hinblick auf die Kernfragen dieser Arbeit nach einem möglichen Zusammenhang von Kultur und PR sowie nach Zusammenhängen zwischen den PR-Elementen selbst gewinnen zwei weitere Aspekte im zweiten Kapitel an Bedeutung:

1. Um PR in verschiedenen Kulturen analysieren und klassifizieren zu können, muss ein möglichst kulturneutrales Analyseraster entwickelt werden, anhand dessen die PR-Praxis beschrieben und gemessen werden kann. Kapitel 2.2 stellt die zentralen Charakteristika von PR innerhalb der Oberkategorien Interaktion, Managementfunktion und Prozess dar, die Basis für ein solches Raster sein sollen. Darüber hinaus soll gezeigt werden, dass sie ein in sich geschlossenes Aussagensystem darstellen.
2. Will man die PR-Praxis eines Landes untersuchen, so müssen mögliche Rahmenfaktoren sowohl innerhalb als auch außerhalb des Unternehmens berücksichtigt werden. Einer dieser möglichen gesellschaftlichen Einflussfaktoren für die PR ist die Kultur. Hinzu kommt jedoch eine Reihe anderer Faktoren, die als mögliche Erklärungsvariable neben die Kultur treten, wie z.B. politisch-ökonomisches System, Mediensystem, Rolle der Öffentlichkeit oder sozio-kulturelle Einflüsse eines Landes (Kapitel 2.3).

2.1 Grundzüge der Public Relations

Im Zeitalter der integrierten Kommunikation hat die klare Abgrenzung der PR von anderen Kommunikationsdisziplinen ihren Sinn verloren (vgl. Mast, 1992, S. 387). Integrierte Unternehmenskommunikation als „Prozess des koordinierten Managements aller Kommunikationsquellen über ein Produkt, ein Service oder ein Unternehmen, um gegenseitig vorteilhafte Beziehungen zwischen einem Unternehmen und seinen Bezugsgruppen aufzubauen und zu pflegen" (Kirchner, 2001, S. 36) ist darauf ausgelegt, die einzelnen Instrumente der Unternehmenskommunikation miteinander zu vernetzen.

Abb. 5: Graphische Veranschaulichung der Zuordnung der PR-Elemente

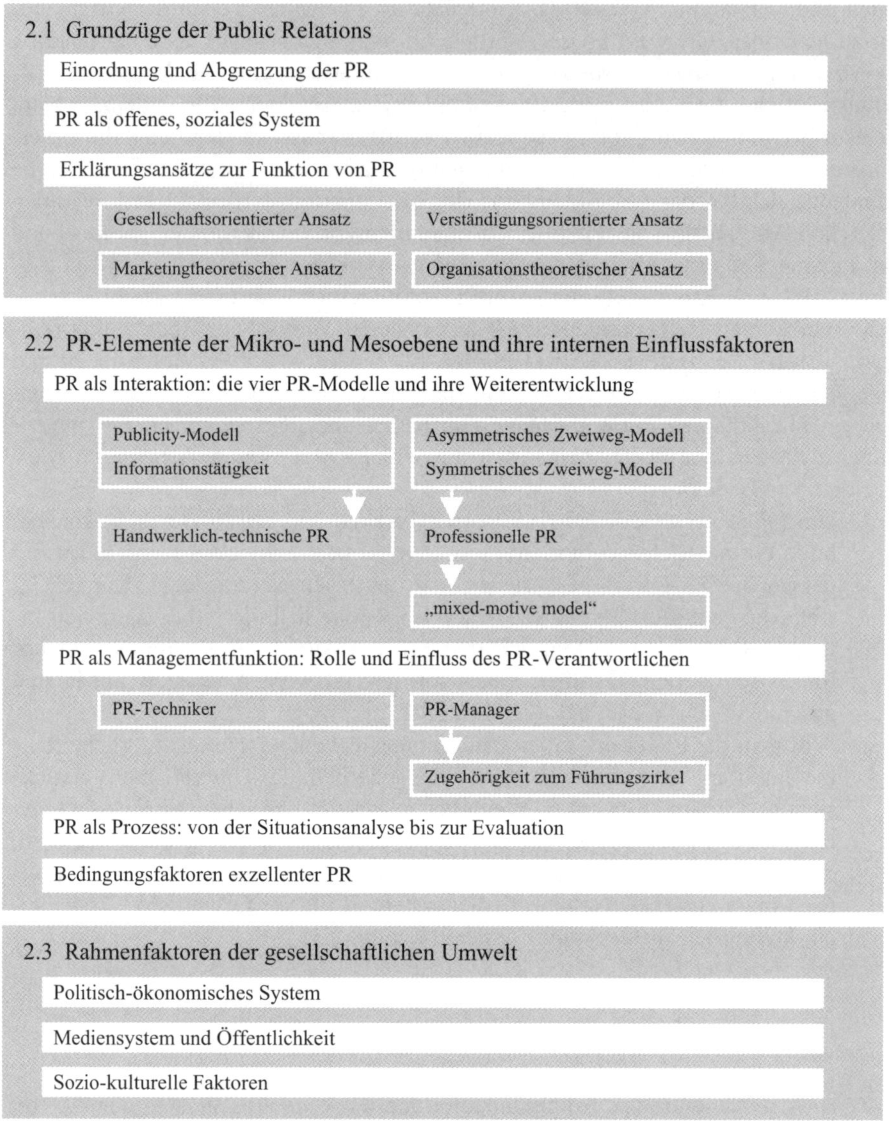

2.1 Grundzüge der Public Relations
- Einordnung und Abgrenzung der PR
- PR als offenes, soziales System
- Erklärungsansätze zur Funktion von PR
  - Gesellschaftsorientierter Ansatz
  - Verständigungsorientierter Ansatz
  - Marketingtheoretischer Ansatz
  - Organisationstheoretischer Ansatz

2.2 PR-Elemente der Mikro- und Mesoebene und ihre internen Einflussfaktoren
- PR als Interaktion: die vier PR-Modelle und ihre Weiterentwicklung
  - Publicity-Modell
  - Asymmetrisches Zweiweg-Modell
  - Informationstätigkeit
  - Symmetrisches Zweiweg-Modell
  - ▼ Handwerklich-technische PR
  - ▼ Professionelle PR
  - ▼ „mixed-motive model"
- PR als Managementfunktion: Rolle und Einfluss des PR-Verantwortlichen
  - PR-Techniker
  - PR-Manager
  - ▼ Zugehörigkeit zum Führungszirkel
- PR als Prozess: von der Situationsanalyse bis zur Evaluation
- Bedingungsfaktoren exzellenter PR

2.3 Rahmenfaktoren der gesellschaftlichen Umwelt
- Politisch-ökonomisches System
- Mediensystem und Öffentlichkeit
- Sozio-kulturelle Faktoren

Neben der inhaltlichen Vernetzung tritt die formal-stilistische, räumliche und zeitliche Abstimmung der Kommunikationsinstrumente im Rahmen der Unternehmenskommunikation in den Vordergrund (vgl. Bänsch, 1995, S. 1195). Die verschiedenen Kanäle und Quellen interner und externer Unternehmenskommunikation werden formal und inhaltlich aufeinander ausgerichtet, um ein einheitliches und schlüssiges Erscheinungsbild des Unternehmens nach innen und nach außen zu vermitteln (vgl. Bruhn/Boenigk, 2000, S. 68; vgl. Esch, 2000, S. 27; vgl. Bruhn, 1995, S. 13).

PR kann im Rahmen der integrierten Unternehmenskommunikation auf zwei verschiedenen Ebenen zum Einsatz kommen: einerseits als ein Instrument der Unternehmenskommunikation, das gleichberechtigt neben anderen besteht, andererseits aber auch als Kommunikationsbereich, der sich zur Erreichung seiner Ziele anderer Instrumente oder Kommunikationskanäle bedienen kann.[4] Im Rahmen der integrierten Kommunikation gewinnt das strukturierte und harmonische Zusammenspiel der unterschiedlichen kommunikativen Funktionen des Unternehmens an Bedeutung, so dass die formale und inhaltliche Abgrenzung der einzelnen Bereiche weder wünschenswert noch sinnvoll ist. Obwohl eine solch klare und strikte Trennung der Instrumente und Kommunikationsfunktionen in der Praxis nicht vorgenommen wird, sind für die wissenschaftliche Beschäftigung mit der PR eine präzise Definition[5] und eine Abgrenzung des PR-Begriffs notwendig. Eine Definition von PR wird nicht nur die weiteren Darstellungen, sondern auch den Aufbau und das Erkenntnisinteresse der empirischen Erhebung im zweiten Teil der Arbeit beeinflussen.

2.1.1   Einordnung und Abgrenzung der PR

Als Hauptinstrumente der Unternehmenskommunikation werden im Allgemeinen Werbung, Sponsoring, Events, Messen, Ausstellungen, Verkaufsförderung, Multimedia-Kommunikation und PR genannt. Den PR-Aufgaben werden zwar häufig Werbung, Publicity und einige andere Instrumente der Unternehmenskommunikation (wenn auch meist als Randbereiche) zugerechnet, sie stellen aber keine Aufgaben der PR im eigentlichen Sinn dar. Bereits 1951 betonte Carl Hundhausen in seinem Werk „Werbung um öffentliches Vertrauen. Public Relations" (S. 14 f.), dass PR klar von solchen Kommunikationsinstrumenten zu trennen sei.

Werbung ist „jede Art der nicht-persönlichen Vorstellung oder Förderung von Ideen, Waren oder Dienstleistungen eines eindeutig identifizierbaren Auftraggebers durch den Einsatz bezahlter Medien" (Kotler/Bliemel, 2001, S. 983; vgl. Bruhn, 1997, S. 178 ff.; vgl. Kroeber-Riel, 1995, S. 2692). Inhalt, Platzierung und Timing der Werbekommunikation werden dazu gezielt geplant und überwacht (vgl. Kitchen, 1997, S. 31). Werbung bedient sich der (Massen-)Medien und ist darauf ausgerichtet, kaufrelevante Einstellungen und Verhaltensweisen zu verändern und damit den

---

4   z.B. als Event-PR, Online-PR oder über das Sponsoring (vgl. Bogner, 1999; vgl. Stender-Monhemius, 1999, S. 49 ff.; vgl. Bruhn, 1997).
5   Einerseits wird die Formulierung einer jeden Arbeitsdefinition von der Perspektive bestimmt, aus der die Forschungsfrage untersucht werden soll. Andererseits beeinflusst die zu Grunde liegende Definition auch den Wirklichkeitsausschnitt und damit die Wahrnehmung des Forschungsgegenstands.

Absatz von Produkten oder Dienstleistungen des Unternehmens zu steigern (vgl. Stender-Monhemius, 1999, S. 49 f.). Je nach Ausrichtung lassen sich z.B. Produkt-, Programm- oder Firmenwerbung sowie Individual- und Kollektivwerbung voneinander unterscheiden (vgl. Nieschlag/Dichtl/Hörschgen, 1997, S. 532). Im Gegensatz zur unpersönlichen Werbung ist die Verkaufsförderung auf den persönlichen Kontakt ausgerichtet, verfolgt aber ebenfalls das Ziel der Absatzunterstützung (vgl. Stender-Monhemius, 1999, S. 56; vgl. Bruhn, 1997, S. 385 ff.). Sie stellt einen Sammelbegriff für Aktionen dar, die „den Absatz kurzfristig und unmittelbar stimulieren sollen" (Nieschlag/Dichtl/Hörschgen, 1997, S. 535; vgl. Kotler/Bliemel, 2001, S. 985). Im Rahmen der Sales Promotion etwa werden Events oder andere Aktivitäten durchgeführt, die das Interesse der Öffentlichkeit an einer Person, einem Produkt oder einer Organisation wecken und stimulieren sollen (vgl. Varey, 1997b, S. 116). Sponsoring dient der finanziellen oder immateriellen Unterstützung von Personen, Organisationen oder Veranstaltungen mit dem Ziel, auf diese Art und Weise in der entsprechenden Öffentlichkeit ein positives Image des Unternehmens zu prägen (vgl. Bruhn, 1997, S. 605; vgl. Nieschlag/Dichtl/Hörschgen, 1997, S. 538). Je nach Gegenstand und Zielrichtung des Sponsoring werden z.B. Kultur-, Kunst-, Sport-, Sozial- und Umwelt-Sponsoring unterschieden (vgl. Stender-Monhemius, 1999, S. 64 ff.; vgl. Mussler, 1994, S. 85 ff.; vgl. Bruhn, 1991). Publicity hat das Ziel, das Interesse und die Aufmerksamkeit der Öffentlichkeit zu erlangen. Sie ist stärker als Einweg-Kommunikation und weniger auf den Aufbau von Beziehungen ausgelegt und nutzt dazu (unbezahlte) Medien als Kanäle (vgl. Kitchen, 1997, S. 31; vgl. Varey, 1997b, S. 116).

Public Relations möchte – wie der Begriff besagt – Beziehungen (‚relations') zur Öffentlichkeit (‚public') herstellen. Carl Hundhausen etwa, eine der prägendsten Persönlichkeiten der deutschen PR-Geschichte[6], sieht ihr Ziel in der „Gestaltung guter, positiver und fruchtbarer Beziehungen einer Unternehmung zur Öffentlichkeit" (1951, S. 23). An anderer Stelle konkretisiert er: „Public Relations ist die Unterrichtung der Öffentlichkeit (oder ihrer Teile) über sich selbst, mit dem Ziel, um Vertrauen zu werben" (ebd., S. 53). Die wohl bekannteste deutsche Begriffsbestimmung stammt von Albert Oeckl, der PR bereits 1964 (S. 43) als „das bewußt geplante und dauernde Bemühen, gegenseitiges Verständnis und Vertrauen in der Öffentlichkeit aufzubauen und zu pflegen" beschrieb. Demnach drücken die Begriffe Öffentlichkeitsarbeit und PR „ein Dreifaches aus: Arbeit *mit* der Öffentlichkeit, Arbeit *für* die Öffentlichkeit, Arbeit *in* der Öffentlichkeit" (ebd., S. 36).

Dem Begriff der PR wird wie kaum einer anderen Bezeichnung in der Kommunikationswissenschaft eine Vielzahl von teilweise stark voneinander abweichenden Definitionen und Bedeutungen zugeschrieben (vgl. Mast, 1992, S. 382). Richard Harlow etwa analysierte bereits Mitte der siebziger Jahre über 470 verschiedene Definitionen von PR, deren zentrale Gedanken er wie folgt zusammenfasste: „Public

---

6 Zur historischen Entwicklung der PR in den USA vgl. exemplarisch Marston (1963), Bernays (1923; 1955), Cutlip (1994) und Ewen (1997), für Deutschland z.B. Hundhausen (1951; 1969), Oeckl (1964; 1994; 2000), aber auch Bentele (1997b), Szyska (1997a/b; 2001), Fröhlich (1997) und Nessmann (2000).

Relations is the distinctive management function which helps establish and maintain mutual lines of communication, acceptance and cooperation between an organization and its publics" (Harlow, 1976, S. 36). So unterschiedlich die Definitionen des PR-Begriffs auch sind – egal vor welchem wissenschaftlichen Hintergrund oder mit welchem Erkenntnisinteresse sie formuliert wurden, es besteht Einigkeit in ihrem Kerngedanken, dem Aufbau und der dauerhaften Pflege von Beziehungen zu den für das Unternehmen relevanten Teilen der Öffentlichkeit (vgl. Wilson, 1996, S. 73; vgl. Burkart, 1995a, S. 72 f.; vgl. Kunczik, 1993, S. 21; vgl. Ronneberger/Rühl, 1992, S. 252; vgl. Schulze-Fürstenow, 1987, S. 23).

Die zentralen Funktionen von PR lassen sich zu drei großen Bereichen zusammenfassen (vgl. Newsom/Turk/Kruckeberg, 1996, S. 19): PR möchte
- die Öffentlichkeit oder bestimmte Adressatengruppen innerhalb der breiten Öffentlichkeit kontrollieren,
- auf deren Einstellungen, Erwartungen oder Befürchtungen eingehen sowie
- zu den Adressaten harmonische Beziehungen im Sinne beiderseitigen Vorteils aufbauen.

Wichtig ist zu betonen, dass die unter Punkt eins genannte Kontrolle der Öffentlicheit wertneutral im Sinne eines Monitorings bzw. der Beobachtung von Adressaten verstanden werden muss. Will die PR als interessengeleitete Kommunikationsfunktion diese zentralen Funktionen möglichst erfolgreich erfüllen, so hat sie sich an den Interessen und an den Informationsbedürfnissen der Öffentlichkeit zu orientieren (vgl. Szyska, 2000a, S. 128). Man kann in diesem Zusammenhang von einer Dienstleistungsfunktion gegenüber der Öffentlichkeit sprechen, ohne dass die PR-Abteilung darüber die Loyalität zu ihrem Auftraggeber vergessen darf. PR-Fachleute stellen somit eine Art ‚Interface' im Spannungsfeld zwischen Auftraggeber (z.B. das Unternehmen, für das sie arbeiten) und Adressatengruppen in der Öffentlichkeit dar, d.h. sie sind so genannte *boundary spanner* (vgl. Seitel, 1998, S. 8 f.; vgl. Newsom/Turk/Kruckeberg, 1996, S. 6). Im Idealfall ermöglichen sie eine Kommunikation zwischen den beiden Parteien in Form eines annähernd symmetrischen Dialogs (vgl. ebd.), der über ein proaktives „Beziehungs- und Bewußtseinsmanagement mittels persönlicher Kommunikation" etabliert werden kann (Kleebinder, 1995, S. 118; vgl. Bogner, 2000). So können Meinungsführer direkt angesprochen werden, um Anschlusskommunikation im Sinne des *two-step-flow-of-communication* zu ermöglichen (vgl. Lazarsfeld/Berelson/Gaudet, 1944) und nicht zuletzt um konflikthaltige Themen frühzeitig zu identifizieren (Issues Management[7], vgl. Morley, 1998, S. 68 ff.; vgl. Lauzen/Dozier, 1994; vgl. Grunig/Repper, 1992, S. 147; vgl. Chase, 1977, S. 26).

Dieses systematische Umwelt- und Themenmonitoring hat den Vorteil, dass das Unternehmen besser mit seiner Umwelt in Einklang gebracht und durch die frühzeitige Bearbeitung konflikthaltiger Themen möglichen Krisen vorgebeugt werden kann (vgl. Newsom/Turk/Kruckeberg, 1996, S. 6; vgl. Kleebinder, 1995, S. 109).

---

7   Gemeint ist damit die Aufgabe, für das Unternehmen konflikthaltige Themen zu erkennen, in ihrer Entwicklung zu beobachten, sie kommunikativ zu steuern und von Gefahren zu Chancen zu wandeln (vgl. Röttger, 2001, S. 16 f.; vgl. Merten, 2000, S. 155; vgl. Liebl, 2000/1996; vgl. Heath, 1997; vgl. Heath/Nelson, 1986, S. 11 ff.; vgl. Chase, 1984).

Wouters (1991, S. 3) schreibt: „Public relations is not just communications; it implies a linkage between policy and action." Auf Seiten der Organisation müssen demnach Veränderungen stattfinden können, die auszulösen Aufgabe der PR ist (vgl. Bentele, 1997a, S. 90).

Bereits Hundhausen (1951, S. 164 f.) betonte, dass die Interessen des Unternehmens mit denen der wichtigsten Teile der Öffentlichkeit übereinstimmen bzw. zur Übereinstimmung gebracht werden müssen. Um Vertrauen und Verständnis werben, möglichst wechselseitige Beziehungen zu Zielgruppen herstellen, *boundary spanning*, Issues Management, aktives Beziehungsmanagement, Veränderungen auch auf Seiten des Unternehmens auslösen – so lauten die Kernaufgaben und zentralen Anforderungen an PR. Fasst man diese Elemente zusammen, so zeigt sich deutlich, dass PR mehr sein muss als lediglich ein Sprachrohr des Unternehmens. PR ist eine Managementfunktion, die als Vermittler zwischen Unternehmen und Öffentlichkeit fungieren und einen möglichst dialogischen Austausch herstellen soll.

<small>PR wird für diese Arbeit entsprechend der Auffassung der amerikanischen PR-Forscher James E. Grunig und Todd Hunt (1984, S. 6) als das Management der Kommunikation zwischen dem Unternehmen und seinen Teilöffentlichkeiten verstanden.</small>

2.1.2 PR als offenes, soziales System

PR ist ein Teilbereich der Kommunikationswissenschaft, der sich mit der kommunikativen Bedeutungsvermittlung zwischen Organisationen und deren Öffentlichkeiten beschäftigt (vgl. Kunczik, 1993, S. 50 ff.; vgl. Botan, 1989, S. 99; vgl. Botan/Hazelton, 1989, S. 3). Im Rahmen dieser Arbeit wird von Seiten der Kommunikationstheorie und der Kommunikationswissenschaft an die PR herangegangen (z.B. Ronneberger/Rühl, 1992), deren Fokus auf kommunikativen Prozessen und Elementen der Interaktion zwischen Individuen, Gruppen und Organisationen liegt (vgl. Ehling/White/Grunig, 1992).

Weit verbreitet ist in der PR-Theorie heute v.a. der systemtheoretische Ansatz. Er dominiert nicht nur die deutsche Fachliteratur (vgl. Avenarius, 2000, S. 56), sondern wird auch von amerikanischen PR-Wissenschaftlern verwendet (vgl. Cutlip/Center/Broom, 2000; vgl. Grunig/Hunt, 1984). Wie bereits in der Einleitung dargestellt, ist die Systemtheorie ein theorieübergreifendes, abstraktes Analyseraster. Mit ihrer Hilfe können auch die komplexen Wechselwirkungen aufgezeigt werden, die zwischen dem Unternehmen bzw. seiner PR auf der einen und der Umwelt auf der anderen Seite bestehen. Sie eignet sich zwar nur zu einer oberflächlichen Betrachtung und v.a. Klassifikation von PR, da sie „einige zentrale Aspekte der Kommunikationspraxis ausblendet" (Zerfaß, 1996, S. 54). Dennoch erscheint sie im Rahmen dieser Arbeit für eine möglichst allgemein gehaltene Analyse von PR sowie zur Strukturierung der einzelnen Einflüsse sinnvoll und hilfreich. Diese Arbeit ist schließlich nicht auf die Identifikation von Details der Kommunikationspraxis ausgelegt, sondern auf allgemeine PR-Charakteristika. Die von Zerfaß an der systemtheoretischen Betrachtung der PR kritisierten Punkte spielen im Rahmen dieser

Arbeit somit keine Rolle, so dass der Verwendung der Systemtheorie als Analyserahmen nichts entgegensteht.

> „Auf Organisationen bezogen ist PR bzw. die Art und Weise, in der PR betrieben wird, eine für den Grad der Offenheit entscheidende Komponente. (...) Aus systemtheoretischer Sicht werden Organisationen als offene Systeme gesehen, die entsprechend der Komplexität der jeweiligen Umweltstruktur Subsysteme ausbilden." (Kunczik, 1993, S. 167)

Versteht man das Unternehmen als offenes, soziales System, so kann PR als Subsystem des Unternehmens verstanden werden (vgl. Ronneberger/Rühl, 1992, S. 90). Cutlip, Center und Broom (2000, S. 228) entwickeln basierend auf der kybernetischen Systemtheorie ein Modell von PR als offenem System („open systems model", Abbildung 6), in dessen Rahmen der PR die Fähigkeit zugeschrieben wird, durch Umweltbeobachtung externe Veränderungen antizipieren und aktiv beeinflussen zu können.

Abb. 6: Offenes Systemmodell der PR

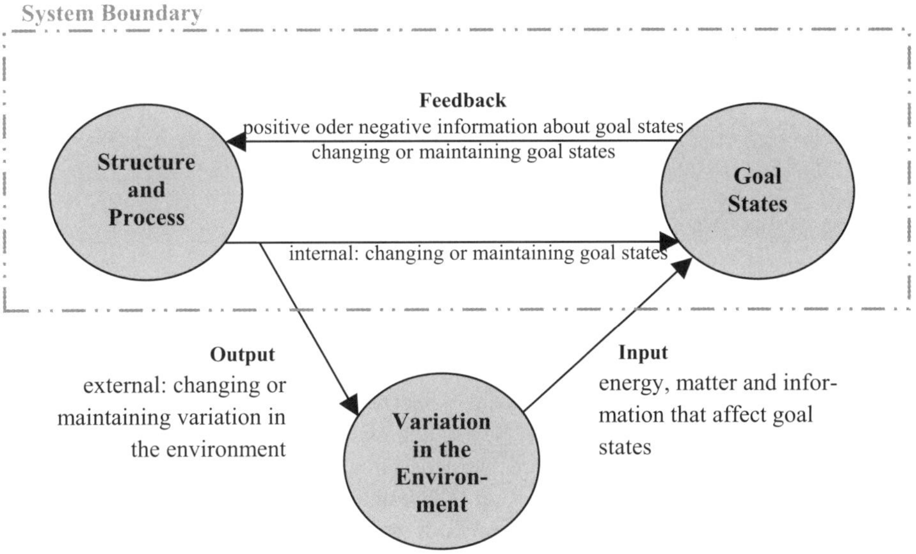

```
System Boundary
┌─────────────────────────────────────────────────────────┐
│                       Feedback                          │
│          positive oder negative information about       │
│          goal states                                    │
│     ┌─────────┐  changing or maintaining goal states    │
│     │Structure│◄──────────────────────────────┐         │
│     │  and    │                          ┌─────────┐    │
│     │ Process │                          │  Goal   │    │
│     │         │──────────────────────────►│ States │    │
│     └─────────┘  internal: changing or    └─────────┘   │
│                  maintaining goal states                │
└──────────┬──────────────────────────────────┬───────────┘
           │                                  │
        Output                              Input
  external: changing or              energy, matter and infor-
  maintaining variation in           mation that affect goal
  the environment                    states
              ┌──────────┐
              │Variation │
              │ in the   │
              │Environ-  │
              │  ment    │
              └──────────┘
```

Quelle: Cutlip/Center/Broom (2000, S. 235)

Die Umwelt wirkt sich nicht nur auf die Entwicklung von Unternehmenszielen, -strukturen oder -philosophie aus, sondern auch auf PR-Rahmenfaktoren und -Aktivitäten (vgl. Kunczik, 1993, S. 175). PR ist damit einerseits ein Erhaltungssystem, indem sie das Gleichgewicht nach innen und außen hält, andererseits ein Anpassungssystem, wenn es sich um das Monitoring von und die Anpassung an Umweltveränderungen handelt (vgl. Kunczik, 1993, S. 178).

Abbildung 7 verdeutlicht die zahlreichen Umweltsubsysteme, von denen die Organisation und mit ihr die PR als Subsystem beeinflusst werden und auf die sie ihrerseits bestimmte Einflüsse ausüben (vgl. Grunig/Hunt, 1984, S. 94).[8]

Abb. 7: PR als Subsystem des Unternehmens im Rahmen der Umfeldsysteme

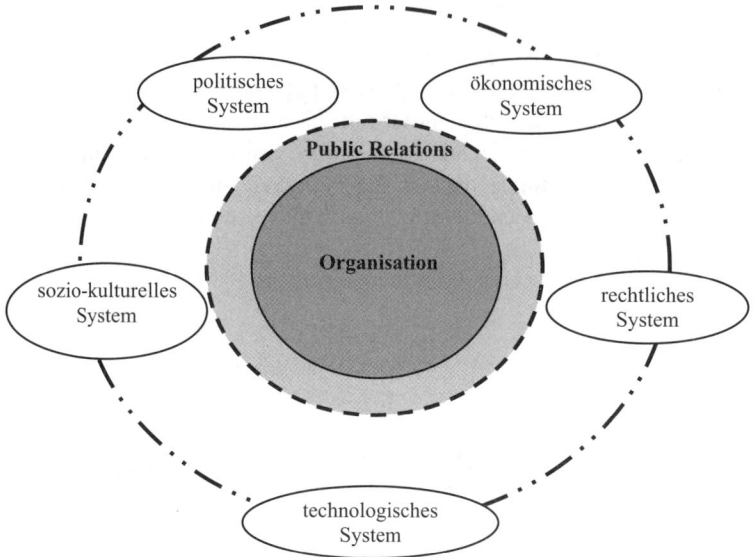

Quelle: eigene Darstellung

2.1.3 Erklärungsansätze zur Funktion von PR

In der Forschung haben sich verschiedene Ansätze zur Beschreibung und Erklärung der Funktion von PR herausgebildet. Neben den etablierten Ansätzen, die in diesem Kapitel kurz dargestellt und diskutiert werden sollen, existieren einige weitere, teils spezifischere, teils kritische Ansätze (vgl. Kückelhaus, 1998, S. 80 ff.). Im Rahmen dieser Betrachtung werden sie aufgrund ihres geringen Erkenntnisgewinns für die Fragestellung dieser Arbeit nicht weiter aufgegriffen. Stattdessen findet eine Konzentration auf die gängigen Theorien zur Erklärung der Funktion von PR statt.

Für die Analyse von Unternehmens-PR lassen sich drei verschiedene Herangehensweisen unterscheiden (vgl. Avenarius, 2000, S. 54 ff.). Als erste Möglichkeit sind PR-Alltagstheorien und -Anwendungstheorien, auch als „How-to-do-Theorien" bezeichnet (Mast, 2002a, S. 28; vgl. Bentele, 1997c), zu nennen: PR-Alltagstheorien („common sense theories") sind in Alltagssprache formuliert und geben persönliche

---

[8] Long und Hazleton (1987) nennen als zusätzliches Umweltsystem das „competitive system", also den Einfluss des Wettbewerbs.

Erlebnisse und Eindrücke von PR-Fachleuten wieder (vgl. Avenarius, 2000, S. 54; vgl. Mast, 1992, S. 382). Anwendungstheorien („working theories") stellen Regeln für PR auf, die aus der täglichen Arbeit von PR-Fachleuten abgeleitet wurden. Sie unterscheiden sich von PR-Alltagstheorien dadurch, dass sie durch Generalisierungen Handlungsanleitungen für „gute PR" geben, den Schwerpunkt also auf die normative Perspektive legen. Von einer wissenschaftlichen Theorie kann bei keiner der bislang beschriebenen Theorien gesprochen werden. Erst kommunikationswissenschaftliche Theorien zur PR stellen wissenschaftliche Theorien im eigentlichen Sinn dar: Kommunikationswissenschaftliche Theorien („communication theories") als wissenschaftliche Weiterentwicklung der beiden oben genannten „How-to-do-Theorien" basieren auf Erkenntnissen und Theorien, die anderen Sozialwissenschaften wie z.B. der Managementforschung oder dem Marketing entlehnt wurden. Sie gründen auf der Analyse und Abstraktion von Beobachtungen (vgl. Avenarius, 2000, S. 55; vgl. Burkart/Hömberg, 1992, S. 4; vgl. Ronneberger/Rühl, 1992).

Im Rahmen dieser kommunikationswissenschaftlichen Theorien kann die Betrachtungsweise der PR je nach Schwerpunkt unterschiedlich aussehen (vgl. Avenarius, 2000, S. 55 f.): Man unterscheidet gesellschafts-, verständigungs-, marketing- und managementorientierte Sichtweisen. Zwar wurde die in den Sozialwissenschaften übliche Klassifikation in Makro-, Meso- und Mikroebene auch für die PR übernommen (vgl. Rühl, 1992, S. 99; vgl. Kunczik, 1993, S. 59), jedoch werden die vier Ansätze von verschiedenen PR-Forschern und -Autoren in unterschiedlicher Weise auf den drei Ebenen verortet. Während die Mehrzahl der deutschen Autoren gesellschaftsorientierte PR-Ansätze auf der Makroebene und die spezifischen Meinungsmärkte des Unternehmens auf der Meso-Ebene einordnen, verstehen Grunig und seine amerikanischen Forscherkollegen sowohl gesellschaftsorientierte Ansätze der PR als auch die spezifischen Meinungsmärkte von PR (auf Unternehmensebene) als Teil der Makroebene (vgl. Grunig, 1992d, S. 104). Von deutschen Autoren werden Ansätze auf der Ebene des Unternehmens gemeinsam mit Ansätzen auf der Ebene der PR-Fachleute auf der Mikroebene verortet, von amerikanischen jedoch differenziert in Meso- bzw. Mikroebene. Aufgrund der unterschiedlichen Schwerpunktsetzung werden stark mikro- und mesotheoretisch orientierte Ansätze, wie sie z.B. von Grunig und Hunt vertreten werden, für diese Arbeit als praktikerzentrierte Klassifikation bezeichnet. Die in erster Linie auf die Makroebene fokussierten Ansätze wie z.B. der Ansatz von Ronneberger und Rühl werden der gesellschaftszentrierten Klassifikation zugerechnet. Einen ersten Überblick über diese Zuordnung, die im Folgenden näher erläutert werden soll, gibt Abbildung 8.

Avenarius (2000, S. 30) und Ronneberger/Rühl (1992, S. 256) verorten die „spezifischen Meinungsmärkte", auf denen PR aktiv ist, auf der Zwischenebene (Meso). Diese Meinungsmärkte entstehen, indem jede Organisation die für sie relevanten Teilöffentlichkeiten bedient. Fasst man nun die Kommunikationstätigkeiten derjenigen Unternehmen zusammen, die in einem bestimmten Themenfeld miteinander konkurrieren, so ergibt sich für dieses Themengebiet ein spezifischer Markt mit vielen unterschiedlichen Meinungen. Hauptfunktion der PR ist es im Rahmen dieser Klassifikation, auf dem jeweiligen Meinungsmarkt einen möglichst großen Aufmerksamkeitsgrad zu erreichen, denn bei der Aufmerksamkeit – sowohl von Seiten der Medien als auch der Öffentlichkeit – handelt es sich um ein knappes Gut (vgl. Franck, 2001; vgl. Avenarius, 2000, S. 31; vgl. Kunczik, 1993, S. 59). Sie ist dabei als eines der „gesellschaftlichen Funktionssysteme" von anderen Systemen wie Wirtschaft, Politik, Rechtssystem oder Medien abhängig.

Abb. 8: Einordnung der Erklärungsansätze zur Funktion von PR auf Mikro-, Meso- und Makroebene

	Praktiker-zentrierte Klassifikation (Grunig/Hunt u.a.)	Gesellschafts-zentrierte Klassifikation (Ronneberger/Rühl; Avenarius)
Ansätze auf der Ebene der Gesellschaft PR als gesamtgesellschaftliche Interessenartikulation, Verständigungsorientierte PR	Makroebene	Makroebene
Branchenebene *Spezifische* *Meinungsmärkte*		Mesoebene
Ansätze auf der Ebene des Unternehmens Managementorientierter Ansatz, Marketingorientierte Ansätze	Mesoebene	Mikroebene
Ansätze auf der Ebene der PR-Fachleute	Mikroebene	

Quelle: eigene Darstellung

Im Rahmen der Meso-Betrachtung werden Einflüsse aus der Makroumwelt der PR ausgeblendet und PR vereinfacht als ein unabhängiges und in sich geschlossenes System verstanden (vgl. Rühl, 1992, S. 99; vgl. Ronneberger/Rühl, 1992, S. 259). Auf der Mikroebene werden nach Avenarius (2000, S. 29) die „sehr individuellen PR-Aufgaben der einzelnen Organisationen" betrachtet, Ronneberger und Rühl (1992, S. 267) sprechen vom „Bezugssystem Organisation". Diese unterste Ebene erfasst demnach die einzelne Organisation, d.h. PR-Abteilungen aller Organisations- und Unternehmenstypen sowie PR-Agenturen (vgl. Kunczik, 1993, S. 59; vgl. Rühl, 1992, S. 99). Zu dieser Ebene werden Faktoren wie Ressourcen, PR-Medien oder -Techniken gerechnet (vgl. Ronneberger/Rühl, 1992, S. 274 ff.).

In der amerikanischen PR-Literatur werden die beiden letztgenannten Ebenen im Allgemeinen tiefer angesiedelt, die Ebene der „spezifischen Meinungsmärkte" existiert hier nicht (vgl. Abbildung 8). Grunig und die Mehrzahl seiner Kollegen setzen mit der Mikroebene auf der Ebene des Individuums, also beim PR-Fachmann an: So verortet Grunig (1992d, S. 104 ff.) auf dieser Ebene z.B. Ausbildung, Wissen, Fähigkeiten und Fertigkeiten des einzelnen PR-Fachmanns der Organisation, seine Aufstiegschancen und die Arbeitszufriedenheit. Als einer der wenigen deutschsprachigen PR-Forscher schließt sich Kunczik (1993, S. 59) dieser Sichtweise an und siedelt Mikrotheorien ebenfalls auf der Individual- und Kleingruppenebene an.[9] Auf der Mesoebene werden entsprechend Unternehmen, Organisationen und Verbände verortet, die sich bei den deutschen Theoretikern auf der Mikroebene finden. Auf dieser Ebene sind PR-Definitionen wie z.B. Grunigs „management of communication" angesiedelt. Untersucht wird hier, wie PR-Abteilungen organisiert sind und geleitet werden (vgl. Grunig, 1992d, S. 103).

Nachfolgend werden die vier Ansätze zur Funktion der PR näher dargestellt. Entsprechend der Fragestellung liegt der Fokus auf der Mesoebene, so dass die im Folgenden ausführlicher dargestellten vier PR-Verständnisse auf ihren Beitrag zur Mesoebene der PR untersucht und kritisch diskutiert werden.

PR als gesamtgesellschaftliche Interessenartikulation

Allgemeines Ziel der PR im Rahmen des gesellschaftsorientierten Ansatzes ist es, Verstehen, Vertrauen und Goodwill bei relevanten Öffentlichkeiten zu bilden. Das betonten schon die PR-Pioniere Bernays und Oeckl (vgl. Ronneberger, 1977, S. 6). So sah Oeckl die Verbindung dieser drei Elemente im Oberziel der Integration. Ronneberger (1977, S. 7) verfolgte diesen Gedanken weiter und untersuchte die Integrationsleistung von PR im Rahmen der modernen, westlichen Gesamtgesellschaft: „Je komplexer eine Gesellschaft sich entfaltet, umso mehr Integrationsleistungen müssen erbracht werden, um ein Auseinanderfallen zu verhindern: Integration in modernen Gesellschaften bedeutet aber in erster Linie Information." Demnach begleitet die Kommunikation im Rahmen ihrer Integrationsfunktion Gesellschaften bei ihrer allmählichen Ausdifferenzierung in arbeitsteilige Subsysteme (vgl. Merten, 1998, S. 6 f.). Der gesellschaftsorientierte Ansatz als makrotheoretische Sichtweise von PR fragt nach eben diesem Beitrag der PR für Existenz und Funktionsfähigkeit pluralistischer Gesellschaften (vgl. Ronneberger/Rühl, 1992; vgl. Ronneberger, 1993, S. 495; vgl. Ronneberger, 1977).[10] Untersucht wird die PR als autopoietisches

---

9 z.B. in Form der Persuasionstheorien.
10 Kunczik (1993, S. 121) fasst diesen PR-Ansatz in Bezug auf Luhmanns funktional-strukturelle Systemtheorie unter den Oberbegriff der struktur-funktionalistischen Analyse, wenn er schreibt: „Das Ziel struktur-funktionaler Analyse [ist es; S.H.], aufzuzeigen, inwieweit die Teile (Subsysteme) eines Systems zum Funktionieren des Gesamtsystems beitragen bzw. nicht beitragen."

System im Rahmen anderer gesellschaftlicher Systeme oder der Gesamtgesellschaft (vgl. Signitzer, 1992, S. 136). Ziel der PR ist hier die Ausrichtung auf den gesellschaftlichen Konsens im Rahmen der öffentlichen Meinungsbildung und damit eine Gemeinwohlorientierung (vgl. Kunczik, 1993, S. 126; vgl. von Bargen, 1987, S. 25). Avenarius (2000, S. 29) spricht von der „hehren kollektiven Funktion der PR, eine dynamische Gesellschaft stabilisieren zu helfen".

Die Grundgedanken dieses Makroverständnisses sehen wie folgt aus: Innerhalb pluralistischer Gesellschaften werden Interessengegensätze im Rahmen öffentlicher Diskussion ausgetragen (vgl. Ronneberger/Rühl, 1992, S. 252). Dabei kommt der öffentlichen Meinung eine Art Gerichtsfunktion zu, die über die Rechtmäßigkeit der jeweiligen Interessen urteilt (vgl. Avenarius, 2000, S. 139). Die Artikulation dieser spezifischen Interessen ist Aufgabe der PR. „Vor dem Forum der allgemeinen öffentlichen Meinung kann eine öffentliche Auseinandersetzung Standorte klären, Probleme relativieren, Mehrheiten formieren oder Kompromisse veranlassen" (Avenarius, 2000, S. 29). Aufgabe der PR ist es also, in den heute immer komplexer, organisierter und formaler werdenden gesellschaftlichen Systemen durch Information für die Artikulation organisierter Interessen zu sorgen und somit das Funktionieren von demokratischen, pluralistischen Gesellschaften zu ermöglichen (vgl. Ronneberger, 1977, S. 8). PR versucht im Rahmen ihrer Artikulationsfunktion, durch Argumentation und Überzeugung die Zustimmung möglichst vieler Mitglieder der betroffenen Teilöffentlichkeiten zu erhalten (vgl. ebd., S. 20 f.). Sie wird hierbei als Funktion zur Sicherung des Gemeinwohls gesehen: „Durch öffentliche Darstellung und Diskussion erlangen die Interessen demokratische Legitimation", schreibt Ronneberger (ebd., S. 14) und spricht in der Folge vom „Rang der Öffentlichkeit als Legitimationsmittel". Mast (1992, S. 390) erklärt die Bedeutung der Legitimation für das Handeln eines Unternehmens wie folgt: „Solange die Legitimität eines Unternehmens im öffentlichen Urteil intakt ist, sind die Führungskräfte von der ständigen Frage befreit, warum sie denn so handelten. (...) Das Unternehmen verfügt in dieser Phase über einen enormen Handlungsspielraum." Gleichzeitig existieren heute in Folge der oben beschriebenen zunehmenden Komplexität von Umwelt und Gesellschaft kaum noch Themen, die die Öffentlichkeit in ihrer Breite ansprechen. Vielmehr gibt es für jedes Thema eine oder mehrere interessierte Teilöffentlichkeiten, die sich z.B. geographisch oder aufgrund ihrer Betroffenheit abgrenzen lassen (vgl. Ronneberger, 1977, S. 16).

Als problematisch am gesellschaftsorientierten Ansatz stellen sich v.a. die verwendeten, aber nicht definierten Begriffe (z.B. Gemeinwohl) sowie die „unrealistische Symmetriefiktion" (Kunczik, 2002, S. 208 f.) dar. Symmetrische Kommunikation zwischen Organisation, Medium und Öffentlichkeit, auch im Sinne der von Ronneberger vorgenommenen Übertragung der Individual- auf die Massenkommunikation, kann es nicht geben. Weder sind die Medien neutrale Vermittler aller Interessen in der Gesellschaft, noch leistet PR per se einen Beitrag zur pluralistischen Demokratie. Kunczik (ebd., S. 209) betont, dass politische PR und insbesondere das Lobbying ebenso gut zur „Zerstörung bzw. Verhinderung von Demokratie" beitragen könnten. Kernproblem des Ansatzes ist die ungleiche Verteilung von Ressourcen und die somit variierende Machtbasis, die hinter der Artikulation von Interessen steht. Nur eine bestimmte Anzahl und Art von Themen bzw. Interessen gelangt auf die Agenda der Medien, alle anderen Interessen erhalten nicht die notwendige Aufmerksamkeit, um zur hehren Pluralismusfunktion beitragen zu können (vgl. Bentele/Haller, 1997).

PR als Verständigung

Ein ebenfalls gesellschaftstheoretischer Ansatz (zwischen Makro- und Mesoebene anzusiedeln) ist die Theorie der verständigungsorientierten Öffentlichkeitsarbeit nach Burkart (1995/1996/2000; Burkart/Probst, 1991) und Pearson (1989). Sie rückt den Dialogcharakter[11] von PR in den Mittelpunkt der Betrachtung. Ansatzpunkt ist das von Nitsch (1975) als Grundlage jeder Beziehungs- und Vertrauensbildung durch PR proklamierte gegenseitige Verständnis. So hat der verständigungsorientierte Ansatz das Ziel der „Optimierung gesellschaftlicher Verständigungsverhältnisse" (Burkart, 1996, S. 246), indem mögliche Konfliktpotenziale ernst genommen und in der Kommunikation mit ausgewählten Zielgruppen adressiert werden (vgl. Burkart, 2000, S. 96). Basis bilden die Überlegungen zur Verständigung im Rahmen der Theorie des kommunikativen Handelns nach Jürgen Habermas (vgl. Burkart, 1996, S. 249). Burkarts Kernthese lautet: „Zeitgemäße Öffentlichkeitsarbeit hat sich an den Grundlagen der Verständigung zu orientieren" (ebd., S. 248). Der Ansatz geht wie bereits Hundhausen (1951, S. 164 f.) im Rahmen seines „Prinzips übereinstimmender Interessen" davon aus, dass ein Unternehmen im Rahmen seiner Interessendurchsetzung mit denjenigen Gruppen im Einverständnis stehen sollte, die von dieser Interessendurchsetzung betroffen sind (vgl. Burkart, 1996, S. 255). Diese Schaffung von Einverständnis sei zu verstehen als zweiseitig-symmetrische Verständigung, die nur unter folgenden Bedingungen zustande komme (vgl. Burkart/Probst, 1991, S. 61; vgl. Burkart, 1996, S. 253):

- Die Kommunikationspartner müssen sich sicher sein, dass der andere die Wahrheit sagt, wahrhafte Absichten hat und seine Äußerungen richtig bzw. angemessen sind.
- Die Kommunikationspartner müssen über gemeinsame Überzeugungen verfügen, nach der sie „im Falle eines Anzweifelns (auch nur eines) dieser Ansprüche diese selbst zum Thema von Kommunikation machen können" (ebd.).
- Die Kommunikationspartner müssen in solchen Fällen einen Diskurs führen können, der auf Rationalität beruht, der eine Lösung herbeiführen möchte und der sich an der idealen Sprechsituation orientiert. Kennzeichen einer idealen Sprechsituation ist es, dass für jeden Kommunikationsteilnehmer „die gleichen Chancen bestehen, Sprechakte (wie z.B. Behauptungen, Wünsche, Aufforderungen, Verurteilungen etc.) zu wählen und auszuführen" (ebd.).

Ziel der verständigungsorientierten Öffentlichkeitsarbeit ist es, ein Einverständnis zwischen dem PR-treibenden Unternehmen und der Öffentlichkeit oder ihren Teilen

---

11 Für die Entwicklung und Rolle des Dialogs als Element der PR-Theorie vgl. vertiefend die Ausführungen von Kent/Taylor (2002).

über die objektive, subjektive und soziale Welt herbeizuführen (vgl. ebd., S. 245; vgl. Burkart, 1995a, S. 75; vgl. Burkart/Probst, 1991, S. 62). Bei der objektiven Welt handelt es sich um die Gegenstände, über die kommuniziert werden soll (was?). Die subjektive Welt (wer?) betrifft das Unternehmen und seine Vertrauenswürdigkeit, die soziale Welt schließlich erklärt Interessen und Gründe (warum?) im Sinne ihrer Rechtmäßigkeit (vgl. Burkart, 1996, S. 255 f.). Verständigungsorientierte Öffentlichkeitsarbeit verlangt in ihrer Idealform von den Kommunikationspartnern also Gespräche über das Unternehmen und seine Vertrauenswürdigkeit, über Sachverhalte und deren Wahrheit sowie über Gründe für und Legitimität von Handlungen, die zu Verständigung *und* Einverständnis führen sollen. Es werden sowohl Tatsachen als auch deren normative Implikationen zum Inhalt der Kommunikation gemacht. Burkart (ebd., S. 258 ff.) spricht von den beiden Prozessschritten als Information und Diskussion und betont die elementare Bedeutung von Ehrlichkeit und Offenheit für kommunikative Prozesse (vgl. Burkart/Probst, 1991, S. 63 ff.). Erst wenn ein Einverständnis zwischen den beteiligten Parteien erzielt wurde, können PR-Programme entwickelt und implementiert werden (vgl. Burkart, 1996, S. 263). Verständigungsorientierte Öffentlichkeitsarbeit hat den Dialog im Sinne einer Suche nach einer gemeinsamen Position, nach Interessenkonsens und Einigung im Blick und ist geprägt durch eine zweiseitige, im Ideal gleichberechtige Verhandlungssituation aller Beteiligten.

Sinnvoll erscheint verständigungsorientierte Öffentlichkeitsarbeit vor allem in Krisensituationen, wenn sich die Öffentlichkeit dem Unternehmen gegenüber kritisch oder gar ablehnend verhält und mit einbezogen werden muss, will das Unternehmen zu einer Klärung bzw. Lösung des Problems gelangen (vgl. Burkart/Probst, 1991, S. 62). Grundlegende Voraussetzung für einen verständigungsorientierten Dialog zwischen Unternehmen und Öffentlichkeit ist jedoch, dass der Ausgang des Aushandlungsprozesses offen und somit von beiden Seiten in gleicher Weise zu beeinflussen ist (vgl. Dorer/Marschik, 1995, S. 34ff.) – eine Anforderung, der in der Praxis nahezu nie entsprochen werden kann. Aber auch wenn das Ergebnis offen ist, so geht der Ansatz mit der Handlungstheorie von einer Idealvorstellung aus, die in der Realität kaum anzutreffen ist. PR ist nun einmal interessengeleitete Kommunikation, die bestimmte Wirkungen bei ihren Zielgruppen erzielen will und nur bis zu einem gewissen Grad als Verständigung und Konsens zu verstehen ist (vgl. Mast, 2002a, S. 30). Burkart (2000, S. 96 f.) präzisiert entsprechend dieser Kritik, es handele sich beim Dialog im Sinne seines Ansatzes darum, dass PR Kommunikationsgelegenheiten und -räume schaffen müsse, in denen die Organisation in Kontakt mit den Teilöffentlichkeiten treten könne.

PR als Werkzeug des Marketing

Welchen Beitrag leistet Public Relations zur Erreichung der Marketingziele von Unternehmen? So lautet die zentrale Fragestellung dieser Sichtweise (Signitzer, 1992, S. 136; vgl. Kotler/Bliemel, 2001, S. 1004). Im Rahmen des marketingorientierten Ansatzes wird PR dem Marketing untergeordnet. PR soll im Sinne eines absatzpolitischen Verständnisses einen Beitrag zum Aufbau positiver Unternehmensimages leisten (vgl. Nieschlag/Dichtl/Hörschgen, 1997, S. 537; vgl. Kitchen, 1997, S. 27 ff.; vgl. Stuiber, 1992, S. 211). Marketingorientierte Öffentlichkeitsarbeit steht im vollständigen Gegensatz zu den beiden oben angesprochenen Ansätzen nicht als selbständige, pluralismus- bzw. dialogfördernde Komponente der Gesellschaft, sondern als ein Kommunikationsinstrument unter vielen im Rahmen des Marketing-Mix bzw. der Kommunikationspolitik[12], als Marketing-PR (vgl. Kotler/ Bliemel, 2001, S. 1004 ff.; vgl. Kitchen/Papasolomou, 1997, S. 241; vgl. Meyer, 1995, S. 2199 f.). Entsprechend des zu Grunde liegenden Marketingverständnisses variiert die Reichweite der PR, allerdings nur graduell: (1) Wird die Aufgabe des Marketings lediglich darin gesehen, Produkte zu verkaufen, dann wird PR als Unterstützungsfunktion zum Abverkauf auf die Product Publicity reduziert (vgl. Signitzer, 1992, S. 136 f.). Man spricht in diesem Zusammenhang auch von „Verkaufskonzept" (Kotler/Bliemel, 1995, S. 4) oder produktbezogener Öffentlichkeitsarbeit (vgl. Meffert, 1988, S. 376). PR, wie sie in Abschnitt 2.1.1 mit ihren Funktionen, Aufgaben und Zielen dargestellt wurde, ist allenfalls im Rahmen eines (2) umfassenderen Marketingverständnisses möglich: Marketing kann hier nach Meffert (1998, S. 7) als die „bewußt marktorientierte Führung des gesamten Unternehmens" verstanden werden oder mit Kotler und Bliemel (1995, S. 16) als „Prozeß im Wirtschafts- und Sozialgefüge, durch den Einzelpersonen und Gruppen ihre Bedürfnisse und Wünsche befriedigen, indem sie Produkte und andere Dinge von Wert erstellen, anbieten und miteinander austauschen". Wird PR dem Marketing untergeordnet, so verringert sich für das Unternehmen die Möglichkeit, auch in stark kompetitiven und sich schnell ändernden Umwelten erfolgreich zu existieren (vgl. Kitchen/Papasolomou, 1997, S. 247 f.). Im Vordergrund des marketingorientierten Verständnisses steht nicht etwa die Öffentlichkeit wie im Rahmen der PR im Allgemeinen üblich, sondern es findet eine Konzentration und weitgehende Beschränkung auf den Absatzmarkt, d.h. in erster Linie auf die Kunden statt. PR wird in diesem Zusammenhang auf leistungsbezogene, imagebezogene und kontextbezogene Kommunikation reduziert (vgl. Mast, 2002a, S. 46 f.; vgl. Zerfaß, 1996, S. 77). Die weiteren Nachteile des marketingorientierten Verständnisses von PR liegen auf der Hand: Definition und Aufgaben der PR werden sehr eng gefasst, so dass PR im Rahmen dieses Verständnisses ihre potenziellen Möglichkeiten kaum entfalten kann (vgl. Mast, 2002a, S. 43 f.; vgl. Signitzer, 1992, S. 137). Signitzer (ebd.) sieht die Gefahr einer „Vernachlässigung des elementar Kommunikativen (...) der PR".

PR als Kommunikationsmanagement

Der managementorientierte Ansatz der PR-Forschung findet sich v.a. in der englischsprachigen Forschung (vgl. Grunig/Hunt, 1984; vgl. Cutlip/Center/Broom, 2000; vgl. Wilcox et al., 1999). Bekanntester Vertreter und Mitbegründer dieser

---

12 Der Begriff der Kommunikationspolitik meint „die bewußte Gestaltung der auf den Markt gerichteten Informationen eines Unternehmens zum Zweck der Beeinflussung von Meinungen, Einstellungen, Erwartungen und Verhaltensweisen gemäß spezifischer Zielsetzungen des Unternehmens" (Meffert, 1986, S. 443). Die Kommunikationspolitik im Rahmen des Marketings beschränkt sich also auf die kommunikative Bearbeitung des Marktes.

Forschungsrichtung ist James E. Grunig, der das Forschungsfeld im Bereich des Managements verortet: Grunig und sein Kollege Hunt betonen den Managementcharakter von Kommunikation, indem sie PR als „management of communication between an organization and its publics" (Grunig/Hunt, 1984, S. 6; vgl. Grunig, 1992a, S. 4) definieren. Zweck der PR ist es hier, die für das Unternehmen wichtigen Gruppen innerhalb der Öffentlichkeit zur Unterstützung des Unternehmens oder deren Goodwill zu gewinnen (vgl. Banks, 1995, S. 25) und die Organisation als Ganzes zu kommunizieren (vgl. Seitel, 1998, S. 5). Das Besondere am managementorientierten Ansatz ist, dass er die organisatorische Einordnung von PR und ihre Einflussmöglichkeiten im Blick hat. Zentrale Fragestellung im Rahmen dieses betriebswirtschaftlichen PR-Verständnisses: Welchen Beitrag kann PR zur Erreichung der Unternehmensziele leisten? (vgl. Grunig, L., 1992c, S. 226; vgl. Signitzer, 1992, S. 135). Zu Grunde liegt dieser Fragestellung der von Peters und Waterman (1982) mit „In Search of Excellence" begründete Gedanke der effizienten bzw. exzellenten Unternehmung.[13] Im Rahmen des exzellenten Unternehmens muss nach Grunigs Verständnis PR als Managementfunktion ihren Anteil zu Effizienz und Effektivität leisten (vgl. Haedrich, 1992): „Public relations and communication management describe the overall planning, execution, and evaluation of an organization's communication with both external and internal publics – groups that affect the ability of an organization to meet its goals" (Grunig, 1992a, S. 4).

Avenarius (2000, S. 49) kritisiert an diesem Ansatz, dass nicht alle Kommunikation planbar ist, wie Grunig und Hunt seiner Ansicht nach im Rahmen der Managementfunktion implizieren. Er weist auf „spontane, impulsive Aktionen und Reaktionen" im Rahmen der PR hin. Daran knüpft die häufig geäußerte Kritik an, die diesem managementorientierten Ansatz zu Grunde liegende Definition von PR sei zu unspezifisch, da sie auch angrenzende organisatorische Kommunikationsfunktionen wie z.B. die Werbung mit einbezieht (vgl. ebd.). Gerade ihre Breite ist es aber, die eine möglichst umfassende Betrachtung und Einordnung von PR ermöglicht, wie sie von vielen PR-Forschern und -Praktikern für notwendig erachtet wird. Sie ermöglicht eine teilweise Integration der makrotheoretischen Ansätze in die Meso-Betrachtung von PR: Mit Blick auf die Öffentlichkeit kommt PR im Sinne der managementorientierten Ansätze auch (1) die Aufgabe zu, eine soziale oder öffentliche Verantwortung zu übernehmen, die verantwortungsvolles Handeln, Verantwortungsbewußtsein und Verantwortlichkeit mit einschließt (vgl. Mast, 2002a, S. 14). Grunig und Hunt (1984, S. 52) erklären die Notwendigkeit einer solchen Verantwortlichkeit wie folgt: „The organization must be responsible to maintain the freedom to behave in the way it wants, which it must do in order to be profitable or to achieve other goals. And it needs a communication link – a public relations function – to show what it has done to be responsible." Darüber hinaus rückt die managementorientierte Betrachtungsweise von PR (2) die Dialogkomponente in den Vordergrund, indem sie – ähnlich dem verständigungsorientierten Ansatz – die zweiseitig-symmetrische Kommunikation zwischen Organisation und Öffentlichkeit als Idealform der PR versteht.

---

13 vgl. auch Peters/Austin (1985).

Kritische Würdigung der Ansätze

Während sich der management- und der marketingorientierte Ansatz auf der Mesoebene bewegen und somit konkurrierende Betrachtungen darstellen, lassen sich der gesellschaftsorientierte und der verständigungsorientierte Ansatz als übergeordnete Betrachtungsweisen verstehen (Makroebene). Neben die bereits oben dargestellten spezifischen Kritikpunkte eines jeden Ansatzes tritt für alle vier PR-Ansätze die Frage nach einer kulturellen Enge: Inwiefern sich Ansätze, die etwa in Deutschland formuliert und evtl. bereits empirisch überprüft wurden, auf den amerikanischen, den asiatischen oder den afrikanischen Raum übertragen lassen, ist bislang ungeklärt. Im Hinblick auf das Erkenntnisinteresse dieser Arbeit wurde bereits zu Beginn die organisationstheoretische Definition nach Grunig als Basis gewählt, wie sie für die PR auf Unternehmensebene am geeignetsten ist. Denn gerade die vielfach kritisierte Weite der Definition ist es, die im Rahmen der Fragestellung dieser Arbeit Vorteile hat. Untersucht man die unterschiedlichen Ansätze auf ihren Erklärungsgehalt für die Fragestellung dieser Arbeit, so zeigen sich unterschiedliche Beiträge (Tabelle 1).

Den geringsten Erklärungsbeitrag zur Fragestellung dieser Arbeit liefert der gesellschaftsorientierte Ansatz. Etwas größer sind die Beiträge des verständigungs- und des marketingorientierten Ansatzes. Der Beitrag der Ansätze auf der Mikroebene ist verhältnismäßig groß, denn sie beziehen sich auf die relevanten Faktoren der Ebene des einzelnen PR-Fachmanns wie z.B. seine Professionalität, Berufsrolle oder Individualethik. Den größten Erklärungsbeitrag liefert jedoch der betriebswirtschaftlich geprägte managementorientierte Ansatz, der die PR des Unternehmens im Blickfeld hat. Entsprechend der Fragestellung der Arbeit untersucht dieser Ansatz die Funktion der PR im Unternehmen, ihre Ausrichtung, ihre Zielsetzung und ihre Funktionsweise und integriert zumindest teilweise Elemente der Mikroebene (z.B. PR-Rollen), des marketingorientierten und des verständigungsorientierten Ansatzes. Er ist damit der Ansatz, der die meisten Einflussebenen für die PR erfasst und eine möglichst breite Analyse und Untersuchung der Ausgangsfrage der Arbeit ermöglicht. In einer engen Auslegung des managementorientierten Verständnisses kann die Konzentration der Autoren auf die Frage nach exzellenter PR problematisch sein, d.h. wie und inwieweit PR einen Beitrag zur Effektivität des Unternehmens und zur Erreichung seiner Ziele leisten kann. Ergänzt man dieses PR-Verständnis jedoch durch Bestandteile weiterer Theorien und durch Forschungserkenntnisse auch aus anderen kulturellen Kontexten, so ist der managementorientierte Ansatz für die kulturvergleichende Anlage dieser Arbeit am geeignetsten.

Tab. 1: Erklärungsbeitrag der PR-Ansätze zur Fragestellung der Arbeit

Ansatz	Kernaussage	Kritik	Erklärungsbeitrag für die Fragestellung
Gesellschaftsorientierter Ansatz	PR leistet einen Beitrag zur Existenz und Funktionsfähigkeit pluralistischer Gesellschaften, indem sie die in der Gesellschaft bestehenden organisierten Interessen artikuliert und legitimiert.	▪ geringer Anwendungsbezug, empirisch nicht prüfbar ▪ sagt wenig über die PR auf Unternehmensebene aus ▪ zu idealisiert, da in der Gesellschaft Ressourcenverteilung ungleich ▪ verwendete Begriffe nicht immer definiert	gering, da der Ansatz zu abstrakt und nicht auf die Ebene der Unternehmens-PR bezogen ist
Verständigungsorientierter Ansatz	PR ist Initiator eines Dialogs zwischen dem Unternehmen und relevanten Teilen der Öffentlichkeit mit dem Ziel, Einverständnis herbeizuführen.	▪ zu idealistisch, da PR meist eher auf die Durchsetzung ihrer Interessen ausgerichtet ist als auf den Dialog ▪ situationsbezogener Einsatz	mittel, da sich der Ansatz nicht auf alltägliche PR, sondern PR in Sondersituationen bezieht und sich damit nur begrenzt zur Klassifikation unterschiedlicher PR-Ausprägungen in der Praxis verwenden lässt
Marketingorientierter Ansatz	PR ist ein Instrument des Kommunikations-Mix im Rahmen des Marketing (Marketing-PR), dessen Reichweite je nach Marketing-Verständnis variiert.	▪ zu enges Verständnis von PR, als dass sie ihr Potenzial ausschöpfen könnte	mittel, da PR in der Praxis häufig als Unterfunktion des Marketing verstanden und auch organisatorisch verortet wird
Managementorientierter Ansatz	PR ist systematisches, geplantes Kommunikationsmanagement der Organisation, das einen Beitrag zur Erreichung der Organisationsziele leisten soll.	▪ offene und „unspezifische" Definition ▪ stark betriebswirtschaftlich ausgerichtet ▪ zu starke Betonung der Planung, wodurch spontane PR-Aktivitäten nicht erfasst werden	groß, da der Ansatz auf einer weiten PR-Definition basiert, sich auf PR auf der organisationalen (Meso-) Ebene konzentriert, bis zu einem gewissen Grad sowohl marketingorientierte Ansätze (über die organisatorische Einordnung der PR) als auch den verständigungsorientierten Ansatz (Idealvorstellung: symmetrischer Dialog) integriert. Durch konkrete Modellvorstellungen verhältnismäßig detailliert.

Quelle: eigene Darstellung

Zusammenfassung des Abschnitts
Kapitel 2.1 bildet die Grundlage der theoretischen und empirischen Untersuchung von PR: Basis ist neben dem systemtheoretischen Verständnis von PR als offenem, sozialem System der managementorientierte PR-Ansatz, der nach dem Beitrag der Unternehmens-PR für die Erreichung der Unternehmensziele fragt. Er eignet sich für kulturvergleichende Fragestellungen v.a. aufgrund seiner offenen Definition von PR und der Tatsache, dass die meisten Vorstudien im Rahmen der internationalen PR auf seiner Basis durchgeführt wurden. Der managementorientierte Ansatz wird jedoch zur Vermeidung einer möglichen kulturellen Enge durch andere Ansätze der Mesoebene ergänzt. So bringt etwa der verständigungsorientierte Ansatz die Idee des wechselseitigen Dialogs mit ein.

2.2 Public Relations als strategischer Erfolgsfaktor des Unternehmens

PR ist in vielen Unternehmen zu einem strategischen Erfolgsfaktor geworden (vgl. Mast, 1992, S. 383): Sie wird heute zunehmend strategisch geplant, implementiert und evaluiert. Sieht man die Rolle der Strategie darin, auf Umwelteinflüsse zu reagieren und die Organisation als offenes System an das veränderte Umfeld anzupassen (vgl. Moss/Warnaby, 1997, S. 50), so wird die Ähnlichkeit von Strategie und PR deutlich. Die strategische Orientierung von PR lässt sich in sechs Schlüsselbegriffen zusammenfassen (Wilcox/Ault/Agee, 1992, S. 6 f.). PR ist demnach:
1. „deliberate" (wohlüberlegt);
2. „planned" (geplant);
3. „performance" (outputorientiert);
4. „public interest" (PR versucht die Interessen der Öffentlichkeit zu bedienen, indem sie im Idealfall gegenseitig vorteilhafte Beziehungen etabliert);
5. „two-way communication" (dialogisch);
6. „management function" (PR ist Teil der Entscheidungsfindung des Top-Managements z.B. als Beratung oder direkte Mitwirkung bei Entscheidungen).

Die Faktoren „public interest" und „two-way communication" schlagen sich in erster Linie in den PR-Modellen nieder. Der „deliberate" und „planned" Charakter von PR kann in Zusammenhang mit dem PR-Prozess und die „management function" sowie die „performance" in Zusammenhang mit PR-Rollen, -Organisationsformen und mit der Beratungsfunktion gebracht werden (Tabelle 2).

Tab. 2: Charakteristika und grundlegende Elemente der PR in der Kapitelzuordnung

Charakteristikum	Grundlegende Elemente der PR		Abschnitt der Arbeit
	Mesoebene	*Mikroebene*	
public interest two-way communication	PR-Modelle		*2.2.1 PR als Interaktion*
performance management function	PR-Organisation	PR-Rollen	*2.2.2 PR als Managementfunktion*
deliberate planned	PR-Prozess		*2.2.3 PR als Prozess*

Quelle: eigene Darstellung

2.2.1 PR als Interaktion

Eine in der PR-Literatur seit Jahren gängige Klassifikation verschiedener PR-Formen – PR-Modelle genannt – geht auf James Grunig zurück. PR-Modelle sind PR-Programme mit jeweils unterschiedlichen idealtypischen Ausrichtungen und Zielsetzungen (vgl. Avenarius, 2000, S. 85; vgl. Grunig, 1992a, S. 19). Seit ihrer Einführung in die Literatur im Jahr 1984 sind sie fester Bestandteil der Fachliteratur und bildeten die Grundlage für eine Vielzahl von Untersuchungen. Grunig und Hunt (1984, S. 27 ff.) abstrahierten die vier PR-Modelle aus der amerikanischen PR-Geschichte, die eine schrittweise und zeitlich bedingte Entwicklung der Modelle nahe legt (vgl. Tabelle 3).[14]

Tab. 3: Die vier PR-Modelle im Überblick

characteristic	press agentry/ publicity	public information	two-way asymmetric	two-way symmetric
purpose	propaganda	dissemination of information	scientific persuasion	mutual understanding
nature of communication	one-way; truth not essential	one-way; truth important	two-way; imbalanced effects	two-way; balanced effects
communication model	source → receiver	source → receiver	source ←→ receiver	group ←→ group
nature of research	little	little; readability, readership	formative; evaluative of attitudes	formative; evaluative of understanding
leading historical figures	P. T. Barnum	Ivy L. Lee	Edward L. Bernays	Edward L. Bernays, educators, professional leaders
where practiced today	sports, theatre, product promotion	government, nonprofit, business	competitive business; agencies	regulated business; agencies

Quelle: Grunig/Hunt (1984, S. 22)

Demnach liegt der Anfangspunkt der PR etwa Mitte bis Ende des 19. Jahrhunderts, als Publicity- und Propaganda-Tätigkeit vorherrschten („press agentry model" oder „publicity model"; vgl. Grunig/Hunt, 1984, S. 25; vgl. Grunig/Grunig, 1992, S. 287; vgl. Wilcox/Ault/Agee, 1992, S. 57; vgl. Broom/Dozier, 1990, S. xi). Zu Beginn des 20. Jahrhunderts wechselte die Perspektive mit Ivy Lee auf eine stärkere Informationsausrichtung („public information model") und über eine einseitig orientierte

---

14 Grunig und Hunt fügen in ihrer Tabelle jedem der Modelle als siebtes Charakteristikum einen geschätzten Prozentsatz hinzu, wie viele Organisationen etwa das jeweilige Modell 1984 einsetzten. Da diese Prozentzahlen aus heutiger Sicht allenfalls als historische Betrachtung dienen können, wurden sie im Rahmen dieser Tabelle nicht aufgenommen.

Zweiweg-Kommunikation („two-way asymmetric model") hin zu einer dialogischen Kommunikation („two-way symmetric model") im letzten Schritt Ende des Jahrhunderts (vgl. Grunig/Hunt, 1984, S. 25 und S. 31 ff.; vgl. Grunig/Grunig, 1992, S. 288 f.; vgl. Wilcox/Ault/Agee, 1992, S. 57; vgl. Broom/Dozier, 1990, S. xi). Das Modell der dialogischen Kommunikation ist bislang weitgehend eine normative Vorstellung von PR geblieben, so dass es im Rahmen dieser Entwicklungsreihe eine Ausnahme darstellt und nicht als geschichtliche Fortentwicklung der ersten drei Modelle verstanden werden kann (vgl. Avenarius, 2000, S. 68). Zwar gilt nur das letzte Modell im Sinne einer normativen Empfehlung als höchste, erfolgreichste Stufe der PR – je nach Unternehmen, Situation und Person kann aber auch eines der anderen Modelle sinnvoll und damit „am erfolgreichsten" für die entsprechende Zielsetzung sein (vgl. Grunig/Grunig, 1992, S. 307 ff.; vgl. Warnaby/Moss, 1997, S. 9 f.). Wichtig ist zu betonen, dass die vier Modelle sich nicht gegenseitig ausschließen, sondern durchaus auch eine Kombination verschiedener Modelle (entweder in Rein- oder Mischform) zum Einsatz kommen kann.

Publicity, Informationstätigkeit und zweiseitige Modelle

Das „press agentry model" ist eine auf Publicity ausgelegte PR-Praxis, die Ansätze einer Propagandafunktion aufweist (vgl. Grunig/Hunt, 1984, S. 21; vgl. Grunig, 1992a, S. 18). Im Deutschen wird das Modell als Publicity-Modell bezeichnet (vgl. Avenarius, 2000, S. 86). Die Kommunikation erfolgt als Einwegkommunikation vom Sender zum Empfänger, die Wahrheit ist unwesentlich. Ziel ist eine möglichst große Resonanz der Medien (vgl. Grunig, 1989, S. 29). Beim zweiten Modell, dem „public information model", steht die Informationstätigkeit im Vordergrund (vgl. ebd.). Richtige, weitgehend objektive Informationen werden mit Hilfe der Massenmedien oder mittels unternehmenseigener Medien wie Newsletter oder Broschüre verbreitet (vgl. Grunig, 1992a, S. 18). Entsprechend des Publicity-Modells werden aber auch bei der Informationstätigkeit nur Botschaften kommuniziert, die das Unternehmen in einem positiven Licht erscheinen lassen (vgl. ebd.; vgl. Grunig, 1989, S. 29). Avenarius (2000, S. 88) betont die Erweiterungsmöglichkeiten dieser Perspektive: „Vom partiellen zum totalen Verschweigen (...) bis zur rückhaltlosen Preisgabe aller Details sind alle Spielarten anwendbar." Beide Modelle basieren auf einseitiger Kommunikation vom Sender zum Empfänger. Systematische Analysen oder strategische Planung kommen nicht zur Anwendung (vgl. Dozier/Grunig/ Grunig, 1995, S. 13; vgl. Grunig, 1989, S. 29; vgl. Grunig, 1992a, S. 18).

Im asymmetrischen Zweiweg-Modell – von Avenarius (2000, S. 88) als Überzeugungsarbeit bezeichnet – wird die PR strategisch geplant (vgl. Grunig, 1989, S. 29). „It uses research to develop messages that are most likely to persuade strategic publics to behave as the organization wants" (Grunig, 1992a, S. 18). Wie bei den beiden oben dargestellten Modellen dient PR auch hier primär zur Persuasion. Grunig und Hunt (1984, S. 22) sprechen diesbezüglich von einer „scientific persuasion", weil Feedback-Prozesse zur besseren Justierung der Kommunikation einbezogen werden. Für eine Anpassung von Zielen oder Prozessen wird die durch das Feedback gewonnene Erkenntnis über die PR-Adressaten jedoch nicht verwendet (vgl.

Dozier/Grunig/Grunig, 1995, S. 13). Das vierte und letzte Modell, das symmetrische Zweiweg-Modell bzw. der Dialog, ist das elaborierteste. Es basiert auf einer im Idealfall symmetrisch angelegten Kommunikation.[15] Mit ihrer Hilfe werden die Ziele des Unternehmens mit denen der strategisch relevanten Zielgruppen in Einklang gebracht (vgl. Grunig, 1992a, S. 18; vgl. Grunig, 1989, S. 29). Kernelement ist hier das „mutual understanding with key publics" mit dem Ziel, sowohl für das Unternehmen als auch für die Öffentlichkeit eine Win-Win-Lösung zu erzielen (vgl. Dozier/Grunig/Grunig, 1995, S. 13). Der PR-Experte übernimmt dabei die Mediatoren- bzw. Vermittlerrolle zwischen Unternehmen und Öffentlichkeit (vgl. Grunig/Hunt, 1984, S. 22).

Ein ähnliches Modell zur Typologisierung der PR legten Kotler und Mindak (2000) vor. Sie abstrahierten in einer Detailanalyse fünf schematische Entwicklungsstufen, die PR im Rahmen ihrer geschichtlichen Entstehung und Ausdifferenzierung in den USA durchlaufen hat (Abbildung 9).

Abb. 9: Evolution der PR in fünf Entwicklungsschritten

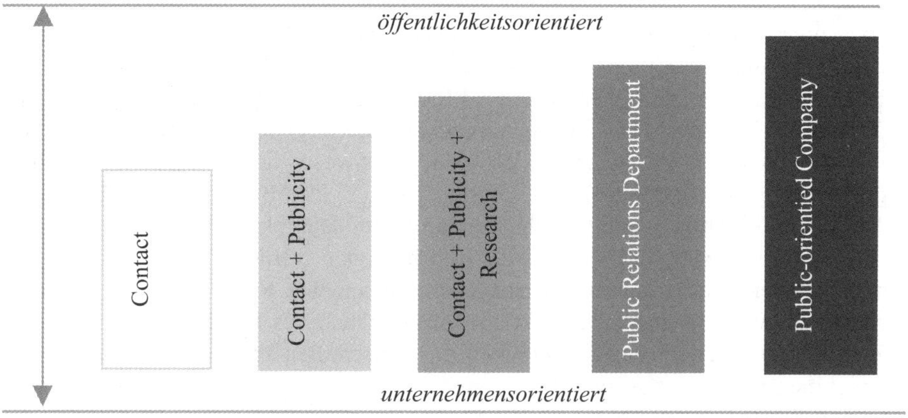

öffentlichkeitsorientiert

Contact | Contact + Publicity | Contact + Publicity + Research | Public Relations Department | Public-oriented Company

unternehmensorientiert

Quelle: Kotler/Mindak (2000, S. 354)

In der ersten Entwicklungsstufe unterhalten Organisationen lediglich eine Kontaktfunktion zu besonders wichtigen Einflusspersonen oder -gruppen wie z.B. zur Regierung oder zu den Medien. Ziel ist es, diese Personen oder Gruppen so zu beeinflussen, dass sie eine positive Haltung gegenüber der Organisation einnehmen. „The legislative contact function became known as lobbying, and the newspaper contact function became known as press relations", fassen Kotler und Mindak (ebd., S. 356) zusammen. Die zweite Stufe der PR ist gekennzeichnet durch die Einführung der

---

15 Das Idealbild von PR als Interessenausgleich, wie es Grunig und Hunt im Rahmen des vierten PR-Modells definieren, ist keineswegs eine neue Idee von 1984. Bereits Hundhausen (1969, S. 24 ff.) versteht die Aufgabe der PR darin, „in sozialen Prozessen Übereinstimmungen (adaptations, adjustments oder identites of interests) herbeizuführen".

Publicity, in deren Rahmen im Allgemeinen Events durchgeführt werden und Pressearbeit betrieben wird. In der dritten Stufe erkennen Organisationen den Wert von systematischer Analyse (Research) der öffentlichen Meinung für die Entwicklung von PR-Programmen. Damit war die Entwicklung angestoßen hin zu PR-Abteilungen, die alle Anstrengungen der Organisation in Bezug auf die öffentliche Meinung koordinieren und integrieren (vierte Stufe; vgl. ebd.). Durch die immer weitere Ausdifferenzierung und Spezialisierung der PR in Bezug auf die Bearbeitung unterschiedlicher Teilöffentlickeiten und den Einsatz einer Vielzahl von Instrumenten kommt es in der letzten Entwicklungsstufe dazu, dass die Organisation als Ganzes als öffentlichkeitsorientiertes Unternehmen („public-oriented company") handelt (ebd.).

Vergleicht man die beiden Modelle der PR-Entwicklung, so zeigen sich deutliche Parallelen. Kotler und Mindaks zweite Stufe (Kontakt und Publicity) entspricht in groben Zügen Grunigs und Hunts Publicity- und Informationstätigkeitsmodellen. Kontakt, Publicity und Research erinnern stark an das asymmetrische Zweiweg-Modell, die „public-orientied company" (in Verbindung mit der PR-Abteilung) schließlich an das zweiseitig-symmetrische Modell.[16] Die jeweils letzte Stufe, die Idee der Öffentlichkeitsorientierung, muss im Unternehmen also als Weiterentwicklung der marktorientierten Unternehmensführung im Rahmen des Marketing hin zur öffentlichkeitsorientierten Unternehmensführung gelebt werden. Es hängt eng mit dem Verständnis von PR als Teil der Unternehmensführung zusammen, orientiert sich am Konzept der sozialen Verantwortlichkeit von Unternehmen und an der Einordnung der PR auf Ebene der Unternehmensführung (vgl. Zerfaß, 2001b, S. 394; vgl. Merten, 1998, S. 11; vgl. Mast, 1992, S. 383 ff.; vgl. Stuiber, 1992, S. 214). Damit PR als Querschnitt- und Führungsfunktion im Unternehmen anerkannt und verstanden werde, müsse „zunächst zwischen der (...) *Ware Public Relations* und dem *Denken Public Relations*" unterschieden werden, so Zimmermann (1998, S. 62). Das Denken, von dem Zimmermann spricht, betrachtet PR nicht nur als Management- und Kommunikationsfunktion, sondern als Grundhaltung eines Unternehmens. PR bleibt nicht auf eine einzelne Abteilung oder die Beratung des Vorstands beschränkt (vgl. ebd.; vgl. Mast, 1992, S. 386.).

PR ist im Sinne Zerfaß' (1996, 2001b) ein Konzept strategischer Unternehmensführung, das eine vollständige Ausrichtung des Unternehmens auf und die Orientierung an der Öffentlichkeit erfordert. Die Geschäftsführung eines Unternehmens muss PR als wesentlichen Bestandteil des Unternehmensfortbestands in der strategischen Unternehmensführung berücksichtigen (vgl. Zerfaß, 2001b, S. 396), d.h. die Kommunikationsmanager in alle relevanten Überlegungen und Entscheidungen mit einbeziehen, sie in ihrer Funktion als *boundary spanner* als Berater hinzuziehen und ihnen damit Zugang zum Entscheidungszentrum des Unternehmens geben. PR ist im Modell der öffentlichkeitsorientierten Unternehmensführung also als Schlüsselfaktor zu verstehen, der den wirtschaftlichen Erfolg eines Unternehmens steuert und als proaktives Kommunikationsmanagement verstanden werden kann (vgl. Mast, 1992, S. 383 ff.; vgl. Will, 2001, S. 49).

---

16 Die erste Stufe von Kotler und Mindaks Modell hat keine Entsprechung im Grunig'schen Modell.

Handwerklich-technische und professionelle PR

In Weiterentwicklung der vier PR-Modelle nach Grunig und Hunt und des von Hellweg (1989) vorgeschlagenen Kontinuums von asymmetrischen und symmetrischen PR-Praxen entstand die Einteilung der Modelle in „craft und professional public relations" (Grunig/Grunig, 1992, S. 312). Die jeweilige Zuordnung der Modelle zeigt Abbildung 10.

Abb. 10: Handwerklich-technische und professionelle PR

Craft Public Relations

Propaganda — press angentry model — public information model — Journalism

Professional Public Relations

asymmetrical — two-way asymmetrical model — two-way symmetrical model — symmetrical

excellent PR

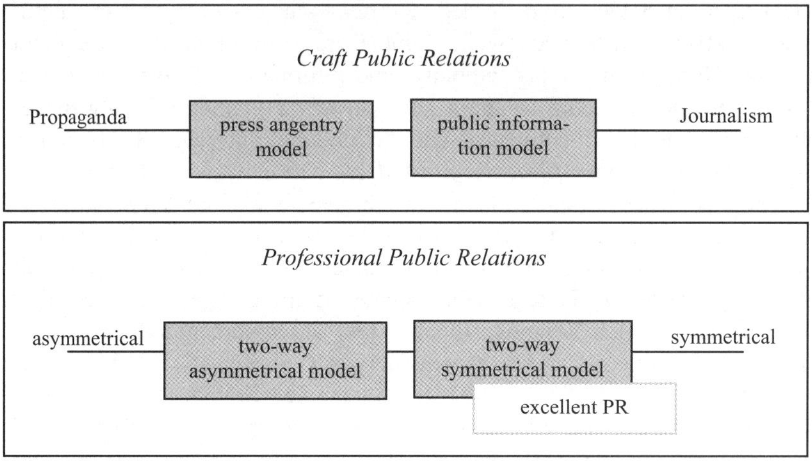

Quelle: Grunig/Grunig (1992, S. 312)

Bei der handwerklich-technischen PR („craft public relations") handelt es sich um die Anwendung von Kommunikationstechniken im Rahmen der PR. Durch diese Kommunikationstechniken werden Botschaften generiert mit dem Ziel, Publicity zu bekommen bzw. diese Botschaften in den Medien zu platzieren (vgl. Grunig/Grunig, 1992, S. 312; vgl. Dozier/Grunig/Grunig, 1995, S. 42). Als Kommunikationstechniken werden v.a. klassische Techniken der Media Relations wie Schreiben einer Presseinformation oder Organisation und Durchführung von Pressekonferenzen, aber auch weitere Fertigkeiten wie Reden schreiben, Publikationen erstellen oder Fotografieren verstanden (vgl. ebd., S. 54). Die professionelle PR („professional public relations") setzt zwar auch die Kommunikationstechniken der handwerklich-technischen PR ein, sie fasst ihre Aufgabe jedoch weiter: Professionelle PR ist eine Managementfunktion, die Beziehungen zu strategischen, für die Organisation wesentlichen Zielgruppen aufbaut und pflegt (vgl. Mast, 1997a; vgl. Grunig/Grunig, 1992, S. 312). Sie beschäftigt sich v.a. mit Elementen des Managementprozesses wie Analyse, Planung, Budgetierung und Evaluation (vgl. Dozier/Grunig/Grunig, 1995, S. 56).

PR-Fachleute sind zunehmend gefordert, diese professionelle Ausrichtung im Sinne eines zweiseitigen Prozesses zu betreiben (vgl. Holtzhausen, 2000, S. 103). Empirische Studien bestätigen dies: „Public relations departments that contribute most to organizational effectiveness practice on the professional continuum and emphasize the symmetrical model more than the asymmetrical model" (Dozier/Grunig/Grunig, 1995, S. 164). Demnach weisen US-Unternehmen, die professionelle PR im Sinne Grunigs betreiben, z.B. eher symmetrische interne Kommunikationsstrukturen und aktivistische Umwelten, die Druck auf das Unternehmen ausüben, auf als Unternehmen, die v.a. handwerklich-technische PR betreiben. Holtzhausen (2000, S. 103) spricht von einer „community role", die externe Publika und insbesondere aktivistische Teilöffentlichkeiten als Partner und nicht als Feind sieht.

Weiterentwicklung zum mixed-motive model

Die von Murphy (1991) aus der Spieltheorie in die kommunikationswissenschaftliche Diskussion eingebrachte Idee der „community role" führte zu einer Überarbeitung der beiden Zweiweg-Modelle hin zu einem einzigen, kombinierten „mixed-motive model" (vgl. Grunig/Grunig, 1992, S. 311).

> „In mixed-motive games, both sides pursue their own interests, but both sides also realize that the game's outcome (the relationship in this context) must be satisfactory to both sides. A player in a mixed-motive game benefits from the ability to see conflicting issues from the other player's perspective. Communicators provide valuable services to dominant coalitions when they help senior managers see their organizations and behaviors from the publics' viewpoints." (Dozier/Grunig/Grunig, 1995, S. 47)

Murphy (1991) klassifizierte PR als *mixed-motive model*, indem sie PR sowohl asymmetrische als auch symmetrische Elemente attribuierte. Ein kombiniertes Modell (Abbildung 11) von symmetrischer und asymmetrischer Zweiweg-Kommunikation beschreibe eher das Verhalten der PR-Fachleute, das in der Realität sowohl durch Eigeninteresse als auch Allgemeininteresse gekennzeichnet sei (vgl. Murphy, 1991; vgl. Dozier/Grunig/Grunig, 1995, S. 47; vgl. Grunig/White, 1992, S. 45). Unternehmen und Öffentlichkeit müssen für beiderseitige Zufriedenheit mit der Beziehung zueinander ein Gleichgewicht finden, d.h. in die Win-Win-Zone gelangen (vgl. Wilson, 1996, S. 73 f.). Dozier, Grunig und Grunig (1995, S. 48) beschreiben die Rolle von Teilöffentlichkeiten und Unternehmen in diesem Aushandlungsprozess als kooperative Gegenspieler.

Innerhalb der Win-Win-Zone sind Ergebnisse mit beiderseitiger Zufriedenheit zu erzielen. Bewegt sich die PR auf der linken Seite der Win-Win-Zone, so beherrscht die Kommunikation des Unternehmens die Beziehung zu den Teilöffentlichkeiten, die die Position des Unternehmens akzeptieren. Aus PR-Sicht dominiert damit das rein asymmetrische Modell. „Communication can be used to manipulate or persuade publics to accept the dominant coalition's position. (...) Instead of negotiating for a relationship in the win-win zone, communicators try to take advantage of publics" (Dozier/Grunig/Grunig, 1995, S. 49).

Abb. 11: Das Mixed-Motive Model der PR

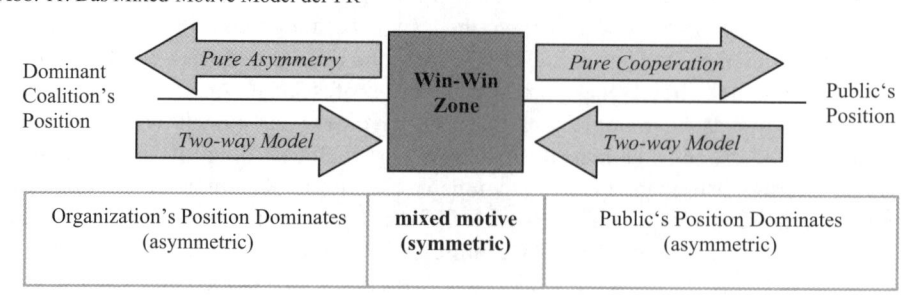

```
                    ←── Pure Asymmetry ──
Dominant                                      Pure Cooperation ──→
Coalition's         ┌─────────────┐                                   Public's
Position            │  Win-Win    │                                   Position
                    │    Zone     │
                    └─────────────┘
         ── Two-way Model ──→         ←── Two-way Model ──
```

| Organization's Position Dominates (asymmetric) | **mixed motive (symmetric)** | Public's Position Dominates (asymmetric) |

Quelle: Dozier/Grunig/Grunig (1995, S. 48)

Auf der rechten Seite des Modells herrscht entsprechend die Position der Teilöffentlichkeiten vor, die das Unternehmen davon überzeugen, ihre Haltung auch außerhalb der Win-Win-Zone zu akzeptieren. Auf Seiten der PR-Verantwortlichen liegt einer solchen Beziehung das Modell der reinen Kooperation („pure cooperation model") zu Grunde, denn sie akzeptieren „clearly undesirable positions that benefit publics at the expense of organizations" (ebd.). Die dritte Konstellation, das Zweiweg-Modell („two-way model"), führt schließlich zu einer Annäherung an die Win-Win-Zone (vgl. ebd., S. 48 f.). Ziel ist die graduelle oder auch vollständige Partizipation der Öffentlichkeit im Rahmen der Zweiweg-Kommunikation, durch die potenzieller Widerstand antizipiert und aufgelöst werden soll:

> „Es geht also um einen Startvorteil im demokratischen Kräftespiel, den sich die PR durch Partizipationsstrategien zu sichern sucht. (...) Letztendlich entscheidet das machtpolitische Gewicht der PR-treibenden Institution, in welchem Umfang sie dialogisch kommuniziert und wann bzw. wie sie diesen Dialog abbricht oder aber aufschiebt." (Dorer, 1994, S. 21)

PR-Modelle als Instrument zur Klassifikation der PR-Praxis

Die vier PR-Modelle und ihre Weiterentwicklung zum *mixed-motive model* stellen eine Möglichkeit zur Klassifikation von PR in den verschiedenen Kulturkontexten dar. Grunig und Hunt (1984, S. 43) betonen neben der nahezu linearen historischen Entstehung der ersten drei Modelle auch die Tatsache, dass sich alle vier Modelle in der heutigen PR-Praxis finden lassen, oft sogar innerhalb eines Unternehmens selbst. Zwar wurde die These der historischen Entwicklung der Modelle in der Wissenschaft angezweifelt, für eine Beschreibung und Klassifikation von PR sind sie jedoch bis heute das für die Fragestellung dieser Arbeit geeignetste Theoriegerüst, weil sie bereits in mehreren Kulturen empirisch überprüft wurden (vgl. Warnaby/Moss, 1997, S. 8).

Welches der Modelle ein Unternehmen wählt, hängt von zwei Einflussfaktoren ab: Situation und Unternehmenskultur bzw. -ideologie (vgl. Grunig, 1989, S. 31). Im ersten Sinn fungieren PR-Modelle als situationsbedingte Strategien, die je nach

Adressatengruppe und Problemstellung angewandt werden. Im zweiten Fall basieren die diesen Modellen zu Grunde liegenden Annahmen und Grundhaltungen auf Unternehmenskultur und -philosophie. Dabei spielt insbesondere die Offenheit des Unternehmens gegenüber externen Einflüssen eine Rolle (vgl. Grunig/Hunt, 1984, S. 94) und bestimmt das Ausmaß an proaktiver PR bzw. Zweiweg-Kommunikation (vgl. ebd., S. 93; vgl. Kunczik, 1993, S. 172). Wird die Organisation jedoch als geschlossenes System verstanden, so dient die dann reaktiv durchgeführte PR lediglich dem Erhalt des Status quo und der einseitigen Umweltbeeinflussung (vgl. ebd.). Im Rahmen dieser organisationalen Prinzipien spielen auch die individuellen Grundhaltungen des Individuums eine Rolle, die als Weltanschauung oder „worldview" (vgl. Grunig, 1989) bezeichnet werden und Auswirkungen auf die individuelle PR-Rolle des Einzelnen haben. „Public relations practicioners have the greatest impact on decisions made about public relations when one or more of them are included in the organization's dominant coalition" (Sriramesh/Grunig/Buffington, 1992, S. 579).

2.2.2 PR als Managementfunktion

Nur als Managementfunktion kann PR frühzeitig in Entscheidungsprozesse eingebunden werden und im Rahmen ihrer Informationsfunktion die Sicht der Teilöffentlichkeiten ins Unternehmen mit einbringen (vgl. Reineke, 2000, S. 46 f.; vgl. Moss/ Warnaby, 1997, S. 60; vgl. Grunig, 1992a, S. 5). PR setzt also bereits bei der strategischen Planung an, wie im Rahmen des PR-Prozesses noch zu zeigen sein wird (vgl. Mast, 2002a, S. 85 ff.; vgl. Ehling/White/Grunig, 1992, S. 389). In diesem Zusammenhang wird PR als Management-Subsystem bezeichnet, das mit anderen Subsystemen des Unternehmens interagiert. Bei diesen Subsystemen handelt es sich um die fünf Hauptbereiche des Unternehmens, die in Anlehnung an Porters (1985) Wertschöpfungskette eingeteilt werden können in
- Vertrieb („disposal subsystem"),
- Personalverwaltung („maintenance subsystem"),
- Entwicklungs- und Planungsabteilungen („adaptive subsystem"),
- Produktion („production subsystem") und
- Unternehmensleitung („management subsystem"; vgl. Grunig/Hunt, 1984, S. 9).

PR interagiert nicht nur mit diesen fünf Subsystemen, sondern fungiert zudem als Schnittstelle zwischen dem Management und anderen Subsystemen. Sie übernimmt also eine Unterstützungs- und Vermittlungsfunktion, wie Abbildung 12 verdeutlicht.

Abb. 12: PR als Management-Subsystem des Unternehmens

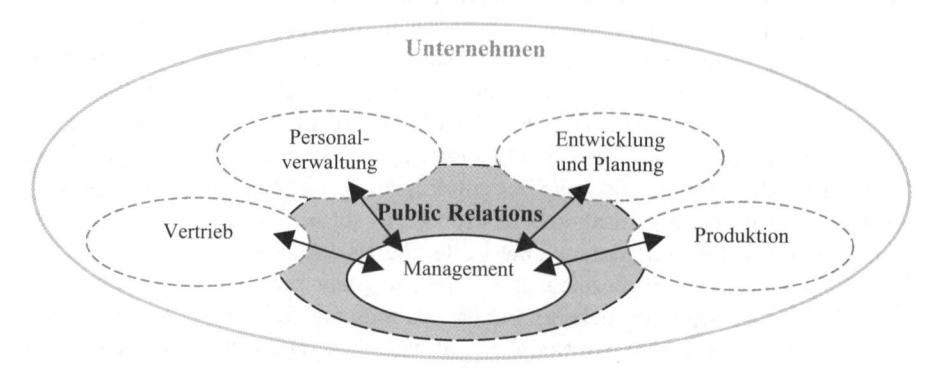

```
                          Unternehmen
              Personal-              Entwicklung
              verwaltung             und Planung
                        Public Relations
         Vertrieb                              Produktion
                         Management
```

Quelle: in Anlehnung an Grunig/Hunt (1984, S. 9)

PR als Boundary Spanner

Auch in Bezug auf die externe Unternehmensumwelt nimmt PR als *boundary spanner* die Rolle des Vermittlers wahr (vgl. Grunig/Hunt, 1984, S. 9; vgl. Warnaby/Moss, 1997, S. 12 ff.; vgl. White/Dozier, 1992, S. 93): Sie stellt die Liaison zwischen dem Unternehmen (im Allgemeinen dem Management) und externen Gruppen oder Individuen dar, indem sie Informationen von außen nach innen trägt.

> „As boundary spanners, public relations practitioners have one foot in the organization and the other in the environment, constantly interacting with constituencies within and outside the organization. They, therefore, play a crucial role in managing an organization's interdependence with its environment." (Sriramesh/Grunig/Buffington, 1992, S. 578)

Durch diese Informationen unterstützt PR andere interne Subsysteme, indem sie ihnen dabei hilft, sowohl die Grenzen zwischen Unternehmen und externen Gruppen kommunikativ zu überwinden als auch eine aktive interne Kommunikation zwischen den einzelnen Teilsystemen zu etablieren (Grunig/Hunt, 1984, S. 9). PR kann durch ihre *boundary-spanning*-Funktion in mehreren Hinsichten das strategische Management unterstützen (vgl. Reineke, 2000, S. 39 ff.; vgl. Moss/Warnaby, 1997, S. 60 f.):

- PR übernimmt eine Frühwarnfunktion bei Veränderungen des Unternehmensumfelds, wird zur ‚Antenne' der Organisation.
- PR kann die Perspektive der relevanten Öffentlichkeiten in das Unternehmen tragen und ihre wahrscheinliche Reaktion auf alternative Strategieoptionen prognostizieren.
- Als dritte Unterstützungsmöglichkeit des strategischen Management schließlich hilft PR bei der Implementierung der Strategie, indem sie den Zielsetzungen entsprechend kommuniziert und versucht, Missverständnisse bei den relevanten Teilöffentlichkeiten zu vermeiden.

White und Dozier (1992, S. 92) kommen daher zu der Überzeugung, dass PR-Fachleute eine wichtige Rolle „in shaping perceptions of the environment and the organisation itself among decision-makers" spielen. Der PR-Experte wird zum Vermittler zwischen einem Unternehmen und seiner Umwelt (vgl. Newsom/Turk/Kruckeberg, 1996, S. 4). Er ist sowohl dem Unternehmen als auch den Adressaten im Umfeld der Organisation verpflichtet, wenn auch in unterschiedlicher Form (vgl. Cheney/Dionisopoulos, 1989, S. 147; vgl. Newsom/Turk/Kruckeberg, 1996, S. 4). Newsom, Turk und Kruckeberg (ebd., S. 23) beschreiben PR-Fachleute als Übersetzer und verbindendes Element in der Kommunikation, die zugleich als Problemidentifikatoren fungieren. Allerdings endet seine Aufgabe nicht bei der Identifikation möglicher Problembereiche oder Themenfelder (wobei der Problembegriff in einen neutralen Rahmen gesetzt wird), sondern sie umfasst auch die Lösung und Prävention von Problemen. Inwieweit PR-Fachleute in ihrem Arbeitsalltag diese Funktionen erfüllen können, hängt einerseits von ihrer Einbindung im Unternehmen und der damit verbundenen Position, andererseits von ihren Kenntnissen und Fähigkeiten ab.

Kommunikations-Techniker und -Manager

Auf Basis dieser grundlegenden Aufgaben der PR lassen sich idealtypische Arbeitsgebiete von PR-Fachleuten identifizieren, die als PR-Rollen bezeichnet werden. Der Begriff der Rolle bezeichnet die alltäglichen Ausformungen und Verhaltensweisen von PR-Fachleuten im Rahmen eines jeweiligen PR-Modells (vgl. Dozier, 1992, S. 327; vgl. Grunig, 1992a, S. 19). Ausgangspunkt für die Entwicklung der Rollentypologie war die Frage, welche Aktivitäten PR-Fachleute ausüben (vgl. Toth/Grunig, 1993, S. 153). Bereits Ende der 1970er Jahre entwickelten Broom und Smith (1979) auf der Basis einer Literaturdurchsicht – analog zu den im Forschungsfeld der Organisationskommunikation durchgeführten klassischen Managerstudien[17] – fünf PR-Rollen, die sie selbst und nach ihnen zahlreiche andere Autoren durch empirische Studien bestätigt fanden.

Als grundlegende PR-Rollen werden „communication manager" und „communication technician" unterschieden (vgl. Dozier, 1992, S. 334; vgl. Grunig, 1992a, S. 19; vgl. Toth/Grunig, 1993). Der Kommunikationstechniker ist auf der operativen Ebene der PR anzusiedeln. Broom und Smith (1979, S. 48) bezeichnen diese PR-Rolle im Rahmen ihrer Unterscheidung von PR-Praktikertypen als Anbieter technischer Serviceleistungen. Er wirkt weder am Planungs- und Entscheidungsprozess des Unternehmens noch an der Evaluation der PR-Arbeit mit. Seine Aufgabe liegt in der Implementierung von Entscheidungen anderer, d.h. er setzt PR-Programme und -Maßnahmen um, ohne für die Ergebnisse verantwortlich zu sein (vgl. Dozier, 1992, S. 330). Besteht die PR-Abteilung eines Unternehmens ausschließlich aus PR-Technikern, so wird die PR lediglich als ausführendes Organ im Sinne des klassischen PR-Verständnisses gesehen. Während PR-Techniker eine Erfolgskontrolle oder die wissenschaftliche Erforschung des PR-Feldes für nicht möglich bzw. nicht sinnvoll erachten, vertreten Kommunikationsmanager die gegenteilige Ansicht: Sie sind der

---

17 siehe z.B. Mintzberg (1973).

Überzeugung, PR sei strategisch plan- und evaluierbar (vgl. Grunig/Hunt, 1984, S. 92). Die Rolle des Kommunikationsmanagers beinhaltet die systematische Planung und das Management von PR-Strategien und -Programmen des Unternehmens, aber auch die Beratung des Managements in Sachen Kommunikation (vgl. Mast, 1992, S. 386; vgl. Grunig/Hunt, 1984, S. 91). Der Kommunikationsmanager trifft Entscheidungen bezüglich der Kommunikationspolitik und ist für das Ergebnis der PR-Arbeit des Unternehmens verantwortlich (vgl. Wilcox/Ault/Agee, 1992, S. 104).[18] Neben die Rollen Kommunikationsmanager und -techniker treten zwei weitere PR-Rollen, die eine Art Übergangsstufen darstellen: Die „media-relations role" stellt eine Vermittlerrolle zwischen der Organisation und den Medien dar. Einerseits unterhält sie Kontakte zu den Medien, andererseits trägt sie Informationen von und über die Medien in die Organisation (vgl. Grunig/Hunt, 1984, S. 91). Im Rahmen der „communication liaison role" arbeitet der PR-Fachmann als Assistent des PR-Managers. Er repräsentiert das Unternehmen bei Veranstaltungen oder Meetings und schafft Möglichkeiten für das Management, mit internen und externen Gruppen in Kontakt zu kommen (vgl. ebd.).

Damit können insgesamt vier PR-Rollen benannt werden, die allerdings als Idealtypen zu verstehen und in der Praxis in einer Vielzahl verschiedener Ausprägungen zu finden sind (vgl. Broom, 1982, S. 18; vgl. Grunig/Hunt, 1984, S. 91). Ein PR-Fachmann übt in den seltensten Fällen eine dieser Rollen in Reinform aus. Seine Tätigkeit setzt sich meist aus einer Vielzahl von Rollen zusammen, die in jeweils unterschiedlichen Ausprägungen und Stärken vorliegen. Broom (1982, S. 19) betont jedoch, dass im Zeitverlauf bei jedem Praktiker eine dieser Rollen dominant wird, die dann als vorherrschende Rolle messbar ist. Während sich die Rolle des PR-Technikers im Rahmen verschiedener empirischer Untersuchungen in allen Organisationen und Unternehmen nachweisen ließ, arbeiten PR-Manager v.a. in Unternehmen, die in komplexen und problematischen Umfeldern existieren und die eine systematische Umweltbeobachtung durchführen, sowie Evaluation betreiben (vgl. Grunig, 1992a, S. 19). Ein Grund hierfür mag darin zu sehen sein, dass Kommunikationsmanager PR primär als Zweiweg-Kommunikation verstehen (vgl. Grunig, 1992a, S. 19) – eine Überzeugung, die v.a. in komplexen Umwelten zur Herstellung von Beziehungen zu ausgewählten Adressatengruppen essenziell notwendig erscheint. Analog zur kommunikativen Orientierung der Rollen lassen sich vor dem Hintergrund der Systemtheorie Zusammenhänge zum Grad der Offenheit des Unternehmens herstellen: Der PR-Techniker wird eher als Rolle in geschlossenen Systemen gesehen, die PR-Manager-Rolle lässt sich im Rahmen eines offenen Systems verorten (vgl. Dozier, 1992, S. 342). Dozier und Broom (1995, S. 6 ff.) entwickelten auf der Basis dieser Ergebnisse ein Modell, das zwischen verschiedenen Eigenschaften von PR-Fachleuten bzw. der Organisation von PR im Unternehmen (Geschlecht, Berufserfahrung, Ausbildung usw.) und ihren Arbeitsergebnissen (Gehalt, Arbeits-

---

18 Die Rolle des Kommunikationsmanagers, die von allen PR-Rollen am stärksten dialogisch ausgerichtet ist, wird meist weiter in mehrere Kernelemente aufgeschlüsselt, die miteinander verschränkt sind (vgl. Broom/Dozier, 1986, S. 40; vgl. Broom, 1982, S. 18 f.; vgl. Broom/Smith, 1979, S. 48 ff.; vgl. Dozier, 1992, S. 329). Im Rahmen dieser Arbeit soll auf die Rollenzuordnung im Einzelnen lediglich verwiesen werden, da sie für die Fragestellung zu weit führen würde.

zufriedenheit usw.) einen Zusammenhang herstellt. Die Autoren sehen das Konzept der Rolle als Verbindung dieser beiden Bereiche (vgl. Dozier/Broom, 1995, S. 6 ff.). Die Mehrzahl derjenigen PR-Fachleute, die eine PR-Ausbildung absolviert haben, nimmt eher Aufgaben im Bereich des PR-Managements als auf dem Feld der operativen PR wahr (vgl. Berkowitz/Hristodoulakis, 1999, S. 100). Nicht beeinflusst wird die Rolle des Einzelnen offenbar von der Sozialisation am Arbeitsplatz (ebd.), also u.a. auch nicht von der Unternehmenskultur. PR-Rollen geben u.a. auch Auskunft darüber, ob die PR-Abteilung an der strategischen Entscheidungsfindung mitwirkt oder nicht (vgl. Dozier/Broom, 1995, S. 4). Daran sind v.a. PR-Fachleute beteiligt, die die Rolle des Managers ausüben (vgl. Grunig, L., 1992a, S. 493) und damit Teil des inneren Machtzirkels eines Unternehmens sind.

Machtbasis der PR: Zugehörigkeit zum Führungszirkel des Unternehmens

Im Rahmen der Beschreibung der Systemtheorie wurden die wichtigsten Aufgaben eines offenen, sozialen Systems mit Kontrolle und Anpassung beschrieben. Überträgt man diese abstrakten Ziele auf die PR, so übernimmt sie einerseits eine Kontrollfunktion, wenn es z.B. um das Issues Monitoring oder um die öffentliche Meinung geht, vor allem aber in Bezug auf das Ziel der Persuasion. Andererseits versucht sie, das Unternehmen und die relevanten Teilöffentlichkeiten einander näher zu bringen und feste, dauerhafte Beziehungen zu schaffen. Allerdings muss auch PR als Subsystem des Unternehmens im Rahmen der Gewinnorientierung ihren Beitrag zur Effektivität des Gesamtsystems leisten. Anders formuliert: PR-Ziele müssen mit den Unternehmenszielen im Einklang stehen.

Die Unternehmensziele werden von verschiedenen unternehmensinternen und -externen Parteien je nach Machtbasis und jeweiligen Interessen beeinflusst und geprägt (vgl. Grunig, L., 1992a, S. 487). Diese Einflussnehmer werden als „dominant coalition" bezeichnet. Es handelt sich um Gruppen, die die Macht haben, Unternehmensstrukturen und -strategien festzulegen (vgl. White/Dozier, 1992, S. 93; vgl. Grunig/Hunt, 1984, S. 120). Grunig und Hunt (ebd.) beschreiben ihren Einfluss wie folgt: „That coalition determines what the organization's goals should be, and the organizations use those goals to determine how much individual departments have contributed to the success." Sie stellt eine Art Macht- und Entscheidungselite des Unternehmens dar (vgl. Grunig, L., 1992c, S. 235). Zerfaß (1996, S. 66) spricht auch von „interner Führungsschicht".

Will nun eine Abteilung des Unternehmens oder eine externe Gruppe ihre individuellen Ziele in die Unternehmensziele aufgenommen sehen, dann muss sie zu einem Teil dieses internen Führungszirkels werden, um den notwendigen Einfluss auf die Zielgestaltung ausüben zu können (vgl. Grunig, L., 1992a, S. 491; vgl. Grunig/Hunt, 1984, S. 120). Im Fall der PR bedeutet das: Sollen PR-Ziele wie die Übernahme sozialer Verantwortung oder die Gewinnung von Verständnis und Vertrauen der Öffentlichkeit Teil der Unternehmensziele sein, so muss entweder die PR-Abteilung selbst oder aber ein Vertreter ihrer Interessen Teil dieses Machtzentrums sein. Wenn PR erst einmal diese Position erreicht hat, ist der Beitrag der PR zum Unternehmenserfolg (also zu den Unternehmenszielen) wesentlich einfacher von anderen

Abteilungen und Personen im Unternehmen wahrzunehmen, so Grunig und Hunts empirische Ergebnisse (ebd., S. 129). Gleichzeitig hat die PR-Abteilung auch die Möglichkeit, ihre PR-Praxis bereits in strategischen Belangen gezielt mitzuprägen. Denn der innere Führungszirkel hat eine nicht zu unterschätzende Wirkung auf die der PR zu Grunde liegenden Kommunikationsmodelle: „The way in which members of the dominant coalition conceptualize public relations, in turn, essentially dictates how an organization practices it" (Grunig/Grunig, 1992, S. 301). Ist der PR-Verantwortliche Teil dieser Entscheidungselite, so kann er an der Entscheidung, ob das Unternehmen z.B. eine eher einseitige oder eher dialogische Kommunikation zu den Zielgruppen etablieren will, mitwirken (vgl. ebd., S. 301 f.).

In der Literatur herrscht weitgehende Einigkeit in der Forderung, PR auf der Managementebene von Unternehmen zu verorten und sie organisatorisch entsprechend einzuordnen (vgl. bspw. Zerfaß, 1996). So schreibt Dorer (1994, S. 17) bezüglich Grunigs Forderung, dass sich „der Ausschluß der PR-Leute von Entscheidungsprozessen des Managements kontraproduktiv auf die PR-Arbeit sowie auf die Organisationsarbeit insgesamt" auswirkt. Köcher und Birchmeier (1992, S. 127 f.) nennen vier grundsätzliche Faktoren, die die organisatorische Einordnung der PR im Unternehmen beeinflussen. Einen zentralen Einflussfaktor stellt – als internes Element – die (1) Einstellung des Top-Managements zur PR-Funktion dar. Die hierarchische Einordnung erfolgt in diesem Zusammenhang entsprechend der Bedeutung, die der PR von der Unternehmensleitung beigemessen wird. Ebenso zentral sind (2) die Tätigkeit des Unternehmens sowie deren Konsequenzen und Wirkungen. Hinzu treten zwei Bestimmungselemente der externen Unternehmensumwelt. Dies sind einerseits (3) diejenigen Umwelteinflüsse, die auf das Unternehmen einwirken. Köcher und Birchmeier (ebd., S. 127) nennen als Beispiele öffentliche Kritik, Konkurrenzdruck und Reglementierungen. Andererseits handelt es sich bei externen Einflüssen auch um (4) PR-immanente Probleme im Bereich der Beschaffung, des Absatzes oder der Rekrutierung.

Generell kann sowohl in der englisch- als auch der deutschsprachigen Fachliteratur bezüglich der Organisation von PR unterschieden werden zwischen Linienfunktion und Stabsfunktion. Während die Linienfunktion eine ausführende Funktion darstellt, besteht die Aufgabe der Stabsfunktion in der Beratung des Managements, allerdings ebenfalls ohne Entscheidungskompetenz (vgl. Korte, 1997, S. 58 f.; vgl. Wilcox/Ault/Agee, 1992, S. 73). Man unterscheidet anhand des Klassifikationskriteriums Zugang zur Entscheidungselite drei verschiedene Möglichkeiten: Entweder in Form einer (1) direkten Beteiligung an der Unternehmensführung oder – wie in der Praxis weitaus häufiger der Fall – (2) indirekt durch die Zuordnung der PR zum Vorsitzenden oder einem Mitglied der Geschäftsleitung (Stabsstelle; vgl. Köcher/ Birchmeier, 1992, S. 128). Weitaus geringer ist der Einfluss der PR-Experten im Unternehmen, wenn ihre Rolle auf die des Technikers beschränkt bleibt und sie (3) keinen Zugang zur obersten Managementebene haben. Ob PR dabei anderen organisatorischen Funktionen bzw. Abteilungen über-, untergeordnet oder gleichgestellt ist, beeinflusst direkt ihre Machtposition innerhalb des Unternehmens und damit auch indirekt ihre Reichweite und ihre Erfolge. „Although public relations departments can function only with the approval of top management, there are varying levels of influence that departments may exert", so Wilcox, Ault und Agee (1992, S. 73). Tabelle 4 zeigt die drei Ebenen in ihrem Ausmaß des Zugangs zum internen Machtzentrum und ihres daraus resultierenden Einflusses.

Tab. 4: Einflussmöglichkeiten der PR im Rahmen ihrer organisatorischen Einordnung

Einfluss	Zugang zum inneren Führungszirkel	Organisationsform
hoch	PR ist Teil der Führungselite	der PR-Verantwortliche ist Teil der Unternehmensleitung, z.B. des Vorstands
mittel	PR berät die Führungselite	PR ist Stabstelle
gering	PR kommt kaum oder gar nicht in Kontakt mit der Führungselite	PR ist anderen Abteilungen gleichgesetzt oder untergeordnet (z.B. Marketing oder Personal)

Quelle: eigene Darstellung

Eine organisatorische Einordnung im Personal- oder Marketingbereich (dritte Zeile der Tabelle) lässt darauf schließen, dass das zu Grunde liegende PR-Verständnis nicht mit der zu Beginn dieser Arbeit dargestellten Definition von Grunig und Hunt (1984, S. 6) übereinstimmt, also eine weitaus engere PR-Definition zu Grunde legt (vgl. Wilcox/Ault/Agee, 1992, S. 77). PR wird dabei häufig auf eine Publicity-Funktion reduziert, deren oberstes Ziel es ist, Medienaufmerksamkeit und -berichterstattung für das Unternehmen zu erzeugen (vgl. Kritik am marketingorientierten Ansatz, Kapitel 2.3).

2.2.3 PR als Prozess

In vorangegangenen Kapiteln wurde wiederholt von PR als Managementfunktion gesprochen. Jeder Managementfunktion liegt ein Prozess zu Grunde, so dass Wilcox, Ault und Agee (1992, S. 149) schreiben: „Effective public relations is a process." Ein Prozess, der aus vier Phasen besteht: Situationsanalyse, Planung, Implementierung und Evaluation.[19] Abbildung 13 bildet diese Stufenabfolge als PR-Kreislauf ab. Nachfolgend sollen v.a. diejenigen Prozessschritte ausführlicher dargelegt werden, die spezifische Anforderungen an die PR stellen oder für die die PR ein eigenes Instrumentarium entwickelt hat.

---

19 Im Detail vgl. z.B. Cutlip/Center/Broom (2000, S. 340 ff.); Culbertson et al. (1993, S. 108 f.); Schulze-Fürstenow (1987, S. 23).

Abb. 13: Der PR-Prozess als Kreislauf

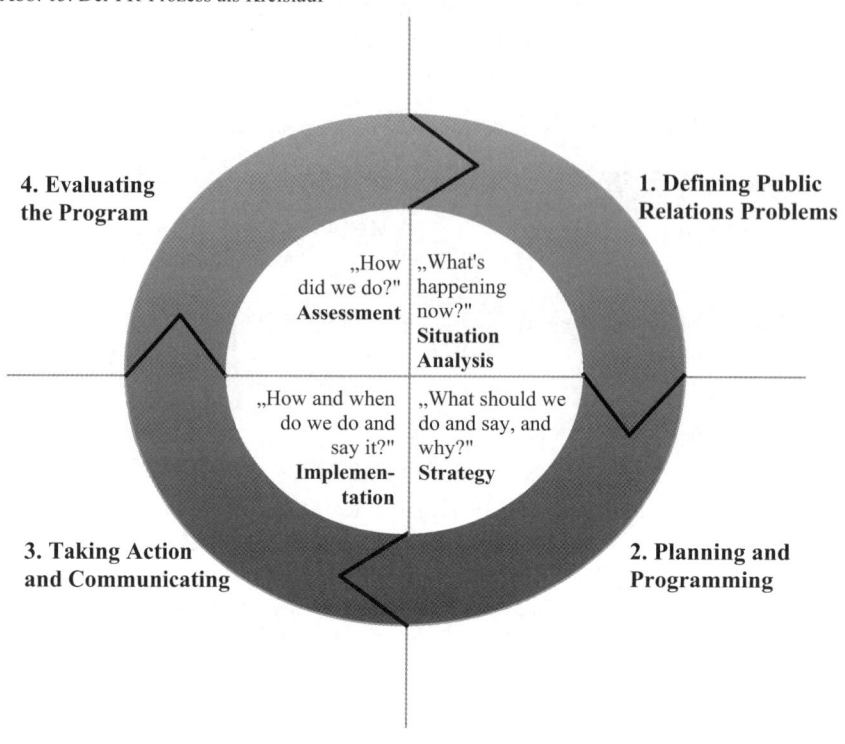

- 4. Evaluating the Program — "How did we do?" Assessment
- 1. Defining Public Relations Problems — "What's happening now?" Situation Analysis
- 3. Taking Action and Communicating — "How and when do we do and say it?" Implementation
- 2. Planning and Programming — "What should we do and say, and why?" Strategy

Quelle: Cutlip/Center/Broom (2000, S. 341)

Situationsanalyse

Die Situationsanalyse (Research)[20] dient der Sammlung von Informationen, um PR-Programme möglichst genau auf die relevanten Adressatengruppen ausrichten zu können. Neben einer besseren Orientierung an den Zielgruppen dienen systematische und v.a. regelmäßig durchgeführte Analysen zur Bereitstellung relevanter externer (und interner) Informationen. Darüber hinaus ermöglichen durch Untersuchungen gesicherte Fakten einen effizienteren Einsatz von Ressourcen (vgl. Wilcox/Ault/Agee, 1992, S. 150 ff.).

Zur Erfüllung dieser Erwartungen stehen der PR eine Reihe von informellen und formellen Erhebungsmethoden zur Verfügung. Zu den informellen Erhebungsmethoden gehören die Sammlung und die Analyse interner Informationen z.B. durch

---

20 Der Begriff „Research" kann im Rahmen der PR mehr sein als nur die Situationsanalyse: Gilfeather (1989, S. 242 ff.) benennt neben ihrem Einsatz als reines Messinstrument auch ihre Verwendung als „public relations vehicle", d.h. als Kommunikationsinstrument. Er schlägt vor, durch die Veröffentlichung interessanter Studienergebnisse z.B. für ein damit in Verbindung stehendes PR-Programm öffentliche Aufmerksamkeit zu gewinnen.

persönliche Kontakte, Geschäftsberichte oder Newsletter. Weitere Quellen sind Literaturrecherchen, die Durchsicht der Medienberichterstattung, Kundengespräche oder Fokusgruppen. Die informellen Methoden bieten zwar erste Anhaltspunkte zur Entwicklung eines PR-Programms, sind aber nicht repräsentativ sondern anekdotisch (vgl. ebd., S. 157). Systematische und methodisch gesicherte Ergebnisse hingegen liefern formelle Methoden, die z.B. aus dem klassischen Marktforschungsinstrumentarium stammen können.

Planung

Den zweiten Prozessschritt bildet die Planung, in deren Rahmen die Ergebnisse der Situationsanalyse verwertet werden. Nach einer Definition des zu lösenden Problems erfolgen die Festsetzung von Zielen und die Definition von Adressatengruppen des PR-Programms (vgl. Haberman/Dolphin, 1988, S. 32 ff.; vgl. Schulz, 1992, S. 79 ff.). PR hat nicht nur kommunikative Ziele wie z.B. die Entwicklung und Pflege eines positiven Unternehmens- oder Produktimages (vgl. Buß/Fink-Heuberger, 2000; vgl. Schweiger, 1995, S. 915; vgl. Schulze-Fürstenow, 1988, S. 8), sondern muss sich im Unternehmen auch dem Ziel der Erreichung ökonomischer Vorgaben und damit der Gewinnmaximierung unterwerfen (vgl. Bogner, 2000, S. 210; vgl. Moss/Warnaby, 1997, S. 66). Allerdings lassen sich auch kommunikative Ziele auf ökonomische Überlegungen zurückführen: Sie basieren auf der Annahme, dass durch Beziehungspflege und Vertrauensgewinnung finanzielle Mittel der Organisation eingespart werden können (vgl. Grunig, 1992a, S. 27). „Kommunikationspolitische Ziele müssen (...) von Unternehmen langfristig in die Geschäftspolitik integriert werden und kurzfristig stimmig und inhaltlich überzeugend realisiert werden", so Mast (1992, S. 383). Darüber hinaus sollten sie langfristig geplant sowie realistisch und klar formuliert sein, um die Evaluation im letzten Prozessschritt zu ermöglichen (vgl. ebd.). Um ihre Kernziele zu erreichen, muss PR in der Planungsphase Adressaten bzw. Adressatengruppen identifizieren und analysieren. Denn die Öffentlichkeit ist nicht etwa eine anonyme Masse, die es anzusprechen gilt (vgl. Reineke, 2000, S. 48 f.; vgl. Dorer, 1994, S. 20). Schon Oeckl (1964, S. 65) sprach von den „Öffentlichkeiten des PR-Mannes" und benennt – ähnlich Avenarius' (2000, S. 181) Kontaktfeldern einer Organisation – verschiedene interne (z.B. Mitarbeiter, Aktionäre usw.) und externe Öffentlichkeiten (z.B. Behörden, Politiker, Hochschulen usw.) des Unternehmens. Zur Identifikation und Klassifikation möglicher PR-Adressaten haben sich in der PR drei Konzepte herausgebildet, die unterschiedliche Wurzeln haben und sich v.a. in ihrer grundsätzlichen Herangehensweise an Adressatengruppen unterschieden.

Das (1) Zielgruppenkonzept, das aus dem Marketing stammt, „befaßt sich mit denjenigen Teilen der Öffentlichkeit, die von einer Organisation direkt angesprochen werden, weil ihr dies erforderlich erscheint, um ihre kommunikativen Ziele durchzusetzen" (Avenarius, 2000, S. 180). Das Unternehmen definiert seine Zielgruppen also selbst durch eine gezielte Segmentierung der Öffentlichkeit, z.B. in Kunden, Anwohner oder Politiker. Im Gegensatz dazu bilden sich (2) Anspruchsgruppen bzw. Stakeholder[21] ohne Zutun des Unternehmens. Unter einem Stakeholder versteht man „any group or individual who can affect or is affected by the achievement of the firm's objectives" (Freeman, 1984, S. 25; vgl. Carroll/Buchholtz, 2000, S. 65 f.). Jede dieser Gruppen hat ein Interesse („stake") am Unternehmen und spielt deshalb eine zentrale Rolle für dessen Erfolg oder Misserfolg (vgl. Freeman, 1984, S. 25; vgl. Carroll/Buchholtz, 2000, S. 68; vgl. Kunczik, 1993, S. 183; vgl. Dorer, 1994, S. 21). Ebenso wie sich Stakeholder im Umfeld einer Organisation ohne deren Zutun formieren, bilden sich auch (3) Teilöffentlichkeiten oder „publics" ohne Zutun des Unternehmens (vgl. Grunig/Hunt, 1984, S. 143 ff.; vgl. Grunig/Repper, 1992, S. 124 ff.). Sie stellen eine PR-spezifische Sonderform von Stakeholdern dar: „Organizations can choose their markets, but publics arise on their own and choose the organization for attention" (Vercic/Grunig, 1995). Teilöffentlichkeiten lassen sich anhand dreier Kennzeichen beschreiben: (a) Sie bestehen aus Menschen, die einem bestimmten Thema oder Problem gegenüber stehen. Sie bilden sich, indem diese Menschen (b) ein Thema oder ein Problem erkennen, darüber diskutieren und (c) beschließen, diesbezüglich aktiv zu werden (vgl. Grunig/Hunt, 1984, S. 144).[22] Es handelt sich somit um ein PR-spezifisches Konzept, dem Kategorien wie Problembewusstsein, Betroffenheit, Themen zu Grunde liegen und nicht marketing- oder ökonomisch orientierte Kategorien, die einzelne Segmente (d.h. Zielgruppen) beschreiben.

Während ein Unternehmen im Rahmen des Zielgruppenkonzepts die Öffentlichkeit aktiv segmentiert und voneinander unterscheidbare Zielgruppen bildet, gehen der Stakeholderansatz und die Theorie der Teilöffentlichkeiten davon aus, dass sich die Adressaten im Umfeld des Unternehmens ohne sein Zutun bilden. Die drei Arten zur Klassifikation der PR-Adressaten sind in zweierlei Hinsicht von Bedeutung: Einerseits stellen sie komplementäre Ansätze zur Bestimmung derjenigen sozialen Systeme dar, die im Umfeld einer Organisation zu finden und für die Formulierung der PR-Strategie entscheidend sind (vgl. Avenarius, 2000, S. 181). Andererseits sind die beiden letzten, PR-spezifischen Ansätze auch als unterschiedliche Stufen eines dreiphasigen Segmentationsprozesses zu verstehen (vgl. Varey, 1997a, S. 93; vgl. Grunig/Repper, 1992, 124 ff.): Auf der ersten Stufe („stakeholder stage") erfolgt ein Umwelt-Monitoring aller Stakeholder im Umfeld des Unternehmens, die über ein Thema oder eine andere Art von Beziehung mit dem Unternehmen verbunden sind (vgl. Hunt/Grunig, 1994, 14 f.). Auf der zweiten Stufe, der so genannten „public stage" wird das Issue konkret, die Stakeholder organisieren sich, werden aktiv, treten in Erscheinung und werden damit – im Rahmen der Adressatenklassifikation –

---

21 Der Stakeholder-Ansatz geht auf Freeman (1984) zurück, wurde im Rahmen des Strategischen Managements entwickelt und für die PR adaptiert.

22 Teilöffentlichkeiten bilden sich entlang eines Issues, d.h. eines Problems oder Themas. Dabei ist der Problembegriff neutral zu sehen: Avenarius (2000, S. 179) z.B. definiert ein Problem über die inhaltliche Komponente als Anliegen der Außenwelt gegenüber einem Unternehmen. Teilöffentlichkeiten lassen sich nach dem Ausmaß ihres Problembewusstseins und der Stärke ihrer Handlungsbereitschaft in latente, bewusste, aktive Teilöffentlichkeiten und Nicht-Teilöffentlichkeiten klassifizieren (vgl. Dorer, 1994, S. 20; vgl. Dozier/Ehling, 1992, S. 170; vgl. Avenarius, 2000, S. 186; vgl. Grunig, 1997, S. 10; vgl. Grunig/Repper, 1992, S. 135 f.). Für Details: „Situative Theorie der Teilöffentlichkeiten" (vgl. Grunig/ Hunt, 1984, S. 147 ff.; vgl. Vercic/Grunig, 1995).

zu Publics bzw. Teilöffentlichkeiten (vgl. ebd., S. 15 f.). Teilöffentlichkeiten sind demnach jene Stakeholder, die das Unternehmen nach einer ersten Analysephase als wichtig einstuft, weiter überwacht und evtl. in einer späteren Phase gezielt anspricht. Im Rahmen dieser letzten Stufe („issue stage") ist Issues Management gefragt, bei dem aktive Teilöffentlichkeiten von der PR in den weiteren Entscheidungsprozess bezüglich des Issues mit einbezogen und zu Partnern und Verbündeten im Kommunikationsprozess gemacht werden (vgl. ebd., S. 16 f.). Abbildung 14 zeigt die Zuordnung der drei Ansätze im Überblick.

Abb. 14: Ansätze zur Identifikation und Klassifikation möglicher PR-Adressaten

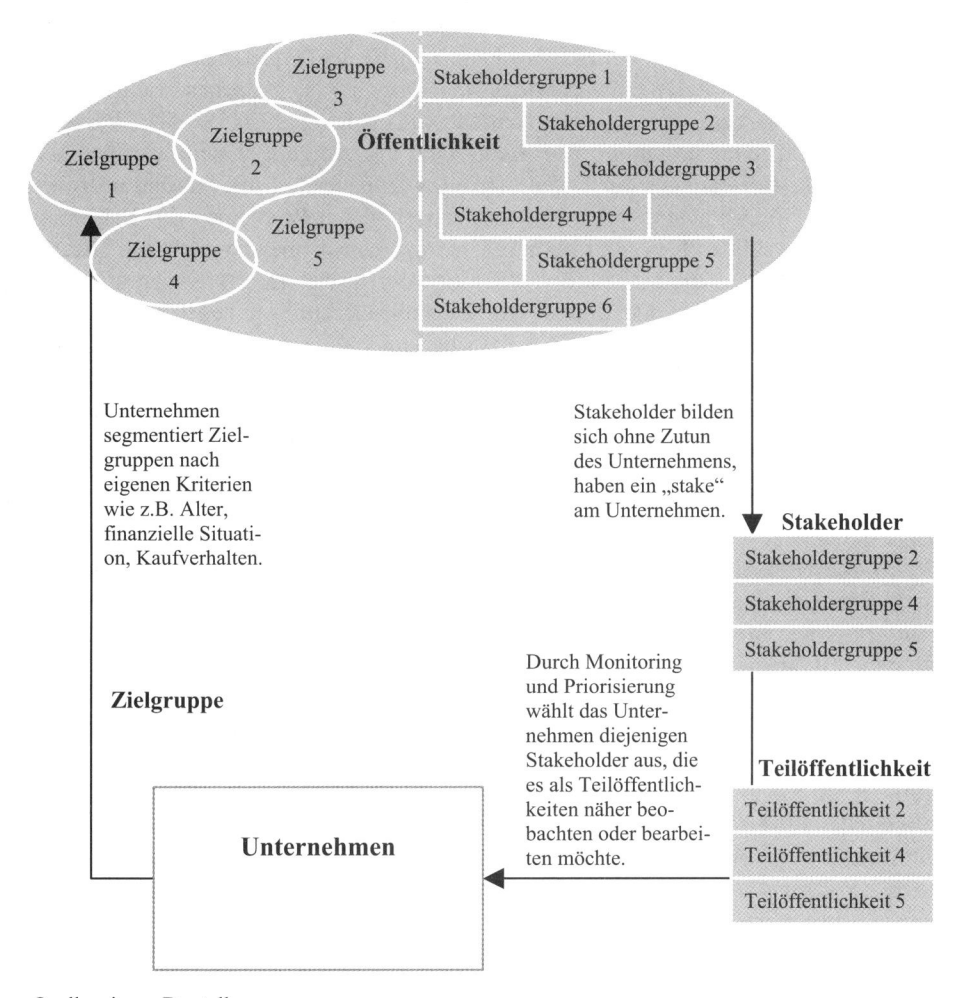

Quelle: eigene Darstellung

Die Unterscheidung dieser drei Prozessstufen ist von zentraler Bedeutung für die Maßnahmenplanung (vgl. Avenarius, 2000, S. 180). Je langfristiger Entwicklungen im Bereich der Stakeholder und Publics verfolgt und je konkreter PR-Programme auf die unterschiedlichen Adressatengruppen ausgerichtet werden können, desto größer ist der strategische Gehalt und desto gehaltvoller ist die Managementkomponente des PR-Prozesses.

Sind Ziele und Zielgruppen bzw. Publics identifiziert und analysiert, so kann die Strategieplanung beginnen (vgl. Diller, 1995, S. 286; vgl. Dyson, 1990, S. 11 f.). Ziele und Strategien schlagen sich in den Arbeitsbereichen Beratung und Planung, Information und Gestaltung, Organisation und Abwicklung, sowie Kontaktpflege nach innen und außen nieder. Dabei vollzieht sich PR nach Nitsch (1975) im Rahmen seiner „Vier-V-Pyramide" als vierstufiger Prozess von Verständigung über Verstehen und Verständnis hin zu Vertrauen. Je nach dem Grad selbstinitiierter PR-Aktivitäten kann im Rahmen der strategischen Orientierung zwischen reaktiver und proaktiver PR-Arbeit unterschieden werden (vgl. Varey, 1997a, S. 94): Während sich reaktive PR die Erhaltung des Status Quo zur Aufgabe macht, versucht die proaktive PR, Beziehungen zur Öffentlichkeit aufzubauen, zu pflegen und positiver zu gestalten. Sie kommuniziert möglichst frühzeitig, um Probleme oder Krisen zu vermeiden. Proaktive PR bringt relevante Unternehmensthemen an die breite Öffentlichkeit (vgl. Grunig/Hunt, 1984, S. 56 ff.). Sowohl „harte" Informationen wie Umsatzzahlen, Ertragsdaten oder Fakten zur Technikausstattung eines Unternehmens als auch „weiche" Informationen wie z.B. die Unternehmenskultur, der Stil innerbetrieblicher Kommunikation oder die Motivation der Mitarbeiter werden hier kommuniziert (vgl. Mast, 1994, S. 1; vgl. Mast, 1992, S. 383). PR kann für das Unternehmen also eine defensive oder eine offensive Funktion haben (vgl. Hundhausen, 1951, S. 17).

Das Programm legt Maßnahmen und Instrumente zur Kommunikation dieser Botschaften fest (vgl. Schulz, 1992, S. 85 f.; vgl. Dörrbecker/Fissenewert-Goßmann, 1997). Der Maßnahmenplan muss nicht nur strategie- und zielkonform sein, sondern auch finanziell, personell und im Rahmen der zeitlichen Beschränkungen realisierbar sein (vgl. Merten, 2000, S. 135). Zentrales Erfolgskriterium eines PR-Programms ist in diesem Zusammenhang die Botschaft, d.h. die Kernaussage (vgl. Mast, 2002a, S. 131). PR wird in vielen verschiedenen Aufgabenfeldern, die je nach Zielsetzung und Adressatengruppen bearbeitet werden, aktiv eingesetzt (vgl. Bogner, 1999, S. 275; vgl. Newsom/Turk/Kruckeberg, 1996, S. 4 ff.; vgl. Hundhausen, 1969, S. 20 f.; vgl. Hundhausen, 1951, S. 54). Tabelle 5 zeigt eine Übersicht dieser klassischen PR-Felder, die nach Adressatengruppen gegliedert sind.

Eines der wichtigsten, wenn nicht sogar *das* wichtigste PR-Aufgabenfeld ist die Media Relations bzw. Pressearbeit.[23] Hier ist PR auf Journalisten bzw. auf Massenmedien ausgerichtet. Ziel der Pressearbeit ist es, die Öffentlichkeit über die Vermittlungsinstanz der Medien zu erreichen (vgl. Argenti, 1998, S. 121 ff.). Die Investor Relations (auch Finanz- oder Kapitalmarktkommunikation) ist auf die Financial

---

[23] für eine nähere Beschreibung der Media Relations siehe z.B. Clare (2001); Schulz-Bruhdoel (2001); Howard/Mathews (2000); Jones (1999); Konken (1998).

Community ausgerichtet (vgl. Achleitner/Bassen, 2001, S. 7; vgl. Droste, 2001, S. 11). Sie hat das Ziel, private und institutionelle Anleger sowie Meinungsführer wie Finanzanalysten, Banken oder Journalisten „über die Veränderungen in und um das Unternehmen offen und vollständig zu informieren" (Kirchhoff, 2001, S. 26), und so zur Wertsteigerung des (börsennotierten) Unternehmens beizutragen (vgl. Volkart/ Labhart, 2001). Die Public Affairs beschäftigen sich mit Aufbau und Erhalt von Beziehungen zu Menschen im (lokalen) Umfeld der Organisation wie z.B. Anwohnern[24] und zu Entscheidungsträgern in Politik und Verwaltung[25]. Eine Unterfunktion der Public Affairs stellt im Rahmen der politischen PR das Lobbying dar, das politische Entscheidungsträger auf lokaler, nationaler und/oder supranationaler Ebene sowie Meinungsführer in ihrer Wirkung auf Politiker und damit die Gesetzgebung beeinflussen möchte (vgl. Bogner, 1999, S. 275 f.; vgl. Kitchen, 1997, S. 33).

Tab. 5: PR-Aufgabenfelder und ihre Adressatengruppen

PR-Aufgabenfeld	Adressaten
Media Relations, auch: Medienarbeit	Journalisten
Public Affairs, Community Relations	Anwohner
Investor Relations, auch: Financial PR oder Finanz-PR	Financial Community
Governmental Relations, Politische PR und Lobbying	Entscheidungsträger in Politik und Verwaltung
Internal Relations, auch: Interne PR	Bestehende und ehemalige Mitarbeiter sowie deren Familienangehörige
Minority Relations	Minderheiten innerhalb und außerhalb des Unternehmens
Customer Relations und Business-to-Business-PR	Kunden
Industry Relations	Personen oder Unternehmen derselben Branche

Quelle: eigene Darstellung

„Public relations begins at home" (Bogner, 1999, S. 151): Aufgabe der internen PR ist es, dem Mitarbeiter Ziele, Zweck und Bedeutung sowohl von Unternehmensentscheidungen als auch seiner eigenen Arbeit zu vermitteln (vgl. Klöfer/Nies, 2001; vgl. Quirke, 2000; vgl. Klöfer, 1999, 3 ff.; vgl. Kalmus, 1998). Szyska (2000b) spricht diesbezüglich von „Sinnvermittlung", die Mitarbeiter und Führungskräfte eines Unternehmens betreffe. Hinzu kommt zudem die Zielsetzung der Mobilisierung der Mitarbeiter, Transformationsprozesse des Unternehmens aktiv zu begleiten, sei es bei allgemeinem Unternehmenswandel oder im Rahmen der Fusionskommunikation (vgl. Klein/Ringlstetter/Oelert, 2001, S. 161 f.). Effektive interne Kommunikation ist über ihre Außenwirkung ein wesentlicher Baustein zum Erfolg externer

---

24 Community Relations oder Nachbarschafts-PR (vgl. Austin/Pinkleton, 2001, S. 2; vgl. Merten, 2000, S. 201).
25 Governmental Relations (vgl. Köppl, 2000/1999; vgl. Beger/Gärtner/Mathes, 1989, S. 289 ff.).

Kommunikation (vgl. Mast, 2002b, S. 41 ff.; vgl. Beger/Gärtner/Mathes, 1989, S. 120). Sie vollzieht sich sowohl auf der Sachebene als auch auf der Beziehungs- und Gefühlsebene und bedient sich dazu schriftlich-papierner Medien ebenso wie der Online-Medien, nicht zuletzt auch der persönlichen Kommunikation (vgl. Mast, 2002b; vgl. Hoffmann, 2001; Schuwirth, 2001).

Neben diese Hauptfunktionen treten Randgebiete, die am ehesten als Spezialisierungsfelder der PR bezeichnet werden können. Eines dieser Randgebiete ist z.B. die Kommunikation mit Unternehmen, die zur selben Branche wie das eigene Unternehmen gehören, die so genannte Industry Relations (vgl. Varey, 1997b, S. 116). Vor allem in den USA sind zudem die Minority Relations, d.h. PR mit Individuen oder Gruppen von ethnischen Minderheiten mittlerweile eine wichtige PR-Aufgabe (vgl. ebd., S. 116). Hinzu tritt spezialisierte PR, wenn es sich um bestimmte Situationen oder um eingesetzte Kanäle handelt. Dann ist z.B. von Krisen-PR (vgl. Johanssen, 2000; vgl. Töpfer, 1999; vgl. Puchleitner, 1994; vgl. Mathes/Gärtner/Czaplicki, 1991) oder Online-PR (vgl. Iburg/Oplesch, 2001; vgl. Bogner, 1999, S. 147 ff.) die Rede.

Implementierung

Stehen Maßnahmen und Instrumenteneinsatz fest, folgt die Implementierungsphase. „Ihre wesentliche Aufgabe ist es, die festgelegten Kommunikationsinhalte in der richtigen ‚Verpackung' an die zuvor definierten Zielgruppen zu vermitteln", halten Köcher und Birchmeier (1992, S. 166) fest. In ihrem Verlauf werden im Idealfall mittels eines Feedbackprozesses immer wieder Anpassungen der Planungen vorgenommen (vgl. Wottawa, 1995, S. 32; vgl. Köcher/Birchmeier, 1992, S. 166). Ein entscheidendes Element der Implementationsphase bilden auch die Kommunikationskanäle, durch die die Botschaft kommuniziert wird (vgl. Kelleher, 2001, S. 309). Die Umsetzung kann über eine Vielzahl verschiedener „kommunikativer Werkzeuge" (Merten, 2000, S. 135), d.h. direkte und indirekte PR-Instrumente[26] geschehen. Während die direkten Instrumente einen unmittelbaren Weg vom Kommunikator zum Empfänger ermöglichen, sind PR-Instrumente mit indirekter Zielgruppenansprache an Multiplikatoren oder Meinungsführer gerichtet (vgl. Köcher/Birchmeier, 1992, S. 171). Eine weitere Abgrenzung unterscheidet zwischen persönlichen und medialen Instrumenten. Persönliche Instrumente sind etwa der Tag der Offenen Tür, Hintergrundgespräche mit Journalisten, Pressekonferenzen oder Diskussionsrunden mit Anwohnern (vgl. Merten, 2000, S. 237 f.). Medienvermittelte Kommunikation kann über Mitarbeiter- und Kundenzeitschriften, Geschäftsberichte oder Unternehmenswebsites ebenso erfolgen wie durch Pressemitteilungen (vgl. Beger/Gärtner/ Mathes, 1989, S. 131 ff.). Im Bereich der medialen Instrumente kann weiter nach Kanälen unterschieden werden wie z.B. mit Intranet oder Business-TV als elektronische Kanäle (vgl. Mast, 2000a, S. 183 ff. und S. 207 ff.; vgl. Köcher/Birchmeier, 1992, S. 171; vgl. Hundhausen, 1969, S. 70 ff.).

---

26 Klassifikation der Instrumente in Anlehnung an die Strukturierung von Kommunikationsarten nach Maletzke (1963, S. 21).

Trotz des Einsatzes von Kommunikationskanälen wie Mitarbeiter- oder Kundenzeitschriften, Internet und Intranet oder Business-TV spielt die direkte, persönliche Kommunikation im Rahmen der PR eine zentrale Rolle. Es handelt sich dabei v.a. um Dialoge, Meetings, Vorträge oder Präsentationen (vgl. Mast, 2000b, S. 32). Insbesondere im Rahmen der internen Kommunikation kommt Face-to-face-Kontakten zwischen den Mitarbeitern, aber auch zwischen Mitarbeiter und Vorgesetztem Bedeutung zu. Grund hierfür sind die im Unternehmen schnell entstehenden Unsicherheiten und Ängste auf der einen sowie das Bedürfnis nach Teilhabe und Identifikation auf der anderen Seite. Insbesondere die persönliche Kommunikation erlangt vor dem Hintergrund der zunehmenden Technisierung interner Kommunikation besondere Bedeutung. Und auch hier zeigt sich wieder ein Zusammenhang mit den PR-Rollen: So setzen etwa Kommunikationsmanager in ihrem Arbeitsalltag weit häufiger als Kommunikationstechniker die „reiche" persönliche Kommunikation[27] ein (vgl. Kelleher, 2001, S. 314).

Evaluation

Um zu erkennen, wo und wann Anpassungen notwendig werden, muss das Feedback die Form einer Evaluation annehmen (vgl. Kirchner, 1996). Ziel dieses letzten Prozessschritts ist es, das Zwischen- oder Endergebnis der PR-Arbeit in Relation zu den vorab formulierten Zielen zu setzen, mögliche Zielabweichungen zu identifizieren und Hinweise für die weitere Arbeit zu erhalten (vgl. Mathes/Gärtner, 1994, S. 133; vgl. Dozier/Ehling, 1992, S. 163; vgl. Haberman/Dolphin, 1988, S. 47). Etwas weiter gefasst gehört zu den Zielen der Evaluation auch, die Effektivität und Effizienz eines Programms zu ermitteln und auf diese Weise das PR-Budget zu legitimieren (vgl. Bruhn, 1997, S. 246 f.; vgl. Fuhrberg, 1995, S. 56 f.; vgl. Hilger/ Kaapke, 1995, S. 34 f.). Zur Messung des Erfolgs der PR-Arbeit kann als Wirkung im engeren Sinne die Akzeptanz der Botschaft bei den Adressaten erhoben oder stärker auf die Messung von Einstellungswechseln und (Anschluss-)Handeln abgehoben werden (vgl. Wilcox/Ault/Agee, 1992, S. 221).

Neuere Entwicklungen im Bereich der Evaluation von PR sind einerseits das PR-Controlling, das eine Ablaufkontrolle des gesamten PR-Prozesses darstellt (vgl. Mast, 2002a, S. 154 f.; vgl. Merten, 2000, S. 53), und andererseits der Versuch, die Qualität von PR-Beziehungen zu messen (vgl. Hon/Grunig, 1999). Während das PR-Controlling also eine prozessbegleitende, so genannte formative Evaluation darstellt, ist die Messung der Wirkung einer PR-Kampagne oder -Einzelmaßnahme eine Form summativer Evaluation (vgl. Mannigel, 2001, S. 97; vgl. Cutlip/Center/Broom, 2000, S. 452 ff.; vgl. Fuhrberg, 1995, S. 54 f.; vgl. Wottawa, 1995, S. 38). Sie umfasst einfache Clippings zur Kontrolle durch Abdruckquoten ebenso wie Medienresonanzanalysen im Bereich der medienbezogenen Instrumente (vgl. Hagen/Oberle, 1994b). Im Bereich der publikumsbezogenen Instrumente finden sich Kontaktbeobachtungen, Response-Messungen oder Zielgruppenbefragungen (vgl. Mannigel,

---

27 Im Rahmen der Media Richness-Theorie (vgl. Daft/Lengel, 1986) werden Medien der persönlichen Kommunikation aufgrund der direkten Face-to-face-Interaktion der Beteiligten als „reiche" Medien bezeichnet, papierne Medien hingegen sind informationsärmer.

2001, S. 98 ff.; vgl. Watson, 1997, S. 289; vgl. Femers/Klewes, 1995, S. 115 ff.; vgl. Rolke, 1995, S. 175 ff.; vgl. Hagen/Oberle, 1994a). Die Evaluation als letzte Stufe des PR-Prozesses liefert zugleich den Input für die Situationsanalyse, d.h. für den Neubeginn des Kreislaufes. Je umfassender und je vielfältiger die Methoden der Erfolgskontrolle, desto zielorientierter und strategischer kann der PR-Prozess justiert werden. Das Ausmaß an Evaluation stellt somit einen Indikator für die „Professionalität" des gesamten Prozesses dar.

2.2.4 Bedingungsfaktoren exzellenter PR

In den Jahren 1992, 1995 und zuletzt 2002 legten Dozier, Grunig und Grunig[28] die Ergebnisse einer umfassenden theoretischen und empirischen Analyse zur „excellence in public relations" vor, die aus einer Literaturdurchsicht und einer Befragung von PR-Verantwortlichen, CEOs und Mitarbeitern von Unternehmen und Non-Profit-Organsationen in den USA, Kanada und Großbritannien[29] besteht. Basis ihrer Ausführungen bilden die Idee effektiver Organisationen von Katz und Kahn (1966) sowie der oben bereits angesprochene Stakeholder-Ansatz von Freeman (1984).

> „Communication excellence describes the ideal state in which knowledgeable communicators assist in the overall strategic management of organizations, seeking symmetrical relations through management of communication with key publics on whom organizational survival and growth depends." (Dozier et al., 1995, S. x)

Die von Dozier et al. angesprochene *excellence* der PR ergibt sich aus der oben ausführlich beschriebenen organisatorischen Einordung, aus der Machtbasis der PR-Funktion im Unternehmen sowie aus Art und Ausrichtung der Kommunikation. Je nach Ausprägung dieser Faktoren kann PR einen Beitrag zur Effektivität der Gesamtorganisation leisten (vgl. Grunig et al., 1992; vgl. Dozier/Grunig/Grunig, 1995). Exzellente PR weist nach Dozier, Grunig und Grunig (ebd., S. 22) vierzehn Elemente auf, die später von Vercic, Grunig und Grunig (1996) zu neun Kernfaktoren exzellenter PR – so genannten „generic principles" oder allgemeingültige Prinzipien – zusammengefasst wurden. Im Rahmen der Systematik dieser Arbeit sollen sie zu drei Kategorien verdichtet werden (vgl. Grunig et al., 1992; vgl. Vercic/Grunig/Grunig, 1996, S. 36 ff.; vgl. Wakefield, 2000, S. 193 ff.).[30] Die Zuordnung der Kernfaktoren exzellenter PR zu den drei Kategorien erfolgt entsprechend ihrer Verortung auf den Systemebenen (Tabelle 6).

---

28 Grunig et al. (1992); Dozier, Grunig und Grunig (1995); Grunig, Grunig und Dozier (2002).
29 USA: n = 226; Kanada: n= 58; Großbritannien: n = 37.
30 Die Konzentration auf die Seite des PR-Experten wird vorgenommen, weil der Schwerpunkt dieser Arbeit auf der Kommunikatorseite liegt. Gleichzeitig wird angenommen, dass eine exzellente PR-Praxis, wenn sie sich durch Befragung des Kommunikators ergibt, auch darauf hindeutet, dass die für *excellence* notwendige positive Einstellung der Unternehmensführung zum Dialog mit großer Wahrscheinlichkeit ebenfalls gegeben ist.

Tab. 6: Neun Kernfaktoren exzellenter PR

Betrachtungsebene	Kategorie	Kernfaktoren exzellenter PR
Mikroebene	Kompetenzbereiche des PR-Fachmanns	Beteiligung am strategischen Management
		PR-Manager-Rolle
		Wissen und Fähigkeiten
Mesoebene	Organisation von PR	Mitwirkung im internen Führungszirkel („dominant coalition")
		organisatorische Unabhängigkeit
		Integration
Mesoebene mit Blick auf die Makroebene	grundlegende Ausrichtung des Unternehmens	symmetrische interne Kommunikation
		symmetrische externe Kommunikation
		Mitarbeitervielfalt („diversity")

Quelle: Grunig/Grunig/Dozier (2002, S. 8); Dozier/Grunig/Grunig (1995)

Obwohl die Kompetenzbereiche des PR-Fachmanns ebenso wie die Organsation von PR bereits oben angesprochen wurden, sollen sie im Sinne einer Zusammenfassung der PR-Theorie noch einmal kurz in ihren Verbindungslinien dargestellt werden. Im Mittelpunkt steht dabei die Zuordnung der einzelnen Kernfaktoren zueinander, so dass erste Hinweise für die zu Beginn der Arbeit geäußerte Vermutung, die PR-Elemente seien wechselseitig aufeinander bezogen, gewonnen werden können. Nachfolgend soll der Blick von der Makroebene über die Meso- hin auf die Mikroebene gelenkt werden, so dass die bislang allenfalls implizit angesprochene grundlegende Ausrichtung des Unternehmens den Auftakt der *excellence*-Ausführungen bildet.

Grundlegende Ausrichtung des Unternehmens

Einen wesentlichen Einflussfaktor für die PR-Funktion innerhalb eines Unternehmens stellt nach den Erkenntnissen der *excellence study* die grundlegende Ausrichtung des Unternehmens dar. In erster Linie handelt es sich dabei um die unternehmensinternen Bedingungen in Bezug auf die Offenheit oder Geschlossenheit des Kommunikationssystems (vgl. Newsom/Turk/Kruckeberg, 1996, S. 20). Je autoritärer das Topmanagement bzw. das Umfeld des PR-Fachmanns im Unternehmen und je geschlossener die Kommunikationsumgebung ist, desto eher wird er die Rolle eines PR-Technikers ausüben. PR-Manager finden sich eher in einer Umgebung, die durch den partizipativen Managementstil geprägt ist (vgl. ebd., S. 20 f.; vgl. Ryan, 1987).

Im Rahmen des *excellence*-Modells werden sowohl symmetrische interne als auch symmetrische externe Kommunikation als Idealform der PR angesehen (vgl. Vercic/Grunig/Grunig, 1996, S. 39). Der Grundstein für symmetrische Kommunikationsbeziehungen wird mit einer dezentralen Managementstruktur sowie einer partizipativen, symmetrischen internen Kommunikation gelegt (vgl. Grunig, 1992b, S. 232; vgl. Grunig, 1992c, S. 547 ff.). Grunig (ebd., S. 569) fasst die Kernidee wie folgt zusammen: „Internal communication, then, is the catalyst if not the key to organizational excellence and effectiveness."

Ein wesentliches Element dieser internen Kommunikation ist auch die Zusammensetzung des Unternehmens in Bezug auf die „diversity", d.h. auf die rassische, ethnische, kulturelle, religiöse oder anders geartete menschliche Vielfalt (vgl. Judy/ D'Amico, 1997, S. 107 ff.; vgl. Cox, 1993). Das Konzept der Vielfalt gilt (zumindest in den USA) als Grundlage für erfolgreiche, effiziente Unternehmen. Insofern handelt es sich nicht um ein PR-spezifisches Element, sondern lediglich um die Übernahme der Idee aus anderen Feldern. Die Vielfalt der Unternehmensumwelt sollte sich in der Zusammensetzung der Mitarbeiter u.a. auch in der PR-Abteilung widerspiegeln. „Thus, excellent public relations includes both men and women in all roles, as well as practitioners of different racial, ethnic, and cultural backgrounds", fassen Vercic, Grunig und Grunig (1996, S. 39) den Kerngedanken zusammen. Aus dem Blickwinkel der Systemtheorie betrachtet stärkt die interne Heterogenität die Fähigkeit des PR-Subsystems, sich einer Vielzahl verschiedener und sich ständig ändernder Umweltbedingungen anzupassen, d.h. die Adaptionsfähigkeit.

Organisation der PR und deren Auswirkungen auf den Einfluss der PR

Ebenfalls auf der Mesoebene der Betrachtung sind die Organisation der PR und deren Auswirkungen anzusiedeln. Für exzellente PR im Sinne Grunigs ist es notwendig, dass der PR-Verantwortliche Teil der obersten Entscheidungsebene des Unternehmens, d.h. Teil der bereits oben ausführlich beschriebenen Führungselite („dominant coalition") ist. Besondere Bedeutung kommt dabei einer direkten Berichts- und Beratungsfunktion für den Vorstandsvorsitzenden zu (vgl. Borghs, 1994, S. 66). Exzellente PR-Abteilungen müssen die Möglichkeit haben, bereits frühzeitig am strategischen Planungsprozess mitzuwirken, um als „advocates" (Spicer, 1997, S. 180) die Perspektive der Stakeholder ins Unternehmens mit einzubringen (vgl. White/Dozier, 1992, S. 91). Teilaufgaben des strategischen Managements sind – ähnlich den Prozessstufen – die Entwicklung von Mission und Unternehmensprofil, die Analyse von Unternehmensumwelt und Handlungsoptionen, die Definition von strategischen und operativen Zielen sowie deren Implementation und Evaluation (vgl. Grunig/Repper, 1992, S. 119 f.). Wichtige Voraussetzung für die Teilhabe an der Führung des Unternehmens ist die organisatorische Unabhängigkeit der PR. Erfolgreiche PR muss unabhängig von anderen Funktionen des Unternehmens sein, d.h. die PR-Abteilung sollte organisatorisch z.B. nicht dem Marketing untergeordnet sein (vgl. Borghs, 1994, S. 63). Vielmehr soll PR als unabhängige und gleichberechtigte Funktion alle anderen Abteilungen kommunikativ beraten. Als letztes Element der organisatorischen Verortung von PR ist die Integration zu nennen. Alle PR-Funktionen eines Unternehmens müssen vernetzt und integriert sein, entweder durch Bildung einer einzigen Abteilung oder durch eine zentrale Koordination. Nur wenn die Kommunikation zwischen den einzelnen PR-Bereichen funktioniert, kann von einer exzellenten PR die Rede sein.

Fertigkeiten und Kompetenzbereiche des einzelnen PR-Fachmanns

Als dritter Erfolgsfaktor guter PR sind Kompetenzbereiche des einzelnen PR-Fachmanns und deren notwendige Grundlagen zu nennen. Notwendig ist in erster Linie eine Beteiligung am strategischen Management: „Strategic management of public relations is the key characteristic of excellent public relations at the micro- or programmatic level of public relations", schreiben Grunig und Repper (1992, S. 118). Das Ausmaß, in dem PR am strategischen Management beteiligt ist, wird beeinflusst durch den organisationalen Kontext des Unternehmens, durch die Erwartungen des Managements an PR sowie Wissen und Fähigkeiten des PR-Fachmanns (vgl. Moss/Warnaby/Newman, 2000, S. 277). Larissa Grunig identifizierte als weiteren Einflussfaktor die Unternehmensgröße. Demnach ist die PR-Abteilung in großen, komplexen Organisationen aufgrund des stärker kompetitiven Umfelds und einer größeren Abhängigkeit von der öffentlichen Meinung eher am so genannten Policy-Making-Prozess beteiligt als in kleinen Organisationen (vgl. Wilcox/Ault/Agee, 1992, S. 70 f.). Damit PR Teil der Führungselite und des strategischen Managements sein kann, muss zumindest der PR-Verantwortliche[31] die oben bereits ausführlich beschriebene und diskutierte Rolle des PR-Managers wahrnehmen können, d.h. über die notwendigen Fähigkeiten sowie über das Wissen verfügen, um diese Rolle sowie das Zweiweg-Modell überhaupt umsetzen zu können. Dozier, Grunig und Grunig (1995, S. 21) sprechen in diesem Zusammenhang von der Wissensbasis der PR-Abteilung („knowledge base"):

> „First, the knowledge base is primary, providing the necessary foundation for all other aspects of communication excellence. Second, knowledge or expertise is a characteristic of the department, not necessarily of a single individual. Third, knowledge alone cannot establish excellent communication programs." (Dozier/Grunig/Grunig, 1995, S. 25)

Diese Wissensbasis besteht aus der Kenntnis darüber, die Managerrolle in Verbindung mit dem *mixed-motive model* auszuüben und dabei auf den Bereich der handwerklich-technischen Kommunikationsfertigkeiten zurückzugreifen (vgl. Dozier/Grunig/Grunig, 1995, S. 21). Teilweise bestätigt werden die Ergebnisse von Nanni (1980), die im Rahmen einer empirischen Studie einen Zusammenhang zwischen Professionalität[32] des PR-Verantwortlichen und PR-Modell auf der einen Seite und

---

31 Natürlich kann nicht jeder PR-Fachmann eines Unternehmens die Rolle eines Kommunikationsmanagers übernehmen. Zum Konzept exzellenter PR gehören die ausführenden PR-Techniker ebenso wie der oder die PR-Manager. Einer *excellence* im Sinne Grunigs steht lediglich die ausschließliche Besetzung einer PR-Abteilung mit PR-Technikern im Weg.

32 Damit von einer Profession gesprochen werden kann, muss die Mehrzahl der Praktiker eines Berufsfeldes „high ethical standards and greater autonomy from the control of the large, self-serving organizations and interest groups that control society" haben (Grunig/Hunt, 1984, S. 64). Grunig und Hunt (ebd., S. 66; vgl. Ehling, 1992, S. 442) führen fünf Hauptcharakteristika von „PR-Professionals" auf: „A set of professional values, membership in strong professional organizations, adherence to professional norms, an intellectual tradition and an established body of knowledge, technical skills acquired through professional training." Hinzukommen müssen der Wunsch, über die Profitorientierung hinaus zu treten und der Gesamtgesellschaft zu dienen, die Selbstverpflichtung

der Einstellung des Top-Managements zu PR auf der anderen Seite nachweisen konnte. In den von ihr untersuchten US-Unternehmen legten fast alle PR-Verantwortlichen, deren CEOs PR-Kenntnisse hatten, ihrer Unternehmens-PR das symmetrische Zweiweg-Modell zu Grunde. Damit konnte die PR-Ausbildung der CEOs zur Voraussage des PR-Modells einer Organisation dienen.

Zusammenfassung: fünf interne Charakteristika exzellenter Unternehmen

Diese neun Elemente exzellenter PR werden auch als die neun allgemeingültigen PR-Ausprägungen („generic principles") bezeichnet. Auf ihrer Basis ergeben sich für die PR fünf Charakteristika exzellenter Unternehmen (vgl. Wilson, 1996, S. 74 f.; vgl. Peters/Waterman, 1982):
- Das Unternehmen und insbesondere auch die PR müssen demnach auf der Basis einer Langzeitperspektive operieren.
- Darüber hinaus sollte das Unternehmen neben der Ertragsorientierung auch soziale Ziele verfolgen. Wilson (1996, S. 74) spricht diesbezüglich von einem „commitment to community" und meint eine Art Gemeinwohlorientierung.
- Die Wichtigkeit der Menschen in der Organisation muss erkannt werden, d.h. Vertrauen und Respekt zwischen Mitarbeitern soll geschaffen werden.
- Eine kooperative Problemlösung soll bevorzugt werden, an der Mitarbeiter nicht nur mit-, sondern aktiv zusammenwirken.
- Die Beziehungen zwischen dem Unternehmen und *allen* seinen relevanten Teilöffentlichkeiten sollen die Form von Beziehungen annehmen, die für beide Seiten von Vorteil sind.

Im *excellence*-Modell wurden ausschließlich interne Einflussfaktoren[33] für PR benannt, externe Einflussfaktoren bislang vollständig ausgeklammert. Dabei gibt es eine ganze Reihe von Faktoren im Umfeld des Unternehmens, die entscheidenden Einfluss auf die PR nehmen können. Die wichtigsten gesellschaftlichen Einflussfaktoren wurden bereits in der Einleitung genannt, die in ihrem Zusammenspiel einen Spiegel der Art und Komplexität der Unternehmensumwelt ergeben – und neben den genannten *excellence*-Faktoren vermutlich ebenfalls Auswirkungen auf die PR haben.

> **Zusammenfassung des Abschnitts**
> Kapitel 2.2 gibt einen Überblick über die verschiedenen Elemente der PR-Theorie und ihre Vernetzung. Auf der Mesoebene werden die PR-Organisationsformen, verschiedene PR-Modelle in ihrer Weiterentwicklung hin zum *mixed-motive model* und der PR-Prozess näher analysiert und in ihren jeweiligen Auswirkungen auf die PR-Praxis diskutiert. Im Rahmen der PR-Modelle stand ihre Anwendung als weitgehend kulturneutrales Instrument zur Klassifikation unterschiedlicher PR-Ausprägungen im Vordergrund. Eng mit der Ausgestaltung der PR auf der Mesoebene ist die Mikroebene ver-

---

betreffend der Berufspraxis wie z.B. ethischer Standards der Berufsverbände sowie eine professionelle Ethik (vgl. Grunig, 2000a, S. 28 ff.; vgl. Harrison, 1995, S. 22).

33 Als externer Einflussfaktor wird zwar der Aktivismus angesprochen, allerdings wird er nur in Ansätzen aufgegriffen und in seiner möglichen Auswirkung auf die Frage der *excellence* thematisiert (vgl. Grunig/Grunig/Dozier, 2002, S. 442 ff.).

bunden: Die Rollentheorie eignet sich zur Klassifikation der PR-Praxis des Einzelnen, da Rollen die alltäglichen Ausformungen und Arbeitsweisen von PR-Fachleuten messen und typologisieren. In Verbindung mit der individuellen PR-Rolle stehen v.a. das Ausmaß des *boundary spanning*, die Zugehörigkeit des PR-Verantwortlichen zum Entscheidungszentrum des Unternehmens und seine individuellen Fähig- und Fertigkeiten.

Im Rahmen der *excellence*-Theorie werden diese verschiedenen Bereiche miteinander in Verbindung gebracht, indem im Sinne exzellenter PR verschiedene Ausprägungen sowohl bei den Elementen der Mikro-, der Meso- und ansatzweise auch der Makroebene gefordert werden (normativer Charakter). Die theoretischen und praktischen Ergebnisse im Hinblick auf die *excellence* legen eine wechselseitige Beziehung der PR-Elemente zueinander nahe, so dass sie die zu Beginn der Arbeit geäußerte Vermutung einer in sich schlüssigen PR-Theorie stützen. Da es sich bei den bislang genannten Faktoren lediglich um interne Bedingungselemente und Einflüsse handelt, soll die PR-Theorie im folgenden Kapitel um einen Blick auf externe Rahmenfaktoren, zu denen auch die Nationalkultur zu rechnen ist, erweitert werden.

2.3 Gesellschaftliche Rahmenfaktoren der Public Relations

Bei den gesellschaftlichen Rahmenfaktoren handelt es sich einerseits um allgemeine Faktoren, die die Basis einer jeden Unternehmenstätigkeit bilden, andererseits um PR-spezifische Rahmenbedingungen. Zwar variiert ihre Gliederung und Ausdifferenzierung je nach Forschungsfeld und Autor, betreffend der wesentlichen Faktoren besteht jedoch Einigkeit: Als allgemeine gesellschaftliche Umfeldelemente eines Landes gelten politisch-ökonomische, rechtliche, technologische und sozio-kulturelle Rahmenfaktoren (vgl. Simmet-Blomberg, 1998, S. 79). Diese allgemeinhin anerkannten Faktoren ergänzen einige Autoren um weitere Elemente, wie z.B. Hazleton (1992, S. 35 ff.) um das Element des Wettbewerbs.[34] Ein zusätzlicher, speziell für die PR wichtiger Makrofaktor ist das Mediensystem (vgl. Abbildung 15). In Verbindung mit dem Mediensystem gewinnen die Rolle und der Einfluss der Öffentlichkeit für die PR an Bedeutung. Sie sollen nachfolgend im Rahmen der gesellschaftlichen Umfeldfaktoren als weitere Faktoren aufgegriffen und in ihrer Bedeutung für die PR dargelegt werden.

Die Umfeldfaktoren der Makroebene sind mit der PR eines Landes bzw. einer Kultur verknüpft. Auf ihrer Basis bilden sich spezifische PR-Funktionen heraus: Die PR-Praxis des Lobbyings ist durch die politischen und rechtlichen Faktoren bestimmt, die mit Investor Relations oder Financial Relations bezeichnete Praxis bezieht sich v.a. auf die ökonomischen Rahmenbedingungen der PR (vgl. Hazleton, 1992, S. 36). Der Branchenwettbewerb innerhalb eines Landes beeinflusst die Planung und Durchführung von PR-Programmen und -Kampagnen, die technologische Dimension hat Auswirkungen auf Medien, Kommunikationstechnologien sowie andere Kanäle und Instrumente der PR-Arbeit (vgl. ebd.).

---

34 Long und Hazleton (1987, S. 6) entwickeln ein Prozessmodell von PR, in dessen Rahmen sie fünf Umweltsysteme nennen, von deren Seite der Input für den PR-Prozess erfolgt. Sie nennen politisch-rechtliche, soziale, ökonomische, technologische und kompetitive Dimensionen – die Kultur stellt in ihrem Modell keinen Einflussfaktor dar.

Abb. 15: Gesellschaftliche Rahmenfaktoren der PR

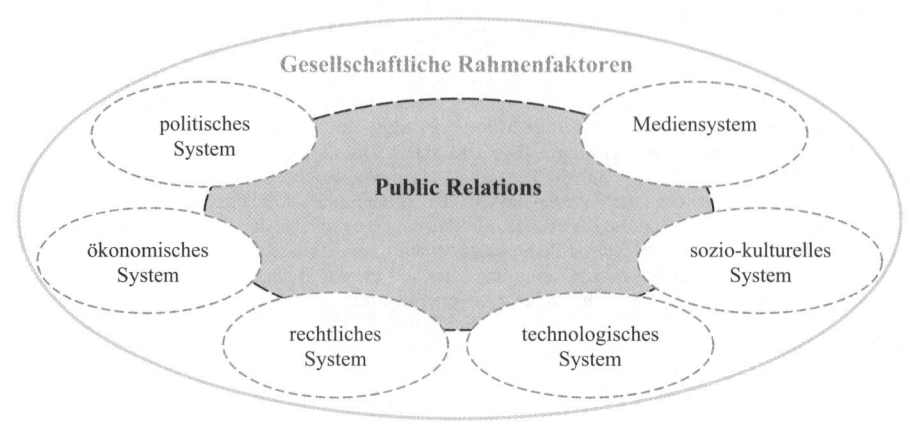

Gesellschaftliche Rahmenfaktoren
- politisches System
- Mediensystem
- Public Relations
- ökonomisches System
- sozio-kulturelles System
- rechtliches System
- technologisches System

Quelle: eigene Darstellung

Je nach Zusammensetzung und Ausprägung der oben genannten Faktoren variiert demnach auch die PR-Praxis eines Landes (vgl. Botan, 1992a, S. 18). So nimmt PR z.B. in Ländern mit einem niedrigen Entwicklungsstand vermutlich eine andere Rolle im Unternehmen und im Land ein als in westlichen Industrienationen (vgl. Wilcox/Ault/Agee, 1999, S. 349; vgl. Botan, 1992a, S. 19).

2.3.1 Politisch-ökonomisches System

Dem politisch-ökonomischen System eines Landes wird ein großer Einfluss auf die Entwicklung der PR vor Ort zugeschrieben (vgl. Sharpe, 1992, S. 106). Der politische Kontext eines Landes gewinnt u.a. in Verbindung mit dem Rechtssystem als Rahmenfaktor für den Grad der rechtlichen Sicherheit an Bedeutung (vgl. Botan, 1992b, S. 154; vgl. Hazleton, 1992, S. 36). Vercic, Grunig und Grunig (1993) vertreten in Bezug auf die Bedeutung des politischen Systems für PR die These, dass in autoritären Staaten kein Raum für Öffentlichkeitsarbeit im dialogorientierten Verständnis bleibe, sondern PR v.a. in Form von Propaganda betrieben werde. Im Rahmen einer Propagandafunktion spielen weder Wahrheit noch Angemessenheit der Aussagen eine Rolle (vgl. Al-Enad, 1990, S. 26; vgl. Buß, 1997). PR im dialogischen Sinn[35] ist damit auf demokratische Staaten beschränkt. Gestützt wird diese These durch empirische Ergebnisse verschiedener Studien, v.a. in nicht-demokratischen Ländern.[36] Müller (1999, S. 58) hingegen weist zur Entkräftung dieser These

---

35 sofern es sie in dieser Reinform gibt [d. Verf.].
36 zur Bedeutung des politischen Kontexts siehe zur historischen Entwicklung der PR für Osteuropa bspw. Vercic, Grunig und Grunig (1996), Averbeck/Wehmeier (2002, S. 21), Vercic (2002), Zlateva (2002, S. 32 ff.) und Djuric (1997), für China Kelly/Masumoto/Gibson (2002) oder für Lateinamerika Sharpe/Simoes (1996, S. 289) und González/Akel (1994).

auf die Tatsache hin, dass etwa in der DDR ebenfalls eine PR im heutigen Wortsinn existiert habe, und auch Sharpe (1992) führt China und die Türkei als Gegenbeispiele an, deren Unternehmen dialogische PR dazu einsetzen, die notwendigen Finanzmittel zu erhalten.

Von Bedeutung für die PR-Praxis ist in Zusammenhang mit dem politisch-ökonomischen System auch der Industrialisierungs- und Entwicklungsgrad eines Landes (vgl. Van Leuven/Pratt, 1996; vgl. Hazleton, 1992, S. 36; vgl. Botan, 1992b, S. 155; vgl. Al-Enad, 1990). Ronneberger und Rühl (1992, S. 19) stellen die These auf, PR sei nur in solchen Gesellschaften zu finden, die durch „Lebensgrundlagen von bisher unbekannter Komplexität ermöglicht werden" und durch Werte wie Freiheit, Frieden, Chancengleichheit und soziale Verantwortung gekennzeichnet sind. PR im dialogischen Verständnis könne demnach lediglich in Industrienationen entstehen. In Nationen also, während deren Industrialisierungsprozess sich „für die Gesellschaft neuartige Sinn- und Informationsbedürfnisse" (ebd., S. 47) ergeben haben, die erst und in erster Linie durch PR befriedigt werden können. Sharpe und Simoes (1996, S. 289) konnten diese prognostizierte Bedeutung des Entwicklungsstandes für die PR im Rahmen des fortschreitenden Demokratisierungsprozesses in Südamerika in Ansätzen bestätigen: „Public Relations in South American countries truly began to develop with the fall of military governments".

PR in Entwicklungsländern bleibt fast ausschließlich auf Regierungsprogramme oder nationale Kommunikationsprogramme begrenzt (vgl. Van Leuven/Pratt, 1996, S. 93). In der „Dritten Welt" basiert sie weitgehend auf dem Modell der einseitigen Informationstätigkeit von Seiten von Ministerien und anderen Regierungsbehörden, die der Information, Aufklärung und Bildung der Bürger dienen und zu einem bestimmten Verhalten animieren wollen (vgl. Al-Enad, 1990, S. 25 f.). Es handelt sich bezüglich dieser „Entwicklungskommunikation" (Van Leuven/Pratt, 1996, S. 94) um national relevante Themen wie z.B. die AIDS-Aufklärung. Al-Enad (1990, S. 25) bezeichnet die Rolle der PR in arabischen Staaten mit den Begriffen „Rezeptionist" und „Kommunikationsagent", deren zentrale Aufgabe die Informationsweitergabe sei.

PR muss in Entwicklungsländern aber nicht zwangsläufig in Form von Informations- und Aufklärungskampagnen angelegt sein. Sie lässt sich in drei Punkten von der in entwickelten Nationen angewandten PR abgrenzen (vgl. Van Leuven/Pratt, 1996, S. 98 ff.):

- Einen ersten Einflussfaktor stellen nationale Gegebenheiten wie Entwicklungsgrad der Medien, ökonomische Entwicklung, politische Stabilität sowie linguistische und kulturelle Vielfalt bzw. Homogenität dar, die die Möglichkeiten für Kommunikationskampagnen deutlich beeinflussen und im Fall der Entwicklungsländer einschränken.
- Zweitens kommt dem PR-Verständnis entscheidende Bedeutung zu im Sinne der Frage, ob PR als Programm oder als Prozess verstanden wird: Während PR in westlichen Ländern als Prozess zur Beziehungspflege gesehen wird, ist sie in Entwicklungsländern meist mit Propaganda oder Publicity vergleichbar.

- Als dritten Einflussfaktor nennen Van Leuven und Pratt (ebd., S. 101 ff.) Art und Weise sowie Ziel der Beziehungspflege durch PR. Dieser dritte Faktor drückt sich darin aus, dass in Entwicklungsländern v.a. die ersten zwei Grunig-Modelle (Publicity-Modell und Informationstätigkeit) angewendet werden, ohne dass Feedback eingeholt wird, wohingegen in entwickelten Staaten eher zweiseitige Modelle vermutet werden. Zudem handelt es sich bei der in Dritte-Welt-Ländern vorherrschenden PR nicht um eine dialogische Funktion, sondern es stehen Information und Persuasion im Mittelpunkt.

Damit bleibt die Frage, ob in Entwicklungsländern überhaupt von PR im gültigen Begriffsverständnis oder nicht eher von einseitiger, in erster Linie informationsorientierter Kommunikation mit dem Ziel der Überzeugung und Verhaltensänderung gesprochen werden muss. Dabei würde es sich um eine basale PR-Funktion handeln, wie sie in westlichen Industrienationen etwa Ende des 19. Jahrhunderts anzutreffen war. Aber unabhängig davon, wie die PR-Praxis im entsprechenden Land aussieht, ist das Entscheidende: Je nach Entwicklungsstand eines Landes variieren Ziele und Funktionen der PR. In hochentwickelten Industrieländern und Informationsgesellschaften ist Unternehmens-PR eher darauf ausgerichtet, ein Wettbewerbsinstrument zu sein und zum Unternehmenserfolg beizutragen. In Entwicklungsländern hingegen dient sie eher zur Überzeugung der behördlichen Entscheidungsträger (vgl. Wakefield, 2000, S. 186). In Brasilien etwa, wo in vielen Lebensbereichen die Zustimmung der Regierung notwendig ist (vgl. Sharpe, 1992, S. 104), zielt Unternehmens-PR darauf ab, „to obtain favors from the government" (Wakefield, 2000, S. 187). Sie stellt damit eine rudimentäre Form des Lobbying dar.

2.3.2 Mediensystem und Öffentlichkeit

Mediensystem und Medienlandschaft variieren von Land zu Land teilweise stark (vgl. bspw. Weaver, 1998). Je entwickelter ein Land, desto eher wird es über eine umfangreiche Medienlandschaft aus freien, unabhängigen Medien verfügen, die sich als Kanäle für PR-Botschaften eignen (vgl. Botan, 1992b, S. 155; vgl. Sharpe, 1992, S. 106). Entscheidend sind nationale Besonderheiten in Verfügbarkeit und Nutzung der Medien, aber auch in Struktur, Professionalisierungsgrad, Rolle und Ethik (vgl. Bird, 2001, S. 211; vgl. Wakefield, 2000, 190 f.; vgl. Streich, 1996, S. 21 f.; vgl. Kleebinder, 1995, S. 149 ff.). So muss die PR z.B. im Rahmen der Pressearbeit nationale Ferienzeiten einkalkulieren, die sich auf die Berichterstattung der Medien auswirken (z.B. das „Sommerloch" der Medienberichterstattung; vgl. Macdonald, 1991, S. 46). Als zusätzliche Faktoren spielen das Ausmaß des Wettbewerbs zwischen den Medien, Produktionsbedingungen (z.B. Zeitdruck) sowie der Zugang der PR und der Menschen zu den Medien eine Rolle (vgl. Botan, 1992b, S. 155). Der Zugang der Menschen zu Medien beeinflusst seinerseits das Element der Mediennutzung, das im Rahmen der Pressearbeit zum entscheidenden Kriterium wird (vgl. Streich, 1996, S. 21). Für den Zusammenhang von Mediensystem und Entwicklungsstand der PR lässt sich festhalten: „PR ist überhaupt erst möglich, wenn Formen und Mittel der organisierten öffentlichen Kommunikation gesamtgesellschaftlich möglich geworden sind, um der Gesamtbevölkerung als dem Potenzial der zu Aktivierenden und der zu Interessierenden den Zugang zu ermöglichen" (Ronneberger/Rühl, 1992, S. 46).

So zeigt die PR-Geschichte, dass bei der Entwicklung einer PR-Funktion innerhalb eines Landes immer bereits eine hochkomplexe, gesamtgesellschaftliche Kommunikation im betreffenden Land vorgelegen hat (vgl. ebd., S. 178). Es kann demnach davon ausgegangen werden, dass der Entwicklungsstand des Mediensystems im jeweiligen Land in Bezug auf den Freiheitsgrad eine wesentliche Rahmenbedingung für Vorhandensein und Entwicklungsstand der PR darstellt. Der Entwicklungsstand der PR hängt als Folge der Ausdifferenzierung der Unternehmenskommunikation davon ab, wie lange ein Land bereits über eine freie und diversifizierte Medienlandschaft verfügt. So wichtig eine freie, unabhängige Medienlandschaft ist, so zentral ist auch die Bedeutung der Öffentlichkeit für die PR. PR kann ihre Aktivitäten und Botschaften noch so sehr auf die Zielgruppen ausrichten, noch so wahr und offen kommunizieren – wenn dies auf Seiten der Öffentlichkeit nicht im selben Maß wahrgenommen und verstanden wird, ist die Glaubwürdigkeit des Unternehmens nicht gegeben.[37] Bereits in der Mitte des 20. Jahrhunderts gab es in der amerikanischen Managementforschung Ansätze, die von Unternehmen forderten, soziale Verantwortung stärker als bis dahin üblich zu übernehmen (vgl. Frederick, 1994a, S. 151; vgl. Hundhausen, 1951, S. 164 f.). Wertewandel, d.h. die Verlagerung von kollektiver Pflichterfüllung hin zu individualistischer Selbstverwirklichung, Globalisierung und andere Entwicklungen führen dazu, dass sich Anforderungen und Erwartungshaltungen der Öffentlichkeit an Unternehmen zunehmend verändern (vgl. Merten, 2000, S. 97; vgl. Beger/Gärtner/Mathes, 1989, S. 96). Mittlerweile gilt es als weitgehend anerkannt, dass die soziale Verantwortlichkeit eine notwendige Voraussetzung dafür ist, dass ein Unternehmen öffentliche Zustimmung erhält und seine Interessen in der Öffentlichkeit Gehör finden (vgl. Zerfaß, 2001b, S. 394; vgl. Carroll/Buchholtz, 2000; vgl. Raffée/Wiedmann, 1987, S. 7). Die Idee sozialer Verantwortlichkeit stammt aus der Managementtheorie (vgl. Staehle, 1992, S. 249) und wird in der Literatur im Allgemeinen als Konzept der „corporate social responsibility" bezeichnet (vgl. Carroll/Buchholtz, 2000, S. 28; vgl. Wimmer, 2001). Frederick (1994a, S. 151) spricht in einer wesentlich detaillierteren Aufsplittung von sozialer Verantwortlichkeit abgekürzt von CSR_1.[38] Kernelement ist die Frage, ob Unternehmen eine soziale Verantwortung gegenüber der Öffentlichkeit haben (vgl. Vercic/Grunig, 2000, S. 29). Dieser reaktiven PR-Orientierung sind die in Abschnitt 2.2.1 beschriebenen ersten beiden Modelle, Publicity und Informationstätigkeit, zuzurechnen (vgl. ebd., S. 31; vgl. Grunig/Hunt, 1984, S. 22).

---

[37] für die Rolle, die das Verhalten der PR-Fachleute (in erster Linie des Pressesprechers) für die Wahrnehmung der Teilöffentlichkeiten und die Glaubwürdigkeit spielen, siehe Sallot (2002).
[38] Als Vorstufe von CSR_1 wird die „unbewusste PR" (CSR_0) bezeichnet, also die unbewussten, ungeplanten und unsystematischen Beziehungen des Unternehmens zur Öffentlichkeit. Dieser Klassifikation liegt die Tatsache zu Grunde, dass jede Organisation allein schon durch ihre Existenz und ihre Unternehmenstätigkeit Beziehungen zur Öffentlichkeit hat, es sich also im reinen Wortsinn auch um „relations with publics" handelt.

Carroll und Buchholtz (2000, S. 35 ff.) teilen diese Art der sozialen Verantwortung in die vier Stufen der ökonomischen (Ziel: Profit), der gesetzlichen (Ziel: Gesetzestreue), der ethischen (Ziel: ethisches Handeln) und der philantropischen Verantwortung (Ziel: Corporate Citizenship) ein. In den 70er Jahren kam mit CSR_2 ein neuer Ansatz auf, der sich mit „corporate social responsiveness" beschäftigte (vgl. Frederick, 1994a, S. 154).[39] Ausgehend von der Überzeugung, dass das Unternehmen und mit ihm seine PR-Funktion eine öffentliche, soziale Verantwortung habe, steht hier die Beschäftigung mit der konkreten Form und Gestalt der öffentlichen, sozialen Verantwortung im Vordergrund (vgl. ebd., S. 154 ff.). Die dritte Stufe, „corporate social rectitude" (CSR_3), entspricht dem symmetrischen Zweiweg-Modell. Hier werden die vorigen Konzepte um Werte und ethische Grundsätze ergänzt (vgl. Frederick, 1994b, S. 166; vgl. Vercic/Grunig, 2000, S. 30). Die Weiterentwicklung hin zu CSR_4 und „corporate social reason" – bislang lediglich eine Prognose – basiert auf einem stärker strategisch orientierten Verständnis von PR (vgl. Vercic/Grunig, 1995; vgl. Vercic/Grunig, 2000, S. 30). Vercic und Grunig (ebd., S. 31) beschreiben die Bedeutung von CSR_4 für die PR wie folgt: „Public relations not only has to efficiently and correctly manage relations of a company with its environment; it should include companies into the full creation of the same."

In die deutsche Fachliteratur ist diese Idee von PR unter dem Begriff der gesellschaftlichen Verantwortung eingegangen (vgl. Köcher/Birchmeier, 1992, S. 27). Köcher und Birchmeier (ebd., S. 29) benennen die Vorteile dieser Gesellschaftsorientierung folgendermaßen:

- Gegenüber der gesellschaftlichen Anerkennung treten kurzfristige Gewinnmöglichkeiten in den Hintergrund, so dass auf Seiten der Öffentlichkeit eine positive Einstellung bis hin zu Vertrauen gegenüber dem Unternehmen entstehen und sich langfristig halten kann.
- Unternehmen, die gesellschaftlich verantwortlich agieren, können ihre Erträge durch dieses Verhalten steigern, indem z.B. Mitarbeiter über gute Sozialleistungen besser motiviert sind und mehr Leistung bringen.
- Für die Gesamtgesellschaft bedeuten sozial agierende Unternehmen eine Stärkung der gesellschaftlichen Stabilität. Dadurch verbessern sich wiederum die wirtschaftlichen Rahmenbedingungen für Unternehmen.

Obwohl Gewinnorientierung und soziales Handeln häufig nur schwer miteinander vereinbar scheinen (vgl. ebd., S. 31), ist PR als Instrument der öffentlichen und sozialen Legitimation von unternehmerischem Handeln in westlichen Industrienationen[40] längst zu einer wichtigen gesellschaftlichen und organisationalen Funktion, wenn nicht sogar zu einem strategischen Erfolgsfaktor geworden (vgl. Moss/Warnaby, 1997, S. 44; vgl. Wilson, 1996, S. 67; vgl. Dilenschneider, 1992). Stakeholder und Teilöffentlichkeiten stellen die zentrale Größe im Kommunikationsprozess dar,

---

39 Auf dem CSR_2-Verständnis basiert das symmetrischen Zweiweg-Modell von Grunig/Hunt (1984, S. 22; vgl. Vercic/Grunig, 2000, S. 31).
40 Public Relations i.e.S. – so viel wurde in diesem Abschnitt deutlich – tritt lediglich in ausdifferenzierten, demokratischen Systemen auf (vgl. gesellschaftsorientierter Ansatz der PR von Ronneberger/Rühl (1992)), in denen gewisse Umfeldfaktoren gegeben sind (vgl. Liebert, 1997, S. 93). Neben der Demokratie ist dies v.a. ein freies Mediensystem (vgl. Fröhlich, 1997, S. 75).

an der sich auch PR zu orientieren hat. Neue Herausforderungen entstehen für die PR in diesem Bereich insbesondere durch eine zunehmende Segmentierung und Zersplitterung der Öffentlichkeit, die nicht zuletzt von der Entstehung neuer Kommunikationsräume und -kanäle wie z.B. dem Internet ausgelöst wurde (vgl. Zerfaß, 2001a, S. 158; vgl. Krzeminski, 1998). Dadurch sind die Ansprache und die Gewinnung der Öffentlichkeit für Unternehmensbelange schwieriger geworden. Zentrales Ziel der PR im 21. Jahrhundert ist die Etablierung von Beziehungen und langfristigen Bindungen, und damit die Integration zersplitterter Öffentlichkeiten. Sie kann nur durch systematisches Kommunikationsmanagement realisiert werden, wenn PR nicht nur als strategisches Management verstanden wird, sondern auch als strategischer Erfolgsfaktor eines Unternehmens.

An Bedeutung gewinnt für das Unternehmen und seine PR-Arbeit in Zusammenhang mit der Öffentlichkeit auch der Aktivismus innerhalb eines Landes (vgl. Wakefield, 2000, S. 189 f.; vgl. Kleebinder, 1995, S. 143 ff.; vgl. Kunczik, 1992, S. 352 f.). Aktivistengruppen können als eine Sonderform des öffentlichen Kritikpotenzials verstanden werden. Sie sind mit die wichtigste Einflussgruppe im gesellschaftlichen Teilsystem, nicht zuletzt weil sie die Autonomie eines Unternehmens in wesentlichem Maß einschränken können (vgl. Grunig, 1997, S. 17). „Activism, indeed, represents a major problem for organizations", schreibt Larissa Grunig (1992b, S. 522). Unter einer aktivistischen Teilöffentlichkeit versteht man „a group of two or more individuals who organize in order to influence another public or publics through action" (ebd., S. 504). Aktivistengruppen bilden sich wie jede Teilöffentlichkeit ohne Zutun des Unternehmens, allerdings mit dem Ziel, Veränderungen im Unternehmen selbst oder in deren Verhalten zu bewirken (vgl. Banks, 1995, S. 83). Insbesondere in westlichen, pluralistisch geprägten Gesellschaften entstehen zunehmend aktive, kritische und kritikfreudige Gruppen bis hin zu aktivistischen Interessengruppen wie etwa Attac, die sich über Ländergrenzen hinweg vernetzen und ganz neue Bezugsgruppen v.a. für internationale Unternehmen bilden (vgl. Kleebinder, 1995, S. 143 f.). An Bedeutung gewinnen die frühzeitige Identifikation und aktive kommunikative Ansprache möglicher Aktivistengruppen, wozu sich v.a. das zweiseitige Dialogmodell von PR eignet (vgl. Grunig, L., 1992b, S. 528). Allerdings ist ein systematisches Aktivismus-Monitoring gerade im internationalen Rahmen komplex, wo neben nationale auch international agierende Aktivistengruppen treten (vgl. Wakefield, 2000, S. 189). „Activist communication often extends beyond the concerns of local, regional, or national publics", schreibt Banks (1995, S. 101). Während Unternehmen in einigen Ländern eine intensive Umweltbeobachtung betreiben, scheinen Aktivisten für PR-Fachleute anderer Länder eine zu vernachlässigende Bedrohung darzustellen (vgl. Wakefield, 2000, S. 190).

2.3.3 Sozio-kulturelle Faktoren

Sozio-kulturelle Spezifika zeigen sich sowohl in generellen Einstellungen und Verhaltensweisen als auch in ganz konkreten Elementen wie z.B. der Farbwahrnehmung, die für die Gestaltung von Werbemitteln, PR-Anzeigen oder -Zeitschriften bedeutsam sind (vgl. Streich, 1996, 18 ff.). Wichtig sind in diesem Zusammenhang auch und gerade sprachliche Unterschiede, die teilweise erhebliche Barrieren für eine international integrierte Unternehmenskommunikation darstellen können (vgl. Wakefield, 2000, S. 189): Von Land zu Land variieren Sprache, Mentalität und Wahrnehmungsgewohnheiten der Menschen.

Für die PR ist es hilfreich, den jeweils vorherrschenden Kommunikationsstil, d.h. den Stil etwa von Dokumenten oder Botschaften zu kennen (vgl. Bird, 2001, S. 211; vgl. Bolten, 1995). Kulturbedingte Unterschiede im Kommunikationsstil bestehen z.B. in folgenden Bereichen (vgl. Wilcox/Ault/Agee, 1999, S. 347):

- schriftliche vs. mündliche Kommunikation: Deutschland gilt als Kultur, in der der schriftlich fixierten Kommunikation eine große Bedeutung beigemessen wird;
- faktenorientierte vs. emotionale Kommunikation: Während in Frankreich v.a. emotional und häufig auch mit Übertreibungen kommuniziert wird, ist Kommunikation in Deutschland stark faktenorientiert;
- explizite vs. implizite Übermittlung: In Asien und Afrika werden im Gegensatz zu Europa zentrale Botschaften implizit, d.h. zwischen den Zeilen übermittelt;
- formbetonte vs. funktionale Kommunikation: In arabischen Ländern stehen Form und Effekt der Kommunikation sowie das durch die Kommunikation vermittelte Image im Vordergrund, während z.B. in den USA Funktion, Inhalt, Bedeutung und Richtigkeit der Information als entscheidend wahrgenommen werden.

Unter den sozio-kulturellen Faktoren ist in erster Linie die Kultur zu nennen, die einen der wichtigsten Rahmenfaktoren für die PR darstellt (vgl. Wilcox et al., 1999, S. 346). Zur Kultur sind Elemente wie Werte, Normen und Werthaltungen, aber auch Sprache sowie Bedeutung und Wahrnehmung von Farben, Nummern usw. zu rechnen. Als Basiselement liegt die Kultur den oben genannten gesellschaftlichen Faktoren der Mikro-, Meso- und Makroebene von PR mehr oder weniger stark zu Grunde. Wissenschaftlich nachgewiesen ist etwa die Bedeutung der Nationalkultur für das Ausmaß an Aktivismus innerhalb des entsprechenden Landes (vgl. Hall, 1977, S. 93). So weisen Aktivisten in Kulturen, die durch langsamen Wandel und hohe Stabilität geprägt sind, ein wesentlich höheres Gewaltpotenzial auf als in Kulturen, in denen Aktivismus (z.B. in Form von Demonstrationen) als äußerstes Mittel der Meinungsäußerung, oft auch als Hilferuf empfunden wird (vgl. ebd., S. 93 f.). Während sich Unternehmen in erstgenannten Kulturen meist als stabil genug erweisen, um aktivistische Handlungen zu überstehen, stellt Aktivismus für Unternehmen in zweitgenannten Kulturen eine ernstzunehmende Gefahr dar (vgl. ebd., S. 94). Der Kultur kommt also nicht nur für die gesellschaftlichen Rahmenbedingungen selbst, sondern vermutlich auch für die PR eine zentrale Rolle zu. Das Konstrukt Kultur ist mit seinen unterschiedlichen Bestandteilen, Ausprägungen und Dimensionen Gegenstand des folgenden Kapitels.

Zusammenfassung des Abschnitts
Kapitel 2.3 ergänzt die im ersten und zweiten Abschnitt genannten Elemente der PR und ihre internen Einflussfaktoren um den Aspekt der gesellschaftlichen Rahmenfakto-

ren. Die Beschäftigung mit diesen Elementen der Makroumwelt des Unternehmens legt die Vermutung nahe, dass PR im Sinne der Arbeitsdefinition in der Regel eher in demokratischen, wirtschaftlich hochentwickelten Industrie- oder Kommunikationsgesellschaften zu finden ist, die ein ausdifferenziertes Mediensystem aufweisen, in denen die Öffentlichkeit die zentrale Legitimationsinstanz für das Unternehmenshandeln ist und ein ausgeprägt hohes Aktivismuspotenzial hat.

Für die angesprochenen Elemente der Unternehmensumwelt lassen sich demnach gewisse Wechselwirkungen mit der Unternehmens-PR erwarten. Sozio-kulturelle Faktoren haben nicht nur einen unmittelbaren Zusammenhang mit der PR, sondern hängen darüber hinaus – als Fundament der anderen oben angesprochenen Umweltvariablen – auch indirekt mit ihr zusammen: So bestimmt die Nationalkultur z.B. die jeweilige kulturelle Prägung der Öffentlichkeit oder das Ausmaß an Aktivismus.

3 Kulturdimensionen und ihre Bedeutung für die Public Relations

„Culture is an idea whose time has come." Bereits vor 20 Jahren war Smircich (1983, S. 339) davon überzeugt, dass der Kultur als zentralem Konzept menschlichen Seins eine Bedeutung auch für Unternehmen zuzurechnen sei. Was jedoch unter dem Begriff der Kultur zu verstehen ist, war damals ebenso umstritten wie heute: Bereits im Jahr 1952 fanden Kroeber und Kluckhohn mit 164 unterschiedlichen Kulturdefinitionen eine Vielzahl von Begriffsverständnissen innerhalb der Fachliteratur (1952, S. 149). Diese bis heute anhaltende Begriffsvielfalt erschwert nicht nur die Beschäftigung mit dem Themenbereich, sondern erfordert auch die sorgfältige Auswahl einer Arbeitsdefinition.[41] Im Rahmen des Kapitels 3.1 werden verschiedene Ansätze zur Definition von Kultur vorgestellt, aus denen eine holistische Arbeitsdefinition abgeleitet werden soll (Abschnitt 3.1.1). Nach einem Blick auf die Elemente und Bestandteile der Kultur wird sie aus systemtheoretischer Sicht betrachtet und in Kapitel 3.2 auf verschiedenen Systemebenen näher analysiert. Kapitel 3.3 stellt Ansätze zur Klassifikation und Abgrenzung von Kulturen, so genannte Kulturdimensionen und -distanzen, dar. Sie bilden die Basis für die Vernetzung von Kultur und PR in Kapitel 3.4.

3.1 Elemente des Kultursystems

Über alle Kulturen und Nationen hinweg gibt es universelle Elemente und Faktoren, bei denen es sich meist um biologisch bedingte Reaktionen und Verhaltensweisen handelt, die Teil einer allen Menschen gemeinsamen Erfahrung sind (vgl. Lustig/ Koester, 1999, S. 78). Es sind kulturunabhängige Universalien wie „Eigenschaften, Fähigkeiten und Verhaltensweisen (...), die alle Individuen übergreifen und somit auch durchgängig in allen Kulturen anzutreffen sind" (Maletzke, 1996, S. 21; vgl. Triandis, 1972, S. 5). Als Beispiel für dieses biologisch geprägte Grundwissen kann z.B. die Fürsorge einer Mutter für ihr Neugeborenes genannt werden (vgl. Lustig/Koester, 1999, S. 78). Hofstede (1980, S. 15) spricht deshalb auch vom „universal level of mental programming". Ähnlich versteht auch Habermas (1995, S. 209) diese unterste Ebene, die er im Rahmen seines ähnlich gearteten Lebensweltkonzepts als ein alle Kulturen übergreifendes „kulturelles Gedächtnis" bezeichnet, in dem basales Wissen und Interpretationsweisen gespeichert sind.

Abbildung 16, die so genannte Kulturpyramide von Lustig und Koester (1999), verdeutlicht die verschiedenen Ebenen des Kulturverständnisses. Die universellen Elemente und Faktoren bilden den Fuß der Pyramide. Die Spitze nehmen Elemente der Persönlichkeit eines Individuums ein, die unabhängig von kulturellen Einflüssen von Mensch zu Mensch variieren (vgl. Habermas, 1995, S. 209; vgl. Hofstede, 1980,

---

41 Zur Vielfalt der Definitionen vgl. Ady (1994, S. 30); Simmet-Blomberg (1998, S. 73); Maletzke (1996, S. 15); Sriramesh (1996, S. 178); Banks (1995, S. 7); Gudykunst/Ting-Toomey/Chua (1988, S. 27); Goodenough (1981, S. 47); Triandis (1980, S. 1); Goodenough (1970, S. 101).

S. 16; vgl. Triandis, 1972, S. 6). Auf der Zwischen- oder Mesoebene, als „collective mental programs of a particular culture" bezeichnet, ist die Kultur im Sinne dieser Arbeit[42] zu verorten (Lustig/Koester, 1999, S. 78).

Abb. 16: Kultur als kollektive Ebene mentaler Programmierung

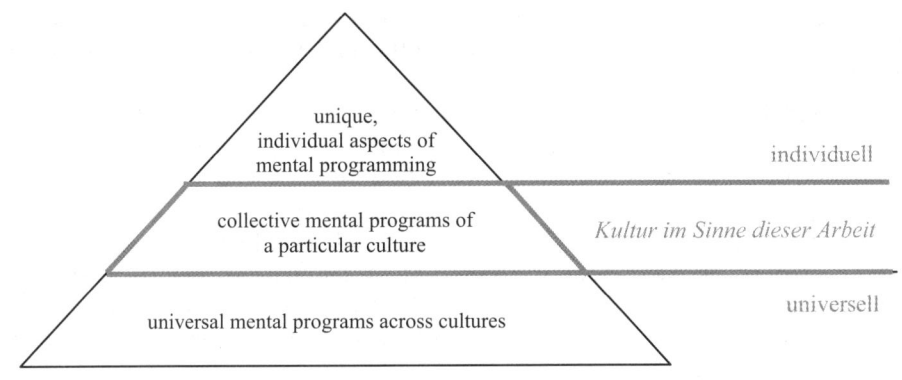

```
            unique,
       individual aspects of
        mental programming                    individuell
       ─────────────────────
       collective mental programs of
          a particular culture          Kultur im Sinne dieser Arbeit
       ─────────────────────
       universal mental programs across cultures
                                               universell
```

Quelle: in Anlehnung an Lustig/Koester (1999, S. 78)

Habermas (1995, S. 209) verortet die Gesellschaft und ihre Subkulturen auf der Metaebene seines Lebensweltkonzepts. Die Lebenswelt versteht er als denjenigen Bestandteil einer Kultur, der die Handlungen und die Interaktionsprozesse der Menschen innerhalb dieser Kultur steuert. Demnach ist die Kultur sowohl auf der Ebene der Gesellschaft als auch auf der der Persönlichkeit prägend (vgl. Hasenstab, 1999, S. 55). Jede Kultur hat spezifische Werte, Normen und Überzeugungen, die in ihrer Stärke und Richtung variieren (vgl. Lustig/Koester, 1999, S. 78), so dass Hofstede (1980, S. 15) von der kollektiven Ebene mentaler Programmierung spricht.

3.1.1 Ansätze zur Definition von Kultur

Alle bislang für die Mesoebene vorliegenden Kulturdefinitionen lassen sich grob in vier Definitionsansätzen zusammenfassen: deskriptiver Ansatz, *Social Heredity Approach*, *Cultural Communication Approach* und *Perceptual* bzw. *Subjective Culture Approach* (vgl. Lustig/Koester, 1999, S. 28 ff.).[43] Als kleinster gemeinsamer Nenner dieser unterschiedlichen Definitionen kann Kultur nach Banks (1995, S. 8)

---

42 Die im Rahmen dieser Arbeit betrachtete Kultur ist nicht zu verwechseln mit dem weithin geprägten Verständnis von Kultur als Kunst im Sinne von Kulturprodukten (z.B. Musik, Malerei, Tanz) oder -institutionen (z.B. Museen; vgl. Blau, 1989).

43 Kroeber und Kluckhohn bildeten 1952 auf Basis ihrer Literaturdurchsicht eine weitaus größere Zahl von Kulturkategorien. Neben den drei erstgenannten Ansätzen benennen sie z.B. Definitionen auf der Basis normativer, psychologischer, struktureller oder genetischer Überlegungen (vgl. Kroeber/Kluckhohn, 1981, S. 51 ff.), die im Rahmen heutiger Forschung jedoch kaum noch eine Rolle spielen. Der vierte der oben genannten Ansätze, der *Subjective Culture Approach*, ist ein neuer Ansatz, der als Weiterentwicklung der von Kroeber und Kluckhohn (1952) identifizierten Begriffsverständnisse gesehen werden kann.

verstanden werden als „set of (usually implicit) theories held in common about how social life works and recipes about how social life is conducted".

Der deskriptive Ansatz benennt und beschreibt die einzelnen Komponenten von Kultur (vgl. Kroeber/Kluckhohn, 1952, S. 43 ff.). Zentraler Aspekt ist das Verständnis von Kultur als komplexes Ganzes, das sich aus verschiedenen Faktoren zusammensetzt. Einer der bekanntesten Vertreter dieses Ansatzes ist Richard E. Porter, der als Bestandteile von Kultur u.a. Meinungen, Überzeugungen, Werte, Einstellungen, Rollenerwartungen und Raum- sowie Zeitauffassung nennt (vgl. Samovar/Porter, 2000, S. 7).

Kulturdefinitionen, die im Rahmen des *Social Heredity*-Ansatzes formuliert werden, legen den Fokus auf die soziale Erlerntheit von Kultur (vgl. Goodenough, 1981, S. 50; vgl. Kroeber/Kluckhohn, 1952, S. 47 ff.). Es wird betont, dass Kultur nicht angeboren ist, sondern unbewusst und implizit während der Sozialisation erlernt werden muss.[44] Banks (1995, S. 9) definiert Kultur im Rahmen dieses Ansatzes als „systems of meaning group members acquire through experiential apprenticeship". Goodenough (1981, S. 50) verwendet den Kulturbegriff etwas populärwissenschaftlicher „for what is learned, for the things one needs to know in order to meet the standards of others".

Der *Cultural Communication Approach* hebt stärker auf symbolische Handlungen und Bedeutungen innerhalb einer Kultur ab. Er konzentriert sich auf die Beschreibung „how people express their culture in their everyday conversations and interactions" (Lustig/Koester, 1999, S. 29; vgl. Kroeber/Kluckhohn, 1952, S. 69 f.). McCarty (1994, S. 24) betont das gemeinsame Element, wenn er Kultur als „something that members of a group have in common" versteht.

Im Rahmen des vierten, so genannten *Perceptual Approach* oder *Subjective Culture Approach* (vgl. Triandis, 1972) wird angenommen, dass das Verhalten eines Menschen auf seine – durch die Kultur geprägte – Wahrnehmung, Weltsicht und Vorstellungen, wie er sich in der Welt verhalten soll, zurückzuführen ist (vgl. Lustig/Koester, 1999, S. 29; vgl. Banks, 1995, S. 8; vgl. McCarty, 1994, S. 26; vgl. Cox, 1993, S. 48). Kultur wird im Rahmen dieses konstruktivistischen Verständnisses als Gemeinsamkeit von Denk- und Verhaltensmustern verstanden, als „the collective life patterns shared by people in social groups such as national, racial, ethnic, socioeconomic, regional, and gender groups" (Kim, 1996, S. 305; vgl. Nolan, 1999, S. 3; vgl. Bennett, 1998, S. 3; vgl. Singer, 1998, S. 97). Von Bedeutung ist neben den Bestandteilen einer Kultur auch ihre Funktion als Bezugsrahmen (vgl. Ting-Toomey, 1999, S. 10). Kultur ist somit ein elementarer Einflussfaktor für das Denken und Handeln von Menschen, „sie stellt einen Bezugsrahmen, ein Orientierungssystem dar, innerhalb dessen Wahrnehmungen erfolgen, Erkenntnisse gewonnen, Handlungen bewertet und Verhalten gesetzt werden" (Salzberger, 1999, S. 36). Hofstede – der wohl bekannteste Vertreter dieses Ansatzes – bezeichnet Kultur deshalb auch als „mentale Software" (1991, S. 4) zur Steuerung des menschlichen Verhal-

---

44 Die Kultursozialisation wird auch als Enkulturation bezeichnet (vgl. Maletzke, 1996, S. 22). Für den *Social Heredity Approach* vgl. hierzu Jandt (2001, S. 9); Samovar/Porter (2000, S. 8 f.); Usunier (2000, S. 23); Lustig/Koester (1999, S. 28 f.); McCarty (1994, S. 25); Tayeb (1988, S. 42); Harms (1973, S. 32).

tens.⁴⁵ Im Rahmen dieser Arbeit wird Kultur im Sinne des *Subjective Culture Approach* verstanden, so dass sich folgende Arbeitsdefinition festhalten lässt:

> Kultur ist das tradierte, erlernte Ganze gemeinsamer Überzeugungen, Einstellungen, Werte und Normen, das sich in einer allen Mitgliedern der Kultur gemeinsamen Weltsicht niederschlägt, die ähnliche Wahrnehmung, ähnliche Bewertungen und ähnliches Verhalten bei ihren Mitgliedern hervorruft.

3.1.2 Werte, Normen und Symbole als Kulturelemente

Bereits im Rahmen der verschiedenen Kulturdefinitionen wurden die zentralen Kulturelemente angesprochen: Werte, Normen und Symbole. Lustig und Koester (1999, S. 8), als Vertreter eines kombinierten Kulturansatzes aus deskriptivem Ansatz und *Social Heredity Approach*, nennen als Kulturelemente die einer Gruppe von Menschen gemeinsamen Überzeugungen, Werte und Normen, die im Zeitverlauf stabil bleiben und zu annähernd gleichen Verhaltensweisen bei diesen Menschen in ähnlichen Situationen führen.

Werte und Normen sind zum größten Teil implizit und unbewusst. Sie bilden den Kern einer jeden Kultur. Dieser Kulturkern basiert auf der Weltanschauung, die alle Mitglieder einer Kultur miteinander teilen, d.h. auf allgemeinen Grundannahmen z.B. über das Sein, die Rolle des Menschen und das Verhältnis der Menschen untereinander (vgl. Bea/Haas, 2001, S. 458 f.). Abbildung 17 zeigt, dass Werte, Normen und Symbole unterschiedliche Stufen von Kulturelementen darstellen.

Abb. 17: Werte, Normen und Symbole als Kulturelemente

Symbole
System von Ideologien und Artefakten

Kulturkern

Normen
angemessene und unangemessene Verhaltensweisen

Werte
generalisierte, oft unbewusste Meinungen und Gefühle über Grundannahmen

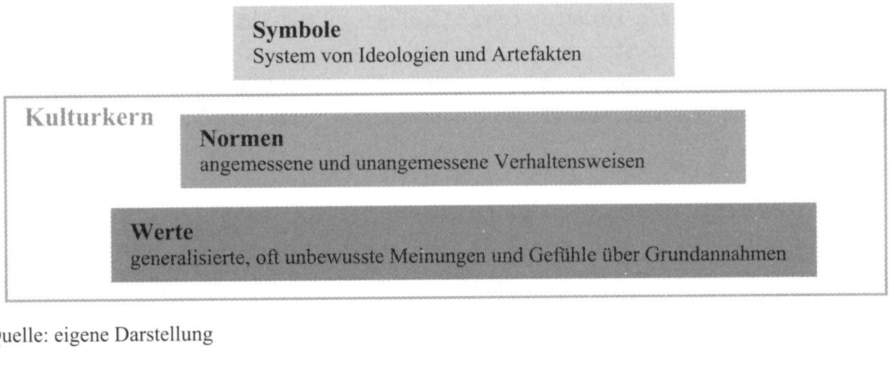

Quelle: eigene Darstellung

---

45 Kultur als mentale Software ist gleichzusetzen mit einer gemeinsamen Weltsicht (*worldview*; vgl. Jandt, 2001, S. 233; vgl. Collier, 2000, S. 20; vgl. Cox, 1993, S. 48). Die Weltsicht eines Menschen setzt sich aus seinen grundlegendsten Überzeugungen und Werthaltungen zusammen und fußt damit primär auf der Kultur (vgl. Jandt, 2001, S. 233): „Through the lens of our culture, we selectively perceive; we organize what we select; and we make judgements about these things" (Nolan, 1999, S. 4).

Werte sind „generalisierte, oft unbewusste und nicht diskutierbare Meinungen und Gefühle darüber, was gut und was böse ist, schön oder häßlich, rational oder irrational, normal oder abnormal" (Hofstede, 1989, S. 159; vgl. Throsby, 2001, S. 10; vgl. Goodenough, 1981, S. 74). Sie sind relativ konkret und spezifisch, andererseits nicht unmittelbar sicht- oder wahrnehmbar (vgl. Stewart/Danielian/Foster, 1998, S. 157). Sie weisen sowohl stark affektive als auch konative Bezüge auf. Werte können die Funktion von Zielen (im Sinne von Wünsches- oder Erstrebenswertem) oder von Leitlinien haben, wodurch ihnen sowohl ein prozessualer als auch ein finaler Charakter zukommen kann (vgl. Raffée/Wiedmann, 1987, S. 15). Wichtig in Bezug auf Werte ist, dass sie von der Mehrheit der Mitglieder einer Kultur geteilt werden müssen, um als Kulturelement gelten zu können.

Normen, die sich aus Werten ableiten, beschreiben angemessene und unangemessene Verhaltensweisen (vgl. Jandt, 2001, S. 21). Sie sind leichter wahrnehmbar und können auch einfacher verändert werden als Werte (vgl. De Long/Fahey, 2000, S. 115). Sie stellen Regeln und Vorschriften für den Einzelnen dar, die zwar seine individuelle Handlungsfreiheit einschränken, auf diese Weise aber auch für Orientierung sorgen. Durch ihre handlungsleitende Funktion haben sie häufig einen größeren Einfluss als Werte, da sie sozial erwünschtes Handeln bedingen (vgl. Jacobsen, 1996, S. 37). Die Verletzung von Normen wird in einer Kultur entsprechend (offen oder verdeckt) sanktioniert (vgl. Gudykunst/Ting-Toomey/Chua, 1988, S. 62).

Die konkrete Ausformung von Werten und Normen in einer Kultur zeigt sich im Symbolsystem, das auch als System von Ideologien und Artefakten bezeichnet wird (vgl. Schein, 1984). Symbole bilden die manifeste Ebene einer Kultur und umfassen neben Objekten und Gesten auch Worte (vgl. Hofstede, 1989, S. 158). Elemente der symbolischen Ebene sind darüber hinaus Helden und Rituale (vgl. Throsby, 2001, S. 10; vgl. Triandis, 1972, S. 15): Helden sind reale oder fiktive Persönlichkeiten, die die innerhalb einer Kultur oder Subkultur geltenden kulturellen Normen und Werte verkörpern und als Vorbild und Idealbild angesehen werden (vgl. Hofstede, 1989, S. 158). Rituale sind nach Hofstede (ebd.) „kollektive Aktivitäten, die sachlich überflüssig, aber in einer bestimmten Kultur sozial wesentlich sind". Hofstede (ebd., S. 159) bezeichnet diese drei Kulturelemente – Symbole, Helden und Rituale – als Praktiken, die die sichtbarste Ebene einer Kultur bilden (vgl. De Long/Fahey, 2000, S. 115).

3.1.3 Kultur als offenes, soziales System

Kulturen lassen sich als Systeme verstehen, die durch Unterschiede, aber auch gewisse Ähnlichkeiten gekennzeichnet sind (vgl. Simmet-Blomberg, 1998, S. 76; vgl. Dormayer/Kettern, 1997, S. 57 f.; vgl. Kroeber/Kluckhohn, 1952, S. 189). Nach der von Parsons und Shils (1990, S. 39 f.[46]) entworfenen Handlungstheorie besteht ein kulturelles System aus verschiedenen Charakteristika, die die Interaktion zwischen Angehörigen einer Kultur beeinflussen. Diese Charakteristika, die mit dem oben

---

46 Es handelt sich hierbei um Auszüge aus dem klassischen Werk „Towards a General Theory of Action" von Talcott Parsons und Edward Shils aus dem Jahr 1951.

bereits angesprochenen Symbolsystem gleichgesetzt werden, weisen eine gewisse Beständigkeit auf und können die Form von *materiellen* Symbolen annehmen. „Thus a cultural system is a pattern of cultures whose different parts are interrelated to form value systems of expressive symbols" (ebd., S. 40). Mehr noch: Werthaltungen und Normen einer Kultur sind in sozial-kulturellen Systemen institutionalisiert, somit in jedem Individuum, das Teil dieses Systems ist, internalisiert und wirken so auf das Verhalten des Individuums ein (vgl. ebd., S. 41). Dabei sind Kulturen dynamisch und ändern sich im Zeitablauf (vgl. Usunier, 2000, S. 5). Abbildung 18 zeigt eine schematische Darstellung von Kulturen unterschiedlicher Größe, die im Falle von Kultur A und Kultur B gemeinsame Charakteristika aufweisen (dargestellt durch die Überschneidung der Kreise).

Abb. 18: Kulturen als Systeme

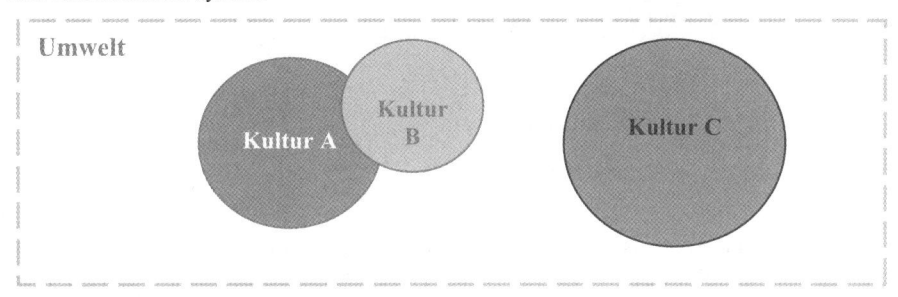

Quelle: eigene Darstellung

Jede Kultur entsteht erst durch Abgrenzung zu anderen, indem Unterschiede in Werten, Normen, Denkhaltungen oder Verhaltensmustern offensichtlich werden. Kulturen existieren nicht per se, so dass anhand der Auswahl anderer Kriterien für Gemeinsamkeiten oder Unterschiede auch andere Grenzen gezogen werden können (vgl. Salzberger, 1999, S. 38). „The cultural unit is any group of people who identify themselves in some ways as distinctive or who are so identified by others in relation to a particular practice or concept", hält Banks (1995, S. 11) fest und betont damit die Relevanz des subjektiven Selbstverständnisses für die Zuordnung des Einzelnen zu einer Kultur oder Subkultur.[47] Darüber hinaus weist jede Kultur Teilkulturen auf, die sich durch „abgrenzbare Gruppen von Individuen innerhalb einer Gesellschaft, durch ein gemeinsames System an Denk- und Verhaltensmustern" auszeichnen und so von anderen kulturellen Systemen abgrenzbar sind (Salzberger, 1999, S. 38; vgl. Porter/Samovar, 1996, S. 307). Maletzke (1996, S. 17) spricht von „subkulturspezifischen" Merkmalen. Der Begriff der Subkultur verdeutlicht, dass es sich um Teilkulturen innerhalb einer dominanten Kultur handelt, die z.B. in ökonomischer, sozialer, ethnischer oder geografischer Hinsicht eine Untergruppe darstellen (vgl.

---

47 An anderer Stelle führt er weiter aus: „Culture is defined and bounded by the subjective experience of communities of persons who share an understanding that some important aspect of their lives differentiates them from other groups" (ebd., S. 21).

Jandt, 2001, S. 12). Wichtig zu betonen ist die Tatsache, dass Subkulturen zwar eine spezifisch eigene kulturelle Prägung aufweisen, immer jedoch auch gemeinsame kulturelle Elemente mit der National- bzw. Oberkultur teilen (vgl. Throsby, 2001, S. 8; vgl. Lustig/Koester, 1999, S. 36; vgl. Maletzke, 1996, S. 17). Je nach Ausprägung von gemeinsamen Elementen zwischen Subkultur und Kultur lässt sich die Homogenität der beiden Systeme feststellen. Die Zuordnung von Kultur und Subkultur verdeutlicht Abbildung 19:

Abb. 19: Subkulturen im Rahmen einer Kultur

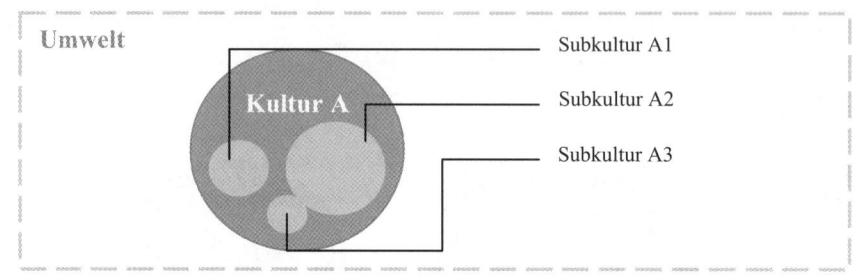

Quelle: in Anlehnung an Salzberger (1999, S. 39)

Ähnlich den Subkulturen sind auch Co-Cultures zu verstehen, die ebenfalls Subsysteme von Nationalkulturen sind und entlang derselben Kriterien abgegrenzt sein können (vgl. Ady, 1994, S. 31). Im Gegensatz zum Begriff der Subkultur beinhaltet der Begriff der Co-Culture jedoch keine Hierarchieaussagen (vgl. Lustig/Koester, 1999, S. 36; vgl. Orbe, 1998, S. 1 f.). Er geht vielmehr von der Überzeugung aus, Kulturen seien nicht im Sinne eines Über- oder Unterordnungsverhältnisses zu beschreiben, sondern sie existierten mit- und nebeneinander im Sinne einer Koexistenz (vgl. Lieberman/Gurtov, 1994, S. 141). Zudem betont der Begriff die Vielfalt gleichberechtigt nebeneinander existierende Kulturen (vgl. Orbe, 1998, S. 1).

> **Zusammenfassung des Abschnitts**
> Unter dem Begriff der Kultur wird im Rahmen dieser Arbeit eine allen Mitgliedern der Kultur gemeinsame mentale Programmierung verstanden. Die Mitglieder einer Kultur weisen aufgrund der ihnen gemeinsamen kulturellen Prägung ähnliche Werte, Normen und Überzeugungen auf. Dieser so genannte Kulturkern beeinflusst neben der Wahrnehmung der Kulturmitglieder auch deren Bewertung von Sachverhalten und ihre Handlungen, so dass die Kultur über das Verhalten der Menschen unmittelbaren Einfluss auf ihr tägliches Leben nimmt.

3.2 Kulturebenen

Die systemische Klassifikation von Kultur und Subkultur lässt sich auf den Bereich der Nationalkultur und die ihr untergeordneten Kulturen übertragen (vgl. Hofstede, 1989, S. 157). Auf der Makroebene können Kulturen als nationale Kulturen oder so genannte Nationalkulturen verstanden werden. Auf der Mesoebene sind Subkulturen wie z.B. Berufs- und Unternehmenskultur angesiedelt. Die Individualkultur des einzelnen Kulturmitglieds wird auf der untersten Ebene, der Mikroebene verortet.

3.2.1 Nationalkultur

Auf der Makroebene wird Kultur meist mit den Gebilden Nation[48] oder Staat gleichgesetzt (vgl. Hofstede, 1980, S. 26; vgl. Usunier, 2000, S. 1). Dabei kann Kultur eigentlich nicht als identisch zur Nationalität angesehen werden, denn eine Nation ist ein politisches, meist künstliches Produkt (vgl. Thieme, 2000, S. 59; vgl. Salzberger, 1999, S. 35; vgl. Gudykunst/Ting-Toomey/Chua, 1988, S. 30). Dennoch werden Staatsgrenzen – v.a. aus forschungspraktischen Gründen – als praktikables Abgrenzungskriterum gesehen (vgl. Chesebro, 1998, S. 182). „It is likely that, historically, shared culture has been a fundamental building-block in the progressive construction of modern nation-states," fundiert Usunier (2000, S. 11) die Verknüpfung der beiden Konzepte. Er betont aber zugleich, dass die Grenzen der zahlreichen multikulturellen Nationen wie z.B. der Schweiz oder Indien aufgrund politischer Entscheidungen, nach Kriegen oder im Rahmen der Kolonialisierung gezogen wurden (vgl. ebd.). Andererseits existieren verschiedene Kulturgruppen wie z.B. die Ainu, deren Mitglieder über mehrere Staaten hinweg verstreut leben. Aufgabe der Nationalkultur ist es, diesbezüglich alle Sub- bzw. Co-Kulturen zu integrieren und eine Art einende Kraft im Sinne des „nation-building" darzustellen (vgl. Bennett, 1998, S. 5).[49]

Demnach hat die Nationalität als Staatszugehörigkeit nicht zwangsläufig auch kulturelle Eigenheiten zum Gegenstand (vgl. Usunier, 1998, S. 25). Allerdings scheint die annähernd identische Sozialisation von Menschen eines Landes unter dem Gesichtspunkt gleicher Werte, Normen und Überzeugungen ein starkes Argument dafür zu sein, dass Kultur und Nation zumindest auf sehr generalisierter Ebene als verknüpfbar angesehen werden können (vgl. Collier, 2000, S. 22).

3.2.2 Unternehmenskultur

Auf der Mesoebene der Kulturklassifikation wird im Allgemeinen die Unternehmenskultur verortet (vgl. Collier, 2000, S. 22 f.; vgl. Heinen/Frank, 1997; vgl. Grunig, L., 1995, S. 149). Bea und Haas (2001, S. 456) definieren Unternehmenskultur analog zu den oben dargestellten Bestimmungsfaktoren einer Kultur integrativ. Sie verstehen Unternehmenskultur als „die Gesamtheit von im Laufe der Zeit in einer Unternehmung entstandenen und akzeptierten Werten und Normen, die über be-

---

[48] Für eine ausführliche Beschreibung des Nationenbegriffs innerhalb verschiedener historischer und aktueller Bezüge siehe Weidinger (1998).
[49] Gelingt es einer Nationalkultur, Gemeinsamkeiten zwischen den Menschen einer Nation zu schaffen, so wird von Nationalcharakter gesprochen (vgl. Klineberg, 1980, S. 53 f.).

stimmte Wahrnehmungs-, Denk- und Verhaltensmuster das Entscheiden und Handeln der Mitglieder der Unternehmung prägen". Schein (1995, S. 26) ergänzt das situative Element, indem er die Bedeutung der aktuellen Situation als Bestimmungsfaktor einer Unternehmenskultur hervorhebt. Zu den Charakteristika einer Unternehmenskultur gehört zudem, dass sie historisch gewachsen und äußerst schwierig zu verändern ist (vgl. Hofstede et al., 1990). Analog zu den verschiedenen Elementen und Ebenen der Kultur im Allgemeinen lassen sich auch für die Unternehmenskultur drei Ebenen unterscheiden, die in Abbildung 20 systematisiert sind.

Abb. 20: Unternehmenskulturebenen und ihre Verbindungen

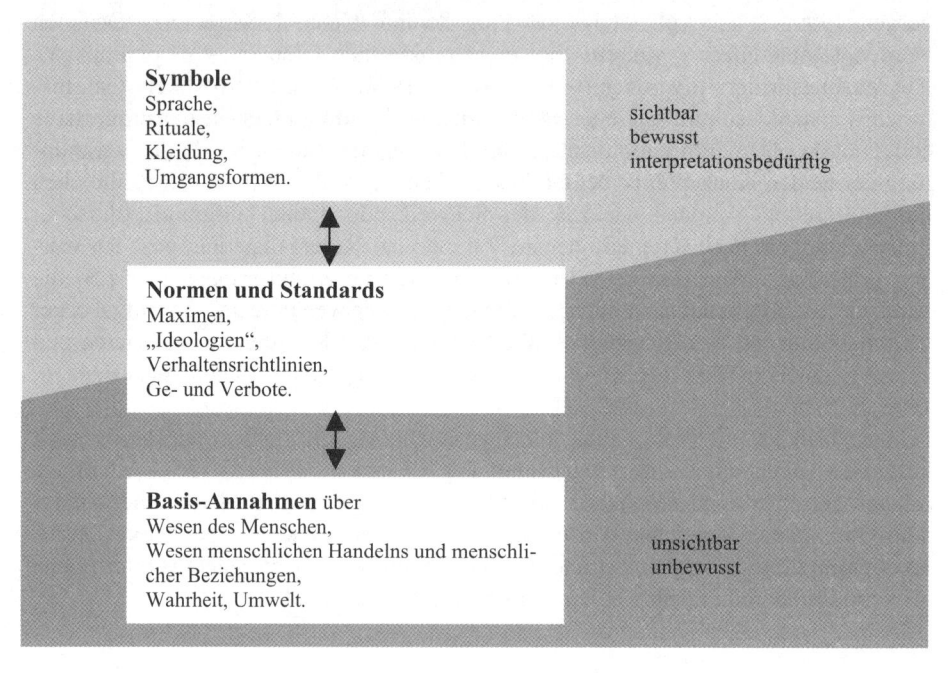

Symbole
Sprache,
Rituale,
Kleidung,
Umgangsformen.

sichtbar
bewusst
interpretationsbedürftig

Normen und Standards
Maximen,
„Ideologien",
Verhaltensrichtlinien,
Ge- und Verbote.

Basis-Annahmen über
Wesen des Menschen,
Wesen menschlichen Handelns und menschlicher Beziehungen,
Wahrheit, Umwelt.

unsichtbar
unbewusst

Quelle: in Anlehnung an Schein (1984, S. 4)

Die unterste Ebene, die Basis einer Unternehmenskultur besteht aus Weltanschauungen, d.h. aus grundlegenden Wertvorstellungen über die Welt und das Sein, sowie aus Orientierungsmustern. Diese Basisannahmen beeinflussen Normen und Standards, die auf der mittleren Ebene einer Unternehmenskultur angesiedelt sind. Sowohl die unterste als auch die mittlere Ebene sind nur schwer bzw. überhaupt nicht wahrnehmbar. Die sichtbare Ausprägung bilden auch für die Unternehmenskultur die Symbole (Schein, 1995, S. 30 ff.). Sie zeigen sich in unternehmenseigenen Legenden, Ritualen oder Zeremonien (vgl. ebd., S. 15; vgl. Ochsenbauer/Klofat, 1997, S. 98 f.), aber auch in der Sprache (z.B. Abkürzungen) und in Kleidungsnormen.

Die Unternehmenskultur wird auch als Wurzel des Unternehmens bezeichnet, das Unternehmen selbst als Baum (vgl. Frank, 1997, S. 240). Sie äußert sich in einer gemeinsamen Denkhaltung aller Mitglieder und prägt deren Einscheidungen und Verhalten (vgl. Heinen, 1997, S. 2). Das Verhältnis von Unternehmenskultur und Unternehmen kann in zweierlei Hinsicht beschrieben werden: Entsprechend des instrumentellen Unternehmenskulturbegriffs *hat* ein Unternehmen eine Unternehmenskultur, im Rahmen des institutionellen Begriffsverständnisses *ist* das Unternehmen eine Kultur (vgl. Bea/Haas, 2001, S. 456, f.; vgl. Heinen, 1997, S. 15 ff.). Sriramesh, Grunig und Buffington (1992, S. 591) verstehen im Rahmen einer deskriptiven Definition unter dem Begriff die Summe aller Werte, Grundannahmen, Symbole, Meinungen, Überzeugungen und Erwartungen, die einer Gruppe von Kollegen gemeinsam sind und ein Zusammengehörigkeitsgefühl im Unternehmen erzeugen. Wie auch immer der Zusammenhang zwischen Unternehmen und Kultur gesehen wird – um Unternehmenskulturen beschreiben und vergleichen zu können, werden sie zur Reduktion der Komplexität klassifiziert, d.h. anhand verschiedener Kriterien typologisiert.

Ab. 21: Kulturtypen in Anlehnung an Bleicher

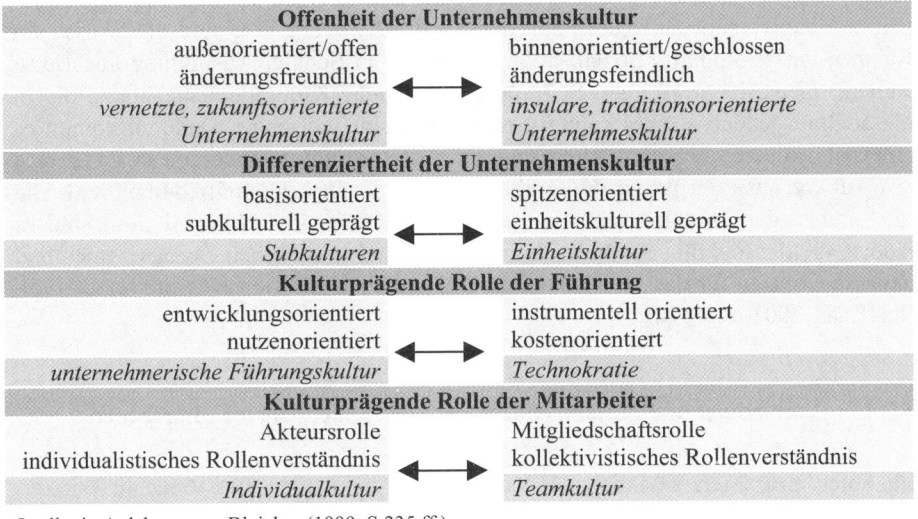

Offenheit der Unternehmenskultur	
außenorientiert/offen änderungsfreundlich *vernetzte, zukunftsorientierte Unternehmenskultur*	binnenorientiert/geschlossen änderungsfeindlich *insulare, traditionsorientierte Unternehmeskultur*
Differenziertheit der Unternehmenskultur	
basisorientiert subkulturell geprägt *Subkulturen*	spitzenorientiert einheitskulturell geprägt *Einheitskultur*
Kulturprägende Rolle der Führung	
entwicklungsorientiert nutzenorientiert *unternehmerische Führungskultur*	instrumentell orientiert kostenorientiert *Technokratie*
Kulturprägende Rolle der Mitarbeiter	
Akteursrolle individualistisches Rollenverständnis *Individualkultur*	Mitgliedschaftsrolle kollektivistisches Rollenverständnis *Teamkultur*

Quelle: in Anlehnung an Bleicher (1999, S.235 ff.)

Bleicher (1999, S. 235 ff.) ordnet sie anhand der Kriterien Offenheit, Rolle der Führung und der Mitarbeiter sowie ihrer Differenziertheit verschiedenen Kulturtypen zu, die der klassischen Typologie von Deal und Kennedy (1982, S. 107 ff.) ähneln. Abbildung 21 zeigt die vier Dimensionen der Bleicher-Typologie im Überblick. Demnach fußt die Unternehmenskultur auf der Weltsicht ihrer Mitglieder, die sie wiederum selbst über deren Individualkultur prägt (vgl. Bea/Haas, 2001, S. 466 ff.).

3.2.3 Individualkultur

Die Individualkultur ist die Ausprägung von Kultur auf der Mikroebene, d.h. auf der Ebene des Individuums. Kultur wird als individuelle kognitive und affektive Prädisposition verstanden, die u.a. Kommunikation und soziale Interaktion beeinflusst. „Dieses umfassende Netzwerk an Interpretations- und Verhaltensregeln, Werten und Traditionen setzt den Rahmen, innerhalb dessen Erkenntnisse gewonnen und Handlungen gesetzt werden" (Salzberger, 1999, S. 37). Es handelt sich um die bereits oben angesprochene Kultursozialisation, durch die der Mensch eine Kultur erlernt (vgl. Abschnitt 3.1.1). Goodenough (1970) betont im Rahmen seines Konzepts der *Operational Culture*, dass ein Individuum nicht nur über *einen* (primär-kulturellen) Bezugsrahmen, den es in der Kindheit erlernt hat, sondern über mehrere verfügen kann (vgl. Usunier, 2000, S. 5; vgl. Salzberger, 1999, S. 37). Demnach erlernt es im Rahmen einer weiterführenden Sozialisation Werte und Normen anderer (Sub-)Kulturen. In Anwendung des Sozialisationskonzepts lassen sich die primäre Sozialisation im Kindes- und die sekundäre Sozialisation im Erwachsenenalter als Phasen der Kulturassimilation nennen: Während der Kindheit erlernt ein Individuum innerhalb seiner Nationalkultur die grundlegenden Werte und Normen sowie die Grundhaltungen zum Universum und zum Sein, meist auf affektivem Weg und unbewusst. Im Rahmen der sekundären Sozialisation treten z.B. in Schule, Ausbildung und Beruf weitere, meist der jeweiligen Subgruppe spezifische Kulturelemente hinzu, die in dieser Stufe jedoch stärker kognitiv erlernt werden (vgl. ebd.). Dadurch kommt es einerseits zu einer stärkeren Anpassung an andere Kulturen, andererseits findet eine Art Aufweichung der primär-kulturellen Determiniertheit des Individuums statt. Die im Rahmen der Primärsozialisation erlernten Elemente der Nationalkultur sind es jedoch, die die Identität des Individuums bilden und somit einen Bezugsrahmen und gewisse Grenzen für das im Rahmen der Sekundärsozialisation Erlernte setzen (vgl. Bea/Haas, 2001, S. 467).

3.2.4 Verbindung und Zusammenhang der unterschiedlichen Kulturebenen

Ein solch abstrahiertes Modell der Kulturebenen beinhaltet eine Vielzahl weiterer, detaillierter Zwischenebenen. Zwischen Meso- und Makroebene sind die Branchenkultur und die professionelle Kultur eines Berufsstandes (Berufs-/Professionskultur) ebenso zu verorten wie die Bereichs- und die Gruppenkultur (vgl. Hofstede, 1993a, S. 217; vgl. Usunier, 2000, S. 12). Die Branchenkultur wird „durch bestimmte strategische Verhaltensweisen der Wettbewerber oder ein fachlich bedingtes, brancheneinheitliches Berufs- und Bildungssystem geprägt", so Bea und Haas (2001, S. 469). Eine ebenso spezifische, aber organisationsübergreifende Subkultur der Mesoebene stellt die Berufskultur dar. Manche Professionen sind durch eine eigene Kultur geprägt, die z.B. in einer gemeinsamen Sprache, einer ähnlichen Ausbildung, gemeinsamen Tätigkeiten und Weltanschauungen zum Ausdruck kommt. Collier (2000, S.

22) nennt als Beispiele die Ärzteschaft, Politiker, Banker und Unternehmensberater. Der Fokus dieser Arbeit liegt auf National-, Unternehmens- und Individualkultur, so dass auf die zahlreichen Zwischenebenen nicht näher eingegangen werden soll. Zwischen diesen drei interessierenden Ebenen bestehen vielfältige Zusammenhänge: Die Nationalkultur liegt der Individualkultur in Form der grundlegenden Wertvorstellungen und Normen als Weltsicht zu Grunde (primäre Sozialisation). Während sie die Individualkultur unmittelbar prägt, wirkt sie sich allenfalls indirekt auf die Unternehmenskultur aus (Abbildung 22). Die Unternehmenskultur hat ihrerseits die Aufgabe, die Individualkulturen der Mitarbeiter in einer einheitlichen, unternehmensweiten ‚Arbeitskultur' zu integrieren. Grenzüberschreitend tätige Unternehmen etwa haben eine von der jeweiligen Nationalkultur des Arbeitslandes unabhängige Unternehmenskultur, so dass die Unternehmenskultur keinesfalls stark von unterschiedlichen Nationalkulturen abhängig bzw. geprägt sein kann. Zusammenhänge lassen sich allenfalls zwischen der Nationalkultur des Ursprungs- bzw. Heimatlands eines Unternehmens und seiner Unternehmenskultur vermuten.

Abb. 22: Zusammenhang von National-, Unternehmens- und Individualkultur

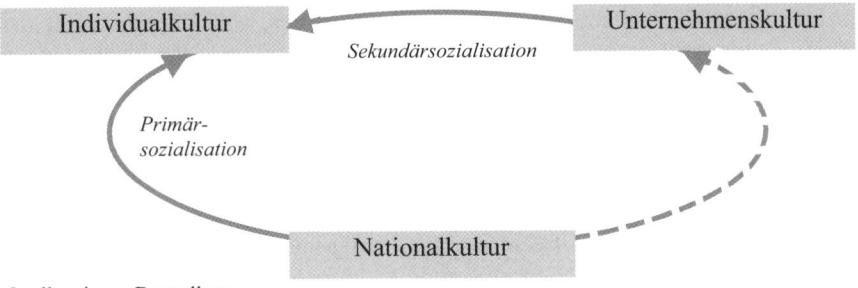

Quelle: eigene Darstellung

Zusammenfassung des Abschnitts
Auf der gesellschaftlichen Ebene wird Kultur im Allgemeinen mit den Gebilden Staat oder Nation gleichgesetzt und als Nationalkultur bezeichnet. Auf der Mesoebene, d.h. der Ebene des Unternehmens, zeigt sie sich als Unternehmenskultur, auf der Mikroebene in der Individualkultur des Einzelnen. Neben diesen drei Abstraktionsebenen kann eine Vielzahl weiterer Zwischenebenen wie z.B. die Branchen- oder die Berufskultur unterschieden werden, die jedoch im Rahmen dieser Arbeit nicht weiter analysiert werden sollen. Die drei genannten Kulturebenen existieren nicht losgelöst voneinander, sondern hängen miteinander zusammen.

3.3 Kulturdimensionen und -distanzen

Eine Kultur ist kein konstanter, unverrückbarer Wert, sondern sie verändert sich dynamisch im Zeitverlauf. „Cultures do converge, new identities do arise" (Dahl, 2001, S. 61). Während die einen Autoren davon sprechen, dass es im Rahmen der Globalisierung zu einem Zusammenrücken, gar zu einem „Zusammenfall" der Kulturen gekommen sei (Sommer, 2002, S. 72; vgl. Tomlinson, 1997, S. 171), sind andere Autoren davon überzeugt, dass ein „Wiederaufleben kultureller Faktoren als Ausgangspunkt für Konflikte in der Welt" verantwortlich sei (Stevenson, 2001, S. 88; vgl. Huntington, 1996). Während die einen also Gemeinsamkeiten von Kulturen im Blick haben, betonen die anderen Unterschiede und suchen nach Abgrenzungsmerkmalen. In den letzten Jahren rückte die wissenschaftliche Beschäftigung mit der möglichen Globalisierung von Werten und Normen zunehmend in den Vordergrund. Allein Beispiele wie der westliche Kulturimperialismus (vgl. z.B. Jandt, 2001, S. 317; Tomlinson, 1997, S. 174 ff.), die gegenseitige Beeinflussung der Kulturen („cultural mixing and hybridization", ebd., S. 182; vgl. Giddens, 1991, S. 242) oder die zunehmende ökonomische Öffnung Osteuropas verdeutlichen, dass es innerhalb der letzten Jahrzehnte zu entscheidenden Umbrüchen in der Welt kam. All diese wirtschaftlichen, politischen und sozialen Veränderungen haben sicherlich zu kulturellen Veränderungen geführt, sowohl innerhalb der einzelnen Länder als auch zwischen den Nationen (vgl. Dahl, 2001, S. 61). Aber auch wenn man von einer zunehmenden kulturellen Angleichung zumindest in geographisch angrenzenden Ländern und Regionen ausgeht (z.B. Westeuropa), so kann von einer Angleichung grundlegender Werte und einer damit einhergehenden Angleichung von Kulturen hin zu einer Weltkultur kaum die Rede sein. Dahl (ebd.) betont, wie beständig kulturelle Prägungen sind: „People do shift through cultures, and identities. But the underlying culture still determines a lot of the emerging cultures: the local focus is still present, and we have not reached the universal culture." Die Abkehr vom Globalen hin zum Lokalen und Regionalen kann als Anzeichen dafür verstanden werden, dass im 21. Jahrhundert neben der Tendenz zur Globalisierung v.a. in kultureller Hinsicht der Trend zur Sub- bzw. Co-Kultur geht (vgl. Boyd-Barrett, 1997, S. 12).

Kulturelle Unterschiede haben sich im Laufe der Zeit herausgebildet und werden durch verschiedene Faktoren aufrechterhalten. Lustig und Koester (1999, S. 37 ff.) nennen als zentrale Kriterien für fortdauernde Kulturunterschiede Geschichte, Umwelt (im Sinne von Ökologie), Technologie, Biologie (Rasse, genetische Besonderheiten), institutionelle Netzwerke (formale Organisation einer Kultur) und Faktoren der interpersonellen Kommunikation. Sie betonen, dass diese Faktoren nicht isoliert voneinander existieren, sondern dynamische Zusammenhänge bestehen (vgl. Lustig/ Koester, 1999, S. 49). Unterschiede zwischen Kulturen sind meist gekennzeichnet durch verschiedene Ausprägungsgrade eines Faktors.[50]

>„The differences that exist between various cultures are of degree rather than of kind, and cultural values and attitudes can be considered in terms of dimensions placed on continua ranging from low to high." (Tayeb, 1988, S. 42)

Die Kenntnis der Unterschiede zwischen Kulturen ist insofern relevant, als diese zur Operationalisierung von Dimensionen der Kulturvariation herangezogen werden können (vgl. Gudykunst/Ting-Toomey/Chua, 1988, S. 43). Durch die Thematisierung und Erhebung von Kulturunterschieden und unterschiedlichen Kulturdimen-

---

50 Kulturen unterscheiden sich entlang verschiedener Dimensionen. Aussagen über Kulturen als Ganzes sind möglich, indem die Einzelwerte von Individuen aggregiert werden, so dass sich für jede Nationalkultur ein bestimmter Wert auf der Kulturskala ergibt (vgl. Hofstede, 1980, S. 19).

sionen lassen sich – als Ergebnis empirischer Studien – so genannte Kulturdistanzen unterscheiden. Der Begriff der Kulturdistanz oder interkulturellen Distanz bezeichnet „die Dimension der erlebten Distanz zwischen Völkern und Kulturen" (Maletzke, 1996, S. 33). Dabei ist die Distanz zwischen verschiedenen Kulturen umso geringer, je mehr Gemeinsamkeiten sie aufweisen.

3.3.1 Ansätze zur Klassifikation und Abgrenzung von Kulturen

Eine Zusammenstellung verschiedener Abgrenzungsmerkmale von Kulturen nahm Gerhard Maletzke (1996, S. 42 ff.) vor. Er nennt zehn Kriteren für Kulturdistanz, die eine Zusammenschau von heuristischen Erfahrungen und von Forschungsergebnissen darstellen. Einige dieser Dimensionen wurden bereits an anderer Stelle thematisiert. So wurden (1) Wertorientierungen und (2) Verhaltensmuster wie Normen und Rollen im Rahmen des deskriptiven Kulturverständnisses angesprochen und in Abschnitt 3.1.2 ausführlich dargestellt. Nationalcharakter und Basispersönlichkeit (3) stellen die erste Stufe der Kulturpyramide nach Lustig/Koester (1999) dar. Auch Kulturmerkmale wie (4) Denken, (5) Sprache sowie (6) soziale Gruppierungen und Beziehungen sind bereits angesprochen worden. Hinzu kommen die (7) Bedeutung der Wahrnehmung für das Verhalten von Individuen, auf die zu Ende des dritten Kapitels noch näher eingegangen werden soll, sowie die Faktoren (8) Raum- und (9) Zeiterleben und (10) Elemente (non-verbaler) Kommunikation. Diese drei letztgenannten Abgrenzungskriterien gehen auf Arbeiten von Edward T. Hall zurück, die neben den Studien von Charles Hampden-Turner und Alfons Trompenaars (1993) und v.a. den Erkenntnissen von Geert Hofstede (1980) das Feld dominieren.

Grundlage der Arbeiten von Edward T. Hall (1959) ist die Annahme, dass die Struktur von Kultur primär auf Kommunikationsprozessen beruhe (vgl. auch Hall/Hall, 1990). Unter Kommunikation subsummiert er Worte (d.h. verbale Kommunikation; Sprache), materielle Elemente als Indikatoren für Status und Macht sowie Verhalten, das zeigt, wie andere fühlen, und das Techniken zur Konfliktvermeidung umfasst. Der Schwerpunkt der Untersuchung liegt auf formalen Aspekten. Im Vordergrund steht primär die Art und Weise und nicht der Inhalt von Kommunikation. Hall und Hall (ebd.) unterscheiden sieben kulturelle Dimensionen:[51]
- Geschwindigkeit von Botschaften: langsam – schnell,
- Kontextorientierung: low context – high context,
- Raumstrukturierung:
  - Territoriale Anordnung: offen – geschlossen,
  - Persönlicher Raum: wenig umfangreich – umfangreich bzw. privat – offen/öffentlich,
- Zeitstrukturierung:
  - Parallele Aktivitäten: monochronisch – polychronisch,
  - Zeitlicher Fokus: Vergangenheit – Gegenwart – Zukunft,

---

51 Am weitesten verbreitet sind in der Literatur und bei weiterführenden Untersuchungen die drei Dimensionen Zeit, Kontext und Raum (vgl. Trillo, 1996a).

- Zeit als Kommunikation:
  - Tempo, Rhythmus: langsam – schnell,
  - Bedeutung von Vorausplanung (scheduling): gering – hoch,
- Informationsfluss: langsam und linear – schnell und diffundierend,
- Ablaufschemata: verbindlich – unverbindlich.

Ein ebenfalls häufig zitiertes Werk ist die unter dem Titel „The Seven Cultures of Capitalism" erschienene Studie von Charles Hampden-Turner und Alfons Trompenaars (1993). Die Autoren befragten rund 15000 Manager aus den USA, Großbritannien, Schweden, den Niederlanden, Belgien, Italien, Frankreich, Deutschland, Australien, Kanada, Japan und Singapur im Zeitraum von 1986 bis 1993 (vgl. ebd., xi). Sie identifizierten sieben „valuing processes", deren Ursprung in der Kultur liegt (ebd., S. 10 f.):

- Universalismus vs. Partikularismus,
- Analyse vs. Integration,
- Individualismus vs. Kommunitarismus,
- Inner-directed vs. Outer-directed Orientation,
- Time as Sequence vs. Time as Synchronization,
- Achieved Status vs. Ascribed Status und
- Equality vs. Hierarchy.

Durch willkürliche, bewusste Auswahl sowie fehlende Angaben zur Größe der einzelnen Antwortcluster ist die Aussagekraft der Studie stark eingeschränkt. Im Rahmen der hier dargestellten Kulturklassifikationen wird sie dennoch genannt, weil die identifizierten Kulturunterschiede bei Managern sowohl die Bildung von Länderrangfolgen ermöglicht als auch Halls und Hofstedes Erkenntnisse stützen.

Der niederländische Managementforscher Geert Hofstede entwickelte 1980 basierend auf einer groß angelegten empirischen Untersuchung eine weithin anerkannte Grundtypologie von Kulturen anhand von heute meist als ‚Hofstedes Dimensionen' bezeichneten vier bipolaren Dimensionen (vgl. Trillo, 1996b). Ziel der Erhebung war die Identifikation von kulturellen Gemeinsamkeiten und Unterschieden verschiedener Länder bzw. Kulturkreise im Hinblick auf die Fragestellung, ob amerikanische Managementtheorien und -praxen in andere kulturelle Kontexte übertragen werden könnten. Grundlage bildeten in den Jahren 1968 und 1972 durchgeführte Befragungen von über 116 000 Mitarbeitern der IBM und ihrer Tochtergesellschaften in insgesamt 64 Ländern (vgl. Hofstede, 1980, S. 11). Die Unternehmenskultur wurde durch die Wahl eines einzigen Unternehmens weitgehend konstant gehalten. So konnten empirisch festgestellte Unterschiede, die sich bei der Datenanalyse ergaben, auf generell gültige kulturelle Faktoren zurückgeführt werden. Es zeigten sich eindeutige Kulturunterschiede, die Hofstede in vier grundlegende Dimensionen einteilte (vgl. ebd.; vgl. Hofstede, 1993a/b):

- Machtdistanz,
- Individualismus vs. Kollektivismus,
- Maskulinität vs. Femininität und
- Ungewissheitsvermeidung.

Ergänzt wurden diese Dimensionen einige Jahre später um eine fünfte Dimension, die langfristige vs. kurzfristige Orientierung.[52] Hofstede entwickelte für jede der ersten vier Dimensionen einen Index, nach dessen Ausprägung die untersuchten Länderkulturen kategorisiert werden können. Die Ergebnisse stellte er für 53 Länder und drei Regionen („arabische Länder", „Ost-Afrika" und „West-Afrika") dar. Seine Erhebung ist einer der wenigen (gelungenen) Versuche, Kulturunterschiede empirisch nachzuweisen und eine entsprechende Länderrangfolge zu bilden.

Nachfolgend dienen die Kulturdimensionen nach Hofstede als Grundraster, in das die Erkenntnisse von Hall, Hampden-Turner und Trompenaars sowie am Rande auch die anderer Autoren mit einfließen sollen. Die Wahl fiel auf die Hofstede'schen Dimensionen, weil sie quantitativ-empirisch bestätigt sind. Die von Hall identifizierten Kulturunterschiede werden in diesem Abschnitt lediglich insoweit eingebunden, wie sie sich unmittelbar auf die Kultur beziehen (Raum-, Zeitstrukturierung, Zeit als Kommunikation). Faktoren, die stärker auf kulturelle Besonderheiten einzelner kommunikativer Botschaften ausgelegt sind (Geschwindigkeit von Botschaften, Kontextorientierung einer Botschaft und Informationsfluss), werden in Abschnitt 3.4.1 aufgegriffen und ausführlich dargestellt. Abbildung 23 gibt einen Überblick über die inhaltliche Zuordnung der Faktoren von Hall sowie Hampden-Turner und Trompenaars zu den Kulturdimensionen nach Hofstede. Dabei wird die fünfte Kulturdimension, die langfristige vs. kurzfristige Orientierung, in den weiter gefassten Kontext der Zeit eingeordnet und der Abschnitt mit „Abgrenzungsmerkmal Zeit" überschrieben. Eine Kombination der unterschiedlichen Dimensionen ist möglich, weil sie inhaltlich meist deckungsgleich sind und lediglich in ihrer Bezeichnung oder graduellen Ausprägung variieren. Eine integrative Betrachtung unterschiedlicher Erkenntnisse zu den Kulturdimensionen ist notwendig, will man das Phänomen Kultur aus möglichst vielen verschiedenen Perspektiven und Untersuchungsansätzen beleuchten, so dass im zweiten Teil dieser Arbeit eine empirische Annäherung an die Erhebung von Kulturunterschieden möglich wird.[53]

Machtdistanz

Bei der ersten von Hofstede identifizierten Dimension handelt es sich um die gesellschaftlich akzeptierte geringe bis große Machtdistanz (vgl. Hofstede, 1980, S. 92; vgl. Hofstede, 1993a, S. 29; vgl. Hofstede, 1993b, S. 89):

> „Machtdistanz spiegelt das Spektrum der möglichen Antworten wider, die in den verschiedenen Ländern auf die grundsätzliche Frage, wie man mit der Tatsache umgehen soll, daß die Menschen ungleich sind, gegeben wurden. (...) Machtdistanz drückt die emotionale Distanz aus, die zwischen Mitarbeitern und Vorgesetzten herrscht." (Hofstede, 1993a, S. 38)

---

52 Grundlage für diese Ergänzung war eine von chinesischen Studenten in 23 Ländern durchgeführte Nachfolgestudie, die als fünfte Kulturvariable den Faktor Zeit identifizierte (vgl. Hofstede, 1993a, S. 29; vgl. „The Chinese Culture Connection", 1987).
53 Schwerpunkt liegt dabei analog zu Hofstedes Ausführungen auf Beispielen und Auswirkungen der Nationalkulturdimensionen auf Unternehmensebene, da auch im Rahmen der Fragestellung dieser Arbeit die Unternehmensperspektive im Mittelpunkt steht.

Abb. 23: Systematisierung der Abgrenzungskriterien von Kulturen

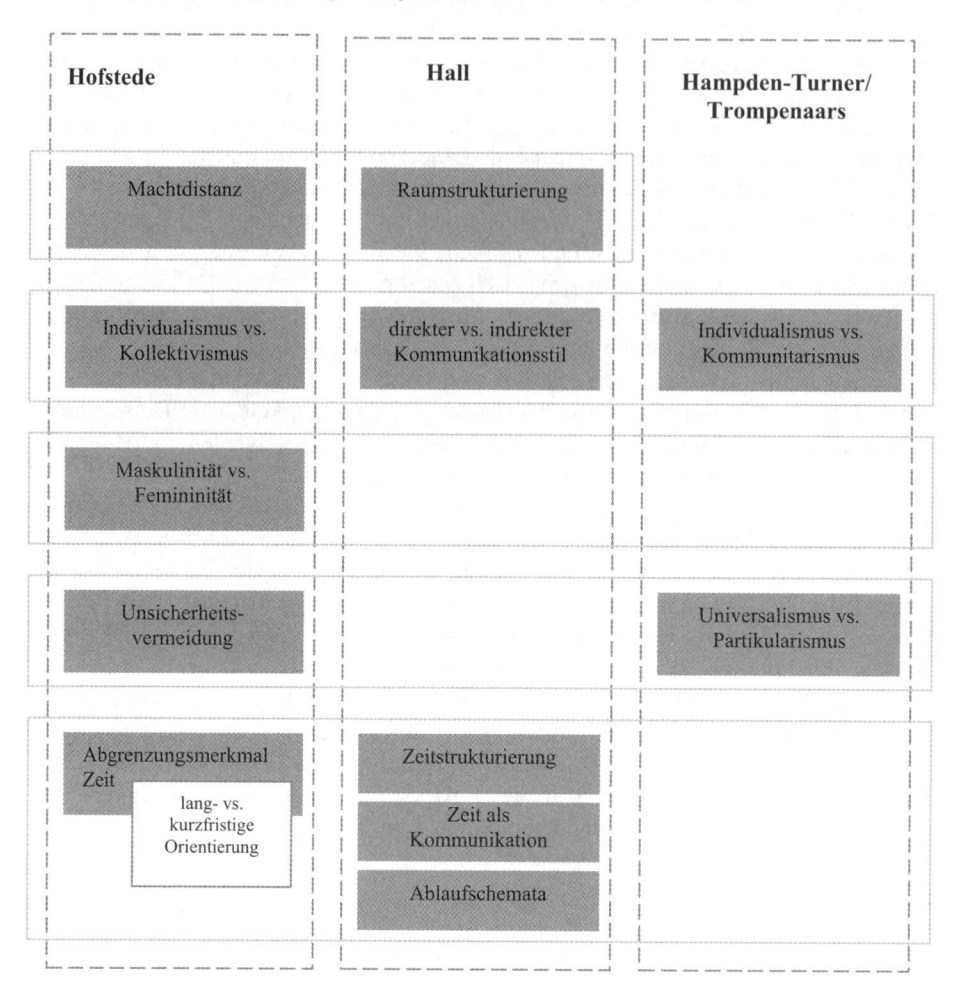

Hofstede	Hall	Hampden-Turner/ Trompenaars
Machtdistanz	Raumstrukturierung	
Individualismus vs. Kollektivismus	direkter vs. indirekter Kommunikationsstil	Individualismus vs. Kommunitarismus
Maskulinität vs. Femininität		
Unsicherheitsvermeidung		Universalismus vs. Partikularismus
Abgrenzungsmerkmal Zeit / lang- vs. kurzfristige Orientierung	Zeitstrukturierung / Zeit als Kommunikation / Ablaufschemata	

Quelle: eigene Darstellung

Die in einem Unternehmen herrschende Machtdistanz wird durch die Wertesysteme von Vorgesetzten *und* Untergebenen konstituiert und aufrecht erhalten (vgl. Hofstede, 1980, S. 97). In Kulturen mit geringer Machtdistanz, die sich am so genannten pluralistischen Pol der Skala finden, gibt es im Unternehmen eine „Interdependenz zwischen Mitarbeiter und Vorgesetztem" (Hofstede, 1993a, S. 41) und weniger eine einseitige Abhängigkeit des Arbeitnehmers. Es dominiert die Open-door-Policy, da die emotionale Distanz gering ist und sich Mitarbeiter und Vorgesetzte gleichberechtigt fühlen. In Kulturen mit großer Machtdistanz – eher am monolithischen Pol der Skala zu verorten – dominieren Elemente wie sozialer Status, Prestige, Reichtum oder Macht (vgl. Hofstede, 1980, S. 100). Für das Unternehmen bedeutet das eine starke Betonung von Hierarchien und Zentralisierung von Kompetenzen. Während es sich im ersten Fall um einen stärker konsultativ orientierten Führungsstil handelt, dominiert im zweiten Fall das autokratische bzw. patriarchalisch-persuasive Element (vgl. Hofstede, 1993a, S. 41 f.).

In Kulturen mit großer Machtdistanz wird die ungleiche Machtverteilung im Unternehmen deutlich kommuniziert, da Vorgesetzte Macht konzentrieren, zeigen und nutzen. Kulturen mit geringer Machtdistanz sind hingegen durch geringe Hierarchieunterschiede gekennzeichnet. Unternehmensangehörige fühlen sich weitgehend gleich, Kommunikationswege sind kürzer, die Beziehungen symmetrischer (vgl. Usunier, 2000, S. 65). Darüber hinaus spiegelt die Machtdistanz das Ausmaß wider, zu dem Gesellschaften und Individuen die ungleiche Verteilung von Macht in der Gesellschaft (und in Unternehmen) akzeptieren oder tolerieren (vgl. Hofstede, 1993a, S. 42; vgl. Hofstede, 1989, S. 165; vgl. Hofstede, 1980, S. 99). Große Machtdistanz bedeutet entsprechend, dass deutliche Macht- und Hierarchieunterschiede nicht nur von den Herrschenden aufrechterhalten werden, sondern auch von den Mitgliedern der Gesellschaft (oder den Mitarbeitern eines Unternehmens) als selbstverständlich wahrgenommen und unterstützt werden. Im Rahmen seiner empirischen Erhebung von Kulturdistanzen wies Hofstede einen Zusammenhang zwischen Machtdistanz und Bildung bzw. Hierarchieebene in der Organisation nach. Manager wiesen eine geringere individuelle Machtdistanz auf als Mitarbeiter, die keine Managementtätigkeit ausübten (vgl. ebd., S. 105).

Asiatische und latein-amerikanische Länder weisen tendenziell die größte Machtdistanz auf, europäische die geringste.[54] Auch andere Autoren bestätigen die Dimension der Machtdistanz. Die Raumstrukturierung, die Hall und Hall benennen, lässt sich in Ansätzen der Machtdistanz zuordnen: Sie untersucht die unterschiedliche Ausdehnung des persönlichen Raums (vgl. Hall/Hall, 1990, S. 10 ff.). Mit persönlichem Raum wird die „persönliche Nahsphäre" bezeichnet, die eine Person als ihr eigenes Territorium empfindet (Salzberger, 1999, S. 41; vgl. Maletzke, 1996, S. 59 ff.). Ihren persönlichen Raum definieren nordeuropäische Kulturen z.B. weiter als mediterrane, so dass Südeuropäer im Rahmen interkultureller Kontakte permanent den persönlichen Raum von Nordeuropäern verletzen. Ein solches Verhalten wirkt auf Nordeuropäer aggressiv und aufdringlich, während es von Südeuropäern als normal empfunden wird (vgl. Salzberger, 1999, S. 42). Legt man die Dimension der Raumstrukturierung weiter aus und versteht im Sinne der Hall'schen Formulierung „territoriale Anordnung" z.B. als Aufbau von Bürokomplexen, so zeigt sich, dass sich in deutschen und amerikanischen Organisationen die Managementbüros oft in den obersten Etagen von Gebäuden befinden, wohingegen z.B. französische Manager in den mittleren Etagen arbeiten (vgl. Salzberger, 1999, S. 42). Einerseits ergeben sich daraus zentrale Rahmenfaktoren für die interne (persönliche) Kommunikation, andererseits drücken sich hier Selbstverständnis und Hierarchievorstellungen eines Unternehmens aus.

---

54 Einen Überblick über die genaue Rangfolge der Länder auf Hofstedes Machtdistanzindex gibt Tabelle 40 im Anhang der Arbeit.

Individualismus versus Kollektivismus

Die zweite Kulturdimension spannt Hofstede zwischen den beiden Extremen Individualismus und Kollektivismus auf. Ihre wissenschaftlichen Wurzeln hat sie bereits in den 80er Jahren (vgl. z.B. Triandis, 1972), empirisch schlüssig nachgewiesen wurde sie jedoch erst von Hofstede. Singelis und Brown (1995, S. 358) betonen, dass es sich bei Individualismus und Kollektivismus nicht um Extreme einer Dimension handelt, die sich gegenseitig ausschließen. Zwar kann jede Kultur auf aggregierter Ebene auf der Individualismus-Kollektivismus-Skala verortet werden, auf der Mikroebene jedoch können insbesondere bei dieser Dimension vielfältige Ausprägungsformen gemessen werden.

> „Individualismus beschreibt Gesellschaften, in denen die Bindungen zwischen den Individuen locker sind: man erwartet von jedem, daß er für sich selbst und seine unmittelbare Familie sorgt. Sein Gegenstück, der Kollektivismus, beschreibt Gesellschaften, in denen der Mensch von Geburt an in starke, geschlossene Wir-Gruppen integriert ist, die ihn ein Leben lang schützen und dafür bedingungslose Loyalität verlangen." (Hofstede, 1993a, S. 67)

Der Mensch sieht sich in einer individualistischen Kultur als Einzelperson. Oberste Maximen sind persönliche Selbstbestimmung und Entscheidungsfreiheit (vgl. Hofstede, 1989, S. 166). Hofstedes Untersuchung zeigte, dass in individualistisch orientierten Ländern v.a. der persönlichen Zeit (für Privat- und Familienleben), der individuellen Freiheit und Herausforderungen herausragende Bedeutung beigemessen wird. Menschen in kollektivistisch geprägten Kulturen sehen sich als Teil einer Gruppe, deren Interessen und Ziele denen des Individuums übergeordnet sind. Sie legen Wert auf gute Arbeitsbedingungen, die Anwendung ihrer Fertigkeiten und Fortbildungsmöglichkeiten (vgl. Hofstede, 1993a, S. 68; vgl. Hofstede, 1980, S. 241). Als oberster Wert gilt die Loyalität (vgl. Hofstede, 1989, S. 166).

Das entscheidende Kriterium ist hier also – noch stärker als bei den anderen Kulturdimensionen – das Selbstverständnis der Menschen einer Kultur. Hofstede spricht von „einer fundamentalen Frage menschlicher Gesellschaften: Die Rolle des Individuums gegenüber der Rolle einer Gruppe" (Hofstede, 1993a, S. 66). Zum Ausdruck kommt die individualistisch oder kollektivistisch orientierte Werthaltung von Individuen und Kulturen etwa in Familienformen und -größen, in der Bedeutung von Traditionen für den Einzelnen sowie in Zusammenhang mit der Religionszugehörigkeit (vgl. Hofstede, 1980, S. 214 f.). Der Einfluss der Kultur drückt sich ganz deutlich im Unternehmen aus. In kollektivistischen Kulturen stellt der Arbeitnehmer sein Eigeninteresse zugunsten der Interessen der Gruppe in den Hintergrund (vgl. Hofstede, 1993a, S. 80). „Die Beziehung zwischen Arbeitgeber und Arbeitnehmer wird als eine moralische angesehen. Sie ähnelt einer familiären Beziehung mit beiderseitigen Verpflichtungen, d.h. Schutz bzw. Loyalität" (Hostede, 1991, S. 81). In individualistischen Kulturen wird diese Beziehung hingegen als „geschäftlicher Vorgang" verstanden (Hofstede, 1993a, S. 81). Man versucht eine möglichst große Übereinstimmung von Individualinteresse des Arbeitnehmers und Interessen des Arbeitgebers herbeizuführen (vgl. ebd., S. 80). Als ein weiteres Element individualistischer Kulturen zeigt sich die starke verbale Orientierung der Kommunikation:

> „Wenn Menschen in einer individualistischen Kultur einander begegnen, haben sie das Bedürfnis, verbal zu kommunizieren. Schweigen gilt als unnormal. Eine Unterhaltung kann noch so banal sein, aber sie ist obligatorisch. In einer kollektivistischen Kultur ist die Tatsache des Zusammenseins emotional ausreichend; es gibt keinen Zwang zu sprechen, sofern keine Informationen übermittelt werden sollen." (Hofstede, 1993a, S. 76)

Mitglieder individualistischer Kulturen äußern zudem ihre Meinung offen. In kollektivistisch orientierten Kulturen hingegen werden offene, direkte Konfrontationen um der Harmonie willen vermieden (vgl. ebd., S. 75). In einer solchen Kultur „würde ein offenes Gespräch über die Leistung einer Person wahrscheinlich frontal mit der Harmonienorm dieser Gesellschaft kollidieren" (ebd., S. 82 f.). Feedback erfolgt hier über indirekte, versteckte Kanäle. So kann die Dimension um die Dichotomie direkter vs. indirekter Kommunikationsstil erweitert werden: Beim direkten Kommunikationsstil werden Botschaften explizit kommuniziert, indem der Sender seine Gefühle, Gedanken oder Meinungen offen und deutlich artikuliert. Der indirekte Kommunikationsstil hingegen erfordert vom Rezipient, dass er die implizite Bedeutung der Botschaft intuitiv erfasst und interpretiert (vgl. Nolan, 1999, S. 38).

Im Laufe von Hofstedes Datenauswertung der IBM-Studie zeigte sich, dass eine negative Korrelation zwischen dem Machtdistanzindex und dem Individualismusindex besteht (vgl. Hofstede, 1993a, S. 70). Demnach weisen Kulturen mit großer Machtdistanz mit hoher Wahrscheinlichkeit auch eine stärker kollektivistische Prägung auf und umgekehrt. Das am stärksten individualistisch geprägte Land in Hofstedes Sample waren die USA, gefolgt von Australien und Großbritannien. Die geringste Individualismus-Ausprägungen wiesen Venezuela, Columbien und Pakistan auf (vgl. Hofstede, 1980, S. 221).[55]

Die Individualismus-Kollektivismus-Dimension kann mit der von Hampden-Turner und Trompenaars (1993, S. 47 ff.) identifizierten Dimension Individualismus versus Kommunitarismus gleichgesetzt werden. Diese Dimension fragt danach, ob sich Manager eher als Individuen fühlen und andere z.B. auch nach deren individuellen Fähig- und Fertigkeiten beurteilen, oder ob eher die Gruppenzugehörigkeit und das Einpassen in eine Gruppe im Vordergrund stehen (vgl. ebd., S. 56). Eine ähnliche Dimension entwickelten auch Parsons und Shils (1962, S. 77 ff.) mit „self orientation vs. collectivity orientation". Während bei der individualistischen Orientierung private Interessen im Vordergrund stehen, dominiert bei einem Individuum mit kollektiver Orientierung das Wohl der Gruppe.

Maskulinität versus Femininität

Die Dimension von Maskulinität vs. Femininität untersucht, zu welchem Grad Mitglieder einer Kultur Leistung erbringen bzw. soziale Unterstützung anstreben. Usunier (2000, S. 67) bringt die zentrale Fragestellung dieser Dichotomie wie folgt zum Ausdruck: „Should we help people (at the risk of their being weakened by a

---

55 Tabelle 41 im Anhang zeigt die Verteilung der Kulturen auf dem Individualismusindex.

lack of personal effort) or should we not (at the risk, for them, of being even worse)?".

> „Maskulinität kennzeichnet eine Gesellschaft, in der die Rollen der Geschlechter klar gegeneinander abgegrenzt sind: Männer haben bestimmt, hart und materiell orientiert zu sein, Frauen müssen bescheidener, sensibler sein und Wert auf Lebensqualität legen. Feminität kennzeichnet eine Gesellschaft, in der sich die Rollen der Geschlechter überschneiden: Sowohl Frauen als auch Männer sollten bescheiden und feinfühlig sein und Wert auf Lebensqualität legen." (Hofstede, 1993a, S. 101)

Maskulinität bezeichnet die Tatsache, dass in einer Kultur die Bestimmtheit im Verhalten und das Leistungsstreben oberste Priorität haben. In maskulinen, harten Kulturen sind Elemente wie hohes Einkommen, Anerkennung von Leistungen, Beförderung und Herausforderungen bei der Arbeit erstrebenswert (vgl. ebd., S. 98 ff.; vgl. Hofstede, 1980, S. 277). Maskuline Kulturen weisen eine stark monetäre und materielle Orientierung auf sowie ein pessimistisches Menschenbild (vgl. ebd., S. 288), das am ehesten der „Theorie X" nach McGregor (1960) entspricht. Feminine, weiche Kulturen hingegen sind primär durch zwischenmenschliche Faktoren wie Solidarität, Hilfsbereitschaft, Sensitivität und Freundlichkeit, also eine gewisse Bescheidenheit im Verhalten gekennzeichnet (vgl. Hofstede, 1993a, S. 98). Wichtig sind ein gutes Arbeitsverhältnis zu Kollegen und Vorgesetzten, Sicherheit des Arbeitsplatzes sowie ein angenehmes Umfeld im beruflichen und privaten Bereich (vgl. ebd., S. 100; vgl. Hofstede, 1980, S. 277). Auch im Berufsleben zeigen sich Unterschiede in den Orientierungen und Zielen von weichen und harten Kulturen: „In der maskulinen Gesellschaft lautet die Arbeitsmoral eher ‚leben um zu arbeiten', in einer femininen Gesellschaft dagegen eher ‚arbeiten um zu leben' ", bringt Hofstede die Einstellung zur Arbeit zum Ausdruck (1991, S. 112). In maskulinen Kulturen wie etwa Japan, Österreich und Italien zählt Leistung und es herrschen Machtkämpfe. In femininen Kulturen wie z. B. skandinavischen Ländern sucht man im Streitfall in gemeinsamen Gesprächen nach Kompromissen (vgl. Hofstede, 1993a, S. 111).[56]

Unsicherheitsvermeidung

Die vierte von Hofstede benannte Kulturdimension, die Unsicherheitsvermeidung, wird bestimmt durch den Grad der „Toleranz des Unvorhersehbaren" der Zukunft (Hofstede, 1993a, S. 130; vgl. Hofstede, 1980, S. 153). Kulturen mit starker Ungewissheitsvermeidung wie z.B. Griechenland und Portugal versuchen, die Zukunft so genau und langfristig wie möglich zu planen und zu prognostizieren. Neue, unbekannte Situationen werden als unangenehm empfunden und lösen im Extremfall Angstgefühle aus (vgl. Hofstede, 1993a, S. 130 f.).

> „Unsicherheitsvermeidung läßt sich daher definieren als der Grad, in dem die Mitglieder einer Kultur sich durch ungewisse oder unbekannte Situationen bedroht fühlen." (Hofstede, 1993a, S. 133)

---

56 Die genaue Verteilung der Länder auf dem Maskilinitätsindex zeigt Tabelle 42.

Eine starke Unsicherheitsvermeidung fand Hofstede in ängstlichen Kulturen, d.h. in Ländern, in denen die Menschen „geschäftig, unruhig, emotional, aggressiv und aktiv" wirken (Hofstede, 1980, S. 135). Unternehmen in Kulturen mit starker Unsicherheitsvermeidung verfügen über viele formelle und informelle Regeln, die klare Vorgaben für Arbeitgeber und Arbeitnehmer beinhalten und deren Bedürfnis nach Stabilität und Sicherheit entsprechend Maslows (1981) Bedürfnispyramide Rechnung tragen (vgl. Hofstede, 1980, S. 158; vgl. Hofstede, 1993a, S. 141). In Ländern mit schwacher Unsicherheitsvermeidung, wie sie sich z.B. in Singapur, Dänemark oder Schweden findet, wirken Menschen eher „ruhig, gelassen, träge, kontrolliert und faul" (ebd., S. 135). Hier ist das Angstniveau eher niedrig (vgl. Hofstede, 1980, S. 176), formelle Regeln werden nur bei „absoluter Notwendigkeit" aufgestellt (Hofstede, 1993a, S. 141 f.).[57]

Ein weiteres Unterscheidungskriterium im Rahmen der Unsicherheitsvermeidung sind Arbeits- und Zeitauffassung: Menschen in Kulturen mit starker Unsicherheitsvermeidung arbeiten viel und hart und sind ständig unter Zeitdruck. In Kulturen mit schwacher Unsicherheitsvermeidung hingegen wird die Zeit eher als Orientierungsrahmen gesehen (vgl. Hofstede, 1993a, S. 142). Eine mögliche Entsprechung der Unsicherheitsvermeidungsdimension findet sich mit der „Activity Orientation" bei Kluckhohn und Strodtbeck (1961, S. 16). Diese Dimension knüpft an das Zeitempfinden an, indem sie das individuelle Restriktivitätsempfinden in drei Ausprägungsstufen einteilt: Bei der (1) Being-Orientierung steht der Augenblick im Vordergrund, spontane Entscheidungen und impulsives Verhalten dominieren. Bei der (2) Being-in-Becoming-Orientierung steht die Entwicklung des Selbst im Vordergrund. Gudykunst, Ting-Toomey und Chua (1988, S. 51) nennen als Beispiel den Zen-Buddhisten, der sein Leben in Meditation und Kontemplation verbringt. Die dritte Orientierung, (3) Doing, hingegen bezeichnet „a demand for the kind of activity which results in accomplishments that are measurable by standards conceived to be external to the acting individual" (Kluckhohn/Strodtbeck, 1961, S. 17).

Eine ähnliche Dimension benennen Hampden-Turner und Trompenaars (1993, S. S. 19 ff.) sowie Parsons und Shils (1962, S. 81 f.) mit der Dichotomie Universalismus vs. Partikularismus: „In a very real sense, universalists want the world – the entire world – to be uniform, generalizable, lawlike, and explainable, while particularists want the world to be unique, exceptional, and mysterious" (Hampden-Turner/ Trompenaars, 1993, S. 22). Während Universalisten Homogenität und Konformität anstreben und versuchen, allgemeingültige Regeln aufzustellen, heben Partikularisten v.a. Unterschiede hervor.

Abgrenzungsmerkmal Zeit

Kulturen lassen sich darüber hinaus anhand der Bedeutung und Auffassung von Zeit unterscheiden, so dass von verschiedenen Zeitkulturen gesprochen werden kann (vgl. Marer, 1997, S. 27; vgl. Ancona et al., 2001; vgl. Levine, 2001). Die fünfte Kulturdimension nach Hofstede, die langfristige bzw. kurzfristige Orientierung,

---

57 Die Unsicherheitsvermeidungstendenz der einzelnen Länder findet sich im Anhang in Tabelle 43.

betont die Bedeutung des Faktors Zeit (vgl. Hofstede, 1993b, S. 90). Kulturen mit langfristiger Orientierung betonen Werte wie Fleiß und Durchhaltevermögen, kurzfristige Orientierung meint Achtung von Traditionen, sozialen Verpflichtungen und das Streben, das ‚Gesicht zu wahren'. Eine wesentlich detailliertere Auflistung von Kulturunterschieden bezüglich des Faktors Zeit findet sich bei Hall und Hall (1990, S. 13 ff.). Sie sprechen von den Einzelfaktoren Zeitstrukturierung und Zeit als Kommunikation in Verbindung mit dem Faktor Ablaufschemata.

Hall und Hall (ebd.) unterscheiden bezüglich der Zeitstrukturierung in Parallelität der Aktivitäten und in zeitlichen Fokus. Entsprechend der Zahl der gleichzeitig ausgeführten Tätigkeiten werden „monochronic time" und „polychronic time" unterschieden (vgl. Hall, 1977, S. 17 ff.). Bei der monochronischen Zeitauffassung – wie sie in westlichen Wirtschaftssystemen wie den USA, der Schweiz oder Deutschland zu finden ist – wird immer nur eine Tätigkeit ausgeführt. In polychronischen Kulturen laufen mehrere Tätigkeiten parallel, Zeitpläne treten in den Hintergrund (vgl. ebd.). „Der Fokus liegt auf der Pflege zwischenmenschlicher Interaktionen, welche gegenüber der Einhaltung von starren Zeitplänen höherrangig sind" (Salzberger, 1999, S. 42). Polychronische Kulturen sind z.B. europäische Mittelmeerkulturen, arabische und südamerikanische Kulturen (vgl. ebd.). Hier ist ein Rückbezug zur vorher erläuterten Dimension der Raumstrukturierung möglich: Hall betont die enge Verknüpfung von Zeit und Raum, wenn er schreibt „the two systems (time and space) are functionally interrelated" (Hall, 1977, S. 17). Polychronische Kulturen haben eher offene Arbeitsumgebungen, was der Bedeutung von spontaner, persönlicher Kommunikation Rechnung trägt (vgl. Salzberger, 1999, S. 42).

Der ebenfalls bei Hall und Hall (1990) angeführte Kulturfaktor Ablaufschemata bezieht sich auf kulturspezifische Verfahrensschemata, die die Vorgehensweise bei Aktivitäten regeln. „Time is a prominent variable in management, for planning, strategy, for synchronizing people at work, etc. Cultural attitudes towards time shape the way in which people structure their actions", schreibt Usunier (1998, S. 19) in Bezug auf kulturell bedingte Ablaufschemata. Monochronische Kulturen halten sich strikt an vorab definierte Schritte zur Umsetzung einer Aufgabe (z.B. im Rahmen eines Projekts), „nicht vorgesehene Zwischenschritte, wie ad hoc initiierte Treffen, werden als störende Unterbrechungen erlebt" (Salzberger, 1999, S. 44). Polychronische Kulturen gehen mit derartig spontanen Änderungen flexibler um, indem sie ihr Handeln auf neue Bedingungen ausrichten. In gewisser Weise spiegelt sich in dieser Dimension die schnelle und diffundierende Informationsverarbeitung wider.

Auch Hampden-Turner und Trompenaars (1993, S. 73 ff.) identifizierten in ihrer Erhebung die Zeit als einen der relevanten Faktoren für Kulturunterschiede. Im Rahmen der Dimension „Time as Sequence vs. Time as Synchronization" kommen sie zu denselben Ergebnissen wie Hall im Rahmen der Ablaufschemata: Während sich sequenzielle Manager auf eine Tätigkeit konzentrieren, sich an Zeitvorgaben halten und v.a. kurzzeitige Kontakte und Freundschaften haben, ist der Arbeitsalltag von synchronisierenden Managern durch zahlreiche Unterbrechungen, zeitgleiche Ausführung von Aufgaben und lebenslange Verbindungen und Geschäftsbeziehungen gekennzeichnet (vgl. ebd., S. 78). Der Typ des sequenziellen Managers dominiert in monochronischen Kulturen, der synchronisierende Managertyp findet sich eher in polychronischen Kulturen. Sequenzielle Manager fühlen sich als Individuum verantwortlich für ihre aktuellen Ergebnisse, synchronisierende Manager hingegen sehen eine gemeinsame Verantwortung des Teams für „how the past is used in the present to promote a better future" (vgl. ebd.). Betrachtet man diese gegensätzlichen Auffassungen, so zeigt sich hier einerseits die Hofstede'sche Dimension Individualismus – Kollektivismus, andererseits gewinnt die spezifische Sichtweise von Vergangenheit, Gegenwart und Zukunft an Bedeutung.

So rechnen Hall und Hall (1990, S. 17) zur Zeitstrukturierung auch den Aspekt des zeitlichen Fokus. Sie unterscheiden in Orientierung an der Vergangenheit, der Gegenwart und der Zukunft. Dieselben Dimensionen finden sich unter der Bezeichnung Time Orientation auch in den Kulturdimensionen nach Kluckhohn und Strodtbeck (1961, S. 13 ff.).[58] Vergangenheitsorientierte Kulturen messen der Vergangenheit eine große Bedeutung zu, indem sie sie zur Erklärung der Gegenwart verwenden. Im Gegensatz dazu ist die Zukunftsorientierung geprägt durch die Überzeugung, dass der Einzelne die Zukunft stark beeinflussen oder sie zumindest vorhergesagt werden kann. Die Gegenwartsorientierung stellt den Faktor Lebensqualität in den Vordergrund, Menschen aus gegenwartsorientierten Kulturen leben demnach im Hier und Jetzt und schreiben weder der Vergangenheit noch der Zukunft große Bedeutung zu (vgl. Usunier, 2000, S. 31).

Neben der Strukturierung der Zeit sind auch Tempo, Rhythmus und Zeitplanung kulturspezifisch unterschiedlich. Hall und Hall (1990, S. 18 ff.) nennen dieses Kriterium Zeit als Kommunikation. Während Amerikaner Entscheidungen schnell treffen, benötigen z.B. Deutsche und Japaner meist viel Zeit. Monochronische Kulturen planen lange im Voraus, in polychronischen Kulturen hingegen dominieren spontane Elemente. Während in polychronischen Kulturen wichtige Termine jederzeit auch ad-hoc eingeschoben werden können, drückt eine kurze zeitliche Vorausplanung in monochronischen Kulturen das genaue Gegenteil, nämlich Unwichtigkeit aus. Schließlich werden in derartigen Kulturen wichtige Ereignisse oder Termine bereits längere Zeit vorab geplant (vgl. Salzberger, 1999, S. 43). Als weiterer Aspekt bezüglich des Zeitgefühls lässt sich die Dauer unterschiedlicher Tätigkeiten festhalten. So sind z.B. in monochronen Kulturen längere Wartezeiten Ausdruck für soziale Stellung oder Wertschätzung. Die Zeit an sich wird zu einem Instrument nonverbaler Kommunikation, zu einem Symbol (vgl. ebd., S. 43). Polychrone Kulturen messen der Wartezeit keine Bedeutung zu, so dass bei längeren Wartezeiten entsprechend falsche Schlüsse auf Seiten monochroner Kulturen gezogen werden könnten (vgl. ebd., S. 44).

---

58 Im Gegensatz zu Hall betonen Kluckhohn und Strodtbeck den *Zeitraum*. Als Beispiel wird die Zeitorientierung in Japan (lange Intervalle, d.h. Zielüberprüfung in großen Abständen) im Vergleich zu der amerikanischen (kurzfristig orientierte Gesellschaft, Zielüberprüfung in kurzen Abständen) genannt.

Vernetzung und kritische Würdigung der Kulturdimensionen

Hofstedes ‚Culture's Consequences' hat in verschiedener Hinsicht Spuren in der Kulturforschung hinterlassen[59]: Neben zahlreichen Nennungen, Zitaten und Revisionen jeder Art lassen sich in der Literatur zwei weitere, v.a. empirisch relevante Anwendungsfelder identifizieren. Im ersten Fall dienen Hofstedes Dimensionen als Untersuchungsrahmen für empirische Erhebungen, sowohl in unveränderter Form als auch weiterentwickelt zur Untersuchung neuer kultureller Felder oder Subkulturen (vgl. Sondergaard, 1994, S. 447 f.). In zweiter Hinsicht werden die Kulturdimensionen als Paradigma verstanden und ohne weitere Forschung oder Verifizierung als „conceptual framework outside their original setting" angewandt (ebd., S. 453). Im Rahmen dieser letzten Perspektive werden die vier Dimensionen – in Form eines interdisziplinären Ansatzes – zur Klassifikation verwendet, „to explain the influence of culture on the research topic" (vgl. ebd.) oder liegen einer Vielzahl von länder- oder kulturvergleichenden Studien implizit zu Grunde.[60]

Andererseits sind auch die kritischen Stimmen v.a. hinsichtlich Hofstedes Untersuchungsmethode zahlreich (vgl. z.B. Sondergaard, 1994, S. 449; vgl. Casmir, 1992, S. 249). So werden v.a. Zweifel an der Übertragbarkeit der Ergebnisse auf andere Zeiträume oder andere Unternehmen und Kritik an der Methodik geäußert (vgl. Gudykunst/Ting-Toomey/Chua, 1988, S. 46). Dennoch bilden Hofstedes Kulturdimensionen ein Fundament für die Analyse von kulturellen Unterschieden und von Kultureinflüssen auf Verhaltensweisen und andere Variablen wie z.B. PR (vgl. MacManus, 2000, S. 168). Thieme (2000, S. 163) etwa betont die Relevanz der Hofstede'schen Erkenntnisse für kulturwissenschaftliche Arbeiten der Kommunikationsforschung. Hofstedes Untersuchung ist bis heute die einzige, die Kulturunterschiede in derart vielen Ländern untersuchte und deren Ergebnisse von zahlreichen Nachfolgestudien[61] zumindest in weiten Teilen bestätigt wurden (vgl. Sondergaard, 1994, S. 451). Zwar ist die genaue Verortung der Länder auf der Skala nicht besonders nützlich, d.h. ein Abstand von Chile zu Argentinien von zwei Indexpunkten ist wenig aussagekräftig. Versteht man die Dimensionen und die Verortung der Länder auf einer Skala jedoch als Orientierungspunkt für die generelle Existenz und Aus-

---

59 Lediglich die vier von Hofstede selbst identifizierten Kulturdimensionen haben Eingang in die wissenschaftliche Diskussion gefunden. Die fünfte Dimension (Zeit) konnte sich hingegen in der westlichen Kulturforschung nicht durchsetzen, bezieht sie sich doch in erster Linie auf die Dichotomie von asiatischen und westlichen Ländern. Die nachfolgenden Ausführungen zur Vernetzung und kritischen Würdigung der Dimensionen beziehen sich ausschließlich auf die von Hofstede durchgeführten Studien und die ursprünglichen vier Dimensionen. Sie stellen die alleinige Basis für die theoretische und empirische Vernetzung von Kultur und PR im Rahmen dieser Arbeit dar.

60 Als Beispiel kann die vom Böhmer (2002) in der Wirtschaftswoche dargestellte Untersuchung zum Profil deutscher Manager im Vergleich zu Managern anderer Länder gelten. Die Studie kommt zu dem Ergebnis, dass sich Managerprofile u.a. anhand der Kriterien „Neigung, Unsicherheit zu vermeiden", „Machtgefälle", „Neigung, sich aggressiv durchzusetzen" sowie „Leistungsorientierung" unterscheiden lassen (vgl. ebd., S. 104). Obwohl die Kulturdimensionen nicht explizit benannt werden, scheinen Unsicherheitsvermeidung, Machtdistanz, Maskulinität und Individualismus deutlich durch.

61 In der ersten Dekade nach der Veröffentlichung von Hofstedes ‚Culture's Consequences' wurden 61 Nachfolgestudien durchgeführt sowie die Studie 1036 mal in Zeitschriften zitiert. Für eine Übersicht der Nachfolgestudien siehe Sondergaard (1994).

prägung von Kultur, so kann die Hofstede-Untersuchung durchaus als ein vielversprechender Ansatzpunkt für die weitere Forschung dienen. Allerdings muss für jede spezifische Untersuchung die Kultur der Befragten mit erhoben werden, wenn gesicherte Aussagen über Zusammenhänge mit abhängigen Variablen getroffen werden sollen. Ist jedoch erst einmal eine theoretische Beziehung zwischen einer von Hofstedes Dimensionen und einer anderen Variablen wie z.B. einem bestimmten Aspekt der PR-Praxis hergestellt, dann können Vorhersagen getroffen werden, wie stark diese abhängige Variable in einer beliebigen Kultur ausgeprägt ist.

> „Because Hofstede's theory of cultural differentiation (and the resultant scores for the various cultures on the four dimensions) allows for more sophisticated predictions and explanations, we rely on the four dimensions of cultural variability he isolated whenever possible." (Gudykunst/Ting-Toomey/Chua, 1988, S. 50)

Bedenkt man, dass Hofstede seine Erhebungen bereits vor über 30 Jahren durchführte, so stellt sich die Frage, wie zutreffend die Ergebnisse für die heute bestehenden kulturellen Prägungen noch sind. Hofstede (1993a, S. 268) betont, dass es „kaum Anhaltspunkte dafür gibt, dass sich Kulturen im Zeitablauf einander annähern". Seiner Meinung nach kommt es zwar in jeder der Dimensionen zu geringfügigen Veränderungen, die grundlegenden Unterschiede der einzelnen Kulturen blieben aber bestehen. So prognostiziert er für die Dimension Machtdistanz eine zunehmende Polarisierung, d.h. „die Länder an den jeweiligen Enden der Skala [werden, S.H.] sich immer weiter von der Mitte" (ebd., S. 62) entfernen, jedoch nur in geringem Maß. Eine derartige Verstärkung der jeweiligen Ausprägungen fände ebenso bei den Dimensionen Maskulinität – Femininität (vgl. ebd., S. 125) und Unsicherheitsvermeidung (vgl. ebd., S. 158 f.) statt. Bei der Individualismus-Kollektivismus-Dimension glaubt Hofstede, eine allgemeine Verschiebung hin zu zunehmendem Individualismus wahrzunehmen, jedoch ohne dass sich die Abfolge der Indexwerte verändere (vgl. ebd., S. 95). Demnach seien maskuline Kulturen noch etwas härter geworden, feminine hingegen etwas weicher (vgl. Hofstede, 1993a, S. 125). Das Ausmaß des Individualismus wird nach Meinung Hofstedes in denjenigen Ländern, in denen die Bevölkerung wohlhabender wird, zunehmen (vgl. ebd., S. 268).

Hofstedes Überzeugungen basieren primär auf jenen Veränderungen im Zeitablauf, die er bei der Messung 1972 im Vergleich zu 1968 feststellte. Hinzu kommen relevante Entwicklungen im Umfeld (z.B. Bevölkerungsentwicklung, weltweites Angstniveau usw.) sowie vereinzelte Nachfolgeuntersuchungen ähnlicher Art (vgl. z.B. ebd., S. 158 f.). Darüber hinaus sind Kulturen – wenn überhaupt – nur über einen sehr langen Zeitraum hinweg zu ändern. Eine Ausnahme stellt diesbezüglich ohne Frage Ex-Jugoslawien dar, wo sich die einzelnen ethnischen Gruppen mittlerweile auf ihre eigene kulturelle Prägung besonnen haben und sich bewusst voneinander abgrenzen. Kulturelle Unterschiede existierten aber auch hier schon immer, so dass das Problem der Hofstede-Skalen diesbezüglich in der Untersuchungsanlage, d.h. der Gleichsetzung von Kultur und Staat begründet liegt.

3.3.2 Kulturdimensionen als Basis für Wahrnehmung und Kommunikation

Insbesondere die Bedeutung der Kulturdimensionen für Wahrnehmung und Handlung ist für die Frage nach einem Zusammenhang von Kultur und PR relevant. Nach Porter und Samovar ist Wahrnehmung „the internal process by which we select, evaluate, and organize the external environment" (1996, S. 307). Sie verstehen Wahrnehmung also als denjenigen Vorgang, bei dem die externe Umwelt strukturiert und interpretiert wird. Sie erweitern den Terminus zur sozialen Wahrnehmung und meinen damit denjenigen Prozess, mit dessen Hilfe ein Individuum seine soziale Realität konstruiert, indem es den sozialen Objekten in seinem Umfeld Bedeutung zuschreibt (vgl. ebd., S. 308). Die oben genannte Defintion von Kultur als Grundlage bestimmter Lebensstile und Wertesysteme verdeutlicht den Zusammenhang von Kultur und Wahrnehmung: Die kulturelle Prägung wirkt bei der Wahrnehmung als Filter, der gewisse physikalische Reize passieren lässt und andere zurückhält (vgl. Barnlund, 1998, S. 39; vgl. Bennett, 1998, S. 15 f.; vgl. Prossner, 1978, S. 202 f.). Zudem bildet sie den Hintergrund, vor dem diese Reize mit Bedeutung versehen werden. Erst durch eine ähnliche Wahrnehmung entsteht bei Angehörigen einer Kultur gemeinsame Bedeutung (vgl. Porter/Samovar, 1996, S. 307; vgl. Gudykunst/ Ting-Toomey/Chua, 1988, S. 30).

> „Culture conditions and structures our perceptual processes so that we develop culturally inspired perceptual sets. These sets not only help determine which external stimuli reach our awareness, but more importantly, they significantly influence the social aspect of perception – the social construction of reality by the attribution of meaning to these stimuli." (Porter/Samovar, 1996, S. 308)

In verschiedenen Kulturen erfolgt aufgrund unterschiedlich geprägter Reizwahrnehmung und -interpretation demnach auch eine jeweils spezifische Bedeutungszuschreibung der Reize. Singer (1998, S. 97) und Barnlund (1998, S. 40) gehen einen Schritt weiter und attribuieren der kulturell bedingten Wahrnehmung Auswirkungen auf Verhaltensweisen.[62] Innerhalb einer Kultur treten ähnliche Verhaltensweisen u.a. durch die kulturell geprägte ähnliche Wahrnehmung von Stimuli auf (vgl. Singer, 1998, S. 97; vgl. Porter/Samovar, 1996, S. 307). Usunier (2000, S. 24) ergänzt in Bezug auf den Zusammenhang von Kultur und Verhalten von Individuen: „Basic cultural assumptions in three major areas (time, space and the concept of the self and others) influence interaction models, which, in combination with basic assumptions, shape attitudes towards action." Mit dem Begriff der kulturellen Grundannahmen („cultural assumptions") sind Überzeugungen und Einstellungen zu grundlegenden Problemen der Menschheit gemeint, die den Mitgliedern einer Kultur einen basalen Bezugsrahmen zur Lösung von Problemen an die Hand geben. Dieser Bezugsrahmen integriert kognitive, affektive und vor allem auch konative Elemente und ist

---

62 „People behave as they do because of the ways in which they perceive the external world. By perception I mean here the process by which an individual selects, evaluates, and organizes stimuli from the external environment" (Singer, 1998, S. 97).

verantwortlich für die Interpretation der Realität (vgl. ebd., S. 25). Die Grundlage eines solchen Referenzrahmens bildet die kulturell geprägte Weltsicht, die die Mitglieder einer Kultur in Bezug auf grundlegende Probleme der Menschheit gemeinsam haben (vgl. Dodd, 1977, S. 20). Diese grundlegenden Probleme sind nach Kluckhohn und Strodtbeck (1961, S. 11 f.) z.B. Menschenbild, Art und Qualität der Beziehungen zwischen Menschen sowie des Menschen zu seiner Umwelt, Zeitverständnis und Raumerleben (vgl. Stewart/Danielian/Foster, 1998, S. 162 ff.; vgl. Triandis, 1972, S. 17). Sie lassen sich in drei große Kategorien einteilen:

- „time", d.h. Zeitverständnis wie z.B. Pünktlichkeit, Rolle der Zeit für den Einzelnen,
- „concept of the self and others", d.h. alle Probleme, die mit dem Individuum selbst oder seinem Verhältnis zu belebter und unbelebter Umwelt in Verbindung stehen,
- „space" im Sinne des Raumverständnisses, bei dem es sich um Problembereiche handelt wie z.B. „Wird Raum im Sinne von geographischer Abgrenzung eher privat empfunden oder öffentlich?".

Das „concept of self" ist nach Usunier (2000, S. 57) „a kind of modal view of what people are in the society and therefore what they are allowed to do". Der Bezugsrahmen prägt neben der Wahrnehmung auch die Weltsicht und äußert sich im Verhalten. Das Verhalten wirkt seinerseits auf die Weltsicht des Einzelnen sowie auf seine Werte, Normen und Symbole zurück, so dass insgesamt von einer wechselseitigen Prägung gesprochen werden kann. Abbildung 24 verdeutlicht die Zuordnung und gegenseitige Prägung von Werten, Normen und Symbole (vgl. Abschnitt 3.1.2) sowie Weltsicht und Verhalten.

Abb. 24: Wechselseitige Beziehung zwischen Kulturelementen und Verhalten

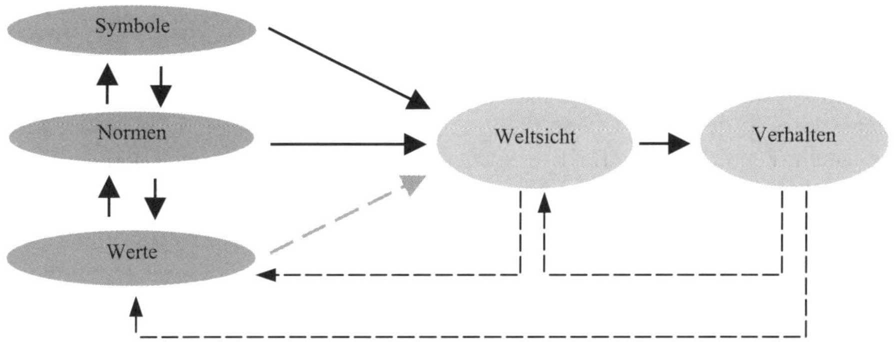

Quelle: in Anlehnung an De Long/Fahey (2000, S. 116)

Werte, Normen und Symbole sind als zentrale Bestandteile von Kultur nicht nur miteinander verbunden, sondern bringen auch bestimmte Einflüsse für die Weltsicht der Individuen innerhalb einer Kultur mit sich. Während Normen und Praktiken als eher sichtbare Kulturelemente direkt auf die Weltsicht einwirken, werden den Werten eher indirekte Wirkungen zugeschrieben. Die Weltsicht als Bündel grundlegender Werthaltungen und Prädispositionen hat nun ihrerseits in Form eines Filters Auswirkungen auf das Verhalten eines Menschen (vgl. Sriramesh/Grunig/Buffington, 1992, S. 579). Versteht man Kommunikation als ein Element des menschlichen Verhaltens, so kann vermutet werden, dass auch zwischen Weltsicht und Kommunikation ein Zusammenhang besteht. Über die Wahrnehmung ergibt sich eine Reihe von Bezugspunkten zwischen Kultur und PR, die im folgenden Kapitel näher aufgegriffen werden.

Zusammenfassung des Abschnitts
Zur Klassifikation von Kulturen existieren verschiedene Ansätze. In der Forschung wird in erster Linie die Grundtypologie nach Hofstede (1980) verwendet, der vier verschiedene Kulturdimensionen identifizierte: Machtdistanz, Individualismus vs. Kollektivismus, Maskulinität vs. Femininität und Unsicherheitsvermeidung. Im Rahmen einer Nachfolgestudie in asiatischen Ländern wurden sie um das Abgrenzungsmerkmal Zeit ergänzt. Ergebnisse ähnlicher Studien z.B. von Hall (1959) und Hampden-Turner/Trompenaars (1993) bestätigen Hofstedes Erkenntnisse, so dass sie in die Ausführungen zu den Kulturdimensionen entsprechend integriert und zur Bestätigung der Hofstede-Dimensionen verwendet werden konnten. Je nach Ausprägung der Kulturdimensionen ergeben sich für jede Kultur spezifische Werte, die sich wiederum in einer jeweils unterschiedlichen Weltsicht und damit auch in unterschiedlichem Verhalten ihrer Mitglieder niederschlagen.

3.4 Bezugspunkte von Kultur und Public Relations

Um mögliche Bezugspunkte von Kultur und PR zu identifizieren, ist ein Blick in die Erkenntnisse des Forschungsfelds der Kulturbezogenheit von Kommunikation notwendig. Der Begriff der Kommunikation wird heute in sämtlichen Lebens-, Arbeits- und Forschungsbereichen geradezu inflationär verwendet und je nach Kontext entsprechend definiert (vgl. Thieme, 2000, S. 18; Bennet, 1998, S. 9 f.; vgl. Burkart, 1995b, S. 15; vgl. Merten, 1977). Versteht man mit Maletzke (1976, S. 3 f.) unter Kommunikation denjenigen Prozess, „in dem Lebewesen miteinander in Beziehung stehen", sei es durch die Übermittlung von Gedanken, Gefühlen, bestimmten Sachverhalten (kognitive und affektive Inhalte) oder aber in Form von konativen Handlungsanleitungen, so zeigen sich erste Ansätze für eine Kulturbezogenheit.

3.4.1 Kulturbedingte Besonderheiten von Kommunikation

Im Rahmen der Kommunikationswissenschaft wird im Allgemeinen zwischen Individual- und Massenkommunikation unterschieden.[63] In Zeiten der neuen, interaktiven Medien löst sich diese Zweiteilung jedoch zusehends auf. Thieme (2000, S. 19)

---

63 Während die Individualkommunikation die direkte Bedeutungsvermittlung zwischen zwei oder mehr Menschen bezeichnet, versteht man nach Maletzke (1976, S. 4) unter Massenkommunikation diejenige Art der Kommunikation, bei der „Aussagen öffentlich durch technische Verbreitungsmittel indirekt und einseitig an ein disperses Publikum vermittelt werden".

empfiehlt deshalb den diesbezüglich neutralen Begriff der sozialen Interaktion, der v.a. die Aspekte der wechselseitigen Beziehung (vgl. Merten, 1977, S. 64 f.) und der gegenseitigen Bedeutungszuschreibung in den Mittelpunkt rückt (vgl. Bennett, 1998, S. 9 f.). Allerdings bestehen graduelle Unterschiede: Während der Begriff der Kommunikation häufig eher auf Inhalte und deren Bedeutung für die Kommunikationspartner abhebt, betont der Interaktionsbegriff stärker den Beziehungsaspekt und dessen Bedeutung für die Beteiligten (vgl. Delhees, 1994, S. 12).[64]

> Kommunikation wird im Rahmen dieser Arbeit als derjenige symbolische Prozess verstanden, in dem Lebewesen wechselseitig miteinander in Beziehung stehen mit dem Ziel, Mitteilungen zu übermitteln und gemeinsame Bedeutung zu schaffen.

Diese Definition von Kommunikation lässt viele mögliche Verbindungen zum Feld der Kultur entstehen, so dass ein Zusammenhang zwischen Kultur und Kommunikation in beide Richtungen denkbar wird.

Wechselseitige Beeinflussung von Kultur und Kommunikation

Hall stellte bereits 1959 (S. 191) fest, „culture is communication and communication is culture". Beim Verhältnis von Kultur zu PR handelt es sich um sich demnach um einen gegenseitigen Beeinflussungsprozess.[65] So wird einerseits die Kultur durch Kommunikation geprägt: Die zu Beginn dieses dritten Kapitels formulierte Arbeitsdefinition des Kulturbegriffs hebt explizit darauf ab, dass Kultur nicht angeboren, sondern im Laufe des Sozialisationsprozesses erlernt und in der Familie und anderen Bezugsgruppen u.a. durch kommunikativen Austausch gefestigt wird (vgl. Nolan, 1999, S. 33). Kultur äußert sich in Kommunikation und im Verhalten des Einzelnen, wird einerseits durch non-verbale, andererseits durch sprachliche Kommunikation weitergegeben.[66] Damit stellt die Kommunikation das Medium dar, über das Kultur vermittelt wird (vgl. Sriramesh/Kim/Takasaki, 1999, S. 274): „Culture involves symbols and code systems which are mediated by man's thought, perceived reality, senses, and social relationships. Language is the means of transmission," schreibt Dodd (1977, S. 12).

Andererseits prägt Kultur aber auch Kommunikation: Kultur wird im Allgemeinen als „*die* soziale Erklärungsgröße" für Kommunikation angesehen (Wimmer, 1994, S. 61). Sie erklärt, warum in verschiedenen Kulturen unterschiedlich kommuniziert wird (vgl. Sriramesh/Kim/Takasaki, 1999, S. 274). Barnlund (1998, S. 38) fasst die Auswirkung von Kultur auf Kommunikation folgendermaßen zusammen:

---

64 vgl. Inhalts- und Beziehungsaspekt nach Schulz von Thun (1998, S. 25).
65 siehe zur Fundierung etwa Samovar/Porter (2000, S. 6); Orbe (1998, S. 1); Wimmer (1994, S. 107); Gudykunst/Ting-Toomey/Chua (1988, S. 17); Atwood (1984, S. 77); Prosser (1978, S. 5).
66 Insbesondere die linguistischen Eigenheiten einzelner Kulturen wurden von der Wissenschaft eingehend beleuchtet. Bereits in den fünfziger Jahren stellte Benjamin Lee Whorf die These auf, dass Sprache große Bedeutung für die Wahrnehmung der Realität hat, da sie die Weltsicht des Individuums stark prägt („Whorf/Sapir-Hypothese", vgl. Usunier, 2000, S. 6; vgl. Bennett, 1998, S. 13; vgl. Singer, 1998, S. 98). Singer (1998, S. 98) erweitert diese Sichtweise, indem er die Sprache als gemeinsamen Ausdruck kulturell bedingter Wahrnehmung versteht. Bennett (1998, S. 15) spricht diesbezüglich von der „cultural worldview".

„Every culture expresses its purposes and conducts its affairs through the medium of communication". Damit wird die Kommunikation eines Individuums – wie und was es kommuniziert – einerseits durch seine individuellen Persönlichkeitsfaktoren, andererseits aber auch durch seine kulturelle Prägung bestimmt (vgl. Nolan, 1999, S. 34; vgl. Atwood, 1984, S. 75). Delhees' oben beschriebene Begriffsabgrenzung von Kommunikation und Interaktion lässt sich auf das Element der Kultur und ihre Auswirkungen auf Kommunikation übertragen. Carey (1989, S. 15 ff.) unterscheidet „transmission view of communication", die Delhees' Kommunikationsbegriff entspricht, von der „ritual view of communication" ähnlich Delhees' Interaktion. Die Sichtweise der Informationsübermittlung rückt das Element der Überwindung geographischer Grenzen mit dem Ziel der Kontrolle in den Vordergrund. Im Rahmen der rituellen Kommunikation hingegen dominieren Ziele wie Gemeinschaft, Freundschaft und Partizipation (vgl. ebd.). Beide Sichtweisen bzw. Zwecke von Kommunikation sind stark kulturgeprägt: So dominiert in den USA als individualistische Kultur, sowohl in der praktischen Ausrichtung als auch in der Kommunikations- bzw. Medienwissenschaft, die Sichtweise von Kommunikation als Informationsübermittlung (vgl. ebd., S. 19). In stärker kollektivistischen Kulturen hingegen wurden zahlreiche andere Kommunikationsbegriffe und -modelle entwickelt, die auf das Ziel der Vermittlung einer Weltsicht oder von gemeinsamen Werten abheben (vgl. ebd., S. 20). Kommunikation kann beiden Zielen gleichermaßen dienen, ist sowohl für den Prozesscharakter als auch für das rituelle Element, d.h. die Schaffung gemeinsamer Bedeutung offen. Einen weiteren Aspekt der Auswirkungen von Kultur auf Kommunikation zeigt Allison (1995, S. 92) auf. Kultur ermögliche erst die Kommunikation, schreibt er, und bezieht sich dabei auf die allen Mitgliedern einer Kultur gemeinsamen Denkweisen, Werte, Normen und Überzeugungen. Man könnte in diesem Zusammenhang auch von gemeinsamen Schemata sprechen, die die Kommunikation miteinander vereinfachen – oder im Rahmen interkultureller Kommunikation bei Vorliegen unterschiedlicher Kulturen die Kommunikation erschweren (vgl. ebd., S. 92).

Sehr vereinfacht stellt der *global culture approach* (vgl. Zaidman, 2001, S. 409) den einseitigen Zusammenhang zwischen kulturellen Werten und Kommunikation dar und schreibt der Kultur einen globalen Einfluss auf das kommunikative Verhalten von Menschen zu. Er geht davon aus, dass die Kultur eine grundsätzliche Prägung darstellt, die geradezu stereotype Verhaltensweisen bei ihren Mitgliedern erzeugt (vgl. ebd., S. 410). Auch wenn diese Absolutheit heißt, eine Vielzahl anderer Einflussfaktoren für das kommunikative Verhalten von Individuen außer Acht zu lassen und feine, variierende Ausprägungen im Verhalten von Subkulturen zu messen, so verdeutlicht er zumindest plakativ, welch zentraler Einflussfaktor die Kultur ist.

Empirische Ergebnisse

Die Wechselwirkungen zwischen Kultur und Kommunikation sind empirisch bewiesen. Hall identifizierte drei Kulturfaktoren, die sich explizit auf kulturspezifische Kommunikation beziehen: Es handelt sich um Geschwindigkeit und Kontextorientierung von Botschaften sowie um die Informationsdiffusion durch Kommunikation[67], die in Zusammenhang mit der Individualismus-Kollektivismus-Dimension stehen. Unter der Geschwindigkeit von Botschaften verstehen Hall und Hall (1990) „das Verhältnis von Informationsgehalt zum Umfang der Botschaft" (Salzberger, 1999, S. 40). Grundsätzlich kann jede Information im Rahmen des Kommunikationsprozesses sowohl als schnelle als auch als langsame Botschaft kommuniziert werden. Informationen weisen in schnellen Botschaften eine geringe Redundanz auf, sind jedoch auch kurz gehalten. Langsame Botschaften sind länger und redundanter, d.h. sie haben auch eine geringere Informationsdichte. Jede Kultur hat eine ihr typische Geschwindigkeit, von der Abweichungen als überraschend oder gar unangenehm empfunden werden (vgl. ebd., S. 40).

Indirekt mit der Geschwindigkeit einer Botschaft hängt auch die von Hall (1977, S. 85 ff.) beschriebene Kontextorientierung[68] der Botschaft zusammen, die die inhaltliche Gestaltung einer Botschaft beschreibt. Werden in der Botschaft selbst umfassende Hintergrundinformationen explizit kommuniziert, so handelt es sich um eine low-context Kultur. Wichtig in low-context Kulturen wie den USA, Deutschland oder in skandinavischen Ländern sind v.a. Worte und objektive Fakten, die explizit kommuniziert werden. Bei einer high-context Kultur wie z.B. Japan oder in lateinamerikanischen Ländern als anderem Extrem der Dimension ist diese Ausführlichkeit nicht zwingend nötig, da die notwendigen Informationen bereits implizit in den existierenden Beziehungen zwischen den Kommunikationspartnern, internalisiert in der Person selbst oder im Kontext enthalten sind. Sie sind für die Partner offensichtlich und müssen somit nicht verbal kommuniziert werden (vgl. Hall, 2000, S. 36 ff.; vgl. Hall, 1977, S. 91). Von besonderer Bedeutung ist es in high-context Kulturen, Zeit miteinander zu verbringen, Freundschaften zu schließen und Vertrauen zu entwickeln (vgl. Djursaa, 1994, S. 140). So sind high-context Kulturen durch sich langsam entwickelnde und tiefe Beziehungen sowie lebenslange Freundschaften gekennzeichnet, low-context Kulturen hingegen durch kurzzeitige, schnelle und oberflächliche Beziehungen der Menschen zueinander. Im Rahmen der Kommunikation nimmt der persönliche Kontakt eine zentrale Stellung ein: Face-to-face-Kommunikation wird in high-context Kulturen ein weit größerer Symbolwert beigemessen (und dadurch eine größere Wertschätzung ausgedrückt) als in low-context Kulturen, in denen ein Telefonat oder ein Brief (z.B. im Rahmen geschäftlicher Kontakte) übliche Kommunikationskanäle sind (vgl. Djursaa, 1994, S. 141).

Die Kontextorientierung steht in unmittelbarem Zusammenhang mit der Individualismus-Kollektivismus-Dimension von Hofstede: Bei individualistisch orientierten Kulturen handelt es sich um low-context Kulturen, Kollektivkulturen hingegen sind high-context Kulturen, in denen vieles als selbstverständlich gilt und nicht ex-

---

67 Die drei Dimensionen sollen an dieser Stelle kurz aufgegriffen werden, um das Verhältnis von Kultur und interpersoneller Kommunikation zu verdeutlichen. Als Unterscheidungskriterium von Kulturen im Hinblick auf die Fragestellung dieser Arbeit eignen sie sich aufgrund mangelnder empirischer Erkenntnisse und Länderrangfolgen jedoch nur begrenzt.

68 Der Kontextbegriff wird von Hall selbst nicht definiert. Eine Begriffserklärung nimmt Usunier (2000, S. 417) vor, indem er (vor dem Hintergrund der interkulturellen Marketingforschung) „location, people involved (age, sex, dress, social standing, etc.), the context of the conversation itself (at the workplace, in a showroom, during a round of labour negotiations, during a sales visit)" als Kontextkomponenten versteht.

plizit kommuniziert wird (vgl. Gudykunst/Ting-Toomey/Chua, 1988, S. 44; vgl. Hofstede, 1993, S. 77). Zudem klingt die Unterscheidung in Informationsübermittlung und rituelle Kommunikation nach Carey (1989) an. Während die informations- und prozessorientierte Kommunikation in individualistischen low-context Kulturen dominiert, spielt die Bedeutung der symbolischen Kommunikation mit dem Ziel der Schaffung von gemeinsamer Bedeutung in kollektivistischen high-context Kulturen eine größere Rolle.

Aus der oben dargestellten Raum- und Zeitwahrnehmung sowie der Kontextorientierung lässt sich mit dem Informationsfluss eine weitere Dimension ableiten, die sich aus Informationsverarbeitung und -diffusion zusammensetzt. Die Informationsverarbeitung richtet sich in monochronischen Kulturen nach dem Zeitplan. Neue Informationen werden also erst dann verarbeitet, wenn der Zeitplan eine Lücke lässt (vgl. Salzberger, 1999, S. 44). In polychronischen Kulturen hingegen werden neue Informationen spontan, schnell und parallel verarbeitet. Monochronische Kulturen mit einer dem Zeitplan untergeordneten Informationsverarbeitung weisen eine low-context Orientierung auf, der Informationsfluss erfolgt linear und eher langsam in vordefinierter Weise. Polychronische Kulturen hingegen, die Informationen spontan und parallel verarbeiten, haben im Rahmen ihrer high-context Orientierung und der offenen Raumstrukturierung eine schnelle Informationsdiffusion. Durch diese Kommunikationsstruktur und ihre Besonderheiten können Reaktionen auf neue Informationen schneller erfolgen als in monochronischen Kulturen. Abbildung 25 zeigt das Zusammenspiel von Information und Kontext im Rahmen der Kontextdimension sowie in Verbindung mit der Informationsverarbeitung und -diffusion vor dem Hintergrund von Individualismus und Kollektivismus.

Abb. 25: Kontextdimension, Informationsverarbeitung und Individualismusdimension

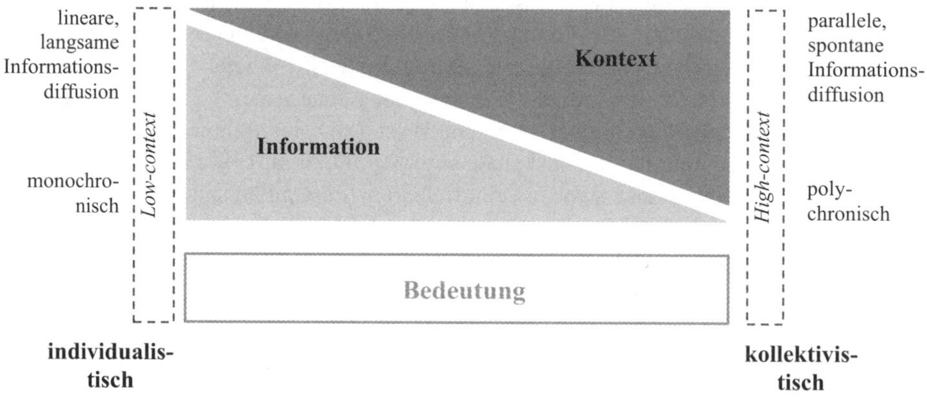

Quelle: in Anlehnung an Hall (1977, S. 102); Hall (2000, S. 41)

3.4.2 Kulturebenen als Grundlage für PR-Ausprägungen

Halls Erkenntnisse zeigen deutlich, dass ein Zusammenhang zwischen Kultur und Kommunikation besteht. Bereits zu Beginn dieses Abschnitts wurde festgehalten, dass Kultur und Kommunikation unmittelbar miteinander verbunden sind. Die Verbindung entsteht, indem einerseits Kultur im Rahmen der Sozialisation durch verbale und non-verbale Kommunikation vermittelt wird und andererseits Kommunikation formal und inhaltlich Bestandteil einer jeden Kultur ist. Formaler Bestandteil ist sie in Bezug auf die Art und Weise der Interaktion, inhaltlich bezüglich der im Kommunikationsprozess enthaltenen Informationen. Mit dem Zusammenhang zwischen Kultur und Kommunikation lässt sich auch ein Zusammenhang von Kultur mit *Unternehmens*kommunikation vermuten. Kommunikation wurde für diese Arbeit als Bedeutungsvermittlung zwischen Lebewesen definiert. Versteht man PR als kommunikative Bedeutungsvermittlung zwischen einem Unternehmen und seinen Teilöffentlichkeiten, so handelt es sich bei der PR (im Rahmen einer systemtheoretischen Betrachtung) um eine Übertragung des Kommunikationsbegriffs von der Mikro- auf die Mesoebene. PR als Form der Kommunikation müsste in logischer Konsequenz ebenso mit der Kultur zusammenhängen. Es kann also vermutet werden, dass sich die Beziehung von Kultur und Kommunikation auf die Beziehung von Kultur und PR zumindest in Ansätzen übertragen lässt (vgl. Sriramesh/White, 1992, S. 609). Banks (1995, S. 32 f.) ist der Überzeugung, PR selbst könne als kulturelle Aktivität verstanden werden, da sie auf dem Sockel der Kultur ruhe.

Grundsätzlich lassen sich wie in Kapitel 3.2 aufgezeigt drei Bezugsebenen von Kultur und PR unterscheiden: Die Nationalkultur als Einflussfaktor auf der Makroebene, die Unternehmenskultur auf der Mesoebene und die Individualkultur auf der Mikroebene.

- Wie bereits in Kapitel 3.3 aufgezeigt, ist die Nationalkultur einer der gesellschaftlichen Einflussfaktoren für Unternehmens-PR. Sie stellt den Filter für die Wahrnehmung und die Basis für das Verhalten der (unternehmensexternen) Öffentlichkeit dar. PR muss deshalb (bewusst oder unbewusst) auf die kulturelle Prägung ihrer Zielgruppen im Rahmen der Nationalkultur eingehen.[69]
- Darüber hinaus stellt die Nationalkultur in Verbindung mit der Unternehmenskultur einen Rahmenfaktor für das PR-Verständnis des Einzelnen und des Unternehmens dar, indem sie die Individualkultur, d.h. Wahrnehmung und Verhalten der Mitglieder des Unternehmens prägt (z.B. ethische Grundwerte bezüglich Persuasion, Dialog; vgl. MacManus, 2000, S. 173). Srira-

---

[69] Banks (1995, S. 31 f.) versteht (geprägt durch den *Subjective Culture Approach*) auch nationale PR als interkulturell: „Public relations always speaks to audiences who have some point of view in common, a shared understanding that differentiates them from other groups and is often different than that of the public relations professional's organiziation." Er bezieht sich für seine Argumentation v.a. auf Alters-, Geschlechts- oder ethnische Unterschiede bei der Abgrenzung von Subkulturen. Da im Rahmen dieser Arbeit Kultur jedoch in erster Linie im Sinn von Nationalkultur und nicht wie von Banks intendiert im Sinn des Begriffs der Vielfalt („diversity") verstanden wird, kann diese weit gefasste Definition von Kultur nicht geteilt werden.

mesh, Grunig und Buffington (1992, S. 591) betonen auch den Einfluss der Nationalkultur auf die Mitarbeiter und auf das interne Entscheidungszentrum: „Culture external to an organization (societal culture) can impose a paradigm or a worldview upon the organization. A national (...) culture can affect an organization directly because employees are enculturated outside the organization as well as inside."
- Die Unternehmenskultur zeigt sich im Kommunikationsprozess, wenn der Öffentlichkeit durch die PR-Botschaft ein bestimmtes Weltbild des Unternehmens, ein spezifischer Bedeutungsrahmen übermittelt wird.
- Die kulturelle Prägung des einzelnen PR-Fachmanns (Individualkultur) – die zum Großteil durch die Nationalkultur seines Geburts- und Arbeitslands geprägt ist – beeinflusst nicht nur seine Wahrnehmung und sein Verhalten, sondern auch sein PR-Verständnis und seine PR-Praxis. Damit wird er zu einer zentralen Größe für die Gestaltung der Unternehmens-PR.

3.4.3 Weltsicht der PR-Fachleute als Verbindung zur Kultur

Indem die Nationalkultur die Individualkultur aller ihrer Mitglieder prägt, sorgt sie für die Entstehung einer gemeinsamen Weltsicht, u.a. auch bei den PR-Fachleuten. Wie zentral die Werthaltungen und Vorstellungen des einzelnen PR-Fachmanns für die tatsächliche PR-Praxis seines Unternehmens sind, wurde bereits in Zusammenhang mit den Rollen des Technikers und des Managers deutlich. „The roles practitioners enact should affect how they conceptualize and practice public relations", vermuten Coombs et al. (1994, S. 25). Wie stark sich die Individualkultur in den Rollen und der PR-Praxis niederschlägt betont Harms (1973, S. 30), wenn er schreibt, dass „the cultural background of a communicator influences almost every detail and every pattern of his communication activities."

Grunig (1992a, S. 7) legt diesen kulturellen Hintergrund seiner Unterscheidung von PR-Rollen auf einer weiteren, eher theoretischen Ebene zu Grunde: Er differenziert zwischen Theorien auf der Ebene von Annahmen („presuppositions") und auf der Ebene von Gesetzen („laws"). Die Ebene der Gesetzmäßigkeiten wird durch Kausalitätsaussagen gebildet wie: „Je höher die Glaubwürdigkeit einer Organisation, desto eher kann sie durch Kommunikation überzeugen" oder „Wenn eine Organisation soziale Verantwortung übernimmt, wird sie weniger Interferenzen von der Regierung erfahren" (ebd.). Im Gegensatz dazu ist die Ebene der Annahmen weniger offensichtlich, weil sie eher auf der Mikroebene angesiedelt ist (vgl. Grunig, 1989, S. 18): „Presuppositions define the worldview of scholars and practitioners. They are a priori assumptions about the nature of truth, of society, of right or wrong, or simply of how things work in the world" (Grunig, 1992a, S. 8). Es handelt sich also um die bereits angesprochenen Grundhaltungen zu Moral, Ethik, Religion, Politik, zur menschlichen Natur und ähnlichen elementaren Faktoren, die in entscheidendem Maß das Handeln eines Menschen prägen (vgl. Deatherage/Hazleton, 2001, S. 58 f.). Sriramesh und White (1992, S. 609 f.) sind davon überzeugt, dass eine konzeptionelle Verbindung zwischen Kultur und PR über diese Grundannahmen besteht. Sie gehen davon aus, dass die „presuppositions" von PR-Praktikern, also ihre Weltsicht, mit den Werten und Normen im Rahmen der kulturellen Prägung übereinstimmen und schaffen damit eine Verbindung zwischen der Individualkultur des einzelnen Praktikers und seiner PR-Arbeit – einen Zusammenhang von Kultur und PR auf der Individualebene der Kommunikatorseite also. Zwar bringt Grunig den Begriff der Kultur nicht selbst mit dem Konzept der Weltsicht in Zusammenhang, aber die Gemeinsamkeiten sind offensichtlich. Die asymmetrische Weltsicht wird z.B. maßgeblich von den beiden Elementen Elitismus und zentralisierte Authorität geprägt, von Faktoren also, die mit großer Machtdistanz gleichgesetzt werden können und somit für die Verbindung zur Kultur sorgen. Entsprechend wird die symmetrische Weltsicht durch Elemente geringer Machtdistanz wie Gleichberechtigung, Autonomie des Einzelnen oder auch konstruktive, gemeinsame Konfliktlösung konstituiert (vgl. Grunig, 1989, S. 32 ff.).

Im Rahmen der Kulturanthropologie wird der Begriff der Weltsicht, der im Deutschen als Weltanschauung verstanden werden kann (vgl. ebd., S. 34), weiter gefasst und als „mindset" (Fisher, 1988) oder auch „intellectual styles" (Galtung, 1981) verstanden: „Mindsets influence ways of addressing issues, collecting information, choosing the relevant pieces of information and assessing their ‚truthfulness', so that finally they influence organizational processes, decisions and their implementation." Was Usunier (1998, S. 20) in Zusammenhang mit der Managementforschung formuliert, gilt auch für die PR (vgl. Grunig, 1992a, S. 8): Die Weltsicht im Rahmen der Unternehmenskultur (Meso) ergibt sich auf Basis dessen, was die betreffenden Entscheidungsträger unter PR verstehen und wie sie sie definieren (vgl. Grunig/White, 1992, S. 31). Die der PR zu Grunde liegende Weltsicht des Einzelnen oder des Unternehmens beeinflusst gemeinsam mit der National- und Unternehmenskultur PR-Verständnis, -Modell[70], -Prozess und letztendlich die tägliche Arbeit des PR-Fachmanns (vgl. Botan/Hazleton, 1989, S. 7). Untersuchungsergebnisse weisen darauf hin, „that the way in which senior managers define and understand public relations produces what we call a schema for public relations in the organization" (Grunig/Grunig, 1992, S. 301). Damit lassen sich auf der Basis der individuellen Weltsicht des PR-Verantwortlichen Hinweise für die PR-Praxis seines Unternehmens gewinnen.

Zusammenfassung des Abschnitts
Die Bezugspunkte zwischen Kultur und Kommunikation sind in der Theorie vielfältig. Sie legen einen Zusammenhang der beiden Konstrukte nahe, der durch Forschungserkenntnisse zu kulturspezifischen Besonderheiten der Kommunikation gestützt wird. Am Ende des dritten Kapitels steht die Vermutung, dass jede der drei Kulturebenen – Nationalkultur, Unternehmenskultur und Individualkultur – nicht nur mit Kommunikation, sondern auch mit PR in Zusammenhang steht. Das verbindende Element stellen die Weltsicht der PR-Fachleute und die Weltsicht der PR-Zielgruppen dar.

---

70 für den empirischen Nachweis siehe Deatherage and Hazleton (2001, S. 68 ff.).

4 Public Relations und ihr Zusammenhang mit Kultur

Die Weltsicht als Ausdruck der Individualkultur eines PR-Experten prägt nicht nur seine Wahrnehmung von PR, sondern auch seine PR-Arbeit. Die Individualkultur ist somit einerseits (neben Unternehmens- und Nationalkultur) eine der kulturellen Ebenen, die in Zusammenhang mit der PR stehen. Andererseits ist sie Basis für bzw. ein Ergebnis von Nationalkultur, so dass sie als Indikator für die Nationalkultur gelten kann. Über die Weltsicht ist somit eine Verknüpfung der beiden Kulturkonzepte möglich. Je nach Ausprägung von National-, Unternehmens- und Individualkultur variiert demnach vermutlich auch die jeweilige PR-Praxis.

Das vierte Kapitel beschäftigt sich mit der Frage, in welchen Bereichen bzw. Bestandteilen PR kulturgebunden, in welchen kulturunabhängig ist. In Kapitel 4.1 wird das Konzept von kulturübergreifenden Gemeinsamkeiten („generic principles") und kulturspezifischen Ausprägungen („specific applications") von PR vorgestellt, kritisch hinterfragt und anhand vorliegender empirischer Ergebnisse auf seine Tragfähigkeit überprüft. Kapitel 4.2 erweitert das Konzept hin auf eine breitere Perspektive, wenn es weiterführende Erkenntnisse von Studien systematisiert, die sich explizit oder implizit mit dem Verhältnis von Nationalkultur zu PR-Modellen, -Rollen, -Verständnis und -Praxis beschäftigen. Die Frage nach Gemeinsamkeiten und Unterschieden gewinnt vor dem Hintergrund dieser Forschungsergebnisse an Relevanz, so dass die theoretischen Erkenntnisse des dritten und vierten Kapitels in Verbindung mit den bislang vorliegenden empirischen Ergebnissen in Kapitel 4.3 zu einem Kultur-PR-Modell zusammengeführt werden sollen. Konkretisiert und ausgestaltet wird es durch die Formulierung von Hypothesen in Bezug auf mögliche Wechselwirkungen der einzelnen Kulturdimensionen mit bestimmten Elementen der PR.

4.1 Specific Applications als Ausdruck einer kulturspezifischen PR-Praxis

Die theoretischen Ausführungen der ersten beiden Kapitel des theoretischen Teils zeigen, dass die bislang in der Theorie bestehenden Erkenntnisse u.a. auf eine kulturelle Prägung der PR hindeuten – eine umfassende empirische Beweisführung liegt jedoch bislang nicht vor. Wenn PR tatsächlich mit der (National-)Kultur zusammenhängt, so wird ihre konkrete Ausgestaltung von Kultur zu Kultur variieren: „Culture matters in the way that organizations and their public relations departments function" (Vercic/Grunig/Grunig, 1996, S. 47). Je nach Nationalkultur variiert demnach die Art und Weise, in der PR in einem Land betrieben wird. Im Rahmen der Theoriebildung wurden nationale PR-Spezifika bislang mit dem Begriff der „specific applications" erfasst (vgl. Heylin, 1991, S. 19). Ihnen gegenüber stehen die so genannten „generic principles", allgemeingültige, länder- und kulturübergreifende Elemente der PR (vgl. Sharpe, 1992; vgl. Anderson, 1989):[71]

---

71 In diesen beiden Extremen klingt die in der Einleitung angesprochene Dichotomie zwischen internationaler PR i.e.S. und globaler PR an.

„Principles as to what public relations is and can do remain the same worldwide – and surprisingly – appear to be clearly understood by professionals irregardless of the working conditions in which they may find themselves or the social conditioning they themselves have experienced." (Sharpe, 1992, S. 104)

4.1.1 Konzept kulturspezifischer PR-Ausprägungen

Mit dem Konzept weltweit gültiger Prinzipien und landes- bzw. kulturspezifischer Anpassungen entwickelten Vercic, Grunig und Grunig (1996) ein Erklärungsmodell von Gemeinsamkeiten und Unterschieden der PR-Praxis verschiedener Länder. Die Idee weltweit gültiger PR-Elemente und (kultur-)spezifischer Ausprägungen hat ihre Wurzeln in der „Theorie der strukturierten Flexibilität" von Brinkerhoff und Ingle (1989), die im Rahmen des internationalen Managements entwickelt wurde. Die Autoren unterscheiden allgemeine, universell anwendbare Prinzipien von spezifischen Faktoren, die an lokale Märkte angepasst werden müssen. Als grundlegende Prinzipien verstehen sie z.B. Managementfunktionen in Form von langfristigen Zielvorgaben und betonen, dass deren spezifische Umsetzung in kurz- bis mittelfristige operative Ziele je nach Situation unterschiedlich ausfallen kann, so dass von spezifischen Anpassungen die Rede ist (vgl. ebd., S. 493).

Vercic, Grunig und Grunig (1996, S. 33) adaptierten die Theorie der strukturierten Flexibilität für die PR und entwickelten eine normative Theorie mittlerer Reichweite, die zu einer global gültigen Theorie der PR führen soll (vgl. Grunig/Grunig/Dozier, 2002, S. 543). Vercic, Grunig und Grunig (1993, S. 35) sind der Überzeugung, dass sich diese grundlegenden Prinzipien auf die PR in den meisten Kulturen und politischen Systemen anwenden lassen und somit als fester Kern der PR zu verstehen sind (vgl. Grunig, 2000b; vgl. Bentele, 1997a, S. 6). Basis für die Notwendigkeit der jeweiligen Adaption bilden solch allgemeingültige Kontextvariablen, „that may make it difficult or impossible to practice these generic principles or that require specific applications or strategies to implement the generic principles" (Vercic/Grunig/Grunig, 1996, S. 40). Als für die spezifischen Ausprägungen verantwortliche Kontextelemente identifizieren die Autoren folgende fünf Umweltfaktoren von PR: (1) politisch-ökonomisches System, (2) Kultur (inklusive Sprache), (3) Ausmaß des Aktivismus, (4) Entwicklungsstufe und (5) Mediensystem – dieselben Faktoren, die zu Ende des zweiten Kapitels als gesellschaftliche Rahmenfaktoren der PR benannt wurden (vgl. Vercic/Grunig, 2000, S. 48; vgl. Wakefield, 2000, S. 186 ff.; vgl. Vercic/Grunig/Grunig, 1996, S. 40). Die Kultur kann im Sinne Grunigs also als eine derjenigen Umweltvariablen verstanden werden, die Art, Ausprägung und Richtung der jeweiligen Anpassungen von PR beeinflussen. Kulturübergreifende Prinzipien von PR hingegen gelten über alle Kulturen hinweg. Bislang werden sie in der Literatur mit den neun Elementen exzellenter PR gleichgesetzt, die in Abschnitt 2.2.4 als Zusammenfassung der dargelegten PR-Theorie angeführt wurden (vgl. Vercic/Grunig/Grunig, 1996, S. 36 ff.; vgl. Wakefield, 2000, S. 48).

Im einzelnen waren dies Anforderungen an die
- grundlegende Ausrichtung des Unternehmens (symmetrische interne Kommunikation, symmetrische externe Kommunikation, Vielfalt),
- Organisation von PR (Mitwirkung in der „dominant coalition", d.h. im wesentlichen Entscheidungszentrum des Unternehmens, organisatorische Unabhängigkeit, Integration),
- Kompetenzbereiche des einzelnen PR-Fachmanns bzw. -Verantwortlichen (Beteiligung am strategischen Management, Übernahme der PR-Managerrolle, Wissen und Fähigkeiten).

Das Konzept von universellen Grundelementen und spezifischen Ausprägungen der PR kann dazu dienen, Gemeinsamkeiten und Unterschiede von Kulturen und kulturell bedingten Umsetzungen von PR zu identifizieren. Goodenough (1970, S. 2) betont, wie wichtig universell gültige Konzepte für die kulturübergreifende Forschung sind: „We need some set of universally applicable concepts that will enable us to compare cultures and arrive at generalizations about them." Die Grundidee von globalen Gemeinsamkeiten und kulturspezifischen Unterschieden ist also durchaus tragfähig. Ob es sich bei den Gemeinsamkeiten jedoch tatsächlich um die von Grunig beschriebenen Elemente „exzellenter PR" handelt, ist bislang empirisch nur in Ansätzen untersucht. Bei der von Grunig vorgenommenen Setzung der allgemeingültigen Grundsätze handelt es sich um eine ethnozentrische Herangehensweise: Die in den USA identifizierten Charakteristika für eine erfolgreiche PR-Praxis werden auf andere Länder und Kulturkreise übertragen, ohne dass die damit verbundenen Einschränkungen und Probleme reflektiert werden. Damit jedoch von den Faktoren exzellenter PR als den „generic principles" gesprochen werden kann, müssen die Grundlagen und Zielsetzungen der amerikanischen PR auch in anderen Kulturkontexten in dieser Form gelten. Allenfalls wenn die Prämissen, unter denen die *excellence* als Zielgröße der PR formuliert und untersucht wurde, auch für andere Ländern zutreffen, können Kriterien exzellenter PR-Arbeit überhaupt übertragen werden: „Of course the notion of what is ‚excellent' and professional public relations may be culturally derived, emerging in one culture but not applying in another" (MacManus, 2000, S. 168).

Inwieweit ist eine unabhängige Entwicklung nationaler PR überhaupt möglich? Gibt es etwa international nicht nur eine Dominanz amerikanischer Theoriebildung, sondern sogar eine Art PR-Imperialismus auch in der Praxis? Pimlott (1951) schrieb Mitte des letzten Jahrhunderts, PR sei primär ein amerikanisches Phänomen. Auch heute noch, über 50 Jahre später, kommt die Mehrzahl der (v.a. amerikanischen) Autoren zum selben Schluss (vgl. Sriramesh, 1996, S. 171). Als Indikator für die amerikanische Prägung der PR nennen z.B. Vercic und Grunig (1995) den Begriff der PR selbst, der in vielen Ländern wortwörtlich übernommen wurde. Sie fügen an, dass das amerikanische PR-Konzept das einzige derzeit verfügbare globale Konzept von PR sei (vgl. ebd.).

Auch wenn die wissenschaftliche Beschäftigung mit der PR als Managementfunktion ihren Ausgangspunkt in den USA hatte – im letzten Viertel des 20. Jahrhunderts hat sich die PR in Theorie und Praxis mit enormer Geschwindigkeit in Europa, Asien, Südamerika und auch Afrika ausgebreitet (vgl. Botan, 1992b, S. 149;

vgl. Sharpe, 1992, S. 103). „In fact advancements that have taken us nearly a century to achieve have been accomplished in a decade in many countries", schreibt Sharpe (ebd.). Man kann wohl davon ausgehen, dass u.a. auch der ursprünglich amerikanische Ansatz der PR als Management von Kommunikation heute bereits in zahlreichen Ländern adaptiert und weiterentwickelt wurde. Einige Beispiele verdeutlichen dies: Sriramesh (1996, S. 172 ff.) etwa fand in Indien Mitte der 1990er Jahre lediglich drei wissenschaftliche Bücher, die sich mit der PR im Land beschäftigten. Allerdings wies er durch eine qualitative Studie nach, dass in der indischen PR-Praxis eine weitere, bedeutende Dimension neben die vier PR-Modelle tritt: die persönliche Kommunikation (vgl. ebd., S. 186).

Eine ähnliche Anpassung amerikanischer PR an nationale Besonderheiten fanden González und Akel (1996) in Costa Rica. Zwar stammte ein Großteil der in der Ausbildung verwendeten Lehrbücher aus den Vereinigen Staaten, von einer amerikanischen Dominanz konnte dennoch kaum gesprochen werden: Aufgrund sprachlicher Barrieren bei englischer Lektüre spielte spanischsprachige PR-Literatur eine dominante Rolle, costarikanische Praktiker absolvierten ihre Ausbildung im Inland und hatten weder während des Studiums noch im Rahmen ihrer späteren Berufstätigkeit intensiven Kontakt zu PR-Fachleuten anderer Länder. Eine eigene Theoriebildung hatte bis zum Zeitpunkt der Untersuchung noch nicht stattgefunden, so dass die Grundzüge der PR fast ausschließlich auf ausländische Fachliteratur zurückgeführt wurden (vgl. ebd., S. 265). Durch die Übertragung der Inhalte auf costarikanische Eigenheiten kann jedoch allenfalls von einem indirekten Einfluss gesprochen werden. Auch die Ergebnisse von Sharpe und Simoes (1994) deuten darauf hin, dass in vielen Ländern Lateinamerikas ähnliche Zusammenhänge bestehen und somit auf der Basis spanischer und portugiesischer Fachliteratur erste Ansatzpunkte gewonnen werden können. Die kulturelle Ähnlichkeit dieser Länder und Regionen mit südeuropäischen Kulturen legt eine mögliche Übertragbarkeit der südeuropäischen Theorie und Praxis nahe. Dass jedoch die für die USA gültigen Erfolgsfaktoren exzellenter PR in jedem Kulturkontext zu finden sind und dort im selben Maß in effizienter PR resultieren, scheint kaum wahrscheinlich.

4.1.2 Forschungsergebnisse

Die These der „generic principles" und „specific applications" wurde bislang v.a. in zwei Untersuchungen zu untermauern versucht: Vercic, Grunig und Grunig (1996) führten im Rahmen ihrer Untersuchung mit den drei Inhabern der größten nationalen PR-Agentur in Slowenien Leitfadengespräche zur PR-*excellence*. Zwar gelten für die Autoren als universelle Grundlagen der PR die *excellence*-Faktoren bestätigt[72],

---

72 Sie konzentrierten sich auf das politisch-ökonomische System und die Kultur als Einflussfaktoren für PR. Bezüglich des politischen und wirtschaftlichen Systems von Slowenien kommen sie für das Jahr 1996 zu dem Ergebnis, dass die von ihnen definierten „generic principles" nicht auf die PR im Land angewandt werden können. Slowenien als ehemals kommunistisches und noch nicht vollständig demokratisiertes Land verfügte nur über hierarchische Organisationen, deren Kommunikation sich im Stadium der Propaganda befindet. Die Autoren vermuten, dass sich dieselben Ergebnisse auch für PR

da jedoch nur Interviews mit drei PR-Fachleuten geführt wurden, die zudem in derselben Agentur arbeiteten, kann diese explorative Studie allenfalls erste Anhaltspunkte für das slowenische PR-Verständnis liefern. Aussagekräftigere Ansatzpunkte für das Vorhandensein von allgemeingültigen Prinzipien und deren nationalspezifischer Ausprägung liefert die internationale Delphi-Studie von Wakefield (2000). Ihr Ziel ist es, die optimale Kombination der beiden Ausprägungen zu identifizieren und daraus eine normative Theorie zu entwickeln (vgl. ebd., S. 191). Die qualitative Befragung von PR-Experten[73] (Theoretiker und Praktiker) in verschiedenen Ländern liefert erste Anzeichen dafür, dass es sich bei den 15 Faktoren exzellenter PR nach Grunig tatsächlich um Gemeinsamkeiten handeln könnte. Wakefield legte den Experten seines Panels acht Aussagen zu den erwarteten Gemeinsamkeiten und sechs bezogen auf mögliche Unterschiede vor, die sie vor dem Hintergrund des in ihrem Land herrschenden PR-Verständnisses beurteilen sollten. Die Ergebnisse der ersten Befragungsstufe stellen sich wie folgt dar (vgl. ebd., S. 196 ff.):

- Das von Grunig beschriebene exzellente PR-Modell der gegenseitigen Vorteilhaftigkeit ist eine Idealvorstellung und wird von den Befragten lediglich als fernes Ziel gesehen. Für eine Umsetzung fehlten einerseits die notwendigen Kenntnisse auf Seiten der PR-Fachleute, andererseits sind die Befragten z.B. bezüglich der internen PR der Überzeugung, dass es nicht möglich und in manchen Fällen auch nicht gewünscht ist, mit allen Mitarbeitern einen symmetrischen Dialog aufrechtzuerhalten.
- Das Zweiweg-Modell wurde weitgehend als ideale Kommunikationssituation im Rahmen der PR akzeptiert. Allerdings war die Mehrzahl der Befragten der Ansicht, dass ein solches PR-Modell, wenn überhaupt, dann lediglich im Stammland der Organisation umgesetzt werden könne.
- Für mehr als ein Drittel der Befragten ist exzellente PR gleichbedeutend mit exzellenter internationaler PR, da das PR-Grundverständnis in beiden Fällen identisch sei und lediglich die Art und Weise der Implementierung von Land zu Land variiere.
- Die Befragten stimmten darin überein, dass PR zwar eine organisatorisch eigenständige Funktion sein sollte, in der Praxis aber in den meisten Fällen dem Marketing unterstellt ist.
- Aus Sicht der Befragten sind PR-Fachleute in den meisten Ländern nicht ausreichend ausgebildet und qualifiziert, um eine Managementfunktion wahrzunehmen. Es dominiert die Berufsrolle des PR-Technikers.
- Kultur und Sprache sind unter den Befragten weithin als Einflussfaktoren der PR anerkannt. Die von Wakefield als Beispiele genannten Aussagen und Bewertungen der Befragten beziehen sich jedoch ausschließlich auf die lokale

---

in anderen Ländern mit autoritärem, totalitärem oder kommunistischem politischen System ergeben. Andererseits glauben Vercic, Grunig und Grunig (1996, S. 46), bereits einen Umschwung feststellen zu können: „Public relations professionals who employed our generic principles have been successful in changing the political-economic system in Slovenia to a more democratic one, although they had to navigate their course carefully (...). In short, the generic principles do work in nondemocratic systems but they must be employed incrementally and slowly."

73 n = 22.

Adaption von Werbemotiven und -slogans im Rahmen internationaler Kommunikation, so dass für PR nur begrenzt Aussagen getroffen werden können.
- Auch bezüglich der vorhandenen Einflüsse von Aktivistengruppen und der Variable „Entwicklungsstand eines Landes" als relevanter Rahmenfaktor für die nationale PR-Arbeit herrsche weitgehend Einigkeit unter den Befragten.
- Keine Zustimmung fanden die Forderungen nach einer weltweiten, integrierten PR-Struktur und der stärkeren Öffnung der PR für Frauen und Minderheiten. Wakefield (ebd., S. 202) führt die ablehnende Haltung der Befragten auf kulturelle Werte und die Angst zurück, die persönliche lokale Autonomie und damit Entscheidungsbefugnisse zu verlieren.[74]

Damit scheint unter den Befragten weitgehend Einigkeit bezüglich dieser Gemeinsamkeiten und Unterschiede zu bestehen, wie Wakefield schreibt (ebd., S. 204): „Agreement on most of the propositions seemed fairly universal". Die Aussagekraft der Studie ist allerdings in vielfacher Hinsicht gering: Es handelt sich um eine qualitative Studie, die die Auswahl der Befragten nicht offenlegt, so dass eine Interpretation mit Vorsicht vorzunehmen ist. Da die Fragen den Teilnehmern lediglich auf Englisch vorgelegen haben, dürften auch die sprachlichen Barrieren in einigen der Länder hoch gewesen sein. Unter Umständen kam es über die Sprache zu systematischen Ausfällen, so dass lediglich diejenigen Probanden überhaupt an der Studie teilnahmen, die Englisch gut beherrschten, also eventuell einen Teil ihrer Ausbildung in den USA absolviert hatten. Zudem antworteten von den 50 ausgewählten Probanden in über 30 Ländern lediglich 22, so dass Aussagen nur für 18 Länder vorliegen. Bei nur einem Befragten pro Land lassen sich nach dieser ersten Befragungswelle kaum fundierte Aussagen treffen. Dennoch gibt die Studie einen ersten Anhaltspunkt für die weitere wissenschaftliche Beschäftigung mit der Frage nach allgemeingültigen Prinzipien der PR.

Zusammenfassung des Abschnitts
Gemeinsamkeiten und Unterschiede der nationalen PR-Arbeit bilden einen Indikator für den möglichen Zusammenhang zwischen Nationalkultur und PR-Praxis eines Landes. Weltweit gültige Gemeinsamkeiten werden in der amerikanischen Fachliteratur als „generic principles", kulturspezifische Unterschiede als „specific applications" bezeichnet. Grunig und seine Kollegen vertreten die These, dass die von ihm benannten Erfolgsfaktoren exzellenter PR global gültige Gemeinsamkeiten darstellen. Die bislang durchgeführten Studien können diese Annahme jedoch kaum stützen, da sie (etwa aufgrund ihrer begrenzten Reichweite) nicht aussagekräftig genug sind. Die Grundidee von weltweiten Gemeinsamkeiten und (kultur-)spezifischen Ausprägungen der PR ist jedoch durchaus tragfähig und steht in enger Verbindung mit der Frage nach dem Verhältnis von Kultur und PR.

---

74 Da Wakefield keine weiteren Angaben zur Kultur der Befragten macht, sind keine kulturspezifischen Aussagen und Erklärungen möglich.

4.2 Empirische Erkenntnisse zum Verhältnis von Kultur und Public Relations

Um das Verhältnis von Kultur und PR zu untersuchen, können vor allem die von Hofstede identifizierten vier Kulturdimensionen herangezogen werden. Diese Dimensionen weisen eine hohe Bedeutung für Struktur und Management von Unternehmen auf. Jede der Dimensionen muss im Hinblick auf ihren möglichen Zusammenhang für die PR einzeln untersucht werden, wie dies z.B. Sriramesh (1996, S. 180 ff.) im Rahmen seiner Analyse der in Indien angewandten PR-Modelle für die Dimension der Machtdistanz tat. Obwohl einige Untersuchungen zur kulturspezifischen Adaption von PR auf Halls Kontextdimension basieren[75], dominieren die Kulturdimensionen nach Hofstede das Forschungsfeld.[76]

> „Hofstede's dimensions can be applied as a methodology to differentiate perceptions of public relations that appear culturally determined, as opposed to those relating to a professional attitude, transcending culture. Further research might also help define or confirm existing notions about which types of strategy work best in a particular culture." (MacManus, 2000, S. 168)

Als kulturvergleichende Metaanalysen lassen sich Grunig et al. (1995) sowie Sriramesh, Kim und Takasaki (1999) nennen. Kulturvergleichende Primärstudien führten Dozier, Grunig und Grunig (1995; 2002[77]) sowie MacManus (1997; 2000) durch. In den folgenden Unterkapiteln sollen kurz Forschungsinteresse und Ergebnisse dieser und weiterer ausgewählter Studien zum Verhältnis Kultur – PR dargestellt werden.[78] Hauptaugenmerk dieser Studien liegt v.a. auf Modellen und Rollen. Andere Themenkomplexe, z.B. der mögliche Zusammenhang von Kultur und Kommunikationsstil, wurden bislang nicht explizit untersucht. In einem solchen Fall kann ein Blick in andere Forschungsfelder notwendig sein, will man erste Hinweise erhalten: So variieren Medienberichterstattung und -wirkung teils stark, teils nur graduell von Land zu Land (vgl. Straubhaar et al., 1992). Für einen von Gozzi (1992) durchgeführten Vergleich der Medienwirkungen von wirtschaftlich weitentwickelten Ländern und Entwicklungsländern bildete Halls Kontextdimension die Grundlage. Gozzi kam zu dem Schluss, dass Massenmedien in high-context Kulturen v.a. Kontext entziehen und in low-context Ländern Zusatzinformationen hinzufügen, so dass hier ein gemeinsamer Hintergrund von Geschichten, Symbolen usw. geschaffen wird (vgl. ebd., S. 62). Es kann vermutet werden, dass die Kontextdimension einer Kultur einen ähnlichen Zusammenhang mit der PR aufweist: Demnach würden PR-Botschaften in high-context Kulturen kurz gehalten sein, während sie in low-context Kulturen mit umfangreichen Hintergrundinformationen kommuniziert würden.

---

75 vgl. etwa Banks (1995); Djursaa (1994); Gozzi (1992).
76 siehe z.B. Coombs et al. (1994); Sriramesh/White (1992); MacManus (1994).
77 Grunig, Grunig und Dozier (2002).
78 Kulturtheoretisches Fundament der Studien bilden in Einzelfällen eine oder mehrere der in Kapitel drei dargestellten Kulturdimensionen nach Hofstede oder Hall. Meist jedoch werden die Unterschiede, die sich im internationalen Vergleich offenbaren, erst im Nachhinein mit kulturellen Einflussfaktoren zu vernetzen versucht. In keiner der bislang durchgeführten Untersuchungen wurde die National- oder die Individualkultur explizit erfragt.

4.2.1 Nationalkultur, PR-Modelle und -Rollen

Hypothesen und Annahmen zum Zusammenhang von Nationalkultur und PR-Modellen sowie -Rollen finden sich in der Literatur vergleichsweise häufig. So nimmt z.B. Rakow (1989) an, dass das symmetrische Zweiweg-Modell der PR in den USA erst als realistisches und funktionsfähiges Modell betrachtet werden könne, wenn Kultur und politische Struktur radikal verändert werden. Auch Mallinson (1990) vermutet, dass das symmetrische Modell eher in europäischen Kulturen funktioniere als in den USA. Eine Erklärung, wie die Autoren zu derartigen Schlussfolgerungen gelangen, steht dabei ebenso aus wie deren empirischer Nachweis.

Eine der ersten empirisch fundierten Analysen zum Zusammenhang von Nationalkultur und PR-Modellen führten Vasquez und Taylor im Jahr 1994 durch. Im Rahmen ihrer Pilotstudie befragten sie rund 130 PR-Praktiker und -Forscher in einer Stadt im mittleren Westen der USA. Sie kamen zu der Erkenntnis, dass die Unsicherheitsvermeidung mit dem Modell der Informationstätigkeit und die Machtdistanz mit den beiden Einweg-Modellen korreliert, wohingegen sich sowohl für Individualismus als auch für Kollektivismus und Femininität ein Zusammenhang mit den Zweiweg-Modellen zeigte. Aufgrund der geringen Trennschärfe allerdings – immerhin korrelieren mit den beiden Zweiweg-Modellen drei verschiedene Ausprägungen von Kulturdimensionen – und der aus der Anlage der Studie nicht ersichtlichen Reichweite tragen die Ergebnisse kaum dazu bei, den Zusammenhang zwischen Kultur und PR zu erhellen.

Grunig et al. (1995)[79] versuchen im Rahmen ihrer Metaanalyse unterschiedlicher Studien zur PR-Praxis in Indien, Griechenland und Taiwan derartige Zusammenhänge im größeren Rahmen und v.a. im Kulturvergleich nachzuweisen. Sie kommen zu dem Ergebnis, dass in allen drei Ländern die handwerklich-technische PR dominiert, d.h. einseitige PR-Modelle und die Rolle des Kommunikationstechnikers vorherrschen. Dabei fehle es den Praktikern nicht an der Zustimmung zu Werten oder Zielsetzungen für eine Profession, sondern an den notwendigen Kenntnissen, Fähig- und Fertigkeiten (vgl. ebd., S. 164). Sowohl in südindischen als auch in griechischen und asiatischen Organisationen dominieren das Publicity-Modell und die Informationstätigkeit (vgl. Lyra, 1991; vgl. Sriramesh, 1991, S. 170; vgl. Sriramesh/Kim/Takasaki, 1999; vgl. Kim/Hon, 1998). Lyra (1991) fand für Griechenland fast ausschließlich PR-Techniker. Sie vermutete, dass aufgrund der fehlenden PR-Evaluation Zweiweg-Modelle der PR nicht umgesetzt werden können. Sowohl die griechischen als auch die südindischen PR-Fachleute setzen PR mit Marketing

---

79 Sriramesh (1991) befragte 23 Mitglieder der „Public Relations Society of India" (Fragebogen) und begleitete die PR-Arbeit von 18 indischen Unternehmen im Rahmen einer ethnografischen Studie (jeweils über 1 bis 4 Tage hinweg), in deren Rahmen er qualitative Interviews mit PR-Verantwortlichen, Mitarbeitern und der Führungsebene der Organisationen führte. Die Ergebnisse von Lyra (1991) basieren auf 81 Fragebögen und 32 qualitativen Interviews mit PR-Praktikern. Huang (1990) führte insgesamt 34 Interviews mit Mitarbeitern, Gegnern und Anwohnervertretern eines Kernkraftwerks in Taiwan.

gleich (vgl. Grunig et al., 1995, S. 177). Die PR-Praxis koreanischer Experten ist vom Publicity-Modell dominiert, das als erstrebenswerteste Form von PR wahrgenommen wird (vgl. Kim/Hon, 1998, S. 171 ff.).

Neben die vier Modelle treten in allen drei Ländern zwei weitere, ergänzende PR-Modelle: das so genannte Modell der persönlichen Einflussnahme („personal influence model") und das Modell des Kulturvermittlers („cultural interpreter model"; vgl. Grunig et al., 1995, S. 179 f.).[80] Das Modell des Kulturvermittlers findet sich v.a. in solchen grenzüberschreitend tätigen Unternehmen, in denen die Managementpositionen im Gastland mit Personal aus dem Heimatland besetzt werden. Die PR übernimmt dabei Vermittlungs- und Erklärungsaufgaben zwischen der Öffentlichkeit, den politischen und den kulturellen Bedingungen des Gastlands einerseits und dem (landesfremden) Vorstand andererseits (vgl. Lyra, 1991, S. 124). Ziel der Arbeit im Rahmen des Modells der persönlichen Einflussnahme ist es, persönliche Beziehungen – wenn möglich in Form von Freundschaften – mit Meinungsführern oder für das Unternehmen besonders wichtigen Einzelpersonen zu etablieren. Diese Personen können den Medien, der Regierung, politischen Gruppierungen oder Aktivistengruppen angehören und werden von den Befragten im Rahmen der drei Länderstudien als „Kontaktpersonen" bezeichnet (vgl. Grunig et al., 1995, S. 180). „In media relations, public relations practitioners use contacts to get journalists to write stories about the organization represented by a public relations practitioner", beschreiben Grunig et al. (ebd.) das Modell der persönlichen Einflussnahme.

Auch in asiatischen und südamerikanischen Ländern werden der persönlichen Beziehung und Faktoren wie Vertrauen, gegenseitiges Verständnis und Loyalität eine große Bedeutung beigemessen, hält Culbertson (1996, S. 6) fest und legt die Vermutung nahe, dass sich das Modell der persönlichen Einflussnahme noch in weiteren Ländern finden lässt. Tatsächlich konnten Sriramesh, Kim und Takasaki (1999)[81] für Indien, Japan und Südkorea nachweisen, dass der persönliche Einfluss eine große Rolle in asiatischen Kulturen spielt. Während auch hier analog zu den oben genannten Ländern v.a. einseitige PR-Modelle angewandt werden, zeigt sich im Rahmen der vorherrschenden Pressearbeit der Einfluss persönlicher Kontakte. Sriramesh, Kim und Takasaki (ebd., S. 285) sprechen von einer „quid pro quo"-Beziehung zwischen dem PR-Fachmann und ausgewählten Individuen im Umfeld der Organisation. Sie vermuten als Hintergrund die Kollektivismusdimension und deren besondere Betonung von Harmonie (vgl. ebd., S. 288). Ziel dieser „hospitality relations" ist es, bei den Kontaktpersonen durch finanzielle oder andere Zuwendungen eine solche Position zu erreichen, dass im Ernstfall ein Gefallen eingefordert, ein Artikel platziert oder eine andere Form der Unterstützung verlangt werden kann

---

80 eigene Übersetzung d. Verf.
81 Bei der Studie handelt es sich um eine Metaanalyse dreier separat durchgeführter Erhebungen (Kim, 1996; Sriramesh, 1991; Takasaki, 1994), denen weitgehend identische Fragebögen zu Grunde lagen. Kim (1996) wertete 175 Fragebögen von PR-Praktikern in Südkorea aus und führte ergänzend 18 Tiefeninterviews mit PR-Praktikern und Geschäftsführern von Organisationen und PR-Agenturen. Takasaki (1994) erhielt im Rahmen seiner Studie zur PR-Praxis in Japan 61 Fragebögen, die er durch 20 Tiefeninterviews ergänzte. Die für Indien vorliegenden Daten basieren auf der ethnografischen Studie von Sriramesh (1991), die in der vorangegangenen Fußnote bereits beschrieben wurde.

(ebd., S. 285 f.). Dazu gehören u.U. auch Praxen, die in Deutschland und den USA im Allgemeinen als unethisch angesehen werden, wie z.B. Kontaktpersonen häufig Geschenke zu machen (vgl. Grunig et al., 1995, S. 181; vgl. Sriramesh/Kim/Takasaki, 1999, S. 285). Die Art und Weise der Kontaktaufnahme und -pflege kann durchaus asymmetrisch und „unethisch" im Sinne der internationalen PR-Kodizes sein, wenn PR-Fachleute Journalisten z.B. für den Abdruck von Pressemitteilungen bezahlen (vgl. Lyra, 1991). Unethische Praktiken finden sich v.a. in Gesellschaften mit strengen Kulturen und autoritären politischen Systemen, stellten Grunig et al. (1995, S. 181) im Rahmen ihrer Metaanalyse fest. Demnach kann vermutet werden, dass sowohl ein symmetrisches als auch ein asymmetrisches Modell des persönlichen Einflusses existieren könnte, je nach Ausprägung der Beziehungssymmetrie der Beteiligten und nach (westlich definierter) Ethik.

Die PR-Rollen gehören bis heute zu denjenigen Bereichen, die im Rahmen der kulturvergleichenden Forschung kaum Interesse gefunden haben (vgl. Moss/Warnaby/Newman, 2000, S. 279). Dabei eignen sich inbesondere die PR-Rollen als Untersuchungsobjekt im Rahmen solcher Fragestellungen, da sie unmittelbare Auswirkungen auf die PR-Praxis haben. Erste Anhaltspunkte in Bezug auf die Praktikerrollen liefert die von Coombs et al. (1994)[82] durchgeführte Untersuchung, die Gemeinsamkeiten und Unterschiede in PR-Professionalismus und -Rollen von PR-Fachleuten in Österreich, Norwegen und den USA erhob. Österreich wies den größten Anteil an PR-Managern auf, was die Autoren v.a. auf die starke Theorieorientierung der PR-Ausbildung des Landes zurückführen. In Bezug auf die professionelle Orientierung ergaben sich keine Unterschiede hinsichtlich der von Praktikern gewünschten Autonomie der PR, so dass die Autoren auf eine gemeinsame, durch ähnliche Ausbildungen konstituierte Berufskultur schließen, die die Unterschiede der Nationalkulturen in den Hintergrund treten lässt (vgl. ebd., S. 35). Sie betonen jedoch in diesem Zusammenhang, dass die „actual performance of the job within the culture does create differences in the fulfillment of autonomy-related professional characteristics". Unterschiede ergaben sich insbesondere bei der persönlichen Bewertung von Prestige: Amerikanische PR-Experten, die sich nach Hofstede durch den international stärksten Individualismus auszeichnen, legen weit größeren Wert auf Prestige und Erfolg als ihre norwegischen oder österreichischen Kollegen. Coombs et al. (ebd.) fassen ihre Ergebnisse wie folgt zusammen: „The autonomy dimension was tied more closely to a professional attitude than to culture. Conversely, the prestige dimension was tied more closely to cultural values than to professional attitude."

---

82 Die von Coombs et al. (1994) durchgeführte Studie basiert auf einer qualitativen Befragung von PR-Praktikern, die Mitglied im jeweiligen nationalen Berufsverband sind. In Österreich konnten n = 136 (knapp 72% Rücklauf), in Norwegen n = 150 (50% Rücklauf) und in den USA n = 272 Fragebögen (knapp 55% Rücklaufquote) in die Auswertung mit einbezogen werden.

4.2.2 Bedeutung von Machtdistanz und Unsicherheitsvermeidung für die PR-Praxis

Die Zielsetzungen der von MacManus (1997)[83] durchgeführten ländervergleichenden Studie zur PR-Praxis in Österreich und Großbritannien ähneln denjenigen dieser Arbeit: Im Mittelpunkt standen die Identifikation und die Erklärung von Unterschieden in Wahrnehmung und Praxis von PR in den beiden Ländern (vgl. ebd., S. 176). Die Interpretation der Ergebnisse erfolgt ebenfalls auf der Basis von Hofstedes Dimensionen, allerdings wurden hier bei der Befragung keine Kulturvariablen erhoben – Rückschlüsse auf die Kultur bleiben somit rein spekulativ. MacManus (ebd., S. 181 ff.) erhob neben PR-bezogenen Werten und Überzeugungen auch PR-Verständnis, Professionalisierungsgrad (mittels Zustimmungsgrad zur Verpflichtung zur Wahrheit und Bedeutung der PR-Ausbildung), die erwartete zukünftige Bedeutung der PR sowie die von den Praktikern wahrgenommenen Unterschiede ihrer eigenen PR-Praxis im Vergleich zu der in den USA.

In Bezug auf das jeweilige PR-Verständnis zeigte sich, dass PR-Fachleute in Großbritannien Elemente wie Zweiweg-Kommunikation, Goodwill und gegenseitiges Verständnis in den Vordergrund rücken. Die österreichischen PR-Experten hingegen stimmen zu großen Teilen einer stärker gesellschaftsorientierten Definition zu, die PR als Pflege sozialer Beziehungen versteht. Dieses Begriffsverständnis wird von fast allen britischen Praktikern abgelehnt (vgl. ebd., S. 183 f.). Ähnliche Ergebnisse zeigen sich auch hinsichtlich der Frage, wie die Öffentlichkeit nach Meinung und Wahrnehmung der befragten PR-Fachleute Public Relations sieht und wahrnimmt (vgl. ebd., S. 184 f.):

- Die Aussage, PR „accurately explains an organization's viewpoint" wurde von fast allen PR-Fachleuten abgelehnt.
- Eine marketingorientierte Sicht von PR („It tries to ‚sell' the organization's products/services.") nahmen über drei Viertel der britischen und zwei Drittel der österreichischen Experten ein.
- Der symmetrischen Sicht von PR mit dem Ziel, durch einen Dialog gegenseitiges Verständnis herzustellen, schlossen sich die Hälfte der Österreicher und knapp 28% der befragten Briten an. Im Gegensatz dazu waren 50% der Befragten in Österreich und 37% der Briten nicht einverstanden mit dieser Sichtweise.
- Während in Großbritannien 84% der PR-Fachleute der Aussage PR „seeks to manipulate public opinion" zustimmten, waren es in Österreich nur knapp 60%.

„It appears from these answers that UK professionals believe the public has a lower opinion of public relations than Austrian counterparts", folgert MacManus (1997, S. 185). Insbesondere in Bezug auf die Wahrheitsliebe der PR-Experten ergeben sich

---

[83] MacManus befragte sowohl Mitglieder als auch Nicht-Mitglieder der nationalen PR-Berufsverbände in Österreich und Großbritannien. In Österreich wurden 206 Fragebögen verschickt (Rücklauf: 35%), in Großbritannien 465 (Rücklauf: 29%).

für Österreich interessante Ergebnisse: Österreichische PR-Fachleute sind eher als ihre englischen Kollegen dazu bereit, unwahre Informationen als Instrument der PR einzusetzen, wenn sich ihr Unternehmen in einer Konfliktsituation mit Konkurrenten befindet. „In Austria does conflict with another company create more motivation to avoid uncertainty and lead to greater aggression in response" (ebd., S. 187). Betrachtet man diese Ergebnisse unter dem Blickwinkel der Kulturdimension Unsicherheitsvermeidung, so zeigen sich mögliche Erklärungen für die unterschiedlichen PR-Definitionen und die unterschiedlich ausgeprägte Wahrheitsliebe in den beiden Ländern: In Österreich, das eine weitaus höhere Unsicherheitsvermeidungstendenz aufweist als Großbritannien, könnte das Konzept der gegenseitigen Vorteilhaftigkeit der Beziehung den PR-Praktikern als zu vage und idealistisch erscheinen (vgl. ebd., S. 190). Kulturen mit hoher Unsicherheitsvermeidung ziehen klare Regeln und Abläufe solch vagen Konzepten im Allgemeinen vor. Auch in der Bereitschaft der Österreicher, im Falle eines Konflikts mit einer anderen Organisation falsche Informationen zu veröffentlichen, glaubt MacManus (ebd., S. 190 f.), einen Zusammenhang zwischen Unsicherheitsvermeidungsdimension und PR zu erkennen. Es handele sich in diesem Fall um eine Situation, in der große Unsicherheit herrsche und eine Kultur mit Tendenz zur Vermeidung solcher Unsicherheiten jegliches Mittel zu ihrer Reduktion einsetze, so dass auch agressive Antworten als legitim wahrgenommen werden. So überzeugend diese Hypothese auf den ersten Blick auch erscheint – die Frage bleibt, warum sich bezüglich der anderen drei Items, die sich ebenfalls auf unsichere Situationen beziehen, keinerlei Unterschiede in den Antworten von österreichischen und britischen Praktikern zeigen.

Die von Sriramesh (1996)[84] in Indien durchgeführte Untersuchung rückt die Machtdistanz in den Mittelpunkt. Auf der Basis der bereits oben angesprochenen ethnografisch[85] angelegten, qualitativen Untersuchung von 18 Organisationen in Südindien kommt er zu dem Schluss, dass indische PR-Verantwortliche fast ausschließlich auf der Stufe des PR-Technikers agieren und PR zum Großteil über persönliche Kontakte betreiben. Auch Sriramesh (ebd., S. 186) konnte das im vorigen Abschnitt angesprochene Modell des persönlichen Einflusses als fünftes PR-Modell identifizieren. Die befragten indischen PR-Fachleute verstehen PR als Unterfunktion des Marketing und sehen ihre primäre Aufgabe im Bereich der Imagepflege. Hauptinstrument zur Umsetzung dieses Ziels ist die Pressearbeit. Von einem PR-Verständnis im Sinne der oben angeführten Definitionen von PR als Management kann allein schon aufgrund der Gleichsetzung von PR mit Promotion und Werbung kaum die Rede sein. Sriramesh (ebd., S. 187) schreibt der Machtdistanz einen zentralen Einfluss auf die PR-Aktivitäten der untersuchten indischen Organisationen zu. Als Indikatoren für eine große Machtdistanz führt er neben dem meist geringeren Alter der PR-Experten im Vergleich zur Geschäftsführung, der formal schlechteren Hierarchieposition, dem sehr hierarchischen Verhältnis Chef – Untergebener und schließlich den kleinen, unkomfortablen Büros der PR-Fachleute die Tatsache an, dass PR-Spezialisten die große hierarchische Distanz zur Unternehmensleitung als

---

84 n = 18 (Die Daten basieren auf der ethnografischen Untersuchung von 1991).
85 Die ethnografische Methode besteht aus einer teilnehmenden Beobachtung in der jeweiligen Organisation mit dem Ziel, Kultur und Handeln vor Ort zu verstehen (vgl. Sriramesh, 1996, S. 182).

angemessen empfinden (vgl. ebd., S. 187 f.).[86] Eine große Machtdistanz steht demnach unmittelbar mit PR-Organisation und -Funktion in Verbindung: Indische PR-Verantwortliche sind weder Teil des internen Entscheidungszentrums noch üben sie Managementtätigkeiten aus. Sie sind PR-Techniker, die stärker Marketing und Werbung betreiben als PR im Sinne der PR-Definition dieser Arbeit und bislang nur Aktivitäten in den ersten beiden PR-Modellen ausgebildet haben.

4.2.3 Kritische Würdigung der Studien

Tabelle 7 stellt die Studien mit ihrer jeweiligen Zielsetzung, Anlage und v.a. den zentralen Ergebnissen im Hinblick auf den Zusammenhang von Nationalkultur und PR im Überblick zusammen. Aus der Zusammenschau der Studien geht hervor, dass die Mehrzahl entweder qualitativ-anekdotisch ist oder sich lediglich auf die Untersuchung der *excellence* -Frage beschränkt. Dementsprechend begrenzt ist ihre Aussagekraft. Bereits bei einer ersten Betrachtung der Untersuchungen fällt auf, dass bisherige Kulturvergleiche im PR-Feld v.a. von amerikanischen Forschern wie den Grunigs, White, Anderson, Coombs, Dozier oder Wakefield vorgenommen wurden. Autoren anderer Nationalitäten wie Vercic, Lyra oder Sriramesh stammen z.T. selbst aus der Grunig-Schule, so dass insgesamt von einer starken amerikanischen Dominanz im entsprechenden Forschungsfeld gesprochen werden kann.

> **Zusammenfassung des Abschnitts**
> Bislang vorliegende Forschungserkenntnisse deuten darauf hin, dass Nationalkultur und PR miteinander in Verbindung stehen. So konnten z.B. Vasquez und Taylor (1994) für jede der vier Nationalkulturdimensionen bestimmte Verbindungen mit den PR-Modellen nachweisen. Sriramesh (1996) stellte einen Zusammenhang zwischen großer Machtdistanz und geringem Einfluss der PR innerhalb der Organisation her. Bei den bislang durchgeführten Studien handelt es sich allerdings fast ausschließlich um qualitativ-anekdotische Herangehensweisen, die bei einem nachträglichen Kulturvergleich rasch an ihre Grenzen stoßen. So kann z.B. ein Vergleich der Daten, die für unterschiedliche Länder inhaltlich und zeitlich unabhängig voneinander gewonnen wurden, durch eine nachträgliche Metaanalyse nur begrenzt vorgenommen werden, da die Vergleichbarkeit allenfalls in Ansätzen gegeben ist. Wenn der Bezug zur Kultur erst im Nachhinein hergestellt wird, kann für den Zusammenhang von Nationalkultur und PR nicht von theoretisch fundierter Forschung gesprochen werden. Erste Hinweise liefern die Studien jedoch und bilden damit eine Ausgangsbasis für die theoretisch fundierte Untersuchung des Zusammenhangs von Kultur und PR.

---

86 Sriramesh (1996, S. 187) spricht von einem „sign of deference to authority".

Tab. 7: Zusammenhang von Nationalkultur und PR – erste Studien im Überblick

Autor(en)	Zielsetzung	Anlage	Zentrale Ergebnisse
Coombs et al. (1994)	Gemeinsamkeiten und Unterschiede in PR-Professionalisierung und -Rollen	Untersuchung der PR-Praxis in Österreich, Norwegen und den USA	▪ Gemeinsame Berufskultur lässt Unterschiede in der Nationalkultur in den Hintergrund treten. ▪ Zusammenhang von Individualismusdimension und Streben nach Erfolg und Prestige
Vasquez/ Taylor (1994)	Zusammenhang von Hofstedes Kulturdimensionen mit den PR-Modellen	Befragung von 130 PR-Praktikern in einer Stadt im mittleren Westen der USA	▪ Zusammenhang von Unsicherheitsvermeidung mit Informationstätigkeit ▪ Zusammenhang von Machtdistanz mit Informationstätigkeit sowie Publicity ▪ Zusammenhang von Individualismus, Kollektivismus, Femininität mit asymmetrischem sowie symmetrischem Zweiweg-Modell
Grunig et al. (1995)	Zusammenhang von Nationalkultur mit den PR-Modellen: Lassen sich die vier PR-Modelle in anderen Ländern ebenso effektiv einsetzen wie in den USA?	Metaanalyse von in Indien, Griechenland und Taiwan durchgeführten Studien	▪ fünftes PR-Modell: Modell der persönlichen Einflussnahme ▪ sechstes PR-Modell: Modell des Kulturvermittlers (in multinationalen Unternehmen) ▪ In allen drei Ländern dominiert die Rolle des PR-Technikers und damit die handwerklich-technische PR; den PR-Praktikern fehlt das Wissen für die Tätigkeit des Kommunikationsmanagers. ▪ dominante PR-Modelle: Informationstätigkeit und Publicity ▪ PR wird als Funktion des Marketing verstanden.
Sriramesh (1996)	Bedeutung großer Machtdistanz für die PR-Praxis	Ethnographische Studie zur PR in 18 südindischen Organisationen	▪ Indische PR: Es dominieren die Rolle des PR-Technikers, das Modell der persönlichen Einflussnahme sowie die Informationstätigkeit, die Media Relations und das Verständnis von PR als Teil des Marketing. ▪ Zusammenhang von großer Machtdistanz mit geringem Einfluss der PR in der Organisation
Mac Manus (1997)	Identifikation und Erklärung von Unterschieden in Wahrnehmung und Praxis von PR	Untersuchung der PR-Praxis in Österreich und Großbritannien auf der Basis der Hofstede-Dimensionen sowie der PR-Weltsicht	▪ Großbritannien: amerikanisches PR-Verständnis, *excellence*-Orientierung ▪ Österreich: gesellschaftsorientiertes PR-Verständnis, Pflege sozialer Beziehungen ▪ Bereitschaft zum Einsatz unwahrer Informationen in Österreich bedingt durch höhere Unsicherheitsvermeidungstendenz
Sriramesh/ Kim/ Takasaki (1999)	Besonderheiten der PR in asiatischen Kulturen	Metaanalyse von Studien zur PR-Praxis in Indien, Japan und Südkorea	▪ Die persönliche Kommunikation spielt eine große Rolle („hospitality relations"). ▪ Zusammenhang von Kollektivismus mit „hospitality relations" ▪ Media Relations als primäres PR-Tätigkeitsfeld

Quelle: eigene Darstellung

4.3 Entwicklung eines Kultur-PR-Modells

Die Erkenntnisse dieser ersten Studien im Themenfeld (National-)Kultur und PR machen eines deutlich: Es scheint einen Zusammenhang von Kultur und PR zu geben, auch wenn die vorliegenden Erkenntnisse unsystematisch, bislang lückenhaft und teilweise widersprüchlich sind. Die Basis für die Vernetzung der beiden Konzepte wurde in den ersten Kapiteln dieser Arbeit mit der Darstellung der theoretischen Grundlagen von PR und Kultur gelegt. Im vierten Kapitel wurden mögliche Bezugsebenen und Zusammenhänge erarbeitet und anhand empirischer Ergebnisse aus verschiedenen qualitativen und quantitativen Studien untermauert. In diesem Kapitel sollen nun alle bisherigen Ausführungen zusammengefasst und in einem Kultur-PR-Modell verbunden werden. Auf Basis dieses Modells wird die Formulierung von Hypothesen möglich, die das Modell weiter präzisieren und die Überleitung zum empirischen Teil darstellen.

4.3.1 Zusammensetzung des Modells

Bereits in den vorigen Abschnitten wurde das Verhältnis zwischen Nationalkultur und PR näher betrachtet, das Zusammenhänge von National- und Individualkultur mit PR-Theorie und PR-Praxis erwarten lässt. Da ein möglichst breites Spektrum der PR erfasst werden soll, lag bereits in Kapitel zwei der Fokus auf Klassifikationen und Modellen der PR, die sehr allgemein gehalten sind. Sie erlauben nicht nur Aussagen über die PR-Praxis eines Landes, sondern stellen auch Analyse- und Vergleichskriterien für die PR-Praxis verschiedener Länder dar. Im Rahmen des Kultur-PR-Modells kann ein Zusammenhang zwischen der Kultur auf der einen Seite und jedem einzelnen dieser PR-Theoriebereiche auf der anderen Seite vermutet werden. Bei den Kriterien handelt es sich z.B. um Organisation und Einfluss der PR-Abteilung, PR-Rollen, -Modelle, -Verständnis, -Erfolgsfaktoren, -Prozess, und Maßnahmen.

Auf der Mikroebene sind PR-Verständnis, -Rollen, -Weltsicht des Einzelnen (etwa in Form der ethischen Komponente) sowie der Kommunikationsstil anzusiedeln. Auf der Mesoebene werden Organisation und Einfluss der PR-Abteilung im Unternehmen, PR-Modelle, PR-Maßnahmen, -Erfolgsfaktoren sowie der PR-Prozess verortet. Auf der Makroebene schließlich ist die Funktion der Unternehmens-PR einzuordnen, d.h. die Rolle der Teilöffentlichkeiten und Anspruchsgruppen gekoppelt mit dem PR-Verständnis. Wichtig ist zu betonen, dass die PR-Ebenen in der Theorie miteinander verbunden sind, also per se schon als ein Modell verstanden werden können. So hat die Mikroebene Auswirkungen auf die Mesoebene und die Mesoebene ihrerseits auf die Makroebene und umgekehrt. Das PR-Verständnis des einzelnen Praktikers beeinflusst u.a. seine PR-Rolle, hat aber auch Auswirkungen auf seinen Einfluss innerhalb des Unternehmens. Es schlägt sich zudem im gewählten PR-Modell nieder und zeigt sich in der Wahl von PR-Maßnahmen und im Kommunikationsstil. Allerdings findet auch in entgegengesetzter Richtung eine

Prägung statt: So hat z.B. die Vorstellung von der Funktion von PR in der Gesellschaft Auswirkungen auf das PR-Verständnis des Einzelnen oder auf das vom Unternehmen gewählte PR-Modell. Die Beziehungen zwischen den unterschiedlichen PR-Ebenen und -Elementen lassen sich am treffendsten als wechselseitig beschreiben. Abbildung 26 zeigt die graphische Zuordnung der PR-Dimensionen zu den verschiedenen Ebenen.[87]

Abb. 26: PR-Elemente und ihre Wechselwirkung

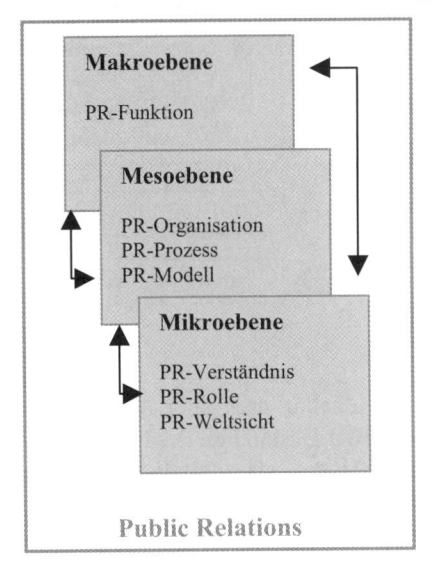

Makroebene
PR-Funktion

Mesoebene
PR-Organisation
PR-Prozess
PR-Modell

Mikroebene
PR-Verständnis
PR-Rolle
PR-Weltsicht

Public Relations

Quelle: eigene Darstellung

Auf Seiten der Kultur bilden Hofstedes Dimensionen die Grundlage des Kultur-PR-Modells, da sie – im Gegensatz zu den in Kapitel 3.3 dargestellten Abgrenzungskriterien anderer Autoren – empirisch bestätigt sind und quantitative Werte für eine Vielzahl von Kulturen ausweisen. Ein weiterer Vorteil ist, dass es sich bei den von Hofstede erhobenen Kulturunterschieden um Dimensionen handelt, die am Arbeitsplatz und bei Berufstätigen erhoben wurden, so dass sie sich gut auf eine PR-Analyse übertragen lassen. Darüber hinaus kann PR mit der Mehrzahl der Autoren als Managementfunktion verstanden werden (vgl. Nessmann, 1995, S. 155), so dass der organisationale Zusammenhang in einer weiteren Verbindung besteht. Entsprechend des Modells weist jede der vier von Hofstede identifizierten Kulturdimensionen einen Zusammenhang mit den oben genannten PR-Ebenen auf, entweder direkt und unmittelbar oder indirekt über ein anderes PR-Charakteristikum.

---

87 Im Rahmen des Modells werden externe PR-Einflussvariable der Makroebene wie z.B. Ausbildung, Fähigkeiten und Fertigkeiten des PR-Fachmanns oder Größe und Branche des Unternehmens bewusst ausgeklammert, um die möglichen Einflüsse der Kultur in den Vordergrund zu rücken.

Abb. 27: Kultur-PR-Modell

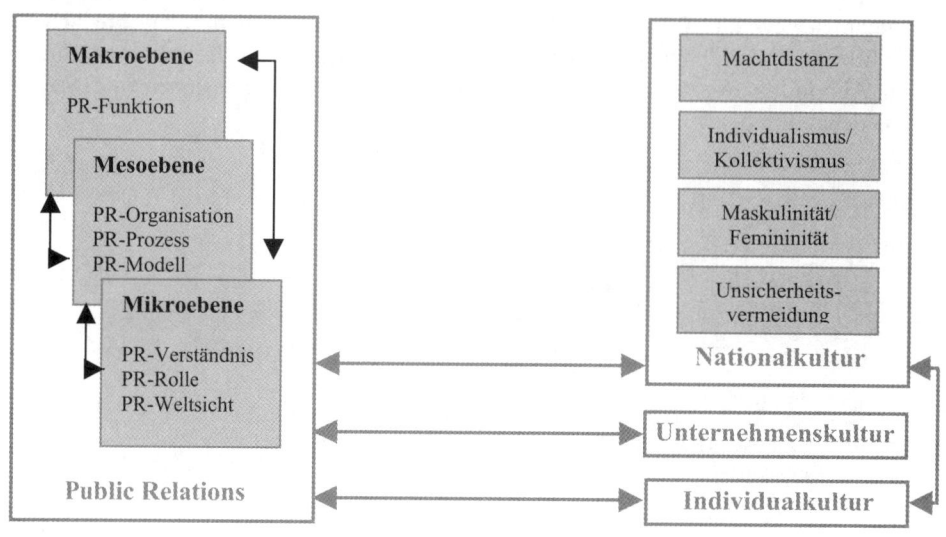

```
┌─────────────────────────────────┐        ┌──────────────────────┐
│  Makroebene         ◄──┐        │        │    Machtdistanz      │
│  PR-Funktion           │        │        └──────────────────────┘
│  ┌──────────────────┐  │        │        ┌──────────────────────┐
│  │ Mesoebene        │  │        │        │  Individualismus/    │
│  │ PR-Organisation  │  │        │        │  Kollektivismus      │
│  │ PR-Prozess       │  │        │        └──────────────────────┘
│  │ PR-Modell        │  │        │        ┌──────────────────────┐
│  │  ┌─────────────┐ │  │        │        │  Maskulinität/       │
│  │  │ Mikroebene  │ │  │        │        │  Femininität         │
│  │  │ PR-Verständnis│        │        └──────────────────────┘
│  │  │ PR-Rolle    │ │  │        │        ┌──────────────────────┐
│  │  │ PR-Weltsicht│ │  │ ◄────► │        │  Unsicherheits-      │
│                                                  vermeidung     │
│                                          │    Nationalkultur    │
│                                 │ ◄────► │  Unternehmenskultur  │
│       Public Relations          │ ◄────► │   Individualkultur   │
└─────────────────────────────────┘        └──────────────────────┘
```

Quelle: eigene Darstellung

Die Nationalkultur entsteht als Aggregat der Individualkulturen aller Angehörigen einer Kultur. Obwohl die Individualkultur als impliziter Bestandteil der Nationalkultur aufgefasst werden kann, soll sie im Kultur-PR-Modell als zusätzliche Variable geführt und schließlich auch durch die im empirischen Teil folgende Befragung mit einem eigenen Fragenkomplex erhoben werden. Sie kann entsprechend der Darstellungen in den vorausgegangenen Kapiteln als Grundlage der Weltsicht und als ein Indikator für die Nationalkultur bezeichnet werden. Als intervenierende Variable treten neben die PR-spezifischen und die kulturellen Variablen die in Kapitel 2.3 genannten gesellschaftlichen Einflussfaktoren. Sie haben Auswirkungen auf Kultur und PR, sind allerdings bis zu einem gewissen Grad selbst geprägt durch diese beiden Variablen. Die intervenierenden Variablen sollen für die Untersuchung in den Hintergrund treten. Sie werden weder erhoben noch in die Auswertung mit einbezogen, da sich die Fragestellung dieser Arbeit ausschließlich auf die Kultur als Rahmenfaktor der PR konzentriert. Man kann von ihnen in Rückgriff auf die Ausführungen in Abschnitt 1.1.2 als für die Fragestellung dieser Arbeit *irrelevanten Umwelten* sprechen. Auch die Makroebene der PR, also ihre Funktion in der Gesellschaft, kann im Rahmen dieser Arbeit aufgrund der Konzentration auf die Kommunikatorseite nur sehr eingeschränkt erhoben werden. Abbildung 27 zeigt das Modell, wie es sich auf Basis der theoretischen Ausführungen ergibt und den Ausgangspunkt des empirischen Teils darstellt. Die Verbindungspfeile, die den Kulturkomplex mit der PR verbinden, bilden die Idee einer wechselseitigen Beziehung der beiden Konstrukte ab.

4.3.2 Formulierung von Hypothesen

Auf Basis des Kultur-PR-Modells lassen sich Hypothesen formulieren. Diese Hypothesen prognostizieren den Zusammenhang von Hofstedes Kulturdimensionen Machtdistanz, Individualismus – Kollektivismus, Femininität – Maskulinität und Unsicherheitsvermeidung mit der PR und ihren Charakteristika. Ziel der Hypothesenbildung ist es, das Modell auf Basis der theoretischen Erkenntnisse des ersten Teils dieser Arbeit zu spezifizieren. Im Rahmen einer explorativen Studie wie dieser lassen sich Hypothesen nicht ausschließlich aufgrund der bislang vorliegenden Erkenntnisse formulieren, sondern müssen auch spekulativen Charakter annehmen dürfen. Auf diese Weise können eher bislang unentdeckte Strukturen erkannt und neue Hinweise für den Zusammenhang von Kultur und PR gewonnen werden. Sie sollen zur Modellbildung und -überarbeitung am Ende des vierten Kapitels beitragen.

Hypothesen zur Dimension der Machtdistanz

> „Machtdistanz spiegelt das Spektrum der möglichen Antworten wider, die in den verschiedenen Ländern auf die grundsätzliche Frage, wie man mit der Tatsache umgehen soll, daß die Menschen ungleich sind, gegeben wurden. (...) Machtdistanz drückt die emotionale Distanz aus, die zwischen Mitarbeitern und Vorgesetzten herrscht." (Hofstede, 1993, S. 38)

Die Dimension der Machtdistanz bezieht sich auf die Art und das Ausmaß der Machtverteilung innerhalb eines Unternehmens. Tabelle 8 gibt einen Überblick. Für die PR lassen sich aus der Dimension der Machtdistanz in verschiedenen Hinsichten Ableitungen treffen und Hypothesen formulieren.[88] Vergegenwärtigt man sich die Grundzüge der Dimension der Machtdistanz, so zeigen sich in erster Linie deutliche Hinweise für den zu vermutenden Kommunikationsstil von PR-Verantwortlichen. In Kulturen mit großer Machtdistanz, die stark hierarchische Strukturen aufweisen, in denen die Machtverteilung ungleich ist, in denen lange und asymmetrische Kommunikationwege im Unternehmen existieren, wird der PR-Verantwortliche als ‚Untergebener' der Unternehmensleitung sicher weniger häufig mit der Geschäftsleitung kommunizieren als PR-Verantwortliche in Kulturen mit geringer Machtdistanz. Hier basiert die interne Kommunikation auf (weitgehend) symmetrischen Kommunikationswegen, offener Kommunikation und v.a. auf sehr geringen Hierarchien.

H_{m1}:	Je geringer (größer) die Machtdistanz in einer Kultur, desto häufiger (seltener) kommuniziert der PR-Verantwortliche mit seinem Vorgesetzten.

---

[88] Die Hypothesen werden entsprechend der Kulturdimension, für die sie stehen, mit einem Kleinbuchstaben abgekürzt (z.B. im Fall der Machtdistanz das „m") und entsprechend ihrer Vorstellung durchnumeriert. Wenn nachfolgend gegenläufige Beziehungen für die jeweiligen Extremausprägungen einer Kulturdimension prognostiziert werden können, so wird die jeweilige Umkehrhypothese in Klammern dargestellt.

Tab. 8: Bedeutung der Machtdistanz für das Unternehmen

Kriterium	Große Machtdistanz	Geringe Machtdistanz
Verhältnis von Mitarbeiter zu Vorgesetztem	▪ Der Mitarbeiter („Untergebener") ist einseitig abhängig von seinem Vorgesetzen ▪ Die emotionale Distanz ist groß.	▪ Die Interdependenz zwischen Mitarbeiter und Vorgesetztem ist weitgehend gleichberechtigt. ▪ Die emotionale Distanz ist gering.
Führungsstil	▪ autokratischer bzw. patriarchalischer/persuasiver Führungsstil	▪ konsultativ orientierter Führungsstil ▪ Open-Door-Policy
interne Strukturen	▪ Betonung von Hierarchie ▪ Zentralisierung von Kompetenzen und Macht	▪ geringe Hierarchieunterschiede ▪ Dezentralisierung der Kompetenzen
Kommunikatives Verhalten	▪ ungleiche Machtverteilung im Unternehmen (v.a. non-verbal) wird deutlich kommuniziert: Führungskräfte zeigen und nutzen ihre Macht, wichtigste Werte sind Prestige, Status und Reichtum. ▪ lange Kommunikationswege ▪ asymmetrische Kommunikation ▪ Die Mitarbeiter werden nicht oder nur einseitig informiert.	▪ Die Unternehmensmitglieder sind „gleich" und kommunizieren auch (weitgehend) symmetrisch. ▪ kurze Kommunikationswege ▪ offene Information ▪ zweiseitige Kommunikation

Quelle: eigene Darstellung

Darüber hinaus kann vermutet werden, dass der PR-Verantwortliche in Kulturen mit großer Machtdistanz weitaus weniger häufig mit Mitarbeitern (in diesem Fall ist wohl besser von Untergebenen die Rede) kommuniziert als seine Kollegen in Kulturen mit geringer Machtdistanz, um seine eigene Macht und Überlegenheit zu demonstrieren. Das asymmetrische Verhältnis wird also nicht nur nach oben hin zu finden sein, sondern auch in der Abwärtskommunikation.

H_{m2}: Je geringer (größer) die Machtdistanz in einer Kultur, desto häufiger (seltener) kommuniziert der PR-Verantwortliche mit Mitarbeitern.

Überträgt man die Funktionsweisen interner Kommunikation auf die verwendeten Kommunikationskanäle, so kann erwartet werden, dass in Kulturen mit großer Machtdistanz – in denen die ungleiche Machtverteilung auch entsprechend gezeigt und kommuniziert wird – eher Medien bzw. Kanäle mit geringer *Media Richness* eingesetzt werden als in symmetrischen Kulturen mit geringer Machtdistanz. Hier kommt vermutlich dem persönlichen Gespräch als reichem Kanal eine größere Bedeutung zu.

> H_{m3}: Je geringer (größer) die Machtdistanz in einer Kultur, desto häufiger kommuniziert der PR-Verantwortliche über persönliche (mediale) Kanäle.

Die von Hofstede identifizierten Ausprägungen der Machtdistanz lassen sich auch auf die Organisation der PR-Abteilung selbst und auf ihre Macht innerhalb des Unternehmens übertragen. Für das Verhältnis der PR-Verantwortlichen zu ihrem Vorgesetzten bzw. zur Geschäftsführung kann – auch in Ableitung aus den oben formulierten Hypothesen – vermutet werden, dass PR in Kulturen mit geringer Machtdistanz organisatorisch höher angesiedelt ist als in Kulturen mit großer Machtdistanz. Bei niedrigen Hierarchien, offener, symmetrischer Kommunikation und einem konsultativ orientierten Führungsstil wird die PR-Abteilung vermutlich eher der Geschäftsleitung z.B. als Stabsstelle direkt zugeordnet sein, wohingegen die PR-Abteilung bei großer Machtdistanz eher eine operative Position z.B. innerhalb der Marketing-Abteilung ausüben wird.

> H_{m4}: In Kulturen mit geringer Machtdistanz ist die PR-Abteilung häufiger direkt der Unternehmensleitung zugeordnet bzw. eine Stabsstelle auf Geschäftsführungsebene als in Kulturen mit großer Machtdistanz.

> H_{m5}: In Kulturen mit großer Machtdistanz ist die PR-Abteilung häufiger dem Marketing untergeordnet als in Kulturen mit geringer Machtdistanz.

Aus der organisatorischen Einordnung ergeben sich auch Hinweise für die Rolle und Machtposition der PR-Abteilung im Unternehmen. Je höher die PR-Abteilung angesiedelt ist, desto eher kann sie Teil des Entscheidungszentrums des Unternehmens sein, die Geschäftsleitung beraten und stärkeren Einfluss auf deren Entscheidungen nehmen.

> H_{m6}: In Kulturen mit geringer Machtdistanz nehmen PR-Verantwortliche eher die Aufgabe der Beratung des Vorstands wahr als in Kulturen mit großer Machtdistanz.

> H_{m7}: Je geringer (größer) die Machtdistanz in einer Kultur, desto häufiger (seltener) gehören PR-Verantwortliche dem internen Machtzirkel an.

Ist PR Teil des Machtzirkels, so wird sie von der Unternehmensleitung als ein wesentliches Element des Unternehmens angesehen. Erkennt die Unternehmensleitung den Vorteil und Nutzen einer guten PR nicht, so wird PR auch kaum Teil des inneren Entscheidungszirkels eines Unternehmens sein. Es lassen sich aus der organisatorischen Verortung und dem Einfluss der PR also auch Hinweise für das der PR-Arbeit eines Unternehmens zu Grunde liegende PR-Verständnis gewinnen. Wenn

PR einflussreich und der Unternehmensleitung direkt zugeordnet ist, so kann PR kein operativer Teilbereich des Marketing und damit keine Marketingfunktion sein. PR muss in diesem Verständnis viel eher Kommunikationsmanagement im Sinne einer Managementfunktion sein.

> H_{m8}: Je geringer die Machtdistanz in einer Kultur, desto eher wird PR als Kommunikationsmanagement verstanden.

> H_{m9}: Je größer die Machtdistanz in einer Kultur, desto eher wird PR als Kommunikationsfunktion zur Absatzförderung von Produkten oder Dienstleistungen verstanden.

Eng mit dem PR-Verständnis verknüpft ist auch die Einstellung des PR-Fachmanns zur Wahrheit. In Bezug auf die ethische Komponente gewinnt v.a. die etwaige Beeinflussung von Meinungsführern an Bedeutung. Es kann vermutet werden, dass die Machtdistanz durchaus Einfluss darauf hat, für wie wichtig PR-Verantwortliche wahrheitsgemäße Information erachten oder in welchen Situationen sie von der Wahrheit abweichen würden. Insbesondere der situative Aspekt erscheint im Hinblick auf mögliche Kulturunterschiede interessant, so dass drei verschiedene Situationen von PR betrachtet werden sollen: alltägliche PR (zur Kommunikation von Unternehmensaspekten, Produkten oder Dienstleistungen), Krisensituationen auf der Ebene ähnlicher Machtverhältnisse (z.B. drohende Übernahme durch einen Konkurrenten) und Krisensituationen auf der Ebene ungleicher Machtverhältnisse (z.B. für das Unternehmen ungünstige Intervention der Regierung). Bezieht man die Kulturdimension auf alltägliche PR, so werden unwahre Informationen eher in Kulturen mit großer Machtdistanz verbreitet werden, da die Kommunikation hier ohnehin asymmetrisch und von unterschiedlichen Machtbasen bestimmt ist. Ebenso lässt sich vermuten, dass in Bezug auf die drohende Übernahme durch einen Konkurrenten unwahre oder falsche Informationen eher in Kulturen mit großer Machtdistanz verbreitet werden.

> H_{m10}: Je geringer die Machtdistanz in einer Kultur, als desto wichtiger wird wahre Information und Kommunikation gesehen.

> H_{m11}: In Kulturen mit großer Machtdistanz wird unwahre Information zur Vermeidung von Krisen auf Ebene ähnlicher Machtverhältnisse der Konkurrenten eher als legitim verstanden als in Kulturen mit geringer Machtdistanz.

Gegenläufig verhält sich vermutlich der Zusammenhang zwischen Machtdistanz und der Einstellung zur Wahrheit, wenn die Beziehung der Beteiligten zueinander große Machtunterschiede aufweist. Im Falle der drohenden Regierungsintervention ist zu vermuten, dass ein Unternehmen in einer Kultur mit großer Machtdistanz in Akzeptanz der ungleichen Machtverteilung und der Überlegenheit der Regierung keine Versuche unternehmen wird, die Entscheidungsträger in der Regierung umzustimmen und eine Intervention zu verhindern. Die bestehende Machtdistanz wird vom Unternehmen anerkannt und PR in diesem Zusammenhang – wenn überhaupt – lediglich als wahrheitsgemäße Information und Kommunikation eingesetzt.

> H_{m12}: In Kulturen mit großer Machtdistanz wird unwahre Information zur Vermeidung von Krisen auf Ebene ungleicher Machtverhältnisse der Beteiligten seltener als legitim verstanden als in Kulturen mit geringer Machtdistanz.

Durch die Einordnung der PR-Funktion auf Ebene der Unternehmensleitung wird PR in Kulturen mit geringer Machtdistanz eher als Management gesehen und auch tätig sein können als in Kulturen mit großer Machtdistanz. Wenn das Unternehmen die Bedeutung der PR als Sprachrohr und Fürsprecher des Unternehmens über eine organisatorisch hohe Verankerung anerkennt, so kann auch davon ausgegangen werden, dass sich das Unternehmen seiner sozialen Verantwortung bewusst ist. Je geringer die Machtdistanz in einer Kultur, desto eher wird PR seiner sozialen Verantwortung nachkommen – denn in Kulturen mit großer Machtdistanz wird die Öffentlichkeit *nicht* als ein Partner verstanden, der gleichberechtigt behandelt werden sollte.

> H_{m13}: In Kulturen mit geringer Machtdistanz wird PR eher als Managementfunktion verstanden als in Kulturen mit großer Machtdistanz.

> H_{m14}: In Kulturen mit geringer Machtdistanz schreiben PR-Verantwortliche dem Unternehmen eher eine soziale Verantwortung zu als in Kulturen mit großer Machtdistanz.

Es ist zu vermuten, dass Unternehmen und Teilöffentlichkeiten in Kulturen mit geringer Machtdistanz (soweit das möglich ist) symmetrisch und gleichberechtigt kommunizieren. Die Sicht der internen und externen Teilöffentlichkeiten wird als wichtig wahrgenommen, gezielt erhoben und sowohl in der PR-Arbeit als auch im Hinblick auf das Unternehmenshandeln berücksichtigt. PR wird also die Rolle des *boundary spanner* wahrnehmen. In Kulturen mit großer Machtdistanz kommt dem *boundary spanning* allerdings ebenfalls eine große Bedeutung zu, u.U. ist sie hier sogar noch wichtiger als in Kulturen mit geringer Machtdistanz.

> H_{m15}: In Kulturen mit großer Machtdistanz ist PR eher *boundary spanner* als in Kulturen mit geringer Machtdistanz.

Führt man diesen Gedankengang zu Ende, so lassen sich auch Auswirkungen auf die im Unternehmen herrschende Sicht der Öffentlichkeit prognostizieren. Demnach verstehen Unternehmen in Kulturen mit großer Machtdistanz die Öffentlichkeit weniger als gleichberechtigten Partner denn vielmehr als untergeordnete, meist machtlose und beeinflussbare Masse. Insofern kommt den Zielen der Beeinflussung und Lenkung der öffentlichen Meinung sowie der Überredung von Teilöffentlichkeiten eine größere Bedeutung zu.

> H_{m16}: In Kulturen mit großer Machtdistanz kommt dem Ziel der Beeinflussung und Lenkung der öffentlichen Meinung eine größere Bedeutung zu als in Kulturen mit geringer Machtdistanz.

> H_{m17}: In Kulturen mit großer Machtdistanz kommt dem Ziel der Überredung eine größere Bedeutung zu als in Kulturen mit geringer Machtdistanz.

In Kulturen mit geringer Machtdistanz hingegen wird nicht die *öffentliche Meinung* gelenkt, sondern es werden *Themen* gesetzt und gelenkt. Auch dem Vertrauensaufbau kommt vermutlich eine größere Rolle zu als in Kulturen mit großer Machtdistanz.

> H_{m18}: In Kulturen mit geringer Machtdistanz kommt dem Ziel der Setzung und Lenkung von Themen eine größere Bedeutung zu als in Kulturen mit großer Machtdistanz.

> H_{m19}: In Kulturen mit geringer Machtdistanz soll eher Vertrauen geschaffen werden als in Kulturen mit großer Machtdistanz.

Entsprechend der unterschiedlichen Ziele und v.a. der unterschiedlichen Stellung der Öffentlichkeit variiert vermutlich auch das angestrebte Ergebnis von PR.

> H_{m20}: In Kulturen mit großer Machtdistanz wird Erfolgsfaktoren, die sich auf persönliche Instrumente beziehen (z.B. Meinungsänderung bei Entscheidungsträgern), größere Bedeutung beigemessen als in Kulturen mit geringer Machtdistanz. Hier gelten eher solche Faktoren, die auf die Öffentlichkeit als Masse gerichtet sind (hohe Medienresonanz, d.h. Bedeutung von Clippings, hoher Bekanntheitsgrad, usw.), als Erfolgsfaktoren.

In Bezug auf PR-Aufgabenfelder und -Maßnahmen kann ebenfalls ein Zusammenhang mit der Dimension der Machtdistanz vermutet werden. Wahrscheinlich werden auch Issues Management und Krisenkommunikation in diesem Zusammenhang – ähnlich dem *boundary spanning* – als zentrale Aufgabenfelder der PR gesehen.

> H_{m21}: In Kulturen mit großer Machtdistanz wird das Issues Management als wichtiger angesehen als in Kulturen mit geringer Machtdistanz.

> H_{m22}: In Kulturen mit großer Machtdistanz wird die Krisenkommunikation als wichtiger angesehen als in Kulturen mit geringer Machtdistanz.

Bedenkt man die symmetrische und offene Kommunikation in Kulturen mit geringer Machtdistanz, so kommt hier der Mitarbeiterkommunikation vermutlich eine größere Bedeutung zu als in Kulturen mit großer Machtdistanz. Neben die Mitarbeiter als zentrale Zielgruppe treten aller Wahrscheinlichkeit nach auch Anwohner und Nachbarn des Unternehmens als Erweiterung des Wirkungskreises der internen PR.

> H_{m23}: In Kulturen mit geringer Machtdistanz wird die Mitarbeiterkommunikation als wichtiger angesehen als in Kulturen mit großer Machtdistanz.

> H_{m24}: In Kulturen mit geringer Machtdistanz wird die Anwohner-PR als wichtiger angesehen als in Kulturen mit großer Machtdistanz.

Betrachtet man die unterschiedlichen Aufgabenfelder der PR, so lässt sich ausgehend von Hypothese H_{m12} ein Zusammenhang zwischen Machtdistanz und Ausprägung des Lobbyings in einer Kultur erwarten. Wenn PR in Kulturen mit großer Machtdistanz die Überlegenheit der Regierung anerkennt ohne Einfluss zu nehmen, so kommt dem Lobbying in diesen Kulturen vermutlich eine nur sehr geringe Bedeutung zu.

> H_{m25}: In Kulturen mit großer Machtdistanz kommt dem Lobbying eine geringere Rolle zu als in Kulturen mit geringer Machtdistanz.

Überträgt man Kommunikationsbeziehungen, hierarchische Spezifika und Führungsstil der Machtdistanz auf die PR-Rollen, so lassen sich auch diesbezüglich Hypothesen formulieren. In Kulturen mit großer Machtdistanz, in denen der PR-Verantwortliche eher eine operative Funktion ausübt und PR nicht als zentraler Erfolgsfaktor des Unternehmens gesehen wird, ist der PR-Verantwortliche wahrscheinlich eher auf operative Tätigkeiten ausgerichtet und im Alltagsgeschäft verhaftet. In Kulturen mit geringer Machtdistanz hingegen, in denen PR im Unternehmen Teil des internen Führungszirkels ist und von allen Beteiligten als Kommunikationsmanagement verstanden wird, hat der PR-Verantwortliche andere Aufgaben und muss größeren Anforderungen genügen, so dass er allein schon über die Beratung des Vorstands eher Managertätigkeiten ausübt.

> H_{m26}: In Kulturen mit großer Machtdistanz übt der PR-Verantwortliche eher die Rolle des PR-Technikers aus als in Kulturen mit geringer Machtdistanz.

> H_{m27}: In Kulturen mit geringer Machtdistanz übt der PR-Verantwortliche eher die Rolle des PR-Managers aus als in Kulturen mit großer Machtdistanz.

Ausgehend von den PR-Rollen kann vermutet werden, dass in einer Kultur, in der die Rolle des PR-Managers dominiert, PR auch eher als Managementprozess verstanden und umgesetzt wird als in Kulturen, in denen die Rolle des Technikers dominiert.

> H_{m28}: In Kulturen mit geringer Machtdistanz liegt der PR eher ein Managementprozess zu Grunde als in Kulturen mit großer Machtdistanz (gemessen am Anteil des PR-Evaluations-Budgets am gesamten PR-Budget).

Im Zusammenhang mit der Rolle der Öffentlichkeit und den PR-Rollen lassen sich weitere Annahmen in Bezug auf die PR-Modelle treffen. Das Verhältnis zwischen Vorgesetztem und Mitarbeiter in Kulturen mit großer Machtdistanz kann als Anhaltspunkt für die Rolle der Öffentlichkeit aus Sicht des Unternehmens bzw. der PR dienen. Versteht man im Rahmen geringer Machtdistanz Unternehmen und Öffentlichkeit als gleichberechtigte Kommunikationspartner, so dominieren aller Wahrscheinlichkeit nach zweiseitige Modelle.

> H_{m29}: In Kulturen mit geringer Machtdistanz basiert Unternehmens-PR eher auf dem zweiseitig-symmetrischen Modell oder dem *mixed-motive model* als in Kulturen mit großer Machtdistanz.

> H_{m30}: In Kulturen mit großer Machtdistanz dominieren einseitige PR-Modelle oder das zweiseitig-asymmetrische Modell.

Als weiteres Modell kann auf Basis der Ergebnisse von Srirameshs Indien-Studien prognostiziert werden, dass das Modell der persönlichen Einflussnahme in Kulturen mit großer Machtdistanz eher zu finden ist als in Kulturen mit geringer Machtdistanz.

> H_{m31}: Je größer die Machtdistanz in einer Kultur, desto eher findet sich das Modell der persönlichen Einflussnahme.

Tabelle 9 fasst die für die Machtdistanz formulierten Hypothesen zusammen.

Tab. 9: Hypothesen zur Dimension der Machtdistanz im Überblick

PR-Element	Je größer die Machtdistanz,	Je geringer die Machtdistanz,
Kommunikationspartner und -stil des PR-Verantwortlichen	desto häufiger kommuniziert der PR-Verantwortliche mit seinem Vorgesetzten.	desto seltener kommuniziert der PR-Verantwortliche mit seinem Vorgesetzten.
	desto häufiger kommuniziert der PR-Verantwortliche mit Mitarbeitern.	desto seltener kommuniziert der PR-Verantwortliche mit Mitarbeitern.
	desto häufiger kommuniziert der PR-Verantwortliche über persönliche Kanäle.	desto häufiger kommuniziert der PR-Verantwortliche über mediale Kanäle.
Organisation und Einfluss der PR im Unternehmen	desto häufiger ist die PR-Abteilung der Unternehmensleitung direkt zugeordnet bzw. eine Stabsstelle auf Geschäftsführungsebene.	desto häufiger ist die PR-Abteilung dem Marketing untergeordnet.
	desto eher nehmen PR-Verantwortliche die Aufgabe der Beratung des Vorstands wahr.	
	desto häufiger gehören PR-Verantwortliche dem internen Führungszirkel an.	desto seltener gehören PR-Verantwortliche dem internen Führungszirkel an.
Einstellung zur Wahrheit (ethische Grundhaltung)	als desto wichtiger wird wahre Information und Kommunikation gesehen.	desto eher wird unwahre Information zur Vermeidung von Krisen auf Ebene ähnlicher Machtverhältnisse der Konkurrenten als legitim verstanden.
		desto seltener wird unwahre Information zur Vermeidung von Krisen auf Ebene ungleicher Machtverhältnisse der Beteiligten als legitim verstanden.
PR-Verständnis	desto eher wird PR als Kommunikationsmanagement verstanden.	desto eher wird PR als Kommunikationsfunktion zur Absatzförderung von Produkten oder Dienstleistungen verstanden.
	desto eher wird PR als Managementfunktion verstanden.	desto größere Bedeutung kommt dem Ziel der Beeinflussung und Lenkung der öffentlichen Meinung zu.
	desto eher schreiben PR-Verantwortliche dem Unternehmen eine soziale Verantwortung zu.	
PR-Zielsetzungen	desto größere Bedeutung kommt dem Ziel der Setzung und Lenkung von Themen zu.	desto größere Bedeutung kommt dem Ziel der Überredung zu.
	desto eher soll Vertrauen geschaffen werden.	

PR-Erfolgs-faktoren	desto größere Bedeutung wird Erfolgsfaktoren, die auf die Öffentlichkeit als Masse gerichtet sind (hohe Medienresonanz, d.h. Bedeutung von Clippings, hoher Bekanntheitsgrad, usw.) beigemessen.	desto größere Bedeutung wird Erfolgsfaktoren, die sich auf persönliche Instrumente beziehen (z.B. Meinungsänderung bei Entscheidungsträgern) beigemessen.
PR-Tätigkeitsfelder	als desto wichtiger wird die Mitarbeiterkommunikation angesehen.	als desto wichtiger wird die Krisenkommunikation angesehen.
	als desto wichtiger wird die Anwohner-PR angesehen.	desto geringere Bedeutung kommt dem Lobbying zu.
		als desto wichtiger wird das Issues Management angesehen.
PR-Rollen	desto eher übt der PR-Verantwortliche die Rolle des PR-Managers aus.	desto eher übt der PR-Verantwortliche die Rolle des PR-Technikers aus.
	desto eher liegt der PR ein Managementprozess (gemessen am Anteil des PR-Evaluations-Budgets am gesamten PR-Budget) zu Grunde.	desto eher ist PR *boundary spanner*.
PR-Modelle	desto eher basiert Unternehmens-PR auf dem zweiseitig-symmetrischen Modell oder dem *mixed-motive model*.	desto eher dominieren einseitige PR-Modelle oder das zweiseitig-asymmetrische Modell.
		desto eher findet sich das Modell der persönlichen Einflussnahme.

Quelle: eigene Darstellung

Hypothesen zur Individualismus-Kollektivismus-Dimension

> „Individualismus beschreibt Gesellschaften, in denen die Bindungen zwischen den Individuen locker sind: man erwartet von jedem, daß er für sich selbst und seine unmittelbare Familie sorgt. Sein Gegenstück, der Kollektivismus, beschreibt Gesellschaften, in denen der Mensch von Geburt an in starke, geschlossene Wir-Gruppen integriert ist, die ihn ein Leben lang schützen und dafür bedingungslose Loyalität verlangen."
> (Hofstede, 1993, S. 67)

Die Individualismus-Dimension gilt neben der Machtdistanz als wichtigstes Unterscheidungskriterium von Kulturen, nicht zuletzt weil sie in unzähligen Studien nachgewiesen werden konnte. Sie bezieht sich auf die Rolle, die einem Individuum in einer Gruppe zukommt. Tabelle 10 listet die Unterscheidungskriterien für die Extremausprägungen der Dimension auf.

Tab. 10: Bedeutung von Individualismus und Kollektivismus für das Unternehmen

Kriterium	Individualismus	Kollektivismus
Verhältnis des Einzelnen zur Gruppe	▪ Das Individuum ist unabhängig und selbstbestimmt. ▪ Das private Interesse steht im Vordergrund. ▪ Entscheidungsfreiheit und Unabhängigkeit als zentrale Werte	▪ Das Individuum ist Teil einer Gruppe. ▪ Das Individuum ordnet sich den Interessen und Zielen der Gruppe unter. ▪ Loyalität der Gruppe gegenüber
Beziehung zwischen Arbeitgeber und Arbeitnehmer	▪ wird als geschäftlicher Vorgang verstanden ▪ Der Arbeitnehmer fühlt sich als Individuum.	▪ ähnelt einer familiären Beziehung mit beiderseitigen Verpflichtungen (Schutz und Loyalität) ▪ Die Gruppenzugehörigkeit (das Einpassen in eine Gruppe) steht im Vordergrund.
Verhalten im Unternehmen	▪ Das Individuum versucht, eine möglichst große Übereinstimmung von eigenem Interesse und den Interessen des Arbeitgebers herbeizuführen. ▪ Der Einzelne wird über seine individuellen Fähigkeiten und Fertigkeiten beurteilt.	▪ Der Arbeitnehmer stellt sein Eigeninteresse zu Gunsten der Interessen der Gruppe (Unternehmen, Kollegenkreis) zurück. ▪ Offene Gespräche über die Leistung des Einzelnen werden nicht geführt.
wichtigste Faktoren der Arbeitszufriedenheit	▪ persönliche Freiheit ▪ herausfordernde Tätigkeit ▪ persönliche Zeit für Privatleben	▪ gute Arbeitsbedingungen ▪ Anwendung von Fertigkeiten ▪ Fortbildungsmöglichkeiten
Kommunikatives Verhalten	▪ direkter Kommunikationsstil ▪ starke verbale Orientierung, Schweigen wird als unangenehm empfunden ▪ Gefühle, Gedanken und Meinungen werden offen und wahrheitsgemäß geäußert.	▪ indirekter Kommunikationsstil ▪ Es gibt keinen Zwang zu sprechen wenn eine Übermittlung von Informationen unnötig ist. ▪ Keine offenen, direkten Konfrontationen, um Harmonie zu wahren. Feedback über indirekte, Kanäle.

Quelle: eigene Darstellung

Der Kommunikationsstil ist in individualistischen (low-context) Kulturen wie in Kulturen mit geringer Machtdistanz direkt. Gefühle, Gedanken und Meinungen werden offen und wahrheitsgemäß geäußert. Je direkter der Kommunikationsstil, desto eher wird die Kommunikation vermutlich über persönliche Kanäle erfolgen.

> H_{i1}: Je individualistischer (kollektivistischer) eine Kultur, desto eher kommuniziert der PR-Verantwortliche über persönliche (mediale) Kanäle.

Im Mittelpunkt einer individualistisch geprägten Kultur stehen die persönliche Selbstbestimmung und die Entscheidungsfreiheit des Einzelnen. Führungskräfte erwarten persönlichen Freiraum, Eigenverantwortung und Einfluss mit dem Ziel, sich selbst zu verwirklichen. Für sie stehen ihr individueller Erfolg und die Karriere im Vordergrund, so dass für die von Seiten der Unternehmensleitung wahrgenommene Wichtigkeit der PR-Funktion im Unternehmen folgende Hypothese formuliert werden kann:

> H_{i2}: In individualistischen Kulturen ist die PR-Abteilung häufiger organisatorisch direkt der Unternehmensleitung zugeordnet bzw. eine Stabsstelle als in kollektivistischen Kulturen.

Menschen in kollektivistischen Kulturen verstehen sich als Teil einer Gruppe, der sie sich unterordnen. Eine Karriereorientierung des Einzelnen tritt nicht im selben Maß zu Tage wie im Rahmen der individualistischen Orientierung. Es ist wahrscheinlich, dass PR in kollektivistischen Unternehmen weniger einflussreich ist als in individualistischen.

> H_{i3}: In individualistischen Kulturen ist PR häufiger Teil der internen Führungselite als in kollektivistischen Kulturen.

> H_{i4}: In individualistischen Kulturen hat PR einen größeren Einfluss auf organisatorische Entscheidungen als in kollektivistischen Kulturen.

In individualistischen Kulturen arbeiten Individuen unabhängig und selbstbestimmt, neben persönlicher Freiheit und Zeit ist v.a. eine herausfordernde Tätigkeit der wichtigste Faktor der Arbeitszufriedenheit. In Bezug auf den PR-Verantwortlichen kann vermutet werden, dass er PR – wenn sie für ihn eine Herausforderung darstellen soll – eher als Kommunikationsmanagement denn als Unterfunktion des Marketing versteht.

> H_{i5}: In individualistischen Kulturen wird PR eher als Kommunikationsmanagement verstanden als in kollektivistischen Kulturen.

> H_{i6}: In kollektivistischen Kulturen wird PR eher als Kommunikationsfunktion zur Absatzförderung von Produkten oder Dienstleistungen verstanden als in individualistischen Kulturen.

In kollektivistischen Kulturen ist v.a. das Gemeinschaftsgefühl und die Loyalität gegenüber der Gruppe prägend. Versteht man die Gruppe als Gesellschaft, so wird PR hier v.a. als Vermittlung und Ausgleich gesellschaftlicher Interessen oder als geplantes und zielgerichtetes Bemühen eines Unternehmens um das Vertrauen der Öffentlichkeit gesehen.

> H_{i7}: In kollektivistischen Kulturen wird PR eher als Vermittlung und Ausgleich gesellschaftlicher Interessen verstanden als in individualistischen Kulturen.

> H_{i8}: In kollektivistischen Kulturen wird PR eher als geplantes und zielgerichtetes Bemühen um das Vertrauen der Öffentlichkeit verstanden als in individualistischen Kulturen.

Auch die Einstellung zur Wahrheit (als Indikator ethischen Verhaltens) weist vermutlich Vernetzungen mit der Individualismus-Kollektivismus-Dimension auf. Wenn in individualistischen Kulturen direkte, offene Kommunikation dominiert, so lässt sich dieses kommunikative Verhalten wohl auch für die PR erwarten.

> H_{i9}: In individualistischen Kulturen wird PR offener und ehrlicher praktiziert als in kollektivistischen Kulturen.

Derselbe Zusammenhang lässt sich auch für Krisensituationen festhalten: In kollektivistischen Kulturen, in denen die Loyalität gegenüber dem Unternehmen im Vordergrund des Handelns steht, wird vermutlich gerade in Krisensituationen eher von der Wahrheit abgewichen als in individualistischen Kulturen, in denen der Arbeitnehmer seine Beziehung zum Arbeitgeber als geschäftlichen Vorgang und nicht als familiäre Beziehung versteht.

> H_{i10}: In kollektivistischen Kulturen weicht PR im Falle einer das Unternehmen bedrohenden Krise eher von der Wahrheit ab als in individualistischen Kulturen.

In Bezug auf die PR-Aufgaben kann formuliert werden, dass PR in individualistischen Kulturen als Kommunikationsmanagement eher als Managementfunktion und als *boundary spanner* verstanden wird als in Kulturen mit kollektivistischer Prägung. In kollektivistischen Kulturen, in denen das Individuum der Gruppe gegenüber loyal ist, wird PR hingegen eher die Funktion sozialer Verantwortung betonen.

> H_{i11}: In individualistischen Kulturen wird PR eher als Managementfunktion verstanden als in kollektivistischen Kulturen.

> H_{i12}: In individualistischen Kulturen ist PR eher *boundary spanner* als in kollektivistischen Kulturen.

> H_{i13}: In kollektivistischen Kulturen schreiben PR-Verantwortliche dem Unternehmen eher eine soziale Verantwortung zu als in individualistischen Kulturen.

Auch die PR-Ziele variieren mit der Ausprägung der Individualismus-Kollektivismus-Dimension. In kollektivistischen Kulturen dürften Ziele wie um Verständnis werben, Vertrauen schaffen und überzeugen vorherrschen, in individualistischen Kulturen eher informieren und überreden.

> H_{i14}: In kollektivistischen Kulturen kommt dem Ziel der Werbung um Verständnis eine größere Bedeutung zu als in individualistischen Kulturen.

> H_{i15}: In individualistischen Kulturen kommt dem Ziel der Information eine größere Bedeutung zu als in kollektivistischen Kulturen.

> H_{i16}: In individualistischen Kulturen kommt dem Ziel der Überredung eine größere Bedeutung zu als in kollektivistischen Kulturen.

Setzt man die Ziele der PR in Aufgabenfelder um, so kann vermutet werden, dass die Mitarbeiterkommunikation sowohl in kollektivistischen als auch in individualistischen Kulturen eine zentrale Bedeutung einnimmt. In kollektivistischen Kulturen unterstützt die Kommunikation die Festigung des Gemeinschaftsgefühls und der Loyalität. In individualistischen Kulturen hingegen dient sie in erster Linie dazu, eine Verbindung der einzelnen Mitarbeiter zu entwickeln und Zusammenhalt zu schaffen. Eine Prognose, in welcher Art von Kultur die Mitarbeiterkommunikation von PR-Verantwortlichen als wichtiger gilt, fällt schwer und soll deshalb nicht vorgenommen werden. Es kann aber vermutet werden, dass Aufgabenfelder, die primär auf Individuen ausgerichtet sind, eher in individualistischen Kulturen dominieren. In kollektivistischen Kulturen, in denen eine integrative und gruppenorientierte Denkweise vorherrscht, werden u.U. eher Instrumente und Maßnahmen eingesetzt, die auf Gruppen oder die gesamte Öffentlichkeit ausgerichtet sind.

> H_{i17}: In individualistischen Kulturen kommt Aufgabenfeldern, die auf einzelne Meinungsführer ausgerichtet sind (z.B. Media Relations, Lobbying), eine bedeutendere Rolle zu als in kollektivistischen Kulturen.

> H_{i18}: In kollektivistischen Kulturen kommt Aufgabenfeldern, die auf Gruppen (z.B. die Öffentlichkeit) ausgerichtet sind, eine bedeutendere Rolle zu als in individualistischen Kulturen.

Überträgt man die Werte und Ziele des Einzelnen auf die PR-Rollen, so lässt sich auch hier ein Zusammenhang mit der Individualismus-Kollektivismus-Dimension erwarten. Da PR-Verantwortliche in individualistischen Kulturen eher erfolgs- und aufstiegsorientiert sind und eine größere Eigenverantwortung anstreben, sind sie vermutlich eher Manager als ihre Kollegen in kollektivistischen Ländern.

Tab. 11: Hypothesen zur Individualismus-Kollektivismus-Dimension im Überblick

PR-Element	Je individualistischer eine Kultur,	Je kollektivistischer eine Kultur,
Kommunikationsstil des PR-Verantwortlichen	desto eher kommuniziert der PR-Verantwortliche über persönliche Kanäle.	desto eher kommuniziert der PR-Verantwortliche über mediale Kanäle.
Organisation und Einfluss der PR im Unternehmen	desto häufiger ist PR organisatorisch direkt der Unternehmensleitung zugeordnet bzw. eine Stabsstelle.	
	desto häufiger ist PR Teil der internen Führungselite.	
	desto größeren Einfluss hat PR auf organisatorische Entscheidungen.	
Einstellung zur Wahrheit (Ethik)	desto offener und ehrlicher wird PR praktiziert.	desto eher weicht PR im Falle einer das Unternehmen bedrohenden Krise von der Wahrheit ab.
PR-Verständnis	desto eher wird PR als Kommunikationsmanagement verstanden.	desto eher wird PR als geplantes und zielgerichtetes Bemühen um das Vertrauen der Öffentlichkeit verstanden.
		desto eher wird PR als Vermittlung und Ausgleich gesellschaftlicher Interessen verstanden.
		desto eher wird PR als Kommunikationsfunktion zur Absatzförderung von Produkten oder Dienstleistungen verstanden.
		desto eher schreiben PR-Verantwortliche dem Unternehmen eine soziale Verantwortung zu.
PR-Zielsetzungen	desto größere Bedeutung kommt dem Ziel der Information zu.	desto größere Bedeutung hat das Ziel der Werbung um Verständnis.
	desto größere Bedeutung kommt dem Ziel der Überredung zu.	
PR-Erfolgsfaktoren	desto größere Bedeutung kommt Aufgabenfeldern, die auf Meinungsführer ausgerichtet sind (z.B. Media Relations, Lobbying), zu.	desto größere Bedeutung kommt Aufgabenfeldern, die auf Gruppen (z.B. die Öffentlichkeit) ausgerichtet sind, zu.
PR-Rollen	desto eher üben PR-Verantwortliche die Manager-Rolle aus.	
	desto eher wird PR als Managementfunktion verstanden.	
	desto eher ist PR *boundary spanner*.	
PR-Modelle	desto häufiger sind das zweiseitig-symmetrische bzw. das *mixed-motive model* zu finden.	desto eher sind einseitige Modelle zu finden.

Quelle: eigene Darstellung

> H_{i19}: In individualistischen Kulturen üben PR-Verantwortliche eher die Rolle des PR-Managers aus als in kollektivistischen Kulturen.

Individuen in individualistischen Kulturen versuchen, eine möglichst große Übereinstimmung von eigenem Individualinteresse und den Interessen des Arbeitgebers herbeizuführen. Überträgt man diese Tatsache auf die PR-Modelle, so kann für individualistische Kulturen die Dominanz zweiseitiger und weitgehend symmetrischer Modelle erwartet werden. Im Gegensatz dazu müssten in kollektivistischen Kulturen, in denen Feedback allenfalls über versteckte Kanäle erfolgt, einseitige Modelle vorherrschen.

> H_{i20}: In individualistischen Kulturen sind das zweiseitig-symmetrische bzw. das *mixed-motive model* häufiger zu finden als in kollektivistischen Kulturen.

> H_{i21}: In kollektivistischen Kulturen sind eher einseitige Modelle zu finden als in individualistischen Kulturen.

Tabelle 11 zeigt die Hypothesen für die jeweiligen PR-Elemente im Überblick.

Hypothesen zur Femininität-Maskulinität-Dimension

> „Maskulinität kennzeichnet eine Gesellschaft, in der die Rollen der Geschlechter klar gegeneinander abgegrenzt sind: Männer haben bestimmt, hart und materiell orientiert zu sein, Frauen müssen bescheidener, sensibler sein und Wert auf Lebensqualität legen. Femininität kennzeichnet eine Gesellschaft, in der sich die Rollen der Geschlechter überschneiden: Sowohl Frauen als auch Männer sollten bescheiden und feinfühlig sein und Wert auf Lebensqualität legen." (Hofstede, 1993, S. 101)

Die Maskulinität-Femininität-Dimension untersucht, zu welchem Grad eine Kultur Leistung oder soziale Unterstützung anstrebt. Tabelle 12 zeigt die unterschiedlichen Orientierungen und Wertausprägungen der beiden Extremdimensionen.

In maskulinen Kulturen erarbeitet sich der PR-Verantwortliche wohl eher eine Führungsfunktion. Entscheidend hierfür sind neben der monetären und materiellen Orientierung auch das Streben nach Anerkennung persönlicher Leistungen und der Wunsch nach täglichen Herausforderungen. In femininen Kulturen hingegen liegt der Fokus stärker auf dem privaten Bereich, so dass der PR-Verantwortliche vermutlich eher seltener eine solch exponierte Stellung einnimmt als sein Kollege in maskulinen Kulturen.

> H_{f1}: In maskulinen Kulturen ist die PR-Abteilung häufiger direkt der Unternehmensleitung zugeordnet bzw. eine Stabsstelle auf Geschäftsführungsebene als in femininen Kulturen.

H_{f2}: In maskulinen Kulturen ist die PR häufiger Teil der internen Führungselite als in femininen Kulturen.

H_{f3}: In maskulinen Kulturen hat die PR einen größeren Einfluss auf organisatorische Entscheidungen als in femininen Kulturen.

Tab. 12: Bedeutung von Maskulinität und Femininität für das Unternehmen

Kriterium	Maskulinität (harte Kulturen)	Femininität (weiche Kulturen)
Grund-dimension	▪ Bestimmtheit im Verhalten ▪ Leistungsstreben ▪ monetäre/materielle Orientierung ▪ pessimistisches Menschenbild	▪ Bedeutung zwischenmenschlicher Elemente ▪ Solidarität ▪ hohe Lebensqualität ▪ optimistisches Menschenbild
Zentrale Werte	▪ Anerkennung von Leistungen ▪ Beförderung ▪ Herausforderungen bei der Arbeit	▪ Bescheidenheit ▪ Freundlichkeit und Hilfsbereitschaft ▪ Sicherheit im Umfeld
Arbeits-einstellung	▪ Leben um zu arbeiten	▪ Arbeiten um zu leben
Konflikt-verhalten	▪ Leistung entscheidet, Meinungsunterschiede werden in Form von Machtkämpfen ausgetragen.	▪ Suche nach Kompromissen

Quelle: eigene Darstellung

Auch in Bezug auf das PR-Verständnis sind Unterschiede zu erwarten: Die in femininen Kulturen vorherrschenden Werte Solidarität, Hilfsbereitschaft und Freundlichkeit deuten in Kombination mit einem optimistischen Menschenbild darauf hin, dass hier gesellschaftsorientierte PR oder das Bemühen um Vertrauen eher der Grundhaltung der Menschen entspricht als in maskulinen Kulturen. In maskulinen Kulturen hingegen kann in Bezug auf das PR-Verständnis vermutet werden, dass primär die managementorientierte Perspektive vorherrscht, in deren Rahmen die Ertragsorientierung des Unternehmens im Vordergrund steht.

H_{f4}: In femininen Kulturen wird PR eher als Vermittlung und Ausgleich gesellschaftlicher Interessen verstanden als in maskulinen Kulturen.

H_{f5}: In femininen Kulturen wird PR eher als geplantes und zielgerichtetes Bemühen eines Unternehmens um das Vertrauen der Öffentlichkeit gesehen als in maskulinen Kulturen.

H_{f6}: In maskulinen Kulturen wird PR eher als Kommunikationsmanagement verstanden als in femininen Kulturen.

Die für feminine Kulturen typischen Elemente Bescheidenheit, Freundlichkeit und das optimistische Menschenbild deuten darauf hin, dass die Wahrheit hier eine zentrale Größe der PR-Arbeit ist. In maskulinen Kulturen hingegen, in denen das pessimistische Menschenbild vorherrscht, ist der Einsatz unwahrer Information eher denkbar.

> H_{f7}: In maskulinen Kulturen werden im Rahmen der PR eher unwahre Informationen eingesetzt als in femininen Kulturen.

Auch die PR-Aufgaben weisen aller Wahrscheinlichkeit nach einen starken Zusammenhang mit Femininität bzw. Maskulinität auf. In femininen Kulturen, in denen die Suche nach Kompromissen und die Harmonie betont werden, dominiert vermutlich die Überzeugung, ein Unternehmen habe eine soziale Verantwortung wahrzunehmen. Aufgrund des optimistischen Menschenbilds wird PR wohl weniger häufig bzw. weniger intensiv die Rolle des *boundary spanner* wahrnehmen als in maskulinen Kulturen, in denen das pessimistische Menschenbild das Handeln der Menschen bestimmt.

> H_{f8}: In femininen Kulturen findet sich die Überzeugung, ein Unternehmen habe der Öffentlichkeit gegenüber eine soziale Verantwortung, die durch die PR vermittelt werden müsse, häufiger als in maskulinen Kulturen.

> H_{f9}: In maskulinen Kulturen ist PR eher *boundary spanner* als in femininen Kulturen.

Überträgt man die Einstellungen zur PR und die Vorstellungen zu ihrer Funktion auf die Ziele der PR, so kann formuliert werden, dass PR in femininen Kulturen eher als in maskulinen Kulturen Sachverhalte erklärt, um Vertrauen und um Verständnis werben will.

> H_{f10}: In femininen Kulturen hat PR eher das Ziel des Erklärens als in maskulinen Kulturen.

> H_{f11}: In femininen Kulturen hat PR eher die Werbung um Vertrauen zum Ziel als in maskulinen Kulturen.

> H_{f12}: In femininen Kulturen hat PR häufiger die Werbung um Verständnis zum Ziel als in maskulinen Kulturen.

Als logische Ableitung ergibt sich in Bezug auf die PR-Modelle die Hypothese, dass PR in femininen Kulturen als zweiseitig-symmetrisches Modell eher auf Harmonie und Kompromissfähigkeit, in maskulinen Kulturen als einseitiges oder asymmetrisches Modell ausgerichtet ist. Denn in Unternehmen in maskulinen Kulturen, so zeigen Hofstedes Ergebnisse, werden Meinungsunterschiede nicht durch Kompromisse beigelegt, sondern in Form von Machtkämpfen ausgetragen.

H_{fl3}: In femininen Kulturen sind das zweiseitig-symmetrische bzw. das *mixed-motive model* häufiger zu finden als in maskulinen Kulturen.

H_{fl4}: In maskulinen Kulturen ist PR eher in Form einseitiger PR-Modelle oder in Form des asymmetrischen Modells zu finden als in femininen Kulturen.

Tabelle 13 fasst die Hypothesen für die Maskulinität-Femininität-Dimension entsprechend ihre jeweiligen Zuordnung zu den PR-Elementen zusammen.

Tab. 13: Hypothesen zur Maskulinität-Femininität-Dimension im Überblick

PR-Element	Je maskuliner eine Kultur,	Je femininer eine Kultur,
Organisation und Einfluss der PR im Unternehmen	desto eher ist PR direkt der Unternehmensleitung zugeordnet bzw. eine Stabsstelle auf Geschäftsführungsebene.	
	desto eher ist PR Teil der internen Führungselite.	
	desto größeren Einfluss hat PR auf organisatorische Entscheidungen.	
Einstellung zur Wahrheit	desto eher werden unwahre Informationen eingesetzt.	
PR-Verständnis	desto eher wird PR als Kommunikationsmanagement verstanden.	desto eher ist PR Vermittlung und Ausgleich gesellschaftlicher Interessen.
		desto eher wird PR als geplantes und zielgerichtetes Bemühen eines Unternehmens um das Vertrauen der Öffentlichkeit gesehen.
		desto eher findet sich die Überzeugung, ein Unternehmen habe der Öffentlichkeit gegenüber eine soziale Verantwortung, die durch die PR vermittelt werden müsse.
PR-Zielsetzungen	desto eher ist PR *boundary spanner*.	desto eher hat PR das Ziel des Erklärens.
		desto eher hat PR die Werbung um Vertrauen zum Ziel.
		desto eher hat PR die Werbung um Verständnis zum Ziel.
PR-Modelle	desto eher sind einseitige PR-Modelle oder das asymmetrische Modell zu finden.	desto eher sind das zweiseitig-symmetrische bzw. das *mixed-motive model* zu finden.

Quelle: eigene Darstellung

Hypothesen zur Dimension der Unsicherheitsvermeidung

> „Unsicherheitsvermeidung läßt sich daher definieren als der Grad, in dem die Mitglieder einer Kultur sich durch ungewisse oder unbekannte Situationen bedroht fühlen. Dieses Gefühl drückt sich u.a. in nervösem Streß und einem Bedürfnis nach Vorhersehbarkeit aus: ein Bedürfnis nach geschriebenen und ungeschriebenen Regeln." (Hofstede, 1993, S. 133)

Die Dimension der Unsicherheitsvermeidung beruht auf dem Grad der „Toleranz des Unvorhersehbaren" der Zukunft (Hofstede, 1993, S. 13; vgl. Hofstede, 1980, S. 153). Im Rahmen des Unternehmens drückt sich diese Kulturdimension v.a. im Hinblick auf das Vorhandensein einer strategischen Planung und eines systematischen Prozesses aus. Tabelle 14 verdeutlicht, dass Kulturen mit Tendenz zu starker Unsicherheitsvermeidung versuchen, die Zukunft so genau und langfristig wie möglich zu planen und zu prognostizieren.

Tab. 14: Bedeutung der Unsicherheitsvermeidung für das Unternehmen

Kriterium	starke Unsicherheitsvermeidung	schwache Unsicherheitsvermeidung
Grunddimension	▪ Die Zukunft wird so genau und langfristig wie möglich prognostiziert und geplant. ▪ Neue, unbekannte Situationen werden als unangenehm empfunden und können Angst auslösen.	▪ Die Gegenwart ist entscheidend und wird hingenommen, wie sie ist. ▪ Die Auseinandersetzung mit neuen, unbekannten Situationen findet dann statt, wenn die Situation eingetroffen ist.
zentrale Charakteristika/ Wirkung der Menschen	▪ geschäftig ▪ unruhig ▪ emotional ▪ aggressiv ▪ aktiv	▪ ruhig ▪ gelassen ▪ träge ▪ kontrolliert ▪ faul
Regelungsdichte im Unternehmen	▪ Vielzahl formeller und informeller Regeln für Arbeitgeber und Arbeitnehmer, um Stabilität und Sicherheit zu schaffen	▪ niedriges Angstniveau ▪ Formelle Regeln werden nur dann aufgestellt, wenn sie absolut notwendig sind.

Quelle: eigene Darstellung

In Kulturen mit starker Unsicherheitsvermeidung kommt der Prognose und Planung der Zukunft zentrale Bedeutung zu. Entsprechend ist PR vermutlich eine Funktion der Unternehmensführung und übernimmt die Rolle des *boundary spanner* indem sie versucht, die Zukunft durch Kommunikation zu lenken und zu gestalten.

H_{u1}: In Kulturen mit starker Unsicherheitsvermeidung nimmt PR häufiger die Rolle des *boundary spanner* wahr als in Kulturen mit schwacher Unsicherheitsvermeidung.

Um mögliche Bedrohungen frühzeitig entgegenzuwirken, braucht der PR-Verantwortliche als *boundary spanner* direkten Zugang zum Vorstand, so dass diesbezüglich und im Hinblick auf Organisation und Einfluss der PR-Abteilung weitere Hypothesen formuliert werden können:

H_{u2}: In Kulturen mit starker Unsicherheitsvermeidung ist die PR-Abteilung häufiger direkt der Unternehmensleitung zugeordnet oder als Stabsstelle organisiert als in Kulturen mit schwacher Unsicherheitsvermeidung.

H_{u3}: In Kulturen mit starker Unsicherheitsvermeidung ist PR häufiger Teil der internen Führungselite als in Kulturen mit schwacher Unsicherheitsvermeidung.

H_{u4}: In Kulturen mit starker Unsicherheitsvermeidung hat PR einen größeren Einfluss auf Unternehmensentscheidungen als in Kulturen mit schwacher Unsicherheitsvermeidung.

Kulturen mit starker Unsicherheitsvermeidung prognostizieren und planen die Zukunft so genau und langfristig wie möglich. Ruhige und gelassene Kulturen mit schwacher Unsicherheitsvermeidungstendenz hingegen werden eher versuchen, das Vertrauen der Öffentlichkeit zu gewinnen und gesellschaftliche Interessen zu vermitteln, ohne Vorarbeiten und Krisenvermeidungsstrategien zu entwickeln.

H_{u5}: In Kulturen mit schwacher Unsicherheitsvermeidungstendenz wird PR eher als geplantes und zielgerichtetes Bemühen eines Unternehmens um das Vertrauen der Öffentlichkeit verstanden als in Kulturen mit starker Unsicherheitsvermeidungstendenz.

H_{u6}: In Kulturen mit schwacher Unsicherheitsvermeidungstendenz wird PR eher als Vermittlung und Ausgleich gesellschaftlicher Interessen verstanden als in Kulturen mit starker Unsicherheitsvermeidungstendenz.

Für die PR bedeutet die besondere Rolle der Zukunftsplanung nicht nur einen verstärkten Einsatz des *boundary spanning*, sondern auch eine besondere Rolle des Management- und Planungsprozesses, der Krisenprävention und -kommunikation sowie einer aktiven PR-Arbeit.

H_{u7}: In Kulturen mit starker Unsicherheitsvermeidung wird PR eher als Managementfunktion verstanden als in Kulturen mit schwacher Unsicherheitsvermeidung.

> H_{u8}: In Kulturen mit starker Unsicherheitsvermeidung wird der Krisenkommunikation eine größere Bedeutung zugeschrieben als in Kulturen mit schwacher Unsicherheitsvermeidung.

> H_{u9}: In Kulturen mit schwacher Unsicherheitsvermeidung wird PR eher in Form reaktiver PR durchgeführt als in Kulturen mit starker Unsicherheitsvermeidung.

Auch für die Einstellung zur Wahrheit lassen sich kulturbedingte Ausprägungen prognostizieren. Vermutlich sind PR-Verantwortliche in Kulturen mit starker Unsicherheitsvermeidungstendenz eher bereit, unwahre Informationen zum Schutz des Unternehmens bzw. zur Abwendung von Krisen einzusetzen als PR-Verantwortliche in Kulturen mit schwacher Unsicherheitsvermeidung.

> H_{u10}: In Kulturen mit starker Unsicherheitsvermeidung wird PR eher unwahre Informationen als Instrument der PR einsetzen als in Kulturen mit schwacher Unsicherheitsvermeidung.

Einen weiteren Bereich, in dem sich die Unsicherheitsvermeidung offenbaren könnte, stellen die PR-Modelle dar. Ein Ziel der Zweiweg-Modelle ist es, Feedback von den Rezipienten der PR-Maßnahmen einzuholen. Versteht man Feedback als Möglichkeit, die Unsicherheit zu reduzieren und das Verhalten der Zielgruppen planbar zu machen, so kann vermutet werden, dass PR in Kulturen mit starker Unsicherheitsvermeidungstendenz eher Zweiweg-Modelle verwendet.

> H_{u11}: In Kulturen mit starker Unsicherheitsvermeidung wird PR eher in Form von zweiseitig-symmetrischen Modellen oder in Form des *mixed-motive model* praktiziert als in Kulturen mit schwacher Unsicherheitsvermeidung.

Tabelle 15 zeigt die Hypothesen für die Unsicherheitsvermeidungsdimension.

4.3.3 Zusammenfassung der Hypothesen

Fasst man die Hypothesen thematisch zusammen, so zeigen sich deutliche Zusammenhänge der PR mit den einzelnen Kulturdimensionen:
- Je geringer die Machtdistanz, je individualistischer und je maskuliner eine Kultur, desto mehr Einfluss hat PR innerhalb des Unternehmens, desto eher wird sie als Kommunikationsmanagement verstanden, desto eher werden zweiseitige Modelle eingesetzt, desto eher ist PR eine Managementfunktion und übt der PR-Verantwortliche die Rolle des PR-Managers aus.

Tab. 15: Hypothesen zur Unsicherheitsvermeidungstendenz im Überblick

PR-Element	Je stärker die Unsicherheitsvermeidungstendenz einer Kultur,	Je schwächer die Unsicherheitsvermeidungstendenz einer Kultur,
Organisation und Einfluss der PR im Unternehmen	desto eher ist die PR-Abteilung direkt der Unternehmensleitung zugeordnet bzw. Stabsstelle.	
	desto eher ist PR Teil der internen Führungselite.	
	desto größeren Einfluss hat PR auf Unternehmensentscheidungen.	
Einstellung z. Wahrheit	desto eher setzt PR unwahre Informationen ein.	
PR-Verständnis	desto eher wird PR als Managementfunktion verstanden.	desto eher ist PR Vermittlung und Ausgleich gesellschaftlicher Interessen.
		desto eher wird PR als geplantes und zielgerichtetes Bemühen eines Unternehmens um das Vertrauen der Öffentlichkeit verstanden.
PR-Tätigkeitsfelder	desto größere Bedeutung wird der Krisenkommunikation zugeschrieben.	
	desto eher ist PR *boundary spanner*.	desto reaktiver wird PR durchgeführt.
PR-Modelle	desto eher werden zweiseitig-symmetrische Modelle oder das *mixed-motive model* eigesetzt.	

Quelle: eigene Darstellung

- Je größer die Machtdistanz und je kollektivistischer eine Kultur, desto weniger Einfluss hat die PR innerhalb des Unternehmens, desto eher wird PR als Kommunikationsfunktion zur Absatzförderung von Produkten und Dienstleistungen verstanden, desto eher werden unwahre Informationen zur Erreichung der Unternehmensziele eingesetzt, desto eher werden einseitige oder zweiseitig-asymmetrische Modell eingesetzt und desto häufiger findet sich die Rolle des PR-Technikers.
- Je größer die Machtdistanz, desto häufiger findet sich das Modell der persönlichen Einflussnahme, desto mehr Bedeutung kommt dem *boundary spanning* zu und desto unwichtiger ist das Lobbying.
- Je kollektivistischer und femininer eine Kultur, desto eher dient PR der Vermittlung und dem Ausgleich gesellschaftlicher Interessen, desto eher bemüht sich PR um das Vertrauen und das Verständnis der Öffentlichkeit und desto eher wird dem Unternehmen eine soziale Verantwortung zugeschrieben.
- Je stärker die Unsicherheitsvermeidung, desto mehr Einfluss hat PR innerhalb des Unternehmens, desto eher nimmt PR eine *boundary spanning*-Funktion wahr, desto proaktiver ist sie orientiert und desto eher sind zweiseitig-symmetrische Modelle oder das *mixed-motive model* zu finden.

Zusammenfassung des Abschnitts
Am Ende des theoretischen Teils dieser Arbeit wurde ein Kultur-PR-Modell entwickelt, das den Zusammenhang zwischen den einzelnen, wechselseitig aufeinander bezogenen PR-Elementen auf der einen und National-, Unternehmens- und Individualkultur auf der anderen Seite verdeutlicht. Das Modell ist durch Hypothesen ausdifferenziert worden, die sich aus der theoretischen Vernetzung der Nationalkulturdimensionen mit der PR ergeben, ergänzt um spekulativ formulierte Hypothesen.

II Empirische Überprüfung

5 Kulturvergleichende Forschung in der Public Relations

In Zusammenhang mit einem Vergleich der PR-Praxis in verschiedenen Ländern ist häufig von internationaler PR die Rede. So werden z.B. Sammelbände, die eine Vielzahl verschiedener Ein-Länder-Studien versammeln, mit dem Etikett internationaler PR versehen. Im engeren Begriffsverständnis konzentriert sich die internationale PR jedoch auf die PR-Praxis im länderübergreifenden Kontext (vgl. Grunig, 2000b)[89], wohingegen der Ländervergleich, wie er zur Prüfung der Hypothesen dieser Arbeit notwendig ist, in den Bereich der komparativen Methode gehört (vgl. Berg-Schlosser/Müller-Rommel, 1997, S. 11; vgl. Usunier, 1998, S. 2). Gegenstand der komparativen Public Relations-Forschung ist es, Gemeinsamkeiten und Unterschiede der PR-Praxis in mehreren Ländern zu untersuchen.

Im Rahmen dieses fünften Kapitels werden die Grundsätze der kulturvergleichenden Methode aufgezeigt und ihre Anforderungen für den empirischen Teil der Arbeit umgesetzt. Kapitel 5.1 stellt die Merkmale des Kulturvergleichs und deren grundlegende Ansätze dar und überträgt sie auf das Feld der PR-Forschung. Methodische Anforderungen, die es bei der Primärforschung in verschiedenen Kulturen zu beachten gilt, stehen im Mittelpunkt des Kapitels 5.2. In Kapitel 5.3 werden die Ausführungen auf die im Rahmen dieser Arbeit durchzuführende Untersuchung übertragen und für die Anlage der Studie berücksichtigt. Die Überleitung zur Datenauswertung in Kapitel sechs stellt das Kapitel 5.4 dar, in dem Aussagekraft und Reichweite der gewonnenen Daten diskutiert werden.

5.1 Merkmale kulturvergleichender Forschung

Ziel der kulturvergleichenden Methode ist es, entsprechend der Idee von weltweit gültigen Gemeinsamkeiten („generic principles") einerseits möglichst universelle und mit den kulturspezifischen Ausprägungen („specific applications") andererseits möglichst kulturspezifische Elemente von PR zu identifizieren. Kulturvergleichende PR stellt in ihrem Rahmen eine Unterform dar, die sich auf kulturelle Gemeinsamkeiten und Unterschiede der PR-Praxis spezialisiert hat. Im Rahmen des kulturvergleichenden Ansatzes werden Daten in unterschiedlichen Kulturen erhoben, um feststellen zu können, welches der interessierenden Elemente kulturspezifisch und welches kulturunabhängig ist (vgl. Jandt, 2001, S. 38; vgl. Trommsdorff, 1989, S. 10; vgl. Edelstein, 1984, S. 44).

---

89 Für Ausrichtung und zentrale Fragestellungen der interkulturellen PR-Forschung siehe z.B. Ting-Toomey (1999); Tanno/González (1998); Korzenny/Ting-Toomey (1992); Atwood (1984). Mit dem verwandten Begriff der interkulturellen Kommunikation wird im Allgemeinen die direkte, persönliche Face-to-face-Interaktion zwischen Menschen unterschiedlicher Kulturen verstanden (vgl. Jandt, 2001, S. 38).

5.1.1 Grundzüge des Kulturvergleichs

Kulturvergleichende Forschung definiert sich demnach nicht über Inhalte, sondern allein über ihre Methode: den quasi-experimentellen Vergleich. Ziel ist es, universell gültige Aussagen zu treffen und damit die Ethnozentriertheit der jeweiligen Forschungsperspektive zu überwinden (vgl. Berg-Schlosser/Müller-Rommel, 1997, S. 11).

> „By comparative studies we mean the simultaneous (more or less) observation of two or more entities (nations or regions) that are judged to be equivalent on one variable so that concomitant variation on another variable may be observed. The purpose in looking for commonality along one set of variables is to determine commonality or variation among another set of related variables, so that generalization across cultures may be made." (Edelstein, 1984, S. 44)

Um von kulturvergleichender Forschung zu sprechen, müssen folgende Anforderungen erfüllt sein:
- Untersuchungseinheiten müssen aus zwei oder mehr Kulturen stammen,
- Messmethoden und -ergebnisse müssen äquivalent sein (Frage nach der Vergleichbarkeit; vgl. Glagow, 2002, S. 60; vgl. Aarebrot/Bakka, 1997, S. 57 ff.) und
- als Ziel muss ihr die Generierung, Überprüfung oder Erweiterung der Gültigkeit von Theorien zu Grunde liegen (vgl. Salzberger, 1999, S. 55 f.).

Der Vergleich verschiedener Kulturen ist dabei entlang eines oder mehrerer Kriterien möglich, wobei die Kultur die unabhängige Variable bildet (vgl. Edelstein/Ito/Kepplinger, 1989, S. 6; vgl. Harms, 1973, S. 40). Abbildung 28 zeigt die verschiedenen Ebenen kulturvergleichender PR-Forschung.

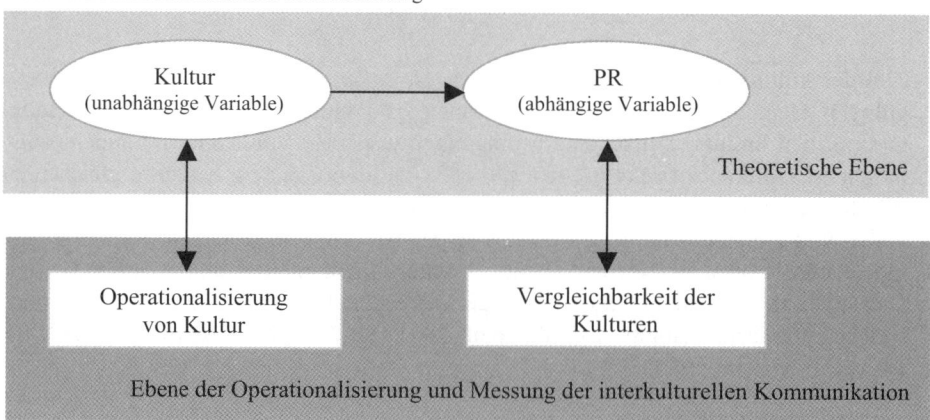

Abb. 28: Ebenen interkultureller Marktforschung

Quelle: in Anlehnung an Salzberger (1999, S. 33).

Mit der kulturkomparativen Methode wird eine Fragestellung, ein bestimmtes Modell oder ein Konzept in verschiedenen Kulturen mit dem Ziel untersucht, die Kulturen entlang dieses einen interessierenden Kriteriums zu vergleichen (vgl. Lustig/Koester, 1999, S. 61). Als Analysemethoden kommen Regressions- und Faktoranalyse zum Einsatz. Während die Regressionsanalyse Richtung und Grad der Beziehung zwischen unabhängiger und abhängiger Variable ermittelt, untersucht die Faktoranalyse die Dimensionalität der Indikatoren (vgl. Widmaier, 1997, S. 112). Eine Herausforderung im Bereich kulturvergleichender Forschung stellt die Gleichsetzung von Kultur und Nation dar (vgl. Abschnitt 3.2.1). Kultur wird meist als identisch mit dem Gebilde der Nation verstanden, indem nationalstaatliche Grenzen mit kulturellen Grenzen v.a. aus forschungspraktischen Gründen gleichgesetzt werden.[90] Zu den Problembereichen der kulturvergleichenden Methode gehört darüber hinaus die Parochialität (vgl. Abschnitt 1.4.1). Indem der Forscher selbst durch seine Kultur geprägt ist, beurteilt er auftretende Phänomene vor dem Hintergrund seiner eigenen Weltsicht (vgl. Usunier, 1998, S. 8 ff.). Insofern ist die Interpretation dieser Ergebnisse im Rahmen der individuellen Kulturprägung des Forschers zu sehen. Hinzu kommt, dass die Aussagekraft der Ergebnisse selbst kulturgeprägt ist. Die Kultur tritt also in allen Stufen der kulturvergleichenden Forschung zu Tage.

5.1.2 Kulturvergleichende Forschung im Rahmen der PR

Die komparative Kommunikationsforschung hat eine lange Tradition.[91] Sie gehört neben der interkulturellen Forschungsperspektive zu den am häufigsten angewandten Perspektiven der internationalen Kommunikationsforschung (vgl. Chesebro, 1998, S. 177 ff.). Für das Forschungsfeld PR wurde die kulturvergleichende Methode erst in den letzten Jahren erschlossen, von einer vergleichenden PR-Wissenschaft kann bislang kaum die Rede sein. Dabei ist, wie Aarebrot und Bakka (1997, S. 49) es formulieren, „jede Beobachtung ohne Bedeutung (...), wenn man sie nicht mit anderen Beobachtungen vergleicht". Botan spricht in Zusammenhang mit der komparativen PR-Forschung von einer Theorie der komparativen internationalen PR, die es zu entwickeln gelte. Eine solche Theorie solle die bestehenden Verhältnisse und Sichtweisen von PR, die es in der Welt gibt, vereinen und integrieren (vgl. Botan, 1992, S. 25). Das Forschungsfeld der kulturvergleichenden PR-Forschung lässt sich wie folgt definieren:

> Die kulturkomparative PR-Forschung befasst sich mit sämtlichen Fragen und Problemen, die sich aus der kulturellen Verschiedenartigkeit von Umwelt, Personen und Institutionen für die PR ergeben.

---

90 Problematisch sind dabei die Identifikation einer Kultur und ihre Abgrenzung von anderen Kulturen (vgl. Casmir, 1992, S. 248 ff.; vgl. Ono, 1998).
91 Für eine Übersicht der ersten im Rahmen der komparativen Kommunikationsforschung durchgeführten Arbeiten siehe Edelstein (1982; 1984).

Für die dieser Arbeit zu Grunde liegende Fragestellung muss die Definition weiter eingeschränkt werden: Untersucht werden hier die Einflüsse der verschiedenartigen Kulturen auf den PR-Verantwortlichen eines Unternehmens und seine PR.

5.1.3 Forschungsansätze im Rahmen des Kulturvergleichs

In der klassischen kulturvergleichenden Forschung haben sich zwei Untersuchungsansätze eingebürgert: Etic- und Emic-Ansatz. Die auf den ersten Blick etwas eigentümliche Bezeichnung der Ansätze geht auf die Linguistik zurück, bei der der Begriff phon*etic* sprachliche Besonderheiten meint, die bei mehreren Sprachen universell auftreten, im Gegensatz zum Begriff phon*emic*, der Klangspezifika einer einzigen Sprache bezeichnet (vgl. Usunier, 2000, S. 212; vgl. Berry, 1980, S. 11; vgl. Goodenough, 1970, S. 108).

Entsprechend dieser ersten begrifflichen Annäherung geht der so genannte Etic-Ansatz von gemeinsamen bzw. ähnlichen Grundwerten bei Nationalkulturen aus (vgl. Simmet-Blomberg, 1998, S. 141; vgl. Triandis, 1972, S. 39). Er nimmt an, dass sich bestimmte Nationalkulturen über ihre gemeinsamen Werte in Gruppen klassifizieren lassen. Ziel des Etic-Ansatzes ist es demnach, kulturneutrale, universelle Faktoren *innerhalb eines Systems* zu identifzieren (vgl. Berry, 1980, S. 11 f.). Vor dem Hintergrund dieses länder- bzw. kulturübergreifenden Ansatzes klassifizierte z.B. auch Hofstede Kulturen entlang seiner vier Kulturdimensionen (vgl. Kapitel 2) und zeigte Unterschiede auf. Der Emic-Ansatz nimmt die entgegengesetzte Haltung ein: Er vermutet grundlegende Unterschiede zwischen den Nationalkulturen sowie einen Mangel an gemeinsamen Werten und geht damit von der Einzigartigkeit einer Nationakultur aus (vgl. Simmet-Blomberg, 1998, S. 141; vgl. Triandis, 1972, S. 39). „The emic approach holds that attitudinal or behavioural phenomena are expressed in a unique way in each culture", schreibt Usunier (2000, S. 212) und betont, dass der Ansatz in extremer Form jegliche Vergleichbarkeit von Kulturen negiert. Im Rahmen dieser Denkhaltung werden z.B. Organisationsspezifika landesspezifisch untersucht, die Reichweite dieser Untersuchungen bleibt im Rahmen der Fallstudien auf das einzelne Land beschränkt. Man spricht in Zusammenhang mit dem Emic-Ansatz auch von landesspezifischer bzw. regionenspezifischer Forschung (vgl. Shuter/Wiseman, 1994, S. 7). Eine Gegenüberstellung der Ausrichtung der beiden Ansätze nimmt Tablle 16 vor. Triandis (1972, S. 39) bringt die Grenzen der beiden Ansätze wie folgt auf den Punkt: „The scientist who adopts the emic approach cannot, by definition, do cross-cultural work. The one who adopts the etic can easily miss the most important aspects of the phenomena he wishes to study." Legt man den Begriff der cross-cultural-Forschung zu Grunde, so schreibt Berry (1980, S. 13) zu Recht, dass sie in Bezug auf den Begriffsteil „cultural" ein gewisses Maß an emic, in Bezug auf „cross" jedoch auch die Etic-Perspektive mit beinhalten muss. Die Diskussion um Emic- oder Etic-Ansatz lässt sich ausweiten auf die viel grundsätzlichere Fragestellung der „global divergence or convergence" verschiedener organisationaler Attribute und Praktiken, darunter auch die PR (vgl. Joynt, 1985).

Tab. 16: Etic- und Emic-Ansatz im Vergleich

Kriterium	Etic-Ansatz	Emic-Ansatz
Fokus	Forschung außerhalb des Systems	Forschung innerhalb des Systems
Gegenstand	Untersuchung und Vergleich mehrerer Kulturen	Untersuchung nur einer Kultur
Struktur	wird vom Forscher geschaffen	wird vom Forscher entdeckt
Kriterien	werden als absolut oder universell betrachtet	beziehen sich auf innere Merkmale
Integrationsanspruch	niedrig	hoch
Vollständigkeit der Information	partiell	vollständig
Differenzierung	aufgrund unterschiedlicher Messergebnisse	aufgrund unterschiedlicher Responses
Geltungsanspruch	hoch Ergebnisse sind endgültig	begrenzt Ergebnisse lediglich vorläufig

Quelle: Simmet-Blomberg (1998, S. 142)

Man unterscheidet „culture-free" und „culture-specific hypothesis". Die culture-free hypothesis nimmt an, dass Organisationen mehr Gemeinsamkeiten als Unterschiede aufweisen und die (geringen) Einflüsse von Kultur vernachlässigt werden können (vgl. ebd.). Im Rahmen dieser Etic-Kulturanalyse sollen Gemeinsamkeiten von Kulturen identifiziert werden, die für möglichst viele Länder Geltung haben (vgl. Bennett, 1998, S. 9). Auch heute noch findet die These der weltweiten Kulturkonvergenz ihre Anhänger. Andererseits spricht die Tatsache, dass eine weltweite Angleichung von Strukturen und Prozessen nur ansatzweise stattgefunden hat und sich zentrale Unterschiede über Jahrzehnte hinweg halten konnten, für den kulturgebundenen Ansatz (auch „culture-specific hypothesis"). Vertreter dieses Ansatzes gehen davon aus, dass wesentlich mehr Elemente des Unternehmens kulturspezifisch sind und kulturgemeinsame Faktoren darüber in den Hintergrund treten (vgl. Tayeb, 1988; vgl. Hofstede, 1980). Den Grundstein für eine eingehende Beschäftigung mit Kulturen in Form eines Mittelweges – Analyse von Unterschieden *und* Gemeinsamkeiten – legte Hofstede 1980 mit „Cultures Consequences". Auf der Basis seiner Forschungsergebnisse wurde die Hypothese der Kulturunabhängigkeit weitgehend verworfen und der Einflussfaktor Kulturkontext von der Forschung anerkannt (vgl. Vercic/Grunig/Grunig, 1996, S. 47). Im Rahmen der komparativen Forschung treten Generalisierungen in den Vordergrund: Vergleiche sind aufgrund einer Vielzahl unterschiedlicher Faktoren und Ausprägungen nur mit Hilfe eines hohen Abstraktionsgrades möglich (vgl. Köbben, 1970, S. 582). Besonderes Augenmerk muss bei der komparativen Forschung deshalb darauf liegen, die Vergleichskategorien möglichst weit anzulegen, so dass innerhalb der Kategorien zahlreiche Details erfasst werden können (vgl. ebd.). Ziel eines solchen kulturkomparativen Vergleichs ist es, Gemeinsamkeiten und/oder Unterschiede in der PR-Praxis zweier oder mehrerer Länder systematisch zu identifizieren, zu klassifizieren, zu messen und zu interpretieren. Dazu ist die Entwicklung eines Kultur-PR-Modells erforderlich, wie es in

Kapitel vier für diese Arbeit bereits entworfen wurde. Bei der Überprüfung des Modells treten beim Kulturvergleich neben die gemeinhin geltenden Anforderungen an die Methodik einer Befragung zahlreiche weitere Faktoren, die zu berücksichtigen sind (vgl. Simmet-Blomberg, 1998, S. 289; vgl. Halloran, 1997, S. 35).

> **Zusammenfassung des Abschnitts**
> Ziel der kulturvergleichenden PR-Forschung ist es, Gemeinsamkeiten („generic principles") und Unterschiede („specific applications") in der PR-Praxis unterschiedlicher Kulturen zu identifizieren, zu klassifizieren und zu interpretieren. Im Rahmen des Etic-Ansatzes wird angenommen, dass Kulturen mehr Gemeinsamkeiten als Unterschiede aufweisen und diese Gemeinsamkeiten in den Vordergrund des Forschungsinteresses gestellt werden sollten. Der Emic-Ansatz hingegen vermutet grundlegende Unterschiede und geht davon aus, dass Kulturen nur in sehr begrenztem Umfang miteinander verglichen werden können. Durch eine Verbindung beider Sichtweisen sind (bei einem hohen Abstraktionsgrad) Kulturvergleiche möglich, die sowohl Gemeinsamkeiten als auch Unterschiede der PR-Praxen offen legen und somit erste Hinweise auf das Verhältnis von Kultur und PR liefern.

5.2 Methodische Anforderungen an kulturvergleichende Primärforschung

Eine empirische Untersuchung in mehreren Ländern ist allein schon aufgrund verschiedener Sprachen ungleich komplexer als eine Erhebung innerhalb nationaler und kultureller Grenzen. Neben die zusätzliche Schwierigkeit, ein über alle Kulturen bzw. Länder hinweg repräsentatives Sample zu bestimmen, treten besondere Herausforderungen für den Fragebogenaufbau und die Übersetzung der verbalen Skalen in die jeweiligen Landessprachen (vgl. Trommsdorff, 1989, S. 19; vgl. Douglas/ Craig, 1984, S. 93).

5.2.1 Äquivalenz auf allen Stufen einer kulturvergleichenden Untersuchung

Hauptproblem der kulturvergleichenden Forschung ist die Garantie von Vergleichbarkeit, d.h. Äquivalenz in allen Stufen der Untersuchung (vgl. Halloran, 1997, S. 36).[92] So wird dieser Forschung meist der Emic-Ansatz zu Grunde gelegt. Im Rahmen des Emic-Ansatzes werden für jede Nationalkultur eigene Erhebungsinstrumente eingesetzt, die eine höhere Reliabilität und bessere interne Validität der Daten gewährleisten als etic-basierte, kulturuniverselle Testverfahren. Allerdings ermöglichen nur Etic-Verfahren neben dem Vorteil externer Validität die grenzüberschreitende Vergleichbarkeit der Daten, wie sie im Allgemeinen angestrebt wird (vgl. Usunier, 2000, S. 212). Im Rahmen der kulturvergleichenden Forschung muss die Äquivalenz der Untersuchung auf verschiedenen Ebenen berücksichtigt werden (Abbildung 29).

---

92 weiterführend siehe Thieme (2000, S. 352); Usunier (2000, S. 211); Simmet-Blomberg (1998, S. 291); Dmoch (1997, S. 135); Trommsdorff (1989, S. 18 ff.); Berry (1980, S. 8); Pareek/Rao (1980, S. 130 f.); Triandis (1972, S. 36).

Abb. 29: Äquivalenzbereiche kulturvergleichender Forschung

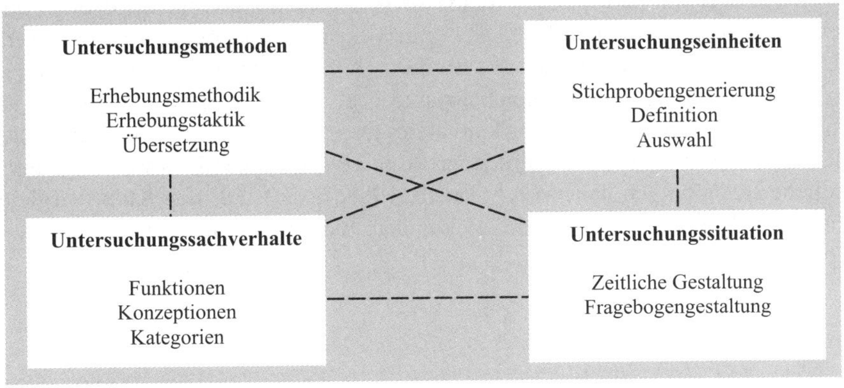

Untersuchungsmethoden	Untersuchungseinheiten
Erhebungsmethodik Erhebungstaktik Übersetzung	Stichprobengenerierung Definition Auswahl
Untersuchungssachverhalte	**Untersuchungssituation**
Funktionen Konzeptionen Kategorien	Zeitliche Gestaltung Fragebogengestaltung

Quelle: in Anlehnung an Simmet-Blomberg (1998, S. 291)

Zur Untersuchung der zentralen Fragestellungen dieser Arbeit und der im vorigen Kapitel formulierten Hypothesen kommt eine schriftliche Befragung zum Einsatz. Sie gehört zu den in der analytisch-quantitativen PR-Forschung am häufigsten eingesetzten Untersuchungsinstrumenten (vgl. Kuß, 1995, S. 194; vgl. Pavlik, 1987, S. 32; vgl. Pareek/Rao, 1980, S. 139). Für den Kulturvergleich müssen neben denjenigen Anforderungen, die an eine schriftliche Befragung innerhalb des nationalen Forschungskontextes gestellt werden, weitere Anforderungen berücksichtigt werden: In der Stufe der Fragebogenentwicklung sind dies die kulturspezifische Entwicklung oder Übersetzung von Indikatoren und Skalen, aber auch von Anschreiben und anderen Begleittexten. Im Rahmen der Untersuchungsvorbereitung muss besonderer Wert auf eine äquivalente Zusammensetzung der Stichprobe in allen Kulturen gelegt werden. Kulturspezifisches Antwortverhalten, Antworttendenzen und Antwortstil, die sich im Rahmen der Erhebungsdurchführung nicht vollständig vermeiden lassen, erfordern eine höhere Sorgfalt in der Stufe der Datenauswertung und -interpretation.

Übersetzung schriftlichen Materials

Im Rahmen einer schriftlichen Befragung kommt der Übersetzung entscheidende Bedeutung zu (vgl. Simmet-Blomberg, 1998, S. 310; vgl. Douglas/Craig, 1984, S. 101; vgl. Triandis, 1972, S. 45). Übersetzt werden muss nicht nur der Fragebogen selbst, sondern auch Instruktionen, Begleitbrief (mit der schriftlichen Erläuterung des Forschungsvorhabens) und schließlich im Rahmen der Auswertung die Antworten auf offene Fragen (vgl. Simmet-Blomberg, 1998, S. 310 f.). Die Übersetzungsäquivalenz kann durch den parallelen Einsatz verschiedener Übersetzungstechniken gesichert werden. Usunier (2000, S. 218) empfiehlt eine Kombination von Parallel- und Rückübersetzung, insbesondere dann, wenn Sprachen und Kulturen sehr große Unterschiede aufweisen. Im Rahmen der iterativen Rückübersetzung wird die Masterversion des Texts von einem bilingualen Übersetzer aus seiner Ursprungssprache in die Zielsprache übertragen und anschließend von einem zweiten Übersetzer, der den Originaltext nicht kennt, wieder in die Ursprungssprache.[93] Abweichungen zwischen Originalversion und rückübertragenem Text deuten auf Ungenauigkeiten oder Fehlübersetzungen im Zieltext hin. Dabei muss es sich nicht immer um eine wörtliche Übersetzung der Fragen handeln, sondern vielmehr um eine inhaltlich äquivalente, damit die Ergebnisse vergleichbar sind (vgl. Halloran, 1997, S. 35). In Zusammenhang mit der Übersetzungsäquivalenz muss auch die Tatsache thematisiert werden, dass dieselben (übersetzten) Begriffe in verschiedenen Kulturen u.U. unterschiedliche Bedeutungen haben (vgl. Tayeb, 1988, S. 53). Für den Kulturvergleich ergeben sich dadurch gewisse Einschränkungen, die im Rahmen der Datenauswertung berücksichtigt werden müssen.

Messung und Stichprobenauswahl

Auch Untersuchungsinstrumente sind kulturgebunden (vgl. Simmet-Blomberg, 1998, S. 301). Ihre Reliabilität ist ein wichtiger Einflussfaktor für die ländervergleichende Forschung und kann von Land zu Land variieren (vgl. Usunier, 2000, S. 220; vgl. Pareek/Rao, 1980, S. 130). Triandis (1972, S. 53) betont, dass im Rahmen einer Befragung gewährleistet sein sollte, dass die Befragten in den einzelnen Ländern mit dem Instrument „Fragebogen" in gleichem Maß vertraut sind. Die Äquivalenz der Messung sollte aber auch auf weniger offensichtlichen Ebenen gewährleistet werden: So ist, wie bereits oben dargestellt, die Wahrnehmung kulturell geprägt, was zu einer kulturspezifisch unterschiedlichen Rezeption von Fragebogenitems, Untersuchungssituation usw. führen kann (vgl. Trommsdorff, 1989, S. 18). Aber auch der Einsatz von Skalen birgt Probleme: „Difficulties can occur in determining lexical equivalents in different languages of verbal descriptions for the scale", schreibt Usunier (2000, S. 221). Besondere Aufmerksamkeit erfordert deshalb der Abstand zwischen Skalenwerten, der in allen Sprachen gleich sein sollte. Man spricht diesbezüglich von metrischer Vergleichbarkeit (vgl. Douglas/Craig, 1984, S. 101; vgl. Berry, 1980, S. 10). Eine Übersetzung der meist verwendeten Adjektive wie „stimme voll und ganz zu / lehne völlig ab" reicht nicht aus (vgl. Hüttner, 1997, S. 108; vgl. Bänsch, 1995, S. 43). Vielmehr sollten sprachliche Besonderheiten berücksichtigt, wenn möglich visuelle Skalen eingesetzt und im Idealfall von nationalen Forschern verwendete Skalen übernommen werden (vgl. Usunier, 2000, S. 222). Wichtig sind in Bezug auf die Messäquivalenz zudem die Vergleichbarkeit von Zahlen und anderen Werten sowie von Zeitangaben und -intervallen (vgl. Douglas/Craig, 1984, S. 100 ff.). Neben der Äquivalenz von Skalen, numerischen Werten und Zeitangaben muss auch die Äquivalenz der Indikatoren sichergestellt werden. In dieser Hinsicht kann es durchaus sinnvoll sein, die Indikatoren für jede Kultur separat zu bilden, um eine möglichst große Äquivalenz zu gewährleisten. Insofern dürfen im Rahmen eines äquivalenten Kulturvergleichs nicht nur unterschiedliche Sprachversionen eines Fragebogens eingesetzt werden, sondern es muss für jede der im Sample enthaltenen Kulturen ein mehr oder weniger individueller Fragebogen entwickelt

---

93 zur iterativen Rückübersetzung im Detail: Glagow (2002, S. 66); Salzberger (1999, S. 60); Simmet-Blomberg (1998, S. 314 ff.); Berry (1980, S. 10); Triandis (1972, S. 45); Werner/Campbell (1970).

werden. Auch der so genannten Stichprobenäquivalenz, die sich auf die Zusammensetzung der Stichprobe bezieht, kommt im Rahmen kulturvergleichender Forschung wesentliche Bedeutung zu (vgl. Glagow, 2002, S. 69; vgl. Douglas/Craig, 1984, S. 103 ff.; vgl. Triandis, 1972, S. 41). Simmet-Blomberg (1998, S. 329) betont für quantitative Erhebungen v.a. die Schwierigkeit, eine Ausgewogenheit zwischen Repräsentativität und interkultureller Vergleichbarkeit zu schaffen. Am vielversprechendsten erscheint hierzu die Strategie einer engen Stichprobenziehung, die ähnliche Subkulturen in den verschiedenen Ländern berücksichtigt (vgl. Simmet-Blomberg, 1998, S. 332).

Durchführung der Erhebung

Das größte Problem im Rahmen der Äquivalenzanforderungen, die an die Datenerhebung selbst gestellt werden, sind mögliche Unregelmäßigkeiten im Antwortverhalten, die von Kultur zu Kultur variieren (vgl. Douglas/Craig, 1984, S. 109). Dadurch kann die Reliabilität der Daten u.U. nicht mehr gewährleistet sein, was eine direkte Vergleichbarkeit über Kulturgrenzen hinweg verhindert (vgl. Usunier, 2000, S. 227). Trommsdorff (1989, S. 19) ergänzt diese Dimension um kulturell geprägte Werte wie Bescheidenheit oder die Betonung eigener Schwächen, die sich im Antwortverhalten niederschlagen. Darüber hinaus ist insbesondere die Einstellung der Menschen gegenüber der Anonymität einer Befragung stark kulturell geprägt (vgl. Triandis, 1972, S. 55). Usunier (2000, S. 227) betont zudem die Gefahr eines starken Einflusses der Kultur auf Antworttendenzen wie z.B. die Variable soziale Erwünschtheit, die v.a. durch die kulturelle Prägung von Verhaltens- oder Denkweisen sowie von Werten und Normen bestimmt ist (vgl. Douglas/Craig, 1984, S. 108 ff.; vgl. Triandis, 1972, S. 54 f.). Die Anforderung einer Vergleichbarkeit der Antworten bezieht sich auf Unterschiede im Antwortstil verschiedener Kulturen (vgl. Usunier, 2000, S. 227; vgl. Triandis, 1972, S. 53 f.). Hierunter werden die Tendenz zum Ja-Sagen („courtesy bias"), Antwortverweigerung und die Tendenz zu extremen Itemausprägungen oder zur Mitte gefasst (vgl. Usunier, 2000, S. 229; vgl. Trommsdorff, 1989, S. 19). Um derartige Antworttendenzen zu vermeiden, kommen bei der kulturvergleichenden Forschung mit der Umkehrung von Items oder Wortveränderungen dieselben Mittel zum Einsatz wie bei nationaler Forschung (vgl. Triandis, 1972, S. 54). Im Rahmen der Untersuchungssituation tritt als weiterer Faktor die oben bereits angesprochene zeitliche Äquivalenz hinzu, die jedoch aufgrund der vielfältigen nationalen Einflussfaktoren kaum zu kontrollieren ist (vgl. Glagow, 2002, S. 69; vgl. Simmet-Blomberg, 1998, S. 334 ff.).

5.2.2   Kritische Würdigung der Methode

So sorgfältig auf eine Äquivalenz geachtet wird – aufgrund der im Rahmen der schriftlichen Befragung fehlenden persönlichen Interaktion zwischen Forscher und Befragtem ist die Erklärung kulturspezifischer Phänomene nur begrenzt möglich, da über mögliche Gründe für die Ergebnisse nur spekuliert werden kann (vgl. Salzberger, 1999, S. 53; vgl. Simmet-Blomberg, 1998, S. 303). Die größte Schwierigkeit beim Einsatz der schriftlichen Befragung (schon innerhalb eines Landes) ist jedoch der meist geringe Rücklauf (vgl. Pareek/Rao, 1980, S. 141).

Es ist zu vermuten, dass im Rahmen internationaler Forschung der Rücklauf noch wesentlich geringer sein wird als im nationalen Kontext, da das Interesse und die Teilnahmemotivation der Teilnehmer mit zunehmender räumlicher Distanz des Forschers abnimmt. Die Hauptgründe für ein Nichtausfüllen des Fragebogens werden im Allgemeinen im Zeitmangel und in der mangelnden Relevanz des Themas für die Befragten gesehen. Pareek und Rao (ebd.) schlagen auf der Basis einer Durchsicht amerikanischer und westeuropäischer Literatur folgende Methoden vor, um eine möglichst hohe Rücklaufquote der Fragebögen zu gewährleisten:

- angemessene Länge des Fragebogens, möglichst kurz,
- ansprechendes Layout von Anschreiben und Fragebogen,
- Vorabversand von Postkarten, durch deren Rücksendung die Befragten ihre Bereitschaft zur Teilnahme an der Untersuchung bekunden,
- Erhöhung des Personalisierungsgrads des Anschreibens,
- Belohnungen bei der Rücksendung des Fragebogens,
- Beilegen von Briefmarken für kostenlose Rückantwort.

Trotz dieser Schwierigkeiten in Zusammenhang mit der kulturvergleichenden Forschung, die es bei der Vorbereitung der Empirie zu bedenken gilt, und der u.U. eingeschränkten Aussagekraft der Daten scheint die kulturvergleichende Forschung gerade auch im Bereich der PR vielversprechend. Nur durch systematische empirische Untersuchungen lässt sich der Ausgangsfrage dieser Arbeit nachgehen, denn auf andere Weise können keine zuverlässigen, weitgehend vergleichbaren Konstrukte gewonnen werden.

Um die oben genannten Äquivalenzprobleme zu vermeiden, ist die Auswahl und gegebenenfalls Eigenentwicklung von Skalen und Indikatoren notwendig, die in verschiedenen Kulturen mit gleicher Validität eingesetzt werden können (vgl. Pareek/Rao, 1980, S. 132). Trommsdorff (1989, S. 19) schlägt multiple Indikatoren vor, „deren Struktur (...) in den zu vergleichenden Kulturen ähnlich (äquivalent) sein und das theoretische Kontrukt angemessen (valide) abbilden" muss. Dabei betont sie, dass durchaus auch unterschiedliche Items in der jeweiligen Kultur verwendet werden können, dass dann jedoch die Äquivalenzprobleme auf den Bereich der Datenauswertung und -interpretation verlagert werden (vgl. ebd., S. 20). Notwendig sind daher in jedem Fall detaillierte Vorüberlegungen sowie eine explizite Benennung von Grenzen der Erhebung, die sich sowohl bei Vergleichbarkeit der Daten als auch bei der parochialen Auswertung und Interpretation durch den Forscher ergeben.

Zusammenfassung des Abschnitts
An alle Stufen der kulturvergleichenden schriftlichen Befragung werden besondere Äquivalenzanforderungen gestellt: Neben der kulturspezifischen Entwicklung oder iterativen Rückübersetzung von Indikatoren, Skalen und begleitenden Texten muss auf vergleichbare Stichproben, auf die Berücksichtigung kulturspezifischen Antwortverhaltens und auf eine äquivalente Datenauswertung und -interpretation geachtet werden. Die Risiken einer kulturvergleichenden Befragung liegen im häufig sehr geringen Rücklauf sowie in der Gefahr einer parochialen Herangehensweise.

5.3 Umsetzung der Anforderungen im empirischen Teil

Aufgrund ihrer Fragestellung bewegt sich diese Arbeit an der Schnittstelle von Grundlagen- und angewandter Forschung (vgl. Bentele, 1997c, S. 8). Im Rahmen der Grundlagenforschung will sie unabhängig von praktischen Fragestellungen zur Theoriebildung beitragen, wenn es darum geht, auf Basis eines holistischen Modells den Zusammenhang von Kultur und PR zu beleuchten.

> „Devoted to theory building, basic research is abstract and conceptual, and intended to increase understanding, explain cause-and-effect relationships, and predict future situations or conditions. Its focus is on the processes underlying the PR field." (vgl. Pavlik, 1987, S. 17)

Die Anwendungsorientierung kommt in der Frage nach der Verwertbarkeit der Ergebnisse für die Praxis zum Ausdruck. Somit stellt die Arbeit im Sinne Pavliks (ebd., S. 15) sowohl eine Form des „explanatory research" als auch des „predictive research" dar. Sie möchte sowohl Zusammenhänge, wo möglich auch Ursachen und Wirkungen aufzeigen und Ansatzpunkte dafür gewinnen, welche PR-Ausprägungen und -Formen sich aller Wahrscheinlichkeit nach in einer bestimmten Kultur finden lassen.

5.3.1 Grundzüge der Vorgehensweise im empirischen Teil

Im Theorieteil wurde mit der Entwicklung des Kultur-PR-Modells und seiner Ausgestaltung durch Hypothesen der Grundstein für eine empirische Untersuchung des Verhältnisses von Kultur und PR gelegt. Da bislang lediglich die in Kapitel vier dargestellten, unsystematischen Forschungsergebnisse vorliegen, ist eine Erhebung von Primärdaten erforderlich. Sie erfolgt durch eine Befragung von PR-Fachleuten in verschiedenen Nationalkulturen. Um die einzelnen Ebenen der Kultur noch stärker in die Erhebung einzubeziehen, werden auch die Individualkultur der befragten PR-Fachleute sowie die Unternehmenskultur der entsprechenden Organisation erhoben.

Die im Rahmen der Befragung zu erhebenden Daten sollen in zweierlei Hinsicht zur Untersuchung des Zusammenhangs von Kultur und PR dienen: Ein (1) direkter Vergleich der Daten über alle Länder des Samples hinweg soll erste Anhaltspunkte für die Frage nach einem allgemeinen Zusammenhang zwischen Nationalkultur und PR liefern. Darüber hinaus wird (2) innerhalb des Datensatzes eines Landes über eine Korrelationsanalyse der Zusammenhang von Individual- und Unternehmenskultur einerseits und PR andererseits analysiert.[94] Für diese beiden Kulturebenen soll darüber hinaus die bereits formulierte Vermutung einer Prägung der PR durch Kultur mit Hilfe einer Regressionsanalyse in ersten Ansätzen untersucht und im jeweiligen Kapitel in Form eines Ausblicks festgehalten werden werden. Insofern versucht

---

[94] Im Rahmen dieser Arbeit soll also *keine* normative Theorie entstehen, die als Handlungsanleitung für eine optimale standardisierte bzw. differenzierte internationale PR dienen kann.

diese Studie, sowohl die Etic- als auch die Emic-Perspektive für die Untersuchung des Verhältnisses der unterschiedlichen Kulturebenen zur PR zu integrieren. Die im vorigen Kapitel formulierten Hypothesen werden operationalisiert und im Fragebogen[95] detailliert erhoben. Schwerpunkte des Fragebogens liegen neben Demographie der Befragten und Organisation der PR-Abteilung auf PR-Verständnis, PR-Rollen, -Modellen und -Praxis im jeweiligen Land. Aus finanziellen und forschungspragmatischen Gründen soll die Befragung in Form einer Online-Umfrage bei PR-Verantwortlichen in ausgewählten Unternehmen stattfinden.[96] Die Äquivalenzanforderungen in Vorbereitung, Durchführung der Erhebung und Datenauswertung erfordern im Vergleich zur nationalen Forschung erhöhte Sorgfalt in allen Stufen.

5.3.2 Dreistufige Auswahl der Stichprobe

Kulturvergleichende Forschung ist durch ein experimentelles Untersuchungsdesign gekennzeichnet. Da die unabhängige Variable vom Forscher nicht gezielt manipuliert werden kann, ist auch von einem quasi-experimentellen Ansatz die Rede (vgl. Usunier, 2000, S. 3; vgl. Salzberger, 1999, S. 53). Die Variation der Kulturvariable muss deshalb durch die Einbeziehung verschiedener Nationalkulturen erfolgen, wodurch die Varianz der abhängigen Variable maximiert werden kann. Um den Zusammenhang zwischen Kultur und PR zu messen, sollen PR-Fachleute in verschiedenen Ländern befragt werden. Zur Auswahl der Befragten ist eine dreistufige Stichprobenziehung notwendig: In einer ersten Stufe werden Nationalkulturen bzw. Länder ausgewählt, die Ausgangspunkt für das Sample bilden sollen. In der zweiten Stufe erfolgt die Bestimmung der Unternehmen, jeweils im Rahmen der einzelnen Nationalkultur. In der dritten Stufe wird schließlich entschieden, welche Personen innerhalb der ausgewälten Unternehmen befragt werden sollen.

Stufe 1: Auswahl der Kulturen

Für die Auswahl der Kulturen sind sowohl inhaltlich-theoretische Faktoren des Forschungsdesigns als auch pragmatische Größen relevant. An die Stichprobenziehung auf Ebene der Nationalkultur ergeben sich folgende Anforderungen von Seiten des Untersuchungsdesigns: Um möglichst große Kulturunterschiede entlang der Hofstede-Skalen (vgl. Abschnitt 3.3.1) zu gewährleisten, sollten wenn möglich Länder an den Extrempolen der Skalen der ausgewählt werden.
- Die Notwendigkeit einer bereits etablierten Unternehmens-PR im Land stellt eine erste Einschränkung für die Auswahl der Länder mit Extremausprägungen dar. Denn Unternehmens-PR wird in einigen Ländern noch nicht im erforderlichen Ausmaß durchgeführt, um eine genügend große Anzahl von Fällen zu gewährleisten.

---

95 Fragebogen siehe Anhang.
96 mehr zur Online-Befragung und Zusammensetzung der Stichprobe in Abschnitt 5.3.2.

- Wenn möglich sollen in das Kultursample in erster Linie solche Länder integriert werden, in denen bereits qualitative Vorstudien durchgeführt wurden und somit erste Erkenntnisse zum Verhältnis Kultur – PR vorliegen, auf deren Basis ein Fragebogen entwickelt werden kann.

Darüber hinaus entstehen weitere Einschränkungen der Kulturauswahl durch die Faktoren, die aus forschungspragmatischen Gründen berücksichtigt werden müssen:

- Auswahl von Ländern, für die Unternehmensverzeichnisse bzw. -rankings vorliegen: Um Unternehmen unterschiedlicher Kulturen miteinander zu vergleichen, muss in jedem Land ein universelles Auswahlkriterium wie z.B. der Umsatz der Unternehmen herangezogen werden können.
- Auswahl von Ländern, in denen das Internet bereits so weit verbreitet ist, dass PR-Fachleute in Unternehmen per E-Mail erreicht werden können: Neben die oben genannten Faktoren, die die Auswahl der Kulturen einschränken, tritt die Tatsache, dass einige der Länder wie z.B. Guatemala (Extremausprägung Kollektivismus, vgl. Tabelle 17) bislang kaum ans Internet angeschlossen sind und für eine Online-Befragung nicht zur Verfügung stehen. Probleme macht in dieser Hinsicht v.a. die mangelnde Verfügbarkeit von E-Mail-Adressen.
- Auswahl möglichst weniger Länder: Aufgrund des begrenzten Ressourcenumfangs muss die Zahl der Länder, die im Sample aufgenommen werden, so klein wie möglich gehalten werden, um zugleich die Zahl der je Land ausgewählten Unternehmen und damit den absoluten Rücklauf erhöhen zu können.

Betrachtet man die Pole der einzelnen Kulturdimensionen in Tabelle 17, so zeigt sich, dass Malaysia, die USA, Japan, Griechenland, Österreich, Guatemala, Schweden und Singapur Extremausprägungen annehmen. Den oben genannten Anforderungen genügen jedoch lediglich Österreich, Dänemark, Japan und die USA, so dass nur diese vier Länder mit Extremausprägungen ins Kultursample aufgenommen werden können. Um die Ausprägung einer großen Machtdistanz mit erfassen zu können, scheint zudem die Auswahl von Indien sinnvoll. Einerseits ist Indien das einzige Land mit großer Machtdistanz, für das sowohl ein Unternehmens-Ranking in ausreichendem Umfang als auch eine entsprechende Erreichbarkeit der Unternehmen über das Internet vorliegen. Andererseits erscheint eine nähere Betrachtung dieser Kultur vor dem Hintergrund Srirameshs qualitativer Erkenntnisse zu den Auswirkungen der Machtdistanz (vgl. Abschnitt 4.2.2) vielversprechend.

Durch die Auswahl dieser fünf Länder konnten in drei Fällen die tatsächlichen Extremausprägungen und in drei weiteren Fällen Länder in den Extremregionen einer Dimension im Sample erfasst werden. Lediglich für die Kollektivismus-Ausprägung konnte kein Land gefunden werden, das die oben genannten Kriterien erfüllt. Die Ergebnisse zur Bedeutung der Individualismus-Kollektivismus-Dimension müssen im Rahmen ihrer eingeschränkten Aussagekraft entsprechend interpretiert werden. Die Länder des Samples weisen nicht nur große Kulturunterschiede auf, sondern auch eine weitgehend eigenständige PR-Funktion. Darüber hinaus liegen für die Unternehmen aller Länder Rankings, Websites und E-Mail-Adressen vor, so dass sowohl die Anforderungen des Forschungsdesigns als auch die der Praktikabilität erfüllt sind. Die fünf ausgewählten Länder werden um die Vergleichsgröße Deutschland ergänzt.

Tab. 17: Länderranglisten der vier Kulturdimensionen nach Hofstede

Machtdistanzindex		Individualismusindex		Maskulinitätsindex		Unsicherheitsvermeidungsindex	
1	Malaysia	1	USA	1	Japan	1	Griechenland
2/3	Guatemala	2	Australien	2	Österreich	2	Portugal
2/3	Panama	3	Großbritannien	3	Venezuela	3	Guatemala
4	Philippinen	4/5	Kanada	4/5	Italien	4	Uruguay
5/6	Venezuela	4/5	Niederlande	4/5	Schweiz	5/6	Belgien
5/6	Mexiko	6	Neuseeland	6	Mexiko	5/6	El Salvador
7	Arabische Länder	7	Italien	7/8	Irland	7	Japan
8/9	Equador	8	Belgien	7/8	Jamaica	8	Jugoslawien
8/9	Indonesien	9	Dänemark	9/10	Großbritannien	9	Peru
10/11	Indien	10/11	Schweden	9/10	BRD	10/15	Frankreich
10/11	Westafrika	10/11	Fankreich	11/12	Philippinen	10/15	Chile
12	Jugoslawien	12	Irland	11/12	Kolumbien	10/15	Spanien
13	Singapur	13	Norwegen	13/14	Südafrika	10/15	Costa Rica
14	Brasilien	14	Schweiz	13/14	Equador	10/15	Panama
15/16	Frankreich	15	BRD	15	USA	10/15	Argentinien
15/16	Hongkong	16	Südafrika	15	Australien	16/17	Türkei
17	Kolumbien	17	Finnland	17	Neuseeland	16/17	Südkorea
18/19	Salvador	18	Österreich	18/19	Griechenland	18	Mexiko
18/19	Türkei	19	Israel	18/19	Hongkong	19	Israel
20	Belgien	20	Spanien	20/21	Argentinien	20	Kolumbien
21/23	Ostafrika	21	Indien	20/21	Indien	21/22	Venezuela
21/23	Peru	22/23	Japan	22	Belgien	21/22	Brasilien
21/23	Thailand	22/23	Argentinien	23	Arabische Länder	23	Italien
24/25	Chile	24	Iran	24	Kanada	24/25	Pakistan
24/25	Portugal	25	Jamaika	25/26	Malaysia	24/25	Österreich
26	Uruguay	26/27	Brasilien	25/26	Pakistan	26	Taiwan
27/28	Griechenland	26/27	Arab. Länder	27	Brasilien	27	Arabische Länder
27/28	Südkorea	28	Türkei	28	Singapur	28	Equador
29/30	Iran	29	Uruguay	29	Israel	29	BRD
29/30	Taiwan	30	Griechenland	30/31	Indonesien	30	Thailand
31	Spanien	31	Philippinen	30/31	Westafrika	31/32	Iran
32	Pakistan	32	Mexiko	32/33	Türkei	31/32	Finnland
33	Japan	33/35	Ostafrika	32/33	Taiwan	33	Schweiz
34	Italien	33/35	Jugoslawien	34	Panama	34	Westafrika
35/36	Argentinien	33/35	Portugal	35/36	Iran	35	Niederlande
35/36	Südafrika	36	Malaysia	35/36	Frankreich	36	Ostafrika
37	Jamaika	37	Hongkong	37/38	Spanien	37	Australien
38	USA	38	Chile	37/38	Peru	38	Norwegen
39	Kanada	39/41	Westafrika	39	Ost-Afrika	39/40	Südafrika
40	Niederlande	39/41	Singapur	40	El Salvador	39/40	Neuseeland
41	Australien	39/41	Thailand	41	Südkorea	41/42	Indonesien
42/44	Costa Rica	42	El Salvador	42	Uruguay	41/42	Kanada
42/44	BRD	43	Südkorea	43	Guatemala	43	USA
42/44	Großbritannien	44	Taiwan	44	Thailand	44	Philippinen

45	Schweiz	45	Peru	45	Portugal	45	**Indien**
46	Finnland	46	Costa Rica	46	Chile	46	Malaysia
47/48	Norwegen	47/48	Pakistan	47	Finnland	47/48	Großbritannien
47/48	Schweden	47/48	Indonesien	48/49	Jugoslawien	47/48	Irland
49	Irland	49	Kolumbien	48/49	Costa Rica	49/50	Hongkong
50	Neuseeland	50	Venezuela	50	**Dänemark**	49/50	Schweden
51	**Dänemark**	51	Panama	51	Niederlande	51	**Dänemark**
52	Israel	52	Equador	52	Norwegen	52	Jamaika
53	**Österreich**	53	Guatemala	53	Schweden	53	Singapur

Quelle: Hofstede (1980, S. 315)

Stufe 2: Auswahl der Unternehmen

Die Strategie einer engen Stichprobenziehung, wie sie Simmet-Blomberg (1998, S. 332) vorschlägt, wurde bereits oben angesprochen. Dabei soll die Stichprobe möglichst anhand definierter und messbarer Kriterien so klein wie möglich gehalten sein, auch wenn damit eine Einschränkung der Verallgemeinerbarkeit einhergeht. Für eine kleinere Stichprobe auf der Basis bewußter Auswahl sprechen die geringeren Kosten und die im PR-Bereich häufig nicht vorliegende vollständige Urliste aller PR-Fachleute eines Landes. Die Alternative, die im nationalen Berufsverband organisierten PR-Fachleute zu befragen, scheidet aufgrund der Fragestellung aus.

Am sinnvollsten erscheint die Auswahl der größten nationalen Unternehmen eines Landes beispielsweise anhand von Umsatzzahlen. Die Entscheidung für das Auswahlkriterium Umsatz wird deshalb getroffen, weil es den Ranglisten aller ausgewählten Länder zu Grunde liegt. Somit kann sichergestellt werden, dass die ausgewählten Unternehmen innerhalb ihres Landes vergleichbare (relative) Positionen in Bezug z.B. auf Größenverhältnisse oder Macht und Einfluss einnehmen und insofern auch eine Vergleichbarkeit der Länder untereinander gegeben ist. Geht man davon aus, dass die Top-Unternehmen bis zu einem gewissen Grad eine Beispielfunktion für die Unternehmen desselben Land einnehmen, so können die Ergebnisse u.U. als Hinweise für die gesamte Praxis an Unternehmens-PR in einem Land dienen. Solche Rückschlüsse sind plausibel, dürfen jedoch keinesfalls im Sinne einer statistischen Verallgemeinerbarkeit oder gar Repräsentativität verstanden werden.

Basis für die Auswahl der Unternehmen bilden die jeweils aktuellen Rankings eines Landes, die zum Zeitpunkt der Untersuchungsvorbereitung zugänglich waren. Sie basieren auf den Jahren 2001 oder 2002. In Deutschland etwa liegt der Erhebung das Ranking der Zeitung *Die Welt* des Jahres 2001 zu Grunde. Das indische Ranking, das auf einer kontinuierlichen Fortschreibung und Aktualisierung der Rangfolge der umsatzstärksten Unternehmen des Landes basiert, stellt eine Ausnahme dar. In Deutschland und Indien bildeten jeweils 640 Unternehmen die Ausgangsbasis, in Österreich, Dänemark und den USA jeweils 500. Mit 280 Unternehmen im Ranking lag für Japan lediglich rund die Hälfte an Adressen im Vergleich zu den anderen Ländern vor.[97] Eine strikte Begrenzung der Unternehmen auf z.B. eine Zahl von 500

---

97 Einerseits müssen Datenauswertung und -interpretation vor diesem Hintergrund vorgenommen, andererseits muss mit einem weit geringeren absoluten Rücklauf gerechnet werden als für die anderen Länder.

je Land erschien nicht sinnvoll, da sie gegenüber den zahlreichen Anforderungen an Äquivalenz im Kulturvergleich in den Hintergrund treten und eine direkte Vergleichbarkeit der Daten ohnehin nicht gewährleistet werden kann. Für Deutschland lagen mit einer Gesamtzahl von 416 Adressen für knapp 65% der Unternehmen des Samples E-Mail-Adressen vor, in Österreich für 80% (404 Adressen), in Dänemark für 64% (321 Adressen) und in Indien für 55% (422 Adressen). In den USA konnten für 84% der Unternehmen Adressen recherchiert werden (422 Adressen), in Japan lediglich für 46% (130 Adressen), so dass sich die Zahl der im Sample erfassten Unternehmen in Japan weiter drastisch reduzierte (vgl. Tabelle 18).

Tab. 18: Rankings und Auswahl der Teilnehmer

Land	Quelle des Rankings	Bezugs-jahr	Anzahl der Unternehmen im Ranking	Vorliegende E-Mail-Adressen
Dänemark	De Borsen	2002	500	321
Deutschland	Die Welt	2001	640	416
Indien	www.equitymaster.com	2002	640	375
Japan	Teil der Fortune 800	2001	280	130
Österreich	Trend	2001	500	404
USA	Fortune 500	2002	500	422
Gesamtzahl vorliegender E-Mail-Adressen				*2068*

Stufe 3: Auswahl der Befragten

Durch die Konzentration auf die umsatzstärksten Unternehmen wird u.a. auch gewährleistet, dass die innerhalb der Unternehmen ausgewählten Probanden ähnliche organisationale Rahmenfaktoren wie z.B. Unternehmensgröße, Rolle des Unternehmens im öffentlichen Diskurs und ähnliche individuelle Prädispositionen (z.B. Ausbildung, Kenntnisse, Fähigkeiten, Selbstverständnis) haben. Um die Kommunikationspolitik der PR-Abteilung erheben zu können, wurden als Teilnehmer der Studie die PR-Verantwortlichen der Unternehmen ausgewählt. Basis für diese Wahl bildet die Überzeugung, dass PR-Verantwortliche unter allen PR-Fachleuten des Unternehmens die Kommunikationsstrategie und -politik am besten kennen und somit die zuverlässigsten Aussagen zum PR-Verständnis und zur PR-Praxis ihres Unternehmens machen können. Hinzu kommt die Annahme, dass alle Individuen einer Subkultur geprägt sind durch gleiche soziale Strukturen. Mit Edelstein, Ito und Kepplinger (1989, S. 31 f.) kann die Idee gleicher sozialer Strukturen wie folgt begründet werden: „We assumed that those individuals who were located in similar places in the social structure (...) would face similar kinds of problems and communicate similarly about them." Um den Einfluss von den bei den Autoren als soziale Strukturen bezeichneten Faktoren einer Subkultur konstant zu halten, soll die Grundgesamtheit der Probanden möglichst homogen gewählt werden.

5.3.3 Entwicklung und Übersetzung des Fragebogens

Entsprechend der in Kapitel vier auf Basis des Kultur-PR-Modells formulierten Hypothesen wurden die interessierenden Dimensionen für den Fragebogen[98] operationalisiert. Für die Erhebung der Kultur konnte auf die bereits etablierten Frageitems von Hofstede zurückgegriffen werden. Zur Analyse der PR wurden so weit wie möglich Items und Fragen herangezogen, die in möglichst vielen Ländern bereits angewendet wurden und somit einen Pretest (zumindest in einer der Kulturen) absolviert hatten. Im Rahmen der Erhebungsvorbereitung wurde der Fragebogen entsprechend den Äquivalenzanforderungen kulturvergleichender Forschung in einer (deutschen) Masterversion erstellt und von einem bilingualen Übersetzer ins Englische übertragen.

Wenn dem Fragebogen Fragen zu Grunde lagen, die in Anlehnung an eine englischsprachige Untersuchung formuliert waren, wurde auf die Originalformulierung zurückgegriffen. Im Rahmen einer Rückübersetzung der englischen Version durch einen zweiten Übersetzer wurden Ungenauigkeiten identifiziert und beseitigt. Im Hinblick auf die Vergleichbarkeit der Messung kamen visuelle Skalen zum Einsatz, bei denen lediglich die beiden Extremausprägungen verbal benannt wurden. Darüber hinaus lehnte sich die Bezeichnung der Skalenwerte an die im Rahmen nationaler Studien üblichen Bezeichnungen an. Der Fragebogen wurde einem Pretest mit zehn PR-Praktikern und -Theoretikern unterzogen und noch einmal angepasst. Ein umfassender Pretest in allen zu untersuchenden Kulturen konnte im Rahmen dieser Arbeit aufgrund der begrenzten Ressourcen nicht durchgeführt werden.

5.3.4 Anlage und Verlauf der Online-Studie

Als problematisch erscheinen im Rahmen ländervergleichender Forschung im Allgemeinen die hohen Kosten beim Versand von Fragebögen, die im Rahmen dieser Studie v.a. für Indien, Japan und die USA anfallen würden. Aufgrund der geringeren Kosten und der ausgeprochen guten Eignung für große Fallzahlen sowie für geographisch verstreute Befragte wurde die Befragung als Online-Umfrage[99] durchgeführt. Hinzu kommt, dass sich Fragebögen und Antworten weitaus schneller versenden lassen und die Datenqualität höher ist als bei postalischen Umfragen (vgl. Theobald, 2000, S. 18 ff.; vgl. Bandilla, 1999a, S. 9; vgl. Bandilla, 1999b; vgl. Batinic/Puhle/ Moser, 1999, S. 93; vgl. Gadeib, 1999, S. 109). Den zahlreichen Vorteilen der internetgestützten Befragung stehen als größte Nachteile der zu erwartende geringe Rücklauf und die möglicherweise fehlende Medienkompetenz der Befragten gegenüber. Die 2068 für die Untersuchung ausgewählten Probanden wurden per E-Mail

---

[98] Der Fragebogen findet sich in der deutschen Masterversion im Anhang der Arbeit. Die einzelnen Fragen werden in Kapitel sechs im Rahmen der Datenauswertung dargestellt.
[99] Unter Online-Befragung werden alle Befragungen verstanden, „bei denen die Teilnehmer den auf einem Server abgelegten Fragebogen im Internet online ausfüllen" (ADM, 2001, S. 1).

zur Teilnahme an der Befragung eingeladen. In Deutschland konnten die PR-Verantwortlichen fast ohne Ausnahme über persönliche E-Mail-Adressen[100] angeschrieben werden, in den restlichen Ländern des Sampels zum Großteil über E-Mail-Adressen der Unternehmenskommunikation/PR oder – wo nicht anders möglich – über eine allgemeine E-Mail-Adresse des Unternehmens. Wenn in Nachschlagewerken oder über das Internet keine E-Mail-Adresse recherchiert werden konnte bzw. ein Unternehmen keine Website hatte, so wurde es bei der Erhebung nicht berücksichtigt. Als problematisch stellte sich die geringe Zahl vorhandener E-Mail-Adressen für japanische Unternehmen dar sowie die Tatsache, dass für die USA ein weit überdurchschnittlicher Teil der Adressen ausschließlich in Form von allgemeinen Unternehmensadressen vorlag.

Auf eine Versendung des Fragebogens per E-Mail wurde verzichtet[101], da mit einer E-Mail-Aufbereitung große Einschränkungen für das Layout verbunden gewesen wären (vgl. Bosnjak/Batinic, 1997). Statt dessen wurde die URL des Fragebogens mit einem direkten Hyperlink angegeben. Durch diese Vorgehensweise konnten die Vorteile der WWW- mit denen der E-Mail-Befragung kombiniert werden (vgl. Bandilla, 1999b; vgl. Tuten, 1997). Zwar mussten die Befragten ihrerseits stärker aktiv werden, um teilzunehmen (vgl. Hauptmanns, 1999, S. 23). Vergleicht man diese Vorgehensweise jedoch mit der postalischen Befragung, so erfordert der Klick auf einen Link weniger Aktivität vom Befragten als die Rücksendung einer Teilnahmepostkarte.

Der Fragebogen war lediglich denjenigen Personen zugänglich, die zu einer Teilnahme aufgefordert wurden, da er nicht mit den allgemein zugänglichen Informationsseiten verlinkt war. Somit konnte das WWW-Umfragen üblicherweise immanente Problem der Selbstselektion der Teilnehmer vermieden werden (vgl. Tuten, 1997, S. 7). Bei dieser Form der Online-Forschung handelt es sich demnach nicht um eine klassische WWW-Umfrage, sondern um die Übertragung einer schriftlichen Befragung vom postalischen Weg auf den digitalen. Es ist zu vermuten, dass deshalb sowohl die für schriftliche Befragungen als auch für WWW-Umfragen relevanten Faktoren für das Antwortverhalten eine Rolle spielen.[102] Theobald (2000, S. 49) erstellte eine Systematik zur Klassifikation studienspezifischer Motivatoren, die um spezielle Motivatoren für Online-Umfragen ergänzt werden kann und Basis für die Gestaltung des Fragebogens bildete (Abbildung 30). Die Motivation zur Teilnahme an Online-Surveys liegt am häufigsten in der Neugier, gefolgt von dem Wunsch, einen Beitrag für die Forschung leisten, der Selbsterkenntnis und möglichen materiellen Anreizen. Meist wird ein Fragebogen mit einer Bearbeitungsdauer von zehn bis 30 Minuten als ideal erachtet (vgl. Bosnjak/Batinic, 1999, S. 150; vgl. Batinic/Bosnjak, 1997). Zentrales Erfolgskriterium sind diesbezüglich kurze Ladezeiten (vgl. Theobald, 2000, 61). Als Faktoren zur Steigerung der Teilnahmebereitschaft an

---

100 Untersuchungen zeigten, dass insbesondere die individualisierte E-Mail gut geeignet ist zur Benachrichtungen über eine Umfrage, v.a. was den raschen Rücklauf anbelangt (vgl. Frost, 1998, S. 225; vgl. Schillewart/Langerak/Duhamel, 1998, S. 208).
101 Für die Nachteile einer Versendung des Fragebogens per E-Mail siehe Hauptmanns (1999, S. 23).
102 Inwiefern durch den Einsatz eines Online-Fragebogens systematische Ausfälle entstanden sein könnten, soll in Kapitel 5.4 diskutiert werden.

Online-Surveys sind zu nennen (vgl. Bosnjak/Batinic, 1999, S. 146; vgl. Batinic/Bosnjak, 1997; vgl. ADM, 2001, S. 4):
- Informationen über den wissenschaftlichen Hintergrund der Untersuchung,
- Informationen über den Zugang zur E-Mail-Adresse,
- Zusicherung einer Information über die Ergebnisse,
- Anonymität der Antworten,
- Freiwilligkeit der Teilnahme und
- persönlicher Teilnahmeappell des Forschers.

Abb. 30: Motivatoren zur Teilnahme an Online-Umfragen

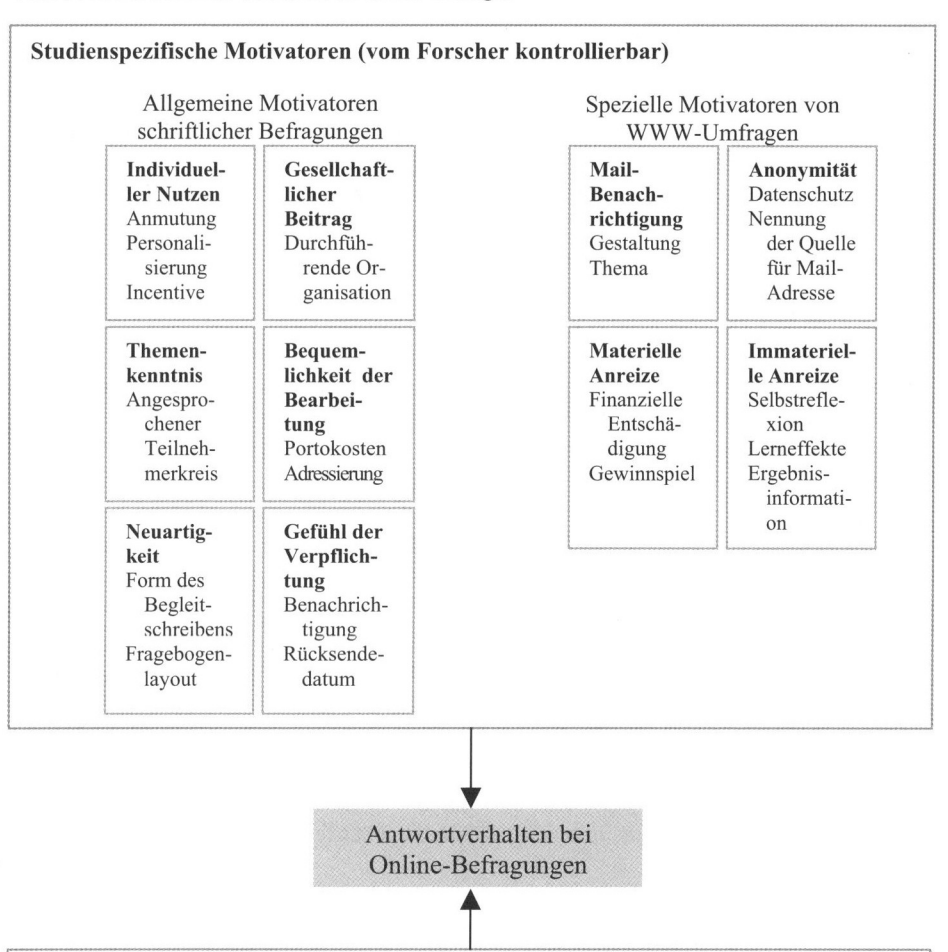

Studienspezifische Motivatoren (vom Forscher kontrollierbar)

Allgemeine Motivatoren schriftlicher Befragungen

Individueller Nutzen Anmutung Personalisierung Incentive	**Gesellschaftlicher Beitrag** Durchführende Organisation
Themenkenntnis Angesprochener Teilnehmerkreis	**Bequemlichkeit der Bearbeitung** Portokosten Adressierung
Neuartigkeit Form des Begleitschreibens Fragebogenlayout	**Gefühl der Verpflichtung** Benachrichtigung Rücksendedatum

Spezielle Motivatoren von WWW-Umfragen

Mail-Benachrichtigung Gestaltung Thema	**Anonymität** Datenschutz Nennung der Quelle für Mail-Adresse
Materielle Anreize Finanzielle Entschädigung Gewinnspiel	**Immaterielle Anreize** Selbstreflexion Lerneffekte Ergebnisinformation

↓

Antwortverhalten bei Online-Befragungen

↑

generelle Einstellung gegenüber der Marktforschung (vom Forscher nicht kontrollierbar)

Quelle: in Anlehnung an Theobald (2000, S. 49)

Neben diesen Faktoren wurde bei der Teilnahmeaufforderung per E-Mail darauf geachtet, das Thema des Betreffs möglichst interessant zu formulieren, wie es im Rahmen von Online-Umfragen essentiell notwendig ist (vgl. Bosnjak/Batinic, 1999, S. 146). Großer Wert wurde auch darauf gelegt, dass die Kontaktdaten unabhängig von den Befragungsdaten übertragen wurden, so dass bei der Auswertung auch auf technischem Weg keine Zuordnung von Daten zu E-Mail-Adressen möglich war. Im Rahmen der Zusicherung der Anonymität wurde dies explizit kommuniziert, um eine Verzerrung durch soziale Erwünschtheit so weit wie möglich zu vermeiden (vgl. Sassenberg/Kreutz, 1999, S. 72).[103] Besonders betont wurde darüber hinaus der wissenschaftliche Anspruch der Befragung, da Studien unter Teilnehmern an Online-Umfragen eine wesentlich größere Teilnahmebereitschaft bei wissenschaftlichen als bei kommerziellen Umfragen ergeben haben (vgl. Bosnjak/Batinic, 1999, S. 155). Den Teilnehmern der Studie wurde darüber hinaus eine exklusive Auswertung der zentralen Ergebnisse zugesagt und nach Abschluss der Auswertung zugesandt.

Zu den wichtigsten Erfolgsfaktoren von Online-Umfragen gehört darüber hinaus auch ein ansprechendes, übersichtliches Design der Seiten des Fragebogens (vgl. ADM, 2001, S. 3; vgl. Gräf/Heidingsfelder, 1999, S. 115). So wurde versucht, jedem Frageitem eine eigenständige, von den anderen Fragen graphisch abgehobene Antwortdimension zuzuordnen (vgl. Gräf, 1999, S. 165 ff.). Außerdem kamen vordefinierte Eingabefelder, Hilfestellungen durch Eingabekontrollen und klare Instruktionen zum Einsatz (vgl. ADM, 2001, S. 3). Der Fragebogen wurde so in ein Online-Layout umgesetzt, dass jede Frage auf einer neuen Bildschirmseite isoliert dargestellt wurde. Vorteile dieser Methode sind gegenüber der Methode, die Fragen unmittelbar aneinander anzuschließen, dass die erste Seite eine kürzere Ladezeit aufweist, der Befragte nicht Scrollen muss, ein geringerer Eingabeaufwand besteht sowie der Überblick leichter fällt (vgl. Theobald, 2000, S. 83).

Der Fragebogen wurde mit Hilfe eines CGI-Skripts realisiert, so dass eine Plattformunabhängigkeit in Verbindung mit kurzen Lade- und Versandzeiten gewährleistet war.[104] Überprüft wurde vorab, ob sowohl Website als auch Fragebogen unabhängig vom spezifischen Zugang und vom Endgerät (Hard- und Software) des Teilnehmers korrekt dargestellt wurden (vgl. ADM, 2001, S. 4). Für die Dauer der Befragung waren der Fragebogen und zusätzliche Informationen zu Ziel, Umfang und Verlauf der Studie auf einer Website abrufbar. Die Feldzeit der Online-Befragung war daraufhin ausgelegt, den Teilnehmern eine angemessene Zeitspanne zur Beantwortung der Fragen zu geben und dabei alle Wochentage gleichermaßen abzubilden. Um die Zugriffsraten auf die Seite in Grenzen zu halten, wurde der Versand der E-Mails mit Bitte um Teilnahme nach Ländern gestaffelt durchgeführt. Die ausge-

---

103 Je stärker die Teilnehmer davon überzeugt sind, dass die Befragung anonym ist, desto weniger interferiert das Element der sozialen Erwünschtheit (vgl. Bosnjak/Batinic, 1997; vgl. Sassenberg/ Kreutz, 1997). Vergleiche von Untersuchungen mit WWW- und E-Mail-Fragebögen haben gezeigt, dass anonym bearbeitbare WWW-Fragebögen eine wesentlich geringere Tendenz zur sozialen Erwünschtheit aufweisen als E-Mail-Fragebögen, bei denen der Absender explizit bekannt ist (vgl. Bosnjak/Batinic, 1997).

104 Für eine detaillierte Darstellung der technischen und praktischen Vorteile einer solchen Vorgehensweise bei Online-Befragungen siehe Batinic, Puhle und Moser (1999, S. 101).

wählten Teilnehmer eines Landes allerdings wurden jeweils zeitgleich angemailt. Die erste Welle der Erhebung fand in den Wochen vom 13. bis zum 23. Mai 2002 statt, nachgefasst wurde vom 2. bis zum 15. Juli 2002. Mit dem 31. August 2002 endete die Erhebung, später eintreffende Antworten wurden nicht berücksichtigt. Von der Möglichkeit, technische und individuelle Probleme bei der Beantwortung des Fragebogens zu melden, machten drei Befragte Gebrauch. In zwei Fällen handelte es sich dabei um die Bitte, den Fragebogen per E-Mail bzw. in der Papierversion zuzusenden.

Zusammenfassung des Abschnitts
Die Arbeit bewegt sich an der Schnittstelle zwischen Grundlagenforschung und anwendungsorientierter Forschung. Die Modellprüfung und die Untersuchung von Gemeinsamkeiten und Unterschieden der PR in verschiedenen Kulturen sollen einerseits zur Theoriebildung beitragen, andererseits erste Hinweise auf Möglichkeiten einer Internationalisierung der PR-Tätigkeit liefern. Befragt werden PR-Verantwortliche der umsatzstärksten Unternehmen in Deutschland, Österreich, Dänemark, den USA, Indien und Japan mittels eines Online-Fragebogens. Ausgewählt wurden diese sechs Länder, weil sie vor dem Hintergrund theoretischer und forschungspragmatischer Überlegungen die größten Kulturunterschiede entlang der vier Hofstede-Dimensionen aufweisen.

5.4 Aussagekraft und Reichweite der Ergebnisse

Sowohl die spezifischen Äquivalenzanforderungen an den Kulturvergleich als auch die Erfolgsfaktoren von Online-Befragungen wurden in der Anlage und der Durchführung dieser Studie berücksichtigt. Dennoch sind die Risiken, die die ländervergleichende Primärforschung birgt, vielfältig: Neben der Gefahr eines geringen Rücklaufs, die durch den Einsatz eines Online-Fragebogens weiter erhöht wird, müssen v.a. mögliche Einschränkungen der Vergleichbarkeit und der Verallgemeinerbarkeit der Ergebnisse diskutiert werden.

5.4.1 Rücklauf der Fragebögen

Für die Gefahr eines geringen Rücklaufs der Fragebögen kommt in erster Linie die kulturvergleichende Anlage der Studie zum Tragen, in deren Rahmen PR-Verantwortliche im Ausland von Deutschland aus befragt werden. Die Teilnahmebereitschaft ist im Fall eines Kulturvergleichs, bei dem eine teils große geographische Distanz zwischen Forscher und Befragtem vorliegt, vermutlich weit geringer als im Rahmen nationaler Studien. Auch der Einsatz einer Online-Umfrage, die Verwendung von englischen Sprachversionen für Befragte mit anderen Muttersprachen sowie der verhältnismäßig umfangreiche Fragebogen könnten zu einer weiteren Einschränkung der Rücklaufzahlen führen. Der Einsatz einer englischen Fragebogenversion für die USA, Japan, Dänemark und Indien kann allenfalls in Japan zu Sprachproblemen geführt haben. Da der Rücklauf in Japan jedoch für eine Auswertung zu gering war, wie unten aufzuzeigen ist, müssen die damit verbundenen Probleme hier nicht näher diskutiert werden. In den USA und Indien ist Englisch Landessprache und in Dänemark weit verbreitete Geschäftssprache, so dass Sprachprobleme nicht zu systematischen Ausfällen geführt haben dürften.

Die Verwendung einer internetgestützten Befragung hingegen beinhaltet ein höheres Risikopotenzial: Die technische Verfügbarkeit des Fragebogens war zwar während der Erhebung – wie oben bereits dargelegt – zuverlässig und Bitten um eine Zusendung des Fragebogens als E-Mail- oder Papierversion lagen lediglich in der individuellen Medienkompetenz der PR-Verantwortlichen begründet. Es ist allerdings durchaus denkbar, dass es gerade aufgrund dieses Umstands zu einer Verzerrung des Antwortverhaltens gekommen ist. Die Altersverteilung der Teilnehmer enthält jedoch keine Hinweise darauf, dass es einen systematischen Ausfall im Bereich der älteren Befragten gegeben hat.[105]

Der deutschsprachige Fragebogen wurde insgesamt 122 mal zurückgesandt. Davon waren 26 Datensätze leer, d.h. sie wurden unausgefüllt abgeschickt. Vermutlich handelte es sich um angeschriebene Teilnehmer, die lediglich die Auswertungsergebnisse per Mail zugesandt bekommen wollten, denn die E-Mail-Adresse konnte für eine Ergebnisbenachrichtigung über die Ergebnisse nur hinterlassen werden, wenn der Fragebogen abgeschickt wurde. Ein weiterer Datensatz war keinem Land zuzuordnen, so dass von den 122 Datensätzen in deutscher Version insgesamt 97 verwertbare übrigblieben, davon 61 aus Deutschland und 36 aus Österreich. In der englischen Fragebogenversion blieben in Indien und Dänemark jeweils elf verwertbare Datensätze, in den USA drei und in Japan einer. Da aus den USA und aus Japan trotz des Nachfassens so wenige Antworten eingingen, müssen diese beiden Länder aus der Datenauswertung ausgeklammert werden. Tabelle 19 zeigt den Rücklauf im Ländervergleich.

Tab. 19: Rücklauf der Fragebögen

	Deutschland	Österreich	Dänemark	Indien
Rücklauf (absolut)	61	36	11	11
Rücklauf (prozentual)	15	9	4	3

Der geringe Rücklauf lässt weder Rückschlüsse auf Kultur noch auf die PR-Praxis zu. Als mögliche Gründe lassen sich für Japan die ohnehin geringe Zahl an 138 vorliegenden E-Mail-Adressen, die geographische Distanz zwischen Forscher und Teilnehmer sowie die Befragung in englischer Sprache nennen. Die Gründe für den geringen Rücklauf in den USA sind weniger leicht zu vermuten. Man kann annehmen, dass in den USA sehr viel häufiger Befragungen zur PR durchgeführt werden und dementsprechend das Interesse und die Motivation der PR-Verantwortlichen an einer Teilnahme nicht besonders groß sind. Eventuell spielt auch die Tatsache, dass viele US-Unternehmen E-Mail-Anfragen nicht beantworten, sondern lediglich tele-

---

105 zur Altersverteilung der Befragten vgl. Tabelle 44 im Anhang der Arbeit.

fonische Anfragen entgegennehmen, eine Rolle. In Deutschland und Österreich ist der Rücklauf mit 15% bzw. 9% im Vergleich relativ hoch, sehr gering war er mit 3% in Indien und mit 4% in Dänemark.

5.4.2 Vergleichbarkeit und Verallgemeinerbarkeit der Ergebnisse

Die Äquivalenz kann nur bedingt in allen Stufen und Bereichen der Vorbereitung, Erhebung und Auswertung gewährleistet werden, so dass auch für diese Studie die Nachteile des Etic-Ansatzes zum Tragen kommen. Sowohl für die Stufe der Erhebungsvorbereitung als auch für die Durchführung wurde deshalb auf eine größtmögliche Äquivalenz geachtet: So kann für die Phase der Vorbereitung davon ausgegangen werden, dass die Befragten aller Länder mit dem Instrumentarium „Fragebogen" vertraut waren. Im Rahmen der Fragebogenentwicklung wurde entweder auf kulturspezifische Indikatoren und Skalen nationaler Studien zurückgegriffen oder die Methode der Parallel- und Rückübersetzung angewandt. Durch die Verwendung graphischer Skalen konnten Probleme der unterschiedlichen Wahrnehmung oder der sprachlich bedingten unterschiedlichen Skalenabstände umgangen werden. Über eine dreistufige Stichprobenziehung, in deren Rahmen auf jeder Stufe auf eine Vergleichbarkeit der späteren Ergebnisse geachtet wurde, konnte auch für die Stichprobenzusammensetzung eine Vergleichbarkeit gewährleistet werden. In der Stufe der Erhebung selbst kann zwar das kulturspezifische Antwortverhalten der Befragten nicht vollständig vermieden werden. Durch eine entsprechende Formulierung der Indikatoren, eine verstärkte Zusicherung von Anonymität und den Verzicht auf den Versand des Fragebogens per E-Mail wurden Antworttendenzen jedoch soweit wie möglich reduziert. Im Rahmen der Datenauswertung und -interpretation wird auf diesen Bereich verstärkt Bezug genommen werden müssen, falls sich solche Tendenzen dennoch offenbaren sollten. Aufgrund der Vergleichbarkeit der Samples, der angewandten Parallel- und Rückübersetzung und der kulturspezifischen Entwicklung von Indikatoren und Skalen ist eine Vergleichbarkeit der Ergebnisse gewährleistet.

Da im Rahmen dieser Studie keine Repräsentativität angestrebt wird, gewinnt die Frage nach der Verallgemeinerbarkeit der Ergebnisse an Relevanz: Aufgrund (1) der (bewusst vorgenommenen) Konzentration der Studie auf die Kommunikatorseite gibt die Studie lediglich Hinweise für die PR-Praxis der PR-Verantwortlichen und nicht für die aller PR-Fachleute eines Unternehmens. Aussagen über die Wirkung oder den Erfolg der PR-Arbeit beim Rezipienten oder über die Funktion der PR in der Gesamtgesellschaft können demnach nicht getroffen werden. Allenfalls Plausibilitätsaussagen für die PR der jeweils befragten Unternehmen sind möglich. Auch (2) die Einschränkung der Grundgesamtheit auf die Top-Unternehmen eines Landes führt zu einer weiteren Begrenzung der Reichweite der Ergebnisse. Die Studie kann keinesfalls als Indikator für die PR des jeweiligen Landes im Allgemeinen angesehen werden. Im Falle Indiens und Dänemarks sind lediglich Rückschlüsse auf die PR-Verantwortlichen und ihre Unternehmens-PR möglich, die den Fragenbogen ausfüllten. Die für Österreich und insbesondere Deutschland gewonnen Erkenntnisse können jedoch als durchaus aussagekräftig für die PR-Praxis der PR-Verantwortlichen der nationalen Top-Unternehmen gelten.

Im Hinblick auf die Verallgemeinerbarkeit der Ergebnisse für die Grundgesamtheit ist in methodischer Hinsicht die Validität bzw. Gültigkeit des Testverfahrens von Bedeutung. Grundsätzlich gilt: Je höher die interne Validität, desto geringer die externe Validität, und umgekehrt. Die beiden Ausprägungen dieses Gütekriteriums schließen sich demnach gegenseitig aus, so dass im Rahmen jeder Studie eine bewusste Entscheidung für die Betonung eines der beiden Kriterien oder für den Mittelweg getroffen werden muss. Wie bereits oben angesprochen wurde, kommt im Rahmen des Kulturvergleichs v.a. der internen Validität eine wesentliche Bedeutung zu. Die interne Validität ist in dieser Studie durch die weitgehende Verwendung etablierter und in zahlreichen Studien getester Indikatoren und Skalen gegeben. Die externe Validität hingegen muss sowohl auf der Ebene der Unternehmensauswahl als auch für die Ebene der einzelnen Befragten geprüft werden. Wenn von der betrachteten Stichprobe auf die deutsche Grundgesamtheit geschlossen werden kann, so sind die Ergebnisse extern valide und somit verallgemeinerbar. Da die externe Validität ein zentrales Gütekriterium für die in Kapitel 6.2 durchgeführten Korrelations- und Regressionsanalysen ist, kann ihre Diskussion auf die für Deutschland gewonnenen Daten beschränkt werden. In den drei anderen Ländern reicht der Datenumfang für eine Verallgemeinerbarkeit ohnehin nicht aus. Für keines der vier Länder liegen Hinweise darauf vor, dass es zu systematischen Ausfällen bei der Beantwortung des Fragebogens gekommen ist. Demnach sind die Ergebnisse innerhalb der oben genannten Einschränkungen durchaus verallgemeinerbar, so dass sowohl die Vergleichbarkeit als auch die Verallgemeinerbarkeit im angestrebten Umfang möglich sind.

Zusammenfassung des Abschnitts
Bereits in Zusammenhang mit den Ausführungen zur Anlage der Studie (Kapitel 5.3) als kulturvergleichende Online-Befragung wurde vermutet, dass der Rücklauf weit geringer als bei nationalen Studien sein würde. Dass jedoch die USA und Japan vollständig ausfallen und für Dänemark und Indien jeweils lediglich elf Antworten eingehen würden, war überraschend. Da die Studie nicht den Anspruch erhebt, repräsentative Ergebnisse zu liefern, sondern explorativ angelegt ist, lediglich erste Hinweise für die zentralen Fragen der Arbeit liefern will und ihre Ergebnisse soweit möglich äquivalent und vergleichbar sind, reicht das vorhandene Datenmaterial zur Gewinnung erster Hinweise für die Überprüfung der theoretischen Ausführungen aus.

6 Datenauswertung und Interpretation der Ergebnisse

Kapitel sechs dient der Auswertung und Interpretation der für Deutschland, Österreich, Dänemark und Indien gewonnenen Daten. Die Untersuchung der zentralen Fragestellungen erfolgt dabei in zwei Schritten: Kapitel 6.1 stellt Gemeinsamkeiten und Unterschiede der PR-Praxis im Ländervergleich dar und prüft die Hypothesen, die im vierten Kapitel für den Zusammenhang von Nationalkultur und PR formuliert wurden. Kapitel 6.2 untersucht die Wechselwirkungen zwischen Unternehmens- und Individualkultur auf der einen und der PR auf der anderen Seite. Zudem versucht es, die Vermutung, dass es sich bei den in Kapitel 2 dargestellten PR-Elementen um ein in sich schlüssiges System von Aussagen handelt, empirisch zu erhärten. Da sich die Arbeit auf mehreren Ebenen und vor dem Hintergrund verschiedener Fragestellungen bewegt, sind die Datenauswertung und -interpretation verhältnismäßig komplex. Die Vorgehensweise in diesem Kapitel soll deshalb ausführlicher als in den vorangegangenen Kapiteln beschrieben werden:

In Kapitel 6.1 werden Charakteristika, Gemeinsamkeiten und Unterschiede der PR-Praxis der befragten deutschen, österreichischen, dänischen und indischen PR-Verantwortlichen mittels einer Häufigkeitsauswertung für jedes Land und im Ländervergleich ausgewertet.[106] Die Daten und Ergebnisse aller vier Länder sind vergleichbar (vgl. Kapitel 4.4), so dass die Auswertung Hinweise liefert auf

- Gemeinsamkeiten und Unterschiede der PR-Praxis der Befragten,
- Zusammenhänge zwischen den einzelnen PR-Dimensionen und -Elementen, für die ein schlüssiges Aussagensystem vermutet wird, sowie
- den Zusammenhang von Nationalkultur und PR.

Die Überprüfung der Hypothesen erfolgt jeweils im Anschluss an die Ergebnisdarstellung eines jeden PR-Elements. Am Ende des Kapitels 6.1 werden die Hypothesen zusammengefasst, die im Rahmen der Befragung bestätigt werden konnten. Für jede der vier Nationalkulturdimensionen steht somit als Ergebnis des Kulturvergleichs eine abstrahierte, idealtypische Beschreibung ihrer Wirkung auf PR. Im Mittelpunkt des Kapitels 6.2 stehen die Frage nach der Bedeutung von Unternehmens- und Individualkultur für PR sowie auch hier die detaillierte Untersuchung der Vermutung, dass die einzelnen PR-Elemente miteinander verbunden sind. Im Gegensatz zur kulturvergleichenden Auswertung in Kapitel 6.1 handelt es sich bei der Vorgehensweise in Kapitel 6.2 um eine intrakulturelle Auswertung: Da Unternehmens- und Individualkultur über einen eigenen Fragenkomplex erhoben wurden, erscheint eine Auswertung mit Hilfe von Korrelations- und Regressionsanalyse

---

[106] Für Indien und Dänemark liegen jeweils elf verwertbare Rückläufe vor, für Österreich 36 und für Deutschland 61 vollständige Datensätze. Trotz des geringen Umfangs an Datenmaterial für Dänemark und Indien sollen diese beiden Länder in die Häufigkeitsauswertung mit einbezogen werden, allerdings immer vor dem Hintergrund einer geringeren Aussagekraft der Daten und einer keinesfalls möglichen Verallgemeinerbarkeit der Ergebnisse (vgl. Kapitel 5.4). Wenn nachfolgend von den Ergebnissen für Dänemark und Indien die Rede ist, so bezieht sich die Aussage jeweils lediglich auf die befragten dänischen und indischen PR-Verantwortlichen, ohne dass Rückschlüsse auf die PR-Arbeit der Länder im Allgemeinen vorgenommen werden.

sinnvoll. Diese beiden Verfahren liefern statistisch gesicherte und somit aussagekräftigere Ergebnisse als der Kulturvergleich über reine Häufigkeitsaussagen. Für ihre Anwendung sind jedoch Fallzahlen notwendig, die lediglich der deutsche Datensatz bieten kann. Nur die in Deutschland gewonnenen Daten sind durch ihren Rücklauf sowohl absolut als auch relativ ausreichend für eine solche statistische Analyse und lassen eine Verallgemeinerbarkeit der Ergebnisse für die größten Unternehmen Deutschlands zu (vgl. Kapitel 6.4). Die Zusammenhänge zwischen Unternehmenskultur und PR sowie zwischen der Individualkultur des einzelnen PR-Verantwortlichen und seiner PR werden exemplarisch untersucht. Mit Hilfe einer Regressionsanalyse soll dabei v.a. die Einflussrichtung von der Kultur hin zur PR näher beleuchtet werden. Auch die möglichen Beziehungen zwischen den einzelnen PR-Elementen werden für Deutschland näher analysiert. Am Ende der jeweiligen Abschnitte des Kapitels 6.2 sind (wie schon in Kapitel 6.1) die zentralen Erkenntnisse in Form kurzer Zusammenfassungen festgehalten. In Kapitel 6.3 werden die zentralen Ergebnisse der ersten beiden Abschnitte für die einzelnen Kulturebenen ebenso wie für die Frage nach einem in sich geschlossenen Theoriekonstrukt von PR noch einmal kurz zusammengefasst. Sie bilden den Ausgangspunkt für die Prüfung und Anpassung des Kultur-PR-Modells.

Bei der Vorgehensweise des Kulturvergleichs in Kapitel 6.1 handelt es sich um die Herangehensweise von Seiten des Etic-Ansatzes, der von einer generellen Vergleichbarkeit von Kulturen ausgeht und eine entsprechend hohe externe Validität gewährleistet. Kapitel 6.2 hingegen rückt im Rahmen der intrakulturellen Auswertung die Emic-Perspektive in den Vordergrund. Hier werden die Ergebnisse innerhalb eines Landes ausgewertet, ohne sie mit denen anderer Kulturen zu vergleichen. Im Rahmen des sechsten Kapitels kommen demnach beide Ansätze zur Geltung, um eine möglichst breite Auswertung der Daten zu ermöglichen.

6.1 Ergebnisse im Kulturvergleich: Verhältnis von Nationalkultur und Public Relations

Kapitel 6.1 stellt die Ergebnisse der Befragung im Ländervergleich dar, um erste Hinweise auf den vermuteten Zusammenhang zwischen Nationalkultur und PR zu gewinnen. Die Auswertung erfolgt in erster Linie in Form von Häufigkeiten. Da die Nationalkultur nicht erhoben werden konnte und somit nicht in Form von Primärdaten vorliegt, erfolgt die Zuordnung der Ergebnisse zu den Kulturdimensionen über die von Hofstede gebildeten Länderindizes (vgl. Abschnitt 3.3.1). Dem Ziel der Arbeit, erste Anhaltspunkte für den Zusammenhang zwischen Nationalkultur und PR zu gewinnen, genügt jedoch ein derartiger Kulturvergleich vollauf: Er liefert Hinweise sowohl für die Frage nach einem in sich schlüssigen Aussagensystem der einzelnen PR-Elemente als auch für die Hypothesenprüfung. In Abschnitt 6.1.1 werden allgemeine Bestimmungsfaktoren für PR (z.B. sozio-demographische Merkmale, Ausbildung und berufliche Herkunft der befragten PR-Verantwortlichen, aber

Datenauswertung und Interpretation der Ergebnisse 187

auch Größe der nationalen PR-Abteilungen) aufgegriffen. Sie bilden den Rahmen, innerhalb dessen die einzelnen PR-Elemente im Unternehmen ausgestaltet werden. Abbildung 31 zeigt die Zuordnung der PR-Elemente zu den einzelnen Ebenen, denen in Abschnitt 6.1.2 jeweils eigene Abschnitte zugeordnet sind.

Abb. 31: Verlauf der Datenauswertung im Kulturvergleich

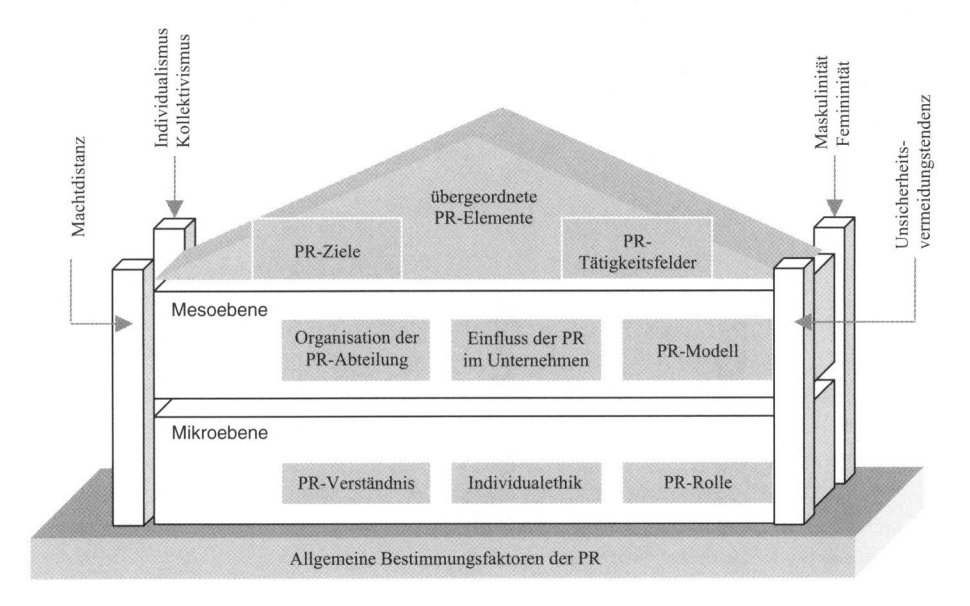

Quelle: eigene Darstellung

Die Ergebnisse der Datenauswertung werden dabei entsprechend der einzelnen PR-Ebenen gegliedert und in Bezug zu den Hypothesen gesetzt. Die vier Kultursäulen sollen verdeutlichen, dass für jedes der PR-Elemente bestimmte Beziehungen zu den Kulturdimensionen vermutet werden, die in Form der Hypothesen wieder aufgegriffen werden sollen. Abschnitt 6.1.1 stellt die allgemeinen Rahmen- und Bestimmungsfaktoren der PR dar. Abschnitt 6.1.2 zeigt die Ergebnisse für die einzelnen PR-Elemente der Mikro-, der Meso- und der allgemeinen Ebene und prüft die für den Zusammenhang mit den vier Kulturdimensionen formulierten Hypothesen. Abschnitt 6.1.3 stellt die Ergebnisse der Hypothesenprüfung im Überblick dar, verdichtet sie inhaltlich und formuliert generalisierte Aussagen zu den Beziehungen zwischen den Hofstede-Dimensionen und den einzelnen Ausprägungen der PR.

6.1.1 Allgemeine Rahmenfaktoren der PR

Geht man nach der Geschlechterverteilung unter den Befragten, so sind PR-Führungspositionen in Deutschland, Österreich, Dänemark und Indien eine Männerdomäne: Die Mehrzahl der befragten PR-Verantwortlichen ist männlich. Während das zahlenmäßige Geschlechterverhältnis in Österreich annähernd ausgewogen ist, zeigen sich insbesondere bei den Befragten in Dänemark mit einem Anteil von rund zwei Dritteln Männern und einem Drittel Frauen die deutlichsten Unterschiede (Abbildung 32).

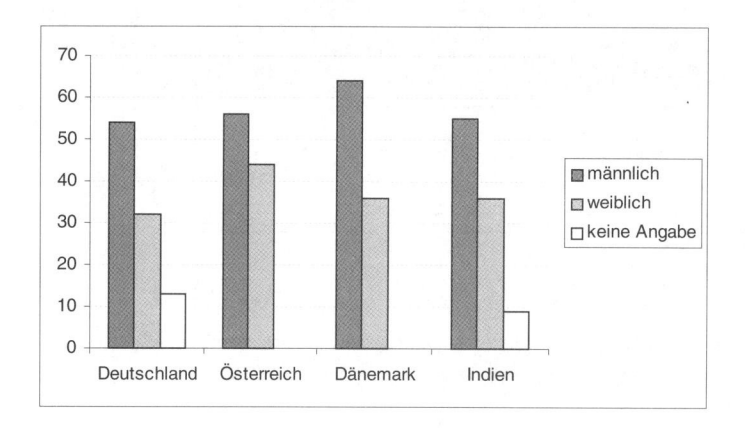

Abb. 32: Geschlecht der Befragten (in %)

Auch in Bezug auf das Alter heben sich dänische PR-Verantwortliche von ihren Kollegen der anderen drei Länder ab: 80% der befragten PR-Praktiker sind zwischen 20 und 40 Jahren, wohingegen in derselben Altersklasse etwa in Indien lediglich ein Drittel der Befragten einzuordnen ist. In Deutschland und Österreich sind die PR-Verantwortlichen im Durchschnitt rund zehn Jahre älter.[107]

Bei der formalen PR-Ausbildung der Befragten liegen Deutschland und Österreich mit einer eher geringen Zahl von ausgebildeten PR-Leuten eng beieinander: Von den befragten deutschen PR-Verantwortlichen haben lediglich ein Fünftel, von den österreichischen ein Viertel eine formalisierte PR-Ausbildung durchlaufen. Bei den indischen (46%) und dänischen Befragten (55%) liegt die Zahl rund doppelt so hoch. Auffallend ist, dass die Befragten (bis auf einige wenige Ausnahmen) über alle Länder hinweg ihre Ausbildung im Heimatland und heutigen Arbeitsland durchlaufen haben. Von einer sekundär-kulturellen Prägung im Hinblick auf ihre PR, wie sie in Abschnitt 4.1.2 im Rahmen des amerikanischen Bias in Theorie und Praxis

---

107 für die genaue Altersverteilung je Land siehe Tabelle 44 im Anhang.

auch für die Ausbildung angeklungen ist und vermutet wurde, kann also nicht die Rede sein. Während in Deutschland die Mehrzahl der Befragten, die über eine formale PR-Ausbildung verfügen, eine mehrmonatige Vollzeitausbildung absolviert haben (13%), spielt dieser Qualifizierungsweg in den anderen Ländern keine Rolle. In Österreich, Dänemark und Indien ist ein (kommunikationsspezifischer) Hochschulabschluss wie das Diplom oder ein *master's degree* die häufigste Qualifikation: Dänemark führt mit rund 60% befragten PR-Verantwortlichen mit Master-Abschluss die Rangfolge an, gefolgt von Indien mit rund 35%, Österreich mit 11% und schließlich Deutschland mit 7% (Diplom oder Magister). In Österreich nennen zudem 8% eine Promotion in ihrem Fach als Abschluss. An Tages- oder Wochenkursen haben lediglich 5% der befragten Deutschen, 6% der Österreicher und rund 17% der indischen PR-Verantwortlichen teilgenommen. In Dänemark, Indien und Österreich dominiert demnach v.a. die Hochschulausbildung als Zugangsqualifikation für die PR, in Deutschland ist der Berufszugang über die Vollzeitausbildung bzw. durch Tages- und Wochenkurse, d.h. vom Gedanken einer Ausbildung geprägt (insgesamt rund 20% der Befragten).

In Zusammenhang mit der Frage der formalen Qualifikation gewinnt im Hinblick auf die Professionalisierung auch die Zugehörigkeit zu einem Berufsverband an Bedeutung: Nur knapp 20% der Befragten in Österreich und rund 25% der deutschen Befragten sind Mitglied im nationalen PR-Berufsverband, wohingegen der Anteil unter den indischen und dänischen Befragten mit 36% bzw. 50% bedeutend höher ist. In Deutschland sind von den rund 25% der Befragten, die Mitglied im nationalen Verband sind, lediglich zwei Befragte zudem in einem internationalen Berufsverband organisiert, in Indien einer. Internationale Berufsverbände scheinen demnach für kaum einen der Befragten von Bedeutung zu sein, was mit der Konzentration auf das Heimatland auch bei der Ausbildung konsistent ist. Nationalen PR-Verbänden kommt in Dänemark und Indien (entsprechend der formal höheren Ausbildung) eine größere Bedeutung zu als in Deutschland und Österreich.

Für die Frage nach der letzten Tätigkeit der Befragten vor ihrer aktuellen Stelle zeigte sich für Deutschland, dass die Befragten zu jeweils rund einem Viertel aus der PR und aus dem Journalismus stammten, knapp 20% waren in einem anderen Kommunikationsbereich und 25% in der PR tätig. In Österreich kamen nur 6% der Befragten vom Journalismus und ebenfalls seltener als ihre deutschen Kollegen aus der PR (rund 20%). Die Mehrzahl der Befragten (jeweils 25%) war zuvor in anderen Kommunikationsbereichen tätig oder kam direkt vom Studium bzw. der Ausbildung. Während die PR in Deutschland also immer noch ein klassisches Berufsfeld für Quereinsteiger aus dem Journalismus zu sein scheint, stammen österreichische PR-Verantwortliche in erster Linie aus anderen Kommunikationsbereichen eines Unternehmens (Abbildung 33).

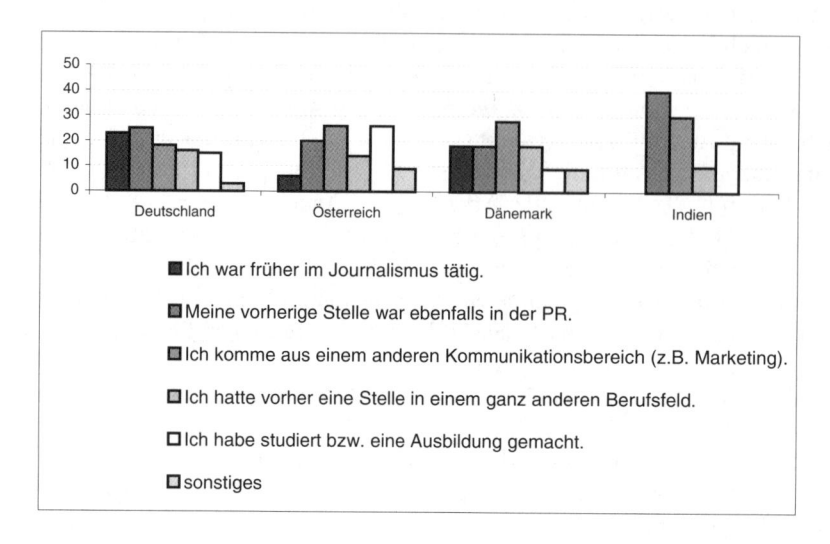

Abb. 33: Letzte Tätigkeit der Befragten vor ihrer aktuellen Stelle (in %)

- Ich war früher im Journalismus tätig.
- Meine vorherige Stelle war ebenfalls in der PR.
- Ich komme aus einem anderen Kommunikationsbereich (z.B. Marketing).
- Ich hatte vorher eine Stelle in einem ganz anderen Berufsfeld.
- Ich habe studiert bzw. eine Ausbildung gemacht.
- sonstiges

Auch in Dänemark nutzten viele der Befragten die Möglichkeit zum Einstieg in die PR aus anderen kommunikativen Bereichen (knapp 30%). Mit jeweils 18% kommen aber zudem dem Journalismus, der PR selbst und nicht-kommunikativen Bereichen Bedeutung zu. Aus dem Muster fällt Indien: Kein einziger der Befragten hatte vor seiner derzeitigen Tätigkeit im Journalismus gearbeitet. 40% der Befragten kamen bereits von einer PR-Tätigkeit, 27% aus einem anderen Kommunikationsbereich. PR scheint in Indien – stärker als in den anderen drei Ländern – eine Funktion zu sein, die ein weitgehend geschlossenes Ausbildungs- und Berufsfeld darstellt, das sich v.a. vom Journalismus klar abgrenzt.

Ebenso war die Arbeitszufriedenheit, erhoben durch die Frage „Wie lange werden Sie vermutlich noch für Ihren jetzigen Arbeitgeber tätig sein?", von Land zu Land unterschiedlich: Während die Mehrheit der Befragten in Indien (55%) und in Dänemark (73%) maximal noch fünf Jahre für ihren Arbeitgeber tätig sein will, planen die deutschen und österreichischen Befragten mit „länger als fünf Jahre" (jeweils rund 30%) bzw. „bis zum Ruhestand" (jeweils rund 25%) im Unternehmen zu bleiben. Als Indikator der Unsicherheitsvermeidungsdimension macht die Frage zur Verweildauer im Unternehmen deutlich, wie unterschiedlich lange PR-Verantwortliche in einem Unternehmen tätig sind und sein wollen. Während deutsche und österreichische Befragte – vermutlich aufgrund ihrer starken Unsicherheitsvermeidungstendenz – dauerhaft in ihrem Unternehmen arbeiten möchten, planen indische und dänische Befragte, deren Nationalkulturen eine geringe Unsicherheitsvermeidungstendenz aufweisen, für einen kürzeren Zeitraum im Unternehmen zu bleiben.

Die deutschen und österreichischen Befragten empfinden das Ansehen der PR [108] in ihren Ländern als mittel bis gut. In Dänemark hat die PR nach eigenem Empfinden der PR-Praktiker ein gutes Ansehen, in Indien weist PR in den Augen der befragten PR-Verantwortlichen das schlechteste Ansehen auf (mittel bis eher schlecht; Abbildung 34).

Abb. 34: Derzeitiges Ansehen der PR

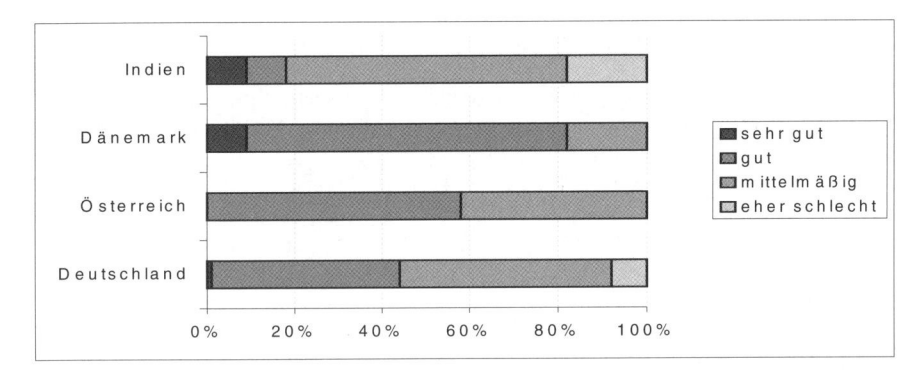

So gehen v.a. die indischen Befragten davon aus, dass sich das Ansehen der Zunft in ihrem Land in den nächsten zehn Jahren verbessern wird (Abbildung 35). Die anderen Länder zeigen eine Tendenz hin zur Stagnation bzw. zum leichten Anstieg.

Abb. 35: Prognostizierte Entwicklung der PR in den nächsten 10 Jahren

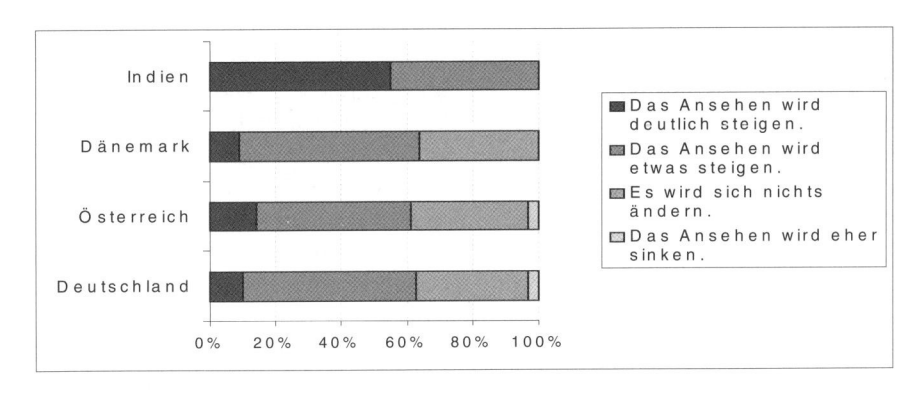

---

108 Den Antworten liegt folgende Frage zu Grunde: „Wie schätzen Sie das Ansehen der PR-Praktiker in Ihrem Land heute ein?". Die Antwortverteilung basiert auf der Zustimmung zur Aussage, dass das Ansehen PR im jeweiligen Land verbesserungsfähig ist.

Ein weiterer Rahmenfaktor, auf der Ebene des Unternehmens anzusiedeln, ist die Größe der nationalen PR-Abteilungen (gemessen an der Zahl fester und freier Mitarbeiter). Sie unterscheidet sich über die Länder hinweg nicht allzu sehr. Tendenziell zeigt Tabelle 20 jedoch, dass die PR-Abteilungen der indischen und dänischen Unternehmen kleiner sind als die der deutschen oder österreichischen Befragten.[109] Indische und dänische PR-Abteilungen setzen entsprechend mehr freie Mitarbeiter ein.

Tab. 20: Prozentualer Anteil der PR-Stellen an der Gesamtmitarbeiterzahl

Zahl der festangestellten Mitarbeiter der nationalen PR-Abteilung (in %)	Deutschland (in %)	Österreich (in %)	Dänemark (in %)	Indien (in %)
1-5	42	50	73	91
6-10	20	9	18	9
11-30	7	6	0	0
mehr als 30	8	12	0	0
Keine Angabe	23	23	9	0
Zahl der freien Mitarbeiter der nationalen PR-Abteilung (in %)				
0	7	6	9	9
1-5	18	14	36	55
6-10	3	3	0	0
Keine Angabe	72	77	55	36

Unterstützt wird die PR-Abteilung in allen vier Ländern von einer oder mehreren Agenturen. Den weitaus größten Anteil an Kooperationen mit Agenturen weisen die befragten indischen PR-Verantwortlichen mit 91% auf, so dass die im Ländervergleich kleinsten PR-Abteilungen am häufigsten externe Unterstützung erfahren. Meist handelt es sich um ein oder zwei Spezialagenturen, mit denen zusammengearbeitet wird (rund 65%). Entsprechend der Zusammensetzung des indischen Rücklaufs aus fast ausschließlich national tätigen Unternehmen spielen internationale Agenturen oder Agenturnetzwerke eine untergeordnete Rolle (10%). In Österreich arbeitet rund die Hälfte der Befragten mit einer oder zwei meist Full-Service-Agenturen, von denen rund ein Drittel international tätig ist. Von den befragten dänischen und deutschen PR-Verantwortlichen setzen etwa zwei Drittel Agenturen ein, bei denen es sich jeweils etwa zur Hälfte um Full-Service- und Spezialagenturen handelt. Zwei Drittel der Agenturen sind jeweils nationale Agenturen, ein Drittel internationale Agenturnetzwerke. Während die dänischen Befragten jedoch lediglich mit einer oder mit zwei Agenturen kooperieren, setzen jeweils rund 15% der Befragten in Deutschland eine, zwei, drei bzw. sogar vier Agenturen ein. Damit erhalten

---

109 Die Brancheneinteilung findet sich im Anhang als Tabelle 45, die Größe der Unternehmen national und international (gemessen an der Mitarbeiterzahl) in den Abbildungen 53 und 54.

deutsche PR-Verantwortliche was die *Zahl* der Agenturen anbelangt die größte Unterstützung. Die *wichtigste Rolle* hingegen spielen Agenturen als externe Erweiterung der kleinen PR-Abteilungen für die befragten indischen PR-Verantwortlichen. Hinzu kommt, dass in Indien in erster Linie Spezialagenturen beauftragt werden und es sich um eine weitaus höhere Zahl, wenn nicht sogar eine gegenläufige Tendenz im Vergleich zu den drei europäischen Ländern handelt.

Zusammenfassung des Abschnitts
Im Rahmen von Demographie, beruflicher Herkunft, formaler Qualifikation und Arbeitszufriedenheit zeigte der Ländervergleich, dass die Befragten in Deutschland und Österreich sowie in Dänemark und Indien paarweise Ähnlichkeiten aufweisen. So sind die befragten PR-Verantwortlichen in Dänemark und Indien jünger als ihre deutschsprachigen Kollegen, formal höher ausgebildet und häufiger in nationalen Berufsverbänden organisiert. Für Deutschland zeigt sich die Besonderheit, dass dem Quereinstieg vom Journalismus eine so große Bedeutung zukommt wie in keinem der anderen drei Länder. Indien scheint als einziges der vier Länder ein weitgehend geschlossenes Berufsfeld aufzuweisen, in dem die Mehrzahl der befragten PR-Verantwortlichen bereits vor ihrer aktuellen Tätigkeit im PR-Feld arbeitete.
    Die größten PR-Abteilungen haben deutsche und österreichische Unternehmen, nimmt man die Zahl der festangestellten Mitarbeiter als Basis. Dänische und indische PR-Verantwortliche nennen hingegen häufiger freie Mitarbeiter als personelle Erweiterung ihrer Abteilung. Die im Ländervergleich wesentlich kleineren PR-Abteilungen der befragten indischen PR-Verantwortlichen werden weit häufiger als die der drei anderen Länder durch PR-Agenturen unterstützt (91%). In Deutschland und Dänemark greifen rund zwei Drittel, in Österreich die Hälfte der befragten PR-Verantwortlichen auf die externe Unterstützung von Agenturen zurück. Mit bis zu vier Agenturen kommen dabei die meisten Agenturen pro Unternehmen auf deutsche PR-Abteilungen.

6.1.2 Gemeinsamkeiten und Unterschiede der PR-Praxis: Prüfung der Hypothesen

Nachfolgend werden die Ergebnisse zur PR-Praxis der einzelnen Länder im Kulturvergleich dargestellt und den zu Ende des vierten Kapitels formulierten Hypothesen gegenüber gestellt. Da die Datenbasis zu gering ist, um eine Hypothese lediglich aufgrund einer solchen Häufigkeitsauswertung zu verifizieren oder zu verwerfen, soll im Zusammenhang mit der Auswertung lediglich von „Hypothese bestätigt" oder „Hypothese nicht bestätigt" gesprochen werden. Wenn zwar nicht die Länderreihung, dafür aber die Ländercluster auf den Hofstede-Dimensionen einen Zusammenhang zur PR-Ausprägung nahelegen, soll eine Hypothese als in der „Tendenz bestätigt" gelten. Abbildung 36 zeigt die Länder in ihrer schematischen Rangfolge auf den vier Skalen der Kulturdimensionen, wie sie sich nach Hofstedes Studien für die Nationalkultur ergaben. Entspricht die Reihenfolge der Länder für die Ausprägungen des jeweiligen PR-Elementes der Rangfolge einer Kulturdimension, so kann von einem Zusammenhang gesprochen werden. Am Ende eines jeden thematischen Abschnitts werden die zentralen Gemeinsamkeiten und Unterschiede der PR-Praxis kurz zusammengefasst.

Abb. 36: Reihung der vier Länder auf den Kulturdimensionen nach Hofstede

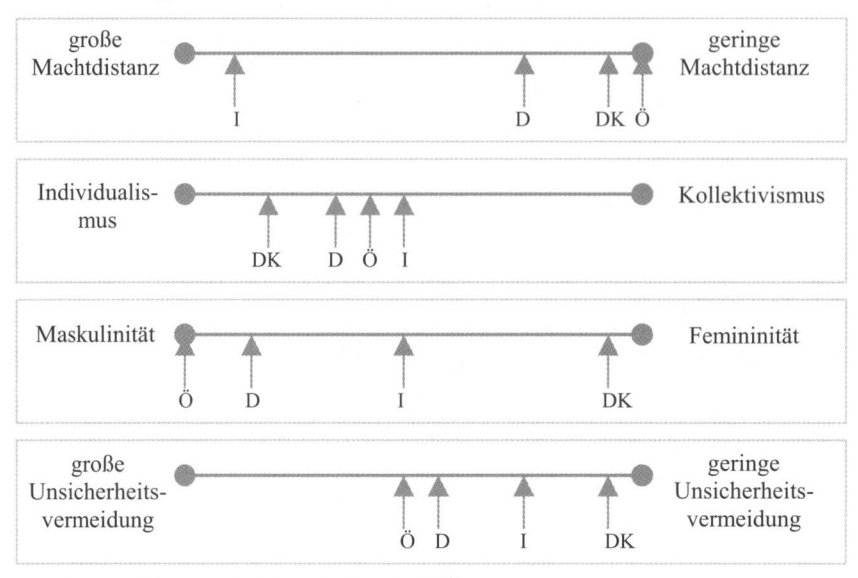

```
große                                              geringe
Machtdistanz ●━━━━━▲━━━━━━━━━━━━▲━▲● Machtdistanz
             I              D   DK Ö

Individualis- ●━━━▲━▲▲━━━━━━━━━━━━━━● Kollektivismus
mus              DK  D Ö I

Maskulinität ●▲━▲━━━━▲━━━━━━━▲━━━━━● Femininität
             Ö D        I        DK

große                                              geringe
Unsicherheits- ●━━━▲━▲━━━▲━━━━▲━━━● Unsicherheits-
vermeidung         Ö D    I     DK      vermeidung
```

Quelle: in Anlehnung an Hofstede (1990, S. 315) [110]

PR-Verständnis

Um das PR-Verständnis der Befragten zu erheben, wurden sie gebeten, vier verschiedene PR-Definitionen im Hinblick auf ihr eigenes Verständnis von PR zu bewerten.[111] Die vorgegebenen PR-Definitionen entsprachen jeweils einem der in Abschnitt 2.1.3 genannten zentralen PR-Verständnisse. Abbildung 37 zeigt, dass das Verständnis von PR von Land zu Land variiert. Als Kommunikationsmanagement wird PR in erster Linie in Deutschland und von den befragten indischen PR-Verantwortlichen verstanden. Während in diesen beiden Ländern jeweils rund 65% der Befragten völlig zustimmten, waren es in Österreich etwa 40% und in Dänemark rund 28%.

---

110 D = Deutschland, Ö = Österreich, Dk = Dänemark, I = Indien.
111 Die Frage lautete: „Wie gut treffen folgende vier Definitionen von Public Relations auf Ihr PR-Verständnis zu?". Die Antworten wurden in Anlehnung an die Untersuchungen von Röttger (2000, S. 303 f.) und MacManus (1997, 183 f.) formuliert (fünfstufige Ratingskala).

Datenauswertung und Interpretation der Ergebnisse 195

Abb. 37: PR als Kommunikationsmanagement

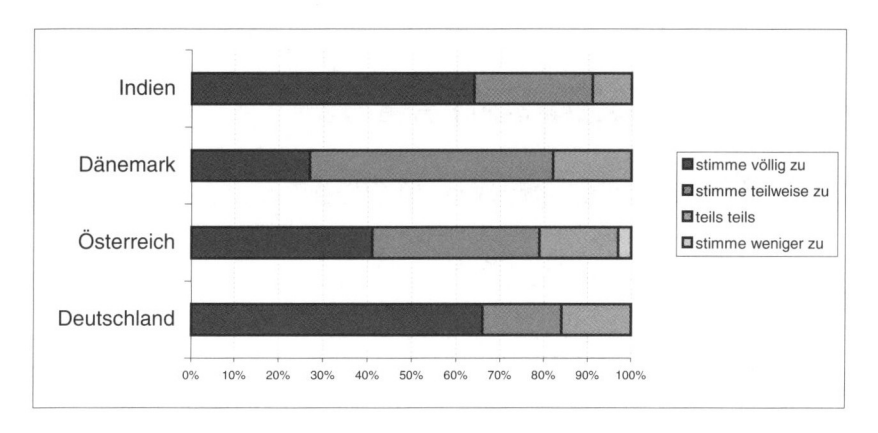

[Balkendiagramm: Indien, Dänemark, Österreich, Deutschland; Kategorien: stimme völlig zu, stimme teilweise zu, teils teils, stimme weniger zu]

Fasst man Deutschland, Indien und Österreich aufgrund der ähnlich hohen Werte zu einer Gruppe von maskulinen und individualistischen Kulturen zusammen, so können die Hypothesen H_{f6} und H_{i5} in der Tendenz bestätigt, H_{m8} hingegen nicht bestätigt werden:

H_{f6}:	In maskulinen Kulturen wird PR eher als Kommunikationsmanagement verstanden als in femininen Kulturen.	*Tendenz bestätigt*
H_{i5}:	In individualistischen Kulturen wird PR eher als Kommunikationsmanagement verstanden als in kollektivistischen Kulturen.	*Tendenz bestätigt*
H_{m8}:	Je geringer die Machtdistanz in einer Kultur, desto eher wird PR als Kommunikationsmanagement verstanden.	*nicht bestätigt*

In Österreich dominiert das Verständnis von PR als Bemühen um Vertrauen (Abbildung 38). 80% der befragten österreichischen PR-Verantwortlichen stimmten dieser Definition von PR vollständig zu, mehr als in Deutschland (70%), Indien (65%) und v.a. als in Dänemark (unter 30%).

Abb. 38: PR als Bemühen um Vertrauen

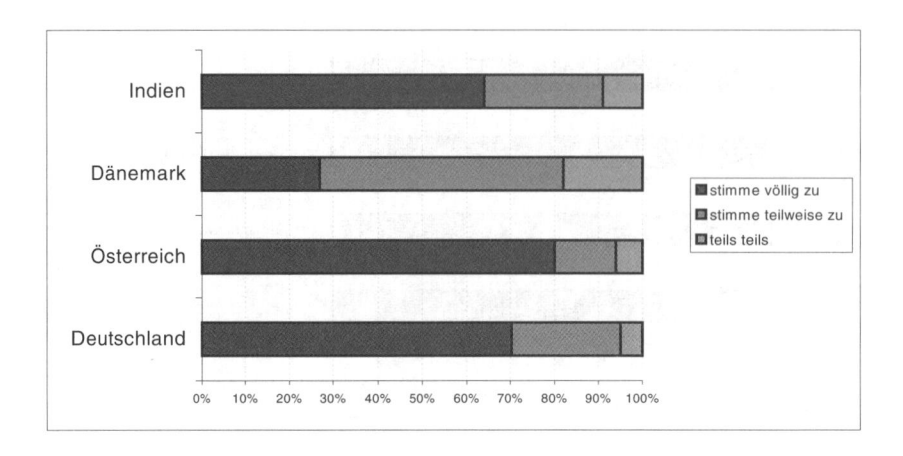

[Balkendiagramm: Indien, Dänemark, Österreich, Deutschland mit Kategorien "stimme völlig zu", "stimme teilweise zu", "teils teils"]

Die Rangfolge der Länder deutet darauf hin, dass je schwächer die Unsicherheitsvermeidung und je maskuliner eine Kultur, desto eher wird PR als Instrument zum Vertrauensaufbau verstanden. Hypothese H_{f5} muss in dieser Formulierung ebenso wie H_{i8} verworfen werden, H_{u5} hingegen kann als bestätigt gelten:

H_{u5}:	In Kulturen mit schwacher Unsicherheitsvermeidungstendenz wird PR eher als geplantes und zielgerichtetes Bemühen eines Unternehmens um das Vertrauen der Öffentlichkeit verstanden als in Kulturen mit starker Unsicherheitsvermeidungstendenz.	*bestätigt*
H_{f5}:	In femininen Kulturen wird PR eher als geplantes und zielgerichtetes Bemühen eines Unternehmens um das Vertrauen der Öffentlichkeit gesehen als in maskulinen Kulturen.	*nicht bestätigt*
H_{i8}:	In kollektivistischen Kulturen wird PR eher als geplantes und zielgerichtetes Bemühen um das Vertrauen der Öffentlichkeit verstanden als in individualistischen Kulturen.	*nicht bestätigt*

Das Verständnis von PR als gesamtgesellschaftliche Funktion findet insgesamt den geringsten Zuspruch. Allenfalls in Indien und Dänemark mit einer Zustimmung von jeweils knapp 30% wird das Verständnis von einigen der Befragten geteilt (Abbildung 39).

Abb. 39: PR als gesamtgesellschaftlicher Interessenausgleich

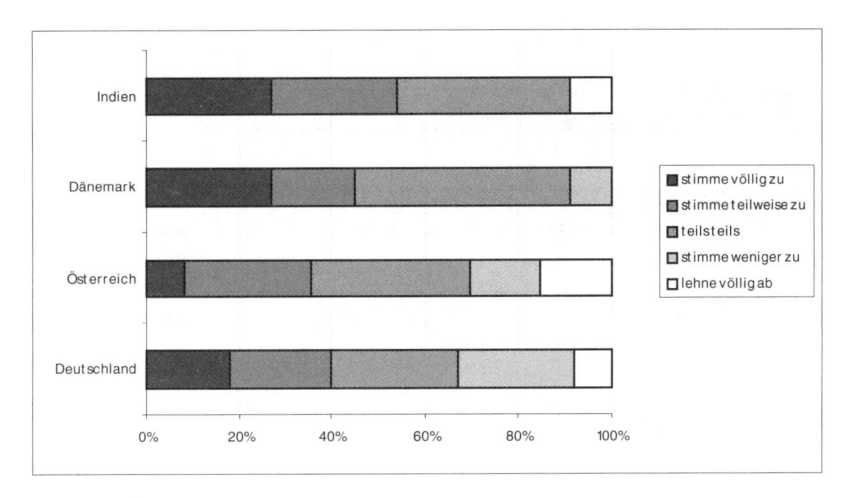

[Balkendiagramm mit Ländern Indien, Dänemark, Österreich, Deutschland; Legende: stimme völlig zu, stimme teilweise zu, teils teils, stimme weniger zu, lehne völlig ab]

Die befragten dänischen PR-Verantwortlichen verstehen ebenso häufig wie die befragten indischen PR-Verantwortlichen Öffentlichkeitsarbeit als gesamtgesellschaftlichen Interessenausgleich (jeweils knapp 30%), die deutschen Befragten hingegen jedoch nur zu knapp 20% und die österreichischen zu unter 10%. Als zu Grunde liegende Kulturdimensionen können der Maskulinitätsindex und die Unsicherheitsvermeidungstendenz vermutet werden.

H_{f4}:	In femininen Kulturen wird PR eher als Vermittlung und Ausgleich gesellschaftlicher Interessen verstanden als in maskulinen Kulturen.	*bestätigt*
H_{u6}:	In Kulturen mit schwacher Unsicherheitsvermeidungstendenz wird PR eher als Vermittlung und Ausgleich gesellschaftlicher Interessen verstanden als in Kulturen mit starker Unsicherheitsvermeidungstendenz.	*bestätigt*
H_{i7}:	In kollektivistischen Kulturen wird PR eher als Vermittlung und Ausgleich gesellschaftlicher Interessen verstanden als in individualistischen Kulturen.	*nicht bestätigt*

Eine Funktion des Marketing ist PR v.a. in Dänemark (Abbildung 40), was aufgrund der im Ländervergleich häufigsten organisatorischen Einordnung unterhalb des Marketing nicht weiter überrascht.

Abb. 40: PR als Funktion des Marketing

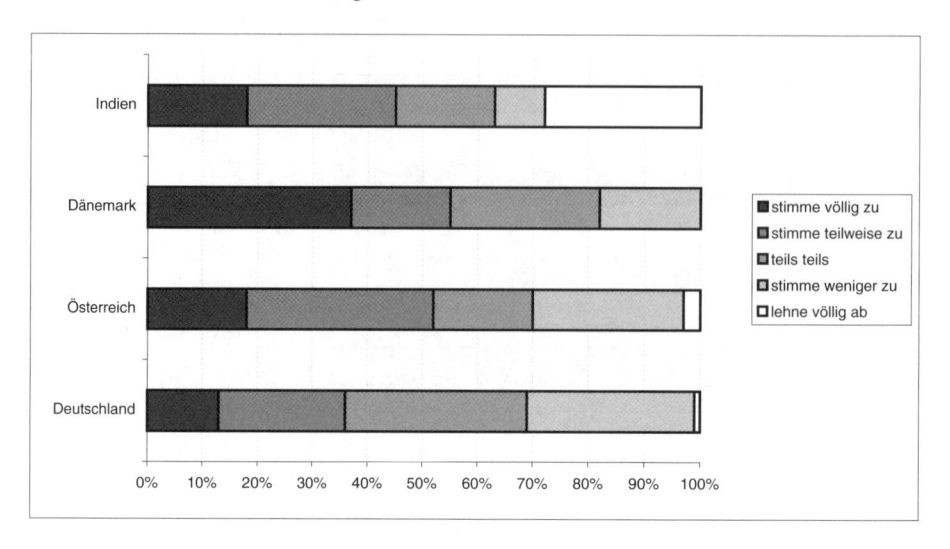

[Balkendiagramm: Indien, Dänemark, Österreich, Deutschland mit Kategorien stimme völlig zu, stimme teilweise zu, teils teils, stimme weniger zu, lehne völlig ab]

Knapp 40% der Befragten stimmten diesem PR-Verständnis vollständig zu, in Österreich und Indien waren es jeweils knapp 20%. Am geringsten ist die Zustimmung unter den deutschen Befragten mit etwas über 10%. In der Rangfolge der Länder lässt sich keine der Kulturdimension erkennen, so dass weder H_{m9} noch H_{i6} bestätigt werden können:

H_{m9}:	Je größer die Machtdistanz in einer Kultur, desto eher wird PR als Kommunikationsfunktion zur Absatzförderung von Produkten oder Dienstleistungen verstanden.	*nicht bestätigt*
H_{i6}:	In kollektivistischen Kulturen wird PR eher als Kommunikationsfunktion zur Absatzförderung von Produkten oder Dienstleistungen verstanden als in individualistischen Kulturen.	*nicht bestätigt*

Auch die konkrete Ausgestaltung des PR-Verständnisses ist kulturgebunden: Je nach PR-Verständnis zeigt sich für die einzelnen Länder eine jeweils unterschiedliche Umsetzung.[112] So schreiben v.a. die indischen Befragten dem Unternehmen eine soziale Verantwortung zu, die es mittels PR zu kommunizieren gelte. Weitere knapp 70% geben an, dieses Verständnis von sozialer Verantwortlichkeit treffe völlig zu,

---

112 „Innerhalb dieser grundlegenden Definitionen kann PR unterschiedliche Ausprägungen annehmen. Bitte geben Sie an, wie gut folgende Aussagen auf Ihr persönliches Verständnis von PR zutreffen." Die Detailergebnisse zum jeweiligen Item sind im Anhang in den Abbildungen 55 bis 59.

im Vergleich zu jeweils rund 35% der deutschen und österreichischen und nur knapp 20% der dänischen PR-Verantwortlichen. Die Reihung der Länder lässt auf einen Zusammenhang mit der Dimension der Machtdistanz und dem Individualismusindex schließen und auch der Maskulinitätsindex kann in der Tendenz als ein Einflussfaktor angenommen werden.

H_{m14}:	In Kulturen mit geringer Machtdistanz schreiben PR-Verantwortliche dem Unternehmen eher eine soziale Verantwortung zu als in Kulturen mit großer Machtdistanz.	*bestätigt*
H_{i13}:	In kollektivistischen Kulturen schreiben PR-Verantwortliche dem Unternehmen eher eine soziale Verantwortung zu als in individualistischen Kulturen.	*bestätigt*
H_{f8}:	In femininen Kulturen findet sich die Überzeugung, ein Unternehmen habe der Öffentlichkeit gegenüber eine soziale Verantwortung, die durch die PR vermittelt werden müsse, häufiger als in maskulinen Kulturen.	*Tendenz bestätigt*

Eine ähnliche Verteilung der Antworten ergibt sich für die Frage, ob die Lenkung der öffentlichen Meinung eine Aufgabe der PR sei. Die Zustimmung war auch hier mit rund 45% („trifft völlig zu") unter den indischen Befragten am größten. Für Österreich stimmten knapp 30% vollständig zu, in Deutschand und Dänemark jeweils knapp 20% der Befragten. Hypothese H_{m16}, die für die Dimension der Machtdistanz formuliert ist, kann bestätigt werden:

H_{m16}:	In Kulturen mit großer Machtdistanz kommt dem Ziel der Beeinflussung und Lenkung der öffentlichen Meinung eine größere Bedeutung zu als in Kulturen mit geringer Machtdistanz.	*bestätigt*

Nur geringe Unterschiede zeigen sich für das Verständnis von PR als einer Managementfunktion. Die größte Zustimmung findet die Aussage wiederum unter den indischen Befragten (über 80%), den deutschen (75%) und den österreichischen (70%). Dänische PR-Verantwortliche stimmen mit 65% etwas weniger zu, wodurch sich der Kreis zum Verständnis von PR als Funktion des Marketing schließt: Wenn PR als Teilbereich des Marketing organisiert und auf rein operative Tätigkeiten beschränkt ist, so kann sie nicht zugleich eine Managementfunktion auf der Ebene der Unternehmensführung sein. Es kann vermutet werden, dass in erster Linie die Individualismusdimension diesen Ausprägungen zu Grunde liegt, aber auch die Machtdistanz eine gewisse Rolle spielt. H_{m13} und H_{i11} sind jedoch entgegen des

Zusammenhangs formuliert, so dass sie – ebenso wie H_{u7} – nicht bestätigt werden können:

H_{m13}:	In Kulturen mit geringer Machtdistanz wird PR eher als Managementfunktion verstanden als in Kulturen mit großer Machtdistanz.	*nicht bestätigt*
H_{i11}:	In individualistischen Kulturen wird PR eher als Managementfunktion verstanden als in kollektivistischen Kulturen.	*nicht bestätigt*
H_{u7}:	In Kulturen mit starker Unsicherheitsvermeidung wird PR eher als Managementfunktion verstanden als in Kulturen mit schwacher Unsicherheitsvermeidung.	*nicht bestätigt*

Für die Frage nach der Relevanz des *boundary spanning* nimmt Österreich eine Sonderstellung ein: Lediglich rund 45% der befragten österreichischen PR-Verantwortlichen sind der Überzeugung, PR habe die Aufgabe, Entwicklungen aus dem Umfeld in das Unternehmen zu tragen. In den anderen drei Ländern sind es jeweils über 60% der Befragten, die das *boundary spanning* für wichtig erachten. Auch in Bezug auf die vollständige oder teilweise Ablehnung dieser Sichtweise ergibt sich für Österreich mit knapp 20% der höchste Wert. Die zweithöchste Ablehnung erfährt *boundary spanning* in Dänemark gefolgt von Deutschland. Entsprechend des Ausmaßes der Zustimmung („trifft völlig zu" und „trifft meist zu") lassen sich die Länder staffeln in Indien (100%), Deutschland (knapp 90%), Dänemark (über 80%) und Österreich (unter 70%). In der Rangfolge zeigt sich die Dimension der Machtdistanz, auch Ansätze der Unsicherheitsvermeidung können vermutet werden. H_{m15} kann bestätigt werden und auch H_{u1} trifft in der Tendenz zu:

H_{m15}:	In Kulturen mit großer Machtdistanz ist PR eher *boundary spanner* als in Kulturen mit geringer Machtdistanz.	*bestätigt*
H_{u1}:	In Kulturen mit starker Unsicherheitsvermeidung nimmt PR häufiger die Rolle des *boundary spanner* wahr als in Kulturen mit schwacher Unsicherheitsvermeidung.	*Tendenz bestätigt*
H_{i12}:	In individualistischen Kulturen ist PR eher *boundary spanner* als in kollektivistischen Kulturen.	*nicht bestätigt*

H$_{f9}$:	In maskulinen Kulturen ist PR eher *boundary spanner* als in femininen Kulturen.	*nicht bestätigt*

Ähnliche Tendenzen zeigen sich für die Ausrichtung der PR-Arbeit im Hinblick auf die reaktive bzw. aktive Orientierung: Zwar stimmen die dänischen PR-Verantwortlichen mit knapp 10% („stimme völlig zu") am häufigsten der Aussage zu, PR sei eine reaktive Funktion. Aber lediglich in Österreich findet sich eine ähnlich starke Zustimmung („trifft meist zu" = 3%). In Indien und Deutschland ist die PR aktiver ausgerichtet. Da sich kein Zusammenhang zur Dimension der Unsicherheitsvermeidung zeigt, kann Hypothese H$_{u9}$ nicht bestätigt werden.

H$_{u9}$:	In Kulturen mit schwacher Unsicherheitsvermeidung wird PR eher in Form reaktiver PR durchgeführt als in Kulturen mit starker Unsicherheitsvermeidung.	*nicht bestätigt*

Zusammenfassung des Abschnitts
Während die befragten deutschen und indischen PR-Verantwortlichen PR als Kommunikationsmanagement verstehen, das sich u.a. auch um das Vertrauen der relevanten Teilöffentlichkeiten bemüht, wird PR in Österreich nahezu ausschließlich als Bemühen um Vertrauen gesehen. Für die dänischen PR-Verantwortlichen ist PR ein Teil des Marketings und entsprechend seltener als in den anderen drei Ländern eine Managementfunktion. In Dänemark wird dem Unternehmen zudem seltener eine soziale Verantwortung zugeschrieben, die durch PR kommuniziert werden sollte, und auch der Einsatz unwahrer Informationen wird weniger kritisch gesehen. Die indischen Befragten hingegen erachten die soziale Verantwortlichkeit von Unternehmen ebenso wie die Lenkung der öffentlichen Meinung als besonders wichtig.

Ethische Grundhaltung: Einstellung zur Wahrheit

Ein weiterer Bereich des Fragebogens erhob die Einstellung zur Wahrheit, einen wesentlichen Aspekt der ethischen Grundsätze des PR-Verantwortlichen. Es zeigte sich über alle Länder hinweg eine starke Ablehnung unwahrer Informationstätigkeit (Abbildung 41). Die größte Ablehnung erfährt in allen vier Ländern die Aussage, von der Wahrheit abzuweichen sei durchaus legitim, wenn es um die Kommunikation von Unternehmensaspekten, Produkten oder Dienstleistungen gehe. Fast alle Befragten sind der Überzeugung, unzutreffende oder unwahre Informationen seien im Alltag der PR nicht zu vertreten. Am stärksten ist die Ablehnung der Aussage bei den deutschen und indischen Befragten, die Zustimmung in Dänemark am größten.

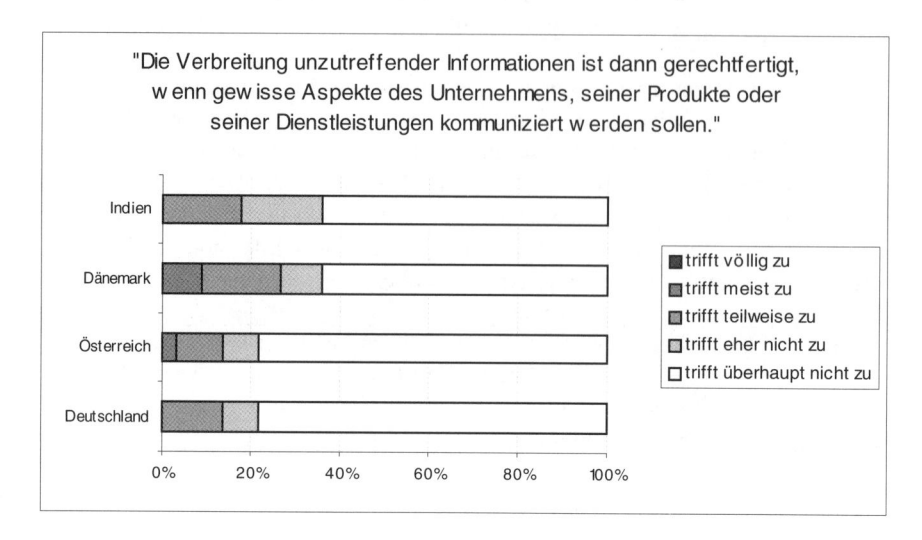

Abb. 41: Einstellung zur Wahrheit – Unternehmensaspekte kommunizieren

"Die Verbreitung unzutreffender Informationen ist dann gerechtfertigt, wenn gewisse Aspekte des Unternehmens, seiner Produkte oder seiner Dienstleistungen kommuniziert werden sollen."

- ■ trifft völlig zu
- ■ trifft meist zu
- ■ trifft teilweise zu
- ■ trifft eher nicht zu
- □ trifft überhaupt nicht zu

Betrachtet man diese generelle Einstellung zur Wahrheit, so zeigt sich, dass in Kulturen mit starker Unsicherheitsvermeidung eher unwahr kommuniziert wird als in Kulturen mit schwacher Unsicherheitsvermeidung. Ein Zusammenhang zu anderen Kulturdimensionen lässt sich jedoch nicht herstellen, so dass bis auf H_{m10} alle diesbezüglich formulierten Hypothesen nicht bestätigt werden können:

H_{u10}:	In Kulturen mit starker Unsicherheitsvermeidung wird PR eher unwahre Informationen als Instrument der PR einsetzen als in Kulturen mit schwacher Unsicherheitsvermeidung.	*bestätigt*
H_{f7}:	In maskulinen Kulturen werden im Rahmen der PR eher unwahre Informationen eingesetzt als in femininen Kulturen.	*nicht bestätigt*
H_{m10}:	Je geringer die Machtdistanz in einer Kultur, als desto wichtiger wird wahre Information und Kommunikation gesehen.	*nicht bestätigt*
H_{i9}:	In individualistischen Kulturen wird PR offener und ehrlicher praktiziert als in kollektivistischen Kulturen.	*nicht bestätigt*

Datenauswertung und Interpretation der Ergebnisse 203

Wenn es sich jedoch um PR in für das Unternehmen kritischen Situationen oder gar Krisenzeiten handelt, so zeigt sich ein etwas anderes Bild: Zwar lehnen auch hier rund 80% der Befragten eines Landes die Bekanntgabe unwahrer Information zur Verhinderung einer drohenden Übernahme durch einen Konkurrenten ab. Für jeweils rund 10% der befragten PR-Verantwortlichen kommt diese Form der Falschinformation jedoch durchaus in Frage, am ehesten in Deutschland und Österreich (Abbildung 42).

Abb. 42: Einstellung zur Wahrheit – feindliche Übernahme

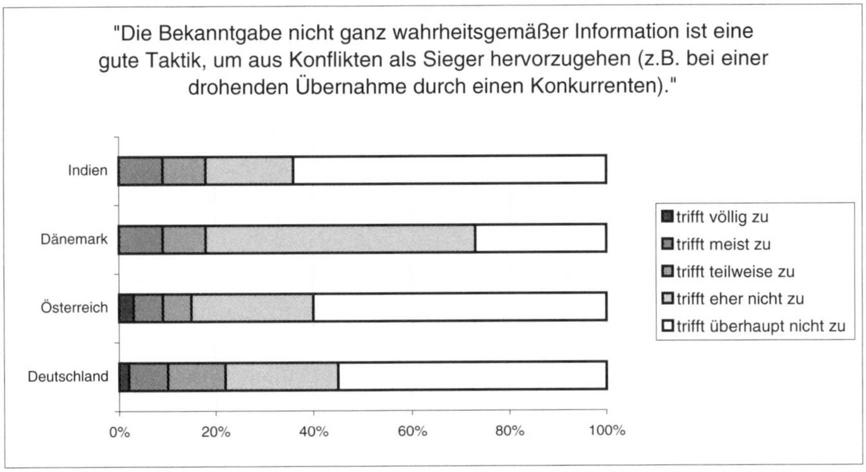

"Die Bekanntgabe nicht ganz wahrheitsgemäßer Information ist eine gute Taktik, um aus Konflikten als Sieger hervorzugehen (z.B. bei einer drohenden Übernahme durch einen Konkurrenten)."

- trifft völlig zu
- trifft meist zu
- trifft teilweise zu
- trifft eher nicht zu
- trifft überhaupt nicht zu

Aufgrund der hohen Ablehnung der Aussage in allen Ländern lässt sich keine landesspezifische Ausprägung feststellen.

H_{m11}:	In Kulturen mit großer Machtdistanz wird unwahre Information zur Vermeidung von Krisen auf Ebene ähnlicher Machtverhältnisse der Konkurrenten eher als legitim verstanden als in Kulturen mit geringer Machtdistanz.	*nicht bestätigt*
H_{i10}:	In kollektivistischen Kulturen weicht PR im Falle einer das Unternehmen bedrohenden Krise eher von der Wahrheit ab als in individualistischen Kulturen.	*nicht bestätigt*

Wenn es um die Frage geht, ob es manchmal notwendig sei, von der Wahrheit abzuweichen, um eine Intervention der Regierung zu vermeiden, zeigen sich deutlichere Unterschiede (Abbildung 43).

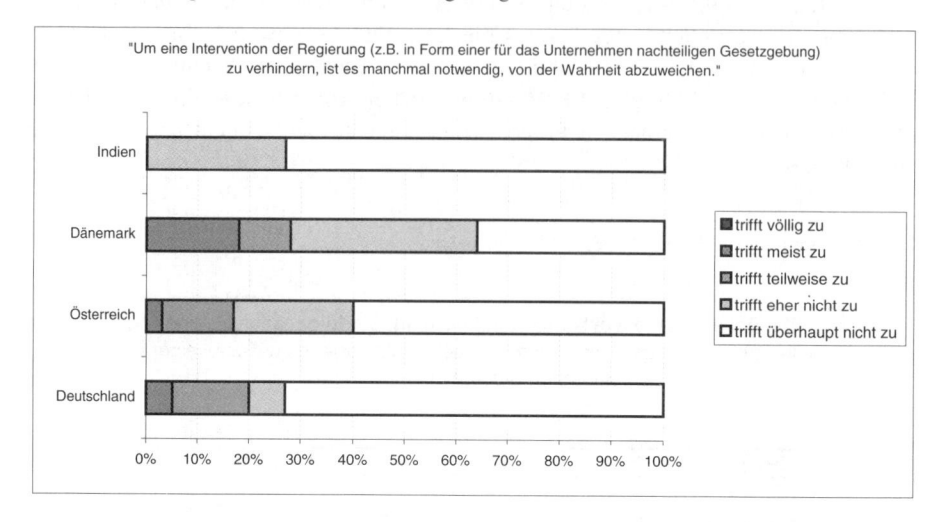

Abb. 43: Einstellung zur Wahrheit – drohende Regierungsintervention vermeiden

"Um eine Intervention der Regierung (z.B. in Form einer für das Unternehmen nachteiligen Gesetzgebung) zu verhindern, ist es manchmal notwendig, von der Wahrheit abzuweichen."

- Indien
- Dänemark
- Österreich
- Deutschland

■ trifft völlig zu
■ trifft meist zu
■ trifft teilweise zu
■ trifft eher nicht zu
□ trifft überhaupt nicht zu

Ins Auge fallen die Antworten der befragten indischen PR-Verantwortlichen: Sie lehnen diese Aussage unisono ab. In den europäischen Ländern hingegen ist die Zustimmung in Dänemark mit knapp 30% am größten, gefolgt von Deutschland (20%) und Österreich (rund 18%), so dass der Zusammenhang mit der Machtdistanz offensichtlich ist:

H_{m12}:	In Kulturen mit großer Machtdistanz wird unwahre Information zur Vermeidung von Krisen auf Ebene ungleicher Machtverhältnisse der Beteiligten seltener als legitim verstanden als in Kulturen mit geringer Machtdistanz.	*bestätigt*

Zusammenfassung des Abschnitts
Der Einsatz unwahrer Information im Rahmen der PR-Arbeit wird von fast allen Befragten weitgehend abgelehnt. Besonders groß ist die Ablehnung unwahrer Information als Instrument der PR unter den indischen Befragten, wenn es um die Verhinderung einer Regierungsintervention geht. Dabei scheint es sich jedoch weniger um außergewöhnlich hohe ethische Ansprüche zu handeln, sondern vielmehr um einen Einfluss der Kulturdimension Machtdistanz.

PR-Rollen

Bei der Erhebung der PR-Rollen fand – wie bereits im Rahmen des zweiten Kapitels angedeutet – eine Beschränkung auf die beiden Rollen des Kommunikationstechnikers und des Kommunikationsmanagers statt, wie sie im Rahmen der Rollenforschung üblich ist.[113] Die Indikatoren, die im Rahmen dieser Befragung für die Erhebung der PR-Rollen zur Anwendung kamen, wurden bereits von Toth und Grunig (1993) in den USA und von Dees (1996) in Deutschland eingesetzt.[114] Aufgrund des zu begrenzenden Umfangs des Fragebogens wurden für die Befragung für jede der beiden Rollen fünf Items ausgewählt, die im Rahmen der vorangegangenen Untersuchungen ähnlich hohe Faktorladungen aufwiesen. Tabelle 21 zeigt die Items in ihrer jeweiligen Zuordnung zu einem Rollenverständnis.

Tab. 21: Operationalisierung der PR-Rollen

Kommunikations-manager	Budgetplanung und -management
	Treffen von Entscheidungen bezüglich der Kommunikationspolitik
	Mitarbeiterführung und -koordination
	Beratung des Vorstands
	Planung und Management von PR-Programmen
Kommunikations-techniker	Umsetzung von Vorgaben bzw. Entscheidungen anderer
	Schreiben, Redigieren, Publikationen erstellen
	Herstellung und Pflege von Medienkontakten
	Alltägliche Kommunikationsaufgaben wie Korrespondenz, Telefonate, usw.
	Organisatorische Durchführung von Veranstaltungen
	Umsetzung von PR-Programmen

Quelle: in Anlehnung an Toth/Grunig (1993) und Dees (1996)

Die bezüglich der PR-Rollen erhobenen Daten[115] wurden nach Items für die Manager- und die Technikerrolle sortiert und über deren Mittelwerte jeweils ein Index gebildet. Tabelle 22 zeigt, dass unter den Befragten aller vier Länder die Rolle des Technikers niedrigere Mittelwerte aufweist, d.h. eine stärkere Zustimmung erfährt. Nahezu ausgewogen ist das Verhältnis von PR-Technikern zu -Managern bei den indischen Befragten, bei europäischen Praktikern hingegen zeigen sich teilweise große Unterschiede.

Da die Indexwerte allein nicht sehr aussagekräftig sind, wurden die Befragten nach der in ihrem Arbeitsalltag dominierenden Tätigkeit einer der beiden Rollen zugeteilt. Diese Zuordnung eines jeden Befragten zu einer PR-Rolle basiert auf dem *concept of predominant role*, das bereits von Broom (1982), Dozier und Broom (1995) und Coombs et al. (1994) angewandt wurde. Dabei wird einem Befragten

---

113 siehe bspw. Broom/Dozier (1986); Toth/Grunig (1993); Dees (1996); Coombs et al. (1994).
114 Sowohl für die USA als auch für Deutschland zeigten sich ähnliche Faktorladungen der Items (vgl. Toth/Grunig, 1993, S. 165; vgl. Dees, 1996), so dass sie als für den Kulturvergleich valide angesehen werden können. Für ihren Einsatz spricht zudem, dass sie eine zeitgemäße Operationalisierung der Rollen darstellen, indem sie stärker auf Aktivitäten abzielen als die usprünglich von Broom und Dozier (1986) verwendeten Indikatoren (vgl. Toth/Grunig, 1993, S. 156 ff.).
115 Die Frage lautete: „Wenn Sie jetzt an Ihr persönliches Arbeitsgebiet denken: Wie häufig führen Sie persönlich die unten genannten Aufgaben aus?" Die Skala reichte von 1 = „sehr häufig" bis 5 = „nie".

diejenige Rolle zugewiesen, deren Tätigkeiten er gemessen an den Durchschnittswerten der Einzelitems häufiger ausführt (vgl. Dozier/Broom, 1995, S. 5; vgl. Coombs et al., 1994, S. 28).

Tab. 22: PR-Manager- und PR-Techniker-Index

PR-Rollen[116]	Deutschland	Österreich	Dänemark	Indien
PR-Manager-Index	2,35	2,34	2,40	1,56
PR-Techniker-Index	2,12	2,06	2,35	1,53

In Österreich, Deutschland und Dänemark dominiert entsprechend des Konzepts der vorherrschenden Rolle die Rolle des PR-Technikers. Jeweils rund 55% der Befragten sind dem PR-Techniker zuzuordnen und etwa 40% dem PR-Manager.[117] Lediglich unter den indischen Befragten sind jeweils 36% PR-Manager bzw. PR-Techniker, so dass das Verhältnis hier am ausgeglichensten ist. Der Länderrangfolge liegen sowohl die Kulturdimension der Machtdistanz als auch die Individualismus-Kollektivismus-Dichotomie zu Grunde, so dass alle diesbezüglich formulierten Hypothesen bestätigt werden können:

H_{m26}:	In Kulturen mit großer Machtdistanz übt der PR-Verantwortliche eher die Rolle des PR-Technikers aus als in Kulturen mit geringer Machtdistanz.	*bestätigt*
H_{m27}:	In Kulturen mit geringer Machtdistanz übt der PR-Verantwortliche eher die Rolle des PR-Managers aus als in Kulturen mit großer Machtdistanz.	*bestätigt*
H_{i19}:	In individualistischen Kulturen üben PR-Verantwortliche eher die Rolle des PR-Managers aus als in kollektivistischen Kulturen.	*bestätigt*

In engem Zusammenhang mit der Managerrolle steht die Aufgabe der Beratung des Vorstands. Sie stellt ein Item der Managerausprägung dar, so dass auch Hypothese H_{m6} auf Basis von Hypothese H_{m27} als bestätigt gelten kann:

---

116 Der PR-Manager-Index errechnet sich aus den Mittelwerten der Antworten für die Manager-Items, der PR-Techniker-Index aus den Mittelwerten der Techniker-Items. Je kleiner der Indexwert, desto stärker üben die Befragten eines Landes die entsprechende Rolle in ihrem Arbeitsalltag aus.
117 Die fehlenden Befragten machten keine oder unvollständige Angaben zur Frage nach den PR-Rollen, so dass eine Berechnung der dominanten Rolle nicht möglich war.

H$_{m6}$:	In Kulturen mit geringer Machtdistanz nehmen PR-Verantwortliche eher die Aufgabe der Beratung des Vorstands wahr als in Kulturen mit großer Machtdistanz.	*bestätigt*

Die Faktorenanalyse zeigt für Deutschland und Österreich[118] das Vorhandensein der PR-Manager-Rolle. In Deutschland ist das Modell in Reinform zu finden. Im Rahmen der PR-Techniker-Rolle scheinen deutsche PR-Verantwortliche eine Spezialisierung vollzogen zu haben: Auf der einen Seite lässt sich eine Rolle identifizieren, die in erster Linie schriftliche Arbeitsaufgaben ausführt[119], auf der anderen Seite eine (bereits stärker am PR-Manager orientierte) Rolle der Maßnahmenumsetzung und Budgetplanung/-management. In Österreich weist die Manager-Rolle eine Orientierung hin auf die Media Relations auf.[120] Für Österreich findet sich eine vierte Rolle, die fast ausschließlich auf die Umsetzung von Entscheidungen und Vorgaben Anderer ausgerichtet ist.

Als ergänzender Bereich, der in Zusammenhang mit der PR-Rolle steht, wurde der Kommunikationsstil der PR-Verantwortlichen erhoben. Er bezieht sich auf das Kommunikationsverhalten der PR-Verantwortlichen v.a. im Hinblick auf das Ausmaß der persönlichen bzw. medienvermittelten Kommunikation sowie im Hinblick auf die Kommunikationspartner: Wie häufig wird mit wem innerhalb und außerhalb des Unternehmens über welche Kommunikationskanäle kommuniziert?

In einer ersten Stufe wurden die Befragten gebeten, die Häufigkeit ihrer Interaktionen mit bestimmten Personen bzw. Personengruppen anzugeben. In der zweiten Stufe folgte (in Anlehnung an Kelleher, 2001, S. 313 ff.) die Frage nach den Kommunikationskanälen, über die die Kommunikation jeweils stattfindet. In Bezug auf die Kommunikationspartner zeigte sich, dass die befragten PR-Verantwortlichen mit Abstand am häufigsten mit Kollegen und Mitarbeitern der eigenen PR-Abteilung kommunizieren (Abbbildung 44), wenn man den Prozentsatz der Antwort „sehr häufig" als Basis nimmt. Während indische und deutsche PR-Verantwortliche neben den Mitarbeitern und Kollegen der PR-Abteilung am häufigsten mit Journalisten kommunizieren, überwiegen in Dänemark und Österreich Kontakte zu Vorgesetzten sowie zu Mitarbeitern und Kollegen anderer Abteilungen. Mit Politikern, die als weitere Gruppe möglicher Kommunikationspartner erfasst waren, wird lediglich durchschnittlich oft bis überhaupt nicht kommuniziert. Dagegen nennen die österreichischen, deutschen und indischen Befragten als weitere Gruppe, mit der sehr häufig oder häufig kommuniziert wird, die *financial community* (Aktionäre, Investoren und

---

118 Mit den zur PR-Rolle erhobenen Daten wurde eine Faktoranalyse mit Varimax-Rotation durchgeführt. Bei Faktorladungen über .60 wurden Items als starke Erklärungsvariable für die Varianz akzeptiert, unter .20 abgelehnt. Aufgrund des geringen Umfangs der für Dänemark und Indien vorliegenden Datenmenge kann für diese beiden Länder keine Faktoranalyse durchgeführt werden.
119 vgl. Tabelle 46.
120 vgl. Tabelle 47.

Analysten). Zudem werden in diesen beiden Ländern Kunden, Partner und Berater als Kommunikationspartner genannt, in Deutschland zudem Verbände und Vereine.

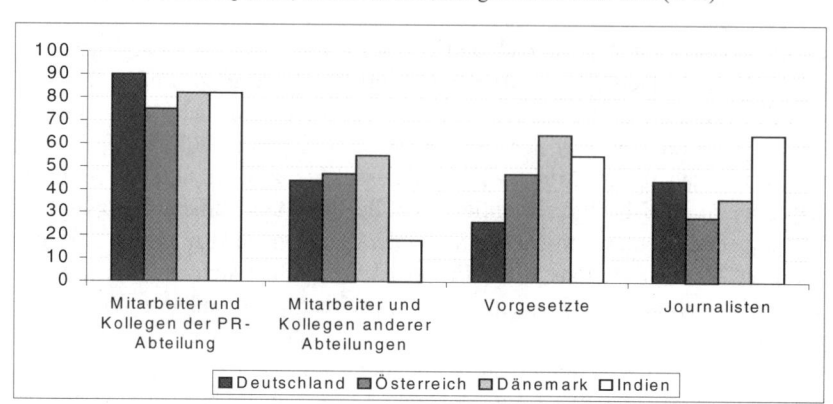

Abb. 44: Kommunikationspartner, mit denen sehr häufig kommuniziert wird (in %)

Hypothese H_{m1} kann bezüglich des fehlenden direkten Bezugs zur Machtdistanz nicht bestätigt werden, Hypothese H_{m2} hingegen ist in ihrer Tendenz zutreffend, betrachtet man die deutlichen Unterschiede in Bezug auf die Kommunikation mit Mitarbeitern und Kollegen der eigenen und anderen Abteilungen:

H_{m1}:	Je geringer (größer) die Machtdistanz in einer Kultur, desto häufiger (seltener) kommuniziert der PR-Verantwortliche mit seinem Vorgesetzten.	*nicht bestätigt*
H_{m2}:	Je geringer (größer) die Machtdistanz in einer Kultur, desto häufiger (seltener) kommuniziert der PR-Verantwortliche mit Mitarbeitern.	*Tendenz bestätigt*

Bezüglich der Häufigkeit der verwendeten Kommunikationskanäle ergab sich für die Ausprägung „sehr häufig" eine klare Dominanz von persönlichem und telefonischem Gespräch (Abbildung 45). Während persönliche Gespräche v.a. in den drei europäischen Ländern eine zentrale Bedeutung haben, kommunizieren indische Befragte häufiger per Telefon und schriftlich per Brief und Fax. E-Mail wird in Dänemark und Indien häufiger zur Kommunikation verwendet als in Deutschland und Österreich. Beide im Zusammenhang mit der Machtdistanz und dem Individualismusindex formulierten Hypothesen können als bestätigt gelten:

H_{m3}:	Je geringer (größer) die Machtdistanz in einer Kultur, desto häufiger kommuniziert der PR-Verantwortliche über persönliche (mediale) Kanäle.	*bestätigt*

H_{i1}:	Je individualistischer (kollektivistischer) eine Kultur, desto eher kommuniziert der PR-Verantwortliche über persönliche (mediale) Kanäle.	*bestätigt*

Abb. 45: Am häufigsten verwendete Kommunikationskanäle (in %)

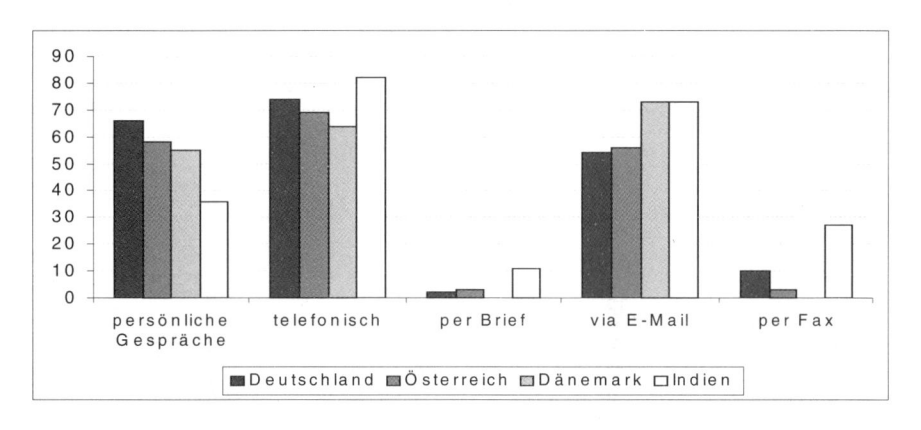

Zusammenfassung des Abschnitts

In allen vier Ländern dominiert die Rolle des PR-Technikers. Während in Deutschland, Österreich und Dänemark jeweils rund 55% der Befragten PR-Techniker sind, hält sich die Verteilung in Indien weitgehend die Waage. In Deutschland ergibt die Faktoranalyse zwei Ausprägungen der PR-Manager-Rolle: eine stärker auf schriftliche Kommunikationsaufgaben und eine auf die Maßnahmenumsetzung hin orientierte Ausprägung. In Österreich ist die PR-Manager-Rolle stark durch die Pressearbeit geprägt, ergänzt um eine Techniker-Rolle, die auf die Ausführung von Vorgaben ausgerichtet ist.

Die befragten PR-Verantwortlichen aller vier Länder kommunizieren am häufigsten mit Mitarbeitern und Kollegen der eigenen PR-Abteilung. Während in Deutschland und Indien nach Angaben der Befragten Journalisten zweithäufigste Kommunikationspartner sind, ist der Arbeitsalltag der österreichischen PR-Verantwortlichen durch häufigere Kontakte mit Mitarbeitern und Kollegen anderer Abteilungen geprägt. Die indischen Befragten hingegen kommunizieren überdurchschnittlich häufig mit ihren Vorgesetzten. In allen vier Ländern spielen telefonische und persönliche Gespräche sowie die E-Mail-Kommunikation eine zentrale Rolle. Brief und Fax haben lediglich für die befragten indischen PR-Verantwortlichen Bedeutung, die die persönliche Face-to-face-Kommunikation weit seltener als ihre Kollegen der drei anderen Länder einsetzen.

Organisatorische Einordnung der PR-Abteilung im Unternehmen

Die Organisation der PR-Abteilung im Unternehmen unterscheidet sich deutlich von Land zu Land (Abbildung 46). Der größte Einfluss kommt der PR zu, wenn sie als Stabsstelle organisiert oder dem Vorstand direkt zugeordnet ist. In Deutschland ergibt sich für die beiden Items zusammen der höchste Wert von 77%, in Österreich von 67%, Dänemark weist einen Wert von 63% und Indien einen Wert von 54% auf. Den größten Anteil an einer gleichrangigen Einordnung der PR neben anderen Abteilungen haben die indischen Unternehmen mit 36%, am häufigsten als Marketingfunktion verstanden wird PR in Dänemark. Von den organisatorischen Voraussetzungen her hat PR damit insbesondere in Deutschland, aber auch in Österreich und Dänemark gute Ausgangsbedingungen, um Einfluss auf die Unternehmensleitung und die interne Führungselite („dominant coalition") ausüben zu können.

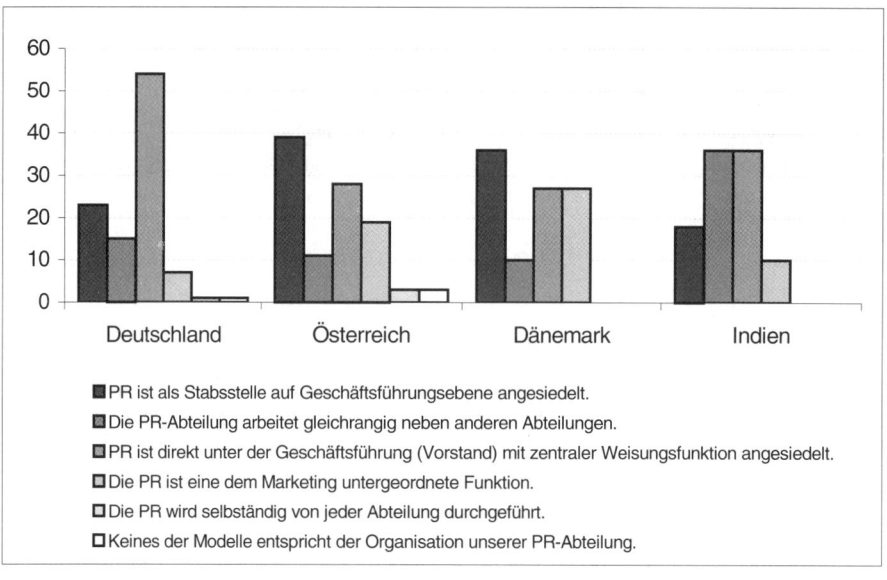

Abb. 46: Organisation der PR-Abteilung (in %)

■ PR ist als Stabsstelle auf Geschäftsführungsebene angesiedelt.
■ Die PR-Abteilung arbeitet gleichrangig neben anderen Abteilungen.
■ PR ist direkt unter der Geschäftsführung (Vorstand) mit zentraler Weisungsfunktion angesiedelt.
☐ Die PR ist eine dem Marketing untergeordnete Funktion.
☐ Die PR wird selbständig von jeder Abteilung durchgeführt.
☐ Keines der Modelle entspricht der Organisation unserer PR-Abteilung.

In Bezug auf Organisation und Einfluss der PR-Funktion im Unternehmen lässt sich ein Zusammenhang zur Machtdistanz herstellen, da die Reihung der vier Länder dem Machtdistanzindex entspricht. Entsprechend kann Hypothese H_{m4} bestätigt werden:

H_{m4}:	In Kulturen mit geringer Machtdistanz ist die PR-Abteilung häufiger direkt der Unternehmensleitung zugeordnet bzw. eine Stabsstelle auf Geschäftsführungsebene als in Kulturen mit großer Machtdistanz.	*bestätigt*

Es zeigt sich, dass die Befragten der drei europäischen Länder wesentlich höhere Werte aufweisen als die indischen Befragten. Tendenziell scheinen sich damit auch die in Bezug auf die Individualismusdimension formulierten Hypothesen bestätigen zu lassen. Die für die Maskulinitäts- und die Unsicherheitsvermeidungsdimension formulierten Hypothesen hingegen können anhand der Länderreihung nicht bestätigt werden:

H_{i2}:	In individualistischen Kulturen ist die PR-Abteilung häufiger organisatorisch direkt der Unternehmensleitung zugeordnet bzw. eine Stabsstelle als in kollektivistischen Kulturen.	*Tendenz bestätigt*

H_{f1}:	In maskulinen Kulturen ist die PR-Abteilung häufiger direkt der Unternehmensleitung zugeordnet bzw. eine Stabsstelle auf Geschäftsführungsebene als in femininen Kulturen.	*nicht bestätigt*

H_{u2}:	In Kulturen mit starker Unsicherheitsvermeidung ist die PR-Abteilung häufiger direkt der Unternehmensleitung zugeordnet oder als Stabsstelle organisiert als in Kulturen mit schwacher Unsicherheitsvermeidung.	*nicht bestätigt*

Was die Organisation der PR-Abteilung als Unterfunktion des Marketing anbelangt, so weisen insbesondere Dänemark (rund 28%) und Österreich (knapp 20%) hohe Werte auf. In Indien sind 10% und in Deutschland rund 7% der erhobenen PR-Abteilungen dem Marketing untergeordnet. Dänemark und Österreich sind Länder mit geringer Machtdistanz, so dass Hypothese H_{m5} nicht bestätigt werden kann:

H_{m5}:	In Kulturen mit großer Machtdistanz ist die PR-Abteilung häufiger dem Marketing untergeordnet als in Kulturen mit geringer Machtdistanz.	*nicht bestätigt*

Dozier und Broom (1995, S. 13) erhoben im Rahmen ihrer Studie zu den PR-Rollen die Partizipation an Managemententscheidungen durch fünf Items. Ähnliche Items formulierte Röttger (2000, S. 248 ff.) für ihre Analyse der PR-Profession in Deutschland. Aus beiden Studien wurden insgesamt fünf Items für die Erhebung des

Zugangs zum internen Führungszirkel abgeleitet. Tabelle 23 zeigt die Mittelwerte der Antworten der Befragten.

Tab. 23: Einfluss der befragten PR-Verantwortlichen im internen Entscheidungszentrum

Einflüsse der PR-Verantwortlichen auf die interne Entscheidungselite (Mittelwerte)[121]	Deutschland	Österreich	Dänemark	Indien
Ich nehme regelmäßig an Sitzungen der obersten Enscheidungsebene des Unternehmens teil.	2,90	2,28	2,09	2,45
Der Einfluss der PR auf unternemenspolitische Entscheidungen meines Unternehmens ist sehr hoch.	2,77	2,69	2,50	2,64
Probleme bespreche ich nie mit der Geschäftsführung.	4,22	4,50	4,36	3,36
Ich erhalte z.T. nicht alle Informationen, die ich für meine Arbeit benötige.	3,30	3,64	3,00	2,10
Ich nehme oft an Meetings der Geschäftsführung teil, in denen es um die Festlegung der Unternehmenspolitik geht.	2,69	2,42	2,73	2,73
Einflussindex[122]	**2,57**	**2,25**	**2,39**	**2,87**

Der Einflussindex ergibt für die österreichischen Praktiker mit 2,25 den höchsten Einflusswert, gefolgt von den dänischen (2,39) und den deutschen PR-Verantwortlichen (2,57). In Indien ist der Einfluss der PR mit einem Wert von 2,87 wesentlich geringer. Damit ist der Einfluss der PR auf den internen Führungszirkel in Österreich am größten und in Indien am geringsten, wie aufgrund der organisatorischen Einordnung zu erwarten war. Entsprechend der Organisation der PR im Unternehmen zeigt sich auch für den Einfluss der PR ein Bezug zur Dimension der Machtdistanz. Auch die Individualismusdimension scheint dem Einfluss der PR im Unternehmen zu Grunde zu liegen. Für Maskulinität und Unsicherheitsvermeidung lassen sich keine klaren Aussagen für die entsprechenden Hypothesen formulieren:

H_{m7}:	Je geringer (größer) die Machtdistanz in einer Kultur, desto häufiger (seltener) gehören PR-Verantwortliche dem internen Führungszirkel an.	*bestätigt*

---

121 Die Skala reichte von 1 = „trifft völlig zu" bis 5 = „trifft überhaupt nicht zu". Je kleiner der Mittelwert, desto stärker die Zustimmung zur Aussage.
122 Der Einflussindex als Entwicklung dieser Arbeit soll zur Verdeutlichung des Einflusses der befragten PR-Verantwortlichen auf das Entscheidungszentrum ihres Unternehmens dienen. Der Index errechnet sich aus den Mittelwerten der Antworten pro Item, wobei die Itemskalen im Falle negativ formulierter Antworten umgedreht wurden. Je kleiner der Indexwert, desto stärker der Einfluss der PR.

H_{i3}:	In individualistischen Kulturen ist PR häufiger Teil des internen Führungszirkels als in kollektivistischen Kulturen.	*bestätigt*
H_{f2}:	In maskulinen Kulturen ist die PR häufiger Teil des internen Führungszirkels als in femininen Kulturen.	*nicht bestätigt*
H_{u3}:	In Kulturen mit starker Unsicherheitsvermeidung ist PR häufiger Teil des internen Führungszirkels als in Kulturen mit schwacher Unsicherheitsvermeidung.	*nicht bestätigt*

Abgeleitet aus den bestätigten Hypothesen zur Organisation und zum Zugang der PR-Abteilung zum inneren Machtzirkel des Unternehmens lassen sich auch die bezüglich des internen Einflusses formulierten Hypothesen prüfen. Die Hypothese für die Individualismus-Dimension kann bestätigt werden, für alle weiteren Hypothesen erlauben die Daten keine Bestätigung:

H_{i4}:	In individualistischen Kulturen hat PR einen größeren Einfluss auf organisatorische Entscheidungen als in kollektivistischen Kulturen.	*bestätigt*
H_{f3}:	In maskulinen Kulturen hat die PR einen größeren Einfluss auf organisatorische Entscheidungen als in femininen Kulturen.	*nicht bestätigt*
H_{u4}:	In Kulturen mit starker Unsicherheitsvermeidung hat PR einen größeren Einfluss auf Unternehmensentscheidungen als in Kulturen mit schwacher Unsicherheitsvermeidung.	*nicht bestätigt*

Zusammenfassung der Kernergebnisse
Die Organisation der PR weist in Deutschland gefolgt von Österreich und Dänemark den größten Anteil an PR-Abteilungen auf, die organisatorisch auf oberster Hierarchieebene angesiedelt sind. Entsprechend gut ist der Zugang der befragten PR-Verantwortlichen in diesen drei Ländern zum inneren Machtzirkel ihrer Unternehmen und ihr Einfluss im Unternehmen groß. Die befragten indischen PR-Verantwortlichen, deren Abteilung wesentlich häufiger gleichrangig neben anderen eingeordnet ist, haben den geringsten Einfluss in ihrem Unternehmen im Ländervergleich und beklagen entsprechend häufiger Informationsdefizite.

PR-Modelle

Bezüglich der PR-Modelle[123] enthielt der Fragebogen Indikatoren zur Messung der ursprünglich von Grunig und Hunt (1984) identifizierten vier Modelle sowie für die Erhebung eines weiteren Modells, des Modell der persönlichen Einflussnahme.

Tab. 24: Operationalisierung der PR-Modelle

Modell	Indikatoren
Publicity/ Press Agentry	Ziel unserer PR-Arbeit ist es, möglichst viel Publicity (Aufmerksamkeit) für unser Unternehmen zu erzeugen.
	Ob ein PR-Programm erfolgreich war, können wir allein über unseren Pressespiegel (Clippings) sehr gut feststellen.
Public Information	Wir sind mit dem Tagesgeschäft so beschäftigt, dass uns überhaupt keine Zeit für eine Wirkungskontrolle unserer PR-Aktivitäten bleibt.
	In der PR geben wir für das Unternehmen ungünstige Informationen nicht von uns aus bekannt, sondern erst auf Nachfrage. Wenn wir Aussagen machen, dann sind die Informationen jedoch immer wahr und richtig.
Two-way Asymmetrical	Vor Beginn eines PR-Programms werden die Einstellungen der Zielgruppen gemessen, um das Unternehmen und seine Grundsätze im Rahmen der PR so zu beschreiben, dass die Zielgruppen am wahrscheinlichsten überzeugt werden können.* [124]
	Vor Beginn eines PR-Programms ermitteln wir die öffentliche Meinung in Bezug auf unser Unternehmen und überlegen, wie wir diese zu unseren Gunsten ändern können.*
Two-way Symmetrical	Ziel der PR-Arbeit ist es, zwischen dem Management unseres Unternehmens und wichtigen Teilen der Öffentlichkeit ein gegenseitiges Verständnis zu entwickeln.
	Vor Beginn eines PR-Programms beschaffen wir uns (z.B. durch systematische Befragungen) Informationen um herauszufinden, inwieweit die Positionen unseres Managements und unserer Zielgruppen übereinstimmen.*
personal influencer (Items basieren auf den Ergebnissen qualitativer Studien)	Public Relations basiert auf dem Prinzip des gegenseitigen Gebens und Nehmens.
	Zu einer guten Public Relations gehört es, wichtigen Personen wie Politikern, Behördenvertretern oder Journalisten kleine Aufmerksamkeiten (Geschenke oder auch Geld) zukommen zu lassen.

Quelle: in Anlehnung an Grunig (1992, S. 93 ff.), Huang (1990), Lyra (1991), Sriramesh (1991), Sriramesh/Kim/Takasaki (1999)

---

123 Frage: „Nachfolgend finden Sie eine Reihe von Aussagen zum PR-Alltag aus der Praxis. Wie gut trifft jede dieser Aussagen auf die PR-Arbeit Ihres Unternehmens zu?" (vgl. Fragebogen im Anhang).

124 Die Items, die das *mixed-motive model* kennzeichnen, wurden in der Aufstellung mit einem Stern gekennzeichnet.

Während die Items zur Messung der ersten vier Modelle von früheren Studien übernommen sind (vgl. Grunig, 1992, S. 93 ff.; vgl. Huang, 1990; vgl. Lyra, 1991; vgl. Sriramesh, 1991), wurden die Items des fünften Modells erst für diese Befragung entwickelt. Tabelle 24 gibt einen Überblick über die Zuordnung der Einzelitems.

Die Auswertung des Datensatzes ergibt zahlreiche Übereinstimmungen bezüglich der Modelldimensionen, aber auch interessante Unterschiede. Das Datenmaterial lässt auch hier eine Faktoranalyse[125] nur für Österreich und Deutschland zu. In beiden Ländern lässt sich jeweils das *mixed-motive model* mit den höchsten Faktorladungen und einer Varianz von 30% bzw. 23% finden. Für Österreich zeigt sich das zweiseitig-symmetrische PR-Modell, allerdings finden sich lediglich in Deutschland alle vier von Grunig identifizierten PR-Modelle nahezu in Reinform: Das Modell der Informationstätigkeit wird ergänzt um den Faktor „wichtigen Personen wie Politikern, Behördenvertretern oder Journalisten kleine Aufmerksamkeiten (Geschenke oder auch Geld) zukommen zu lassen". Das bedeutet, dass dieses für das Modell der persönlichen Einflussnahme formulierte Item in erster Linie auf das Modell der Informationstätigkeit lud und somit nur begrenzt als Indikator für das fünfte PR-Modell gewertet werden kann. Dafür weist das Modell der Informationstätigkeit eine entsprechende Variante auf den persönlichen Einfluss hin auf. Die dritte Variable ergibt schließlich das Publicity-Modell, Variable vier das zweiseitig-symmetrische Modell, ergänzt um den Faktor des „gegenseitigen Gebens und Nehmens" – ein Faktor, der offensichtlich ebenfalls nur begrenzt das Modell der persönlichen Einflussnahme misst (Tabelle 25).

Tab. 25: PR-Modelle und ihre Verteilung auf die Länder

PR-Modelle (Mittelwerte)	Deutschland	Österreich	Dänemark	Indien
Publicity	2,89	2,82	2,95	2,59
Informationstätigkeit	3,14	2,94	2,64	2,55
Asymmetrisches Modell	3,08	2,79	3,05	2,00
Symmetrisches Modell	2,66	2,41	2,36	1,64
mixed-motive model	3,17	2,92	3,03	2,03

Betrachtet man die Verteilung der einzelnen PR-Modelle nach Ländern, so zeigt sich, dass die indischen Befragten den jeweilgen Itemausprägungen unabhängig von deren Inhalt weitaus eher zustimmen als die anderen Befragten, was sich in deutlich niedrigeren Mittelwerten für die einzelnen PR-Modelle ausdrückt. In allen Ländern erfährt das symmetrische Modell die höchste Zustimmung. Während in Deutschland das Publicity-Modell an zweiter Stelle liegt, wird das symmetrische Modell in Österreich und Indien vom asymmetrischen Modell und in Dänemark vom Modell der Informationstätigkeit gefolgt (Abbildung 47). Indische Praktiker stimmen darüber hinaus weit mehr als ihre Kollegen der anderen Länder der Aussage zu, PR müsse

---

125 Die erklärte Gesamtvarianz zu den einzelnen Faktoranalysen findet sich im Anhang in den Tabellen 48 und 49.

wichtigen Personen Geschenke, Geld und ähnliche Aufmerksamkeiten zukommen lassen, so dass sich hier eventuell doch (zumindest in Ansätzen) das Modell der persönlichen Einflussnahme zeigt.

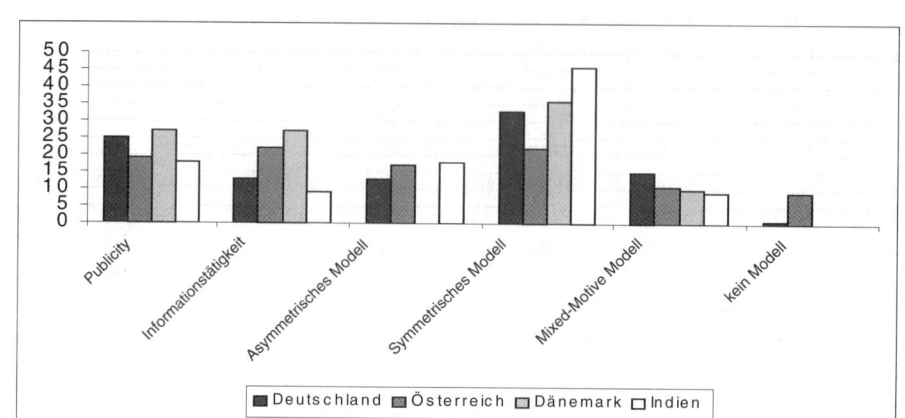

Abb. 47: Prozentuale Verteilung der PR-Modelle auf die Länder (in %)

Bei der Auswertung der Modelle fällt auf, dass 46% der indischen Befragten angeben, sie legten ihrer Unternehmens-PR das zweiseitig-symmetrische PR-Modell zu Grunde. In Dänemark sind dies vergleichsweise 36%, in Deutschland 33% und in Österreich nur 22%. Nimmt man das *mixed-motive model* hinzu, so kommt man für Indien auf einen Prozentsatz von 55%, in Deutschland auf 48%, in Dänemark auf 46% und in Österreich auf 33%. Dieses Ranking entspricht dem Machtdistanzindex, so dass Indien als Land mit der größten Machtdistanz die am stärksten symmetrisch geprägte PR-Praxis aufweist. Tendenziell kann auch ein Zusammenhang mit der Unsicherheitsvermeidungsdimension festgestellt werden:

H_{m29}:	In Kulturen mit geringer Machtdistanz basiert Unternehmens-PR eher auf dem zweiseitig-symmetrischen Modell oder dem *mixed-motive model* als in Kulturen mit großer Machtdistanz.	*nicht bestätigt*
H_{i20}:	In individualistischen Kulturen sind das zweiseitig-symmetrische bzw. das *mixed-motive model* häufiger zu finden als in kollektivistischen Kulturen.	*nicht bestätigt*
H_{f13}:	In femininen Kulturen sind das zweiseitig-symmetrische bzw. das *mixed-motive model* häufiger zu finden als in maskulinen Kulturen.	*nicht bestätigt*

H_{u11}:	In Kulturen mit starker Unsicherheitsvermeidung wird PR eher in Form von zweiseitig-symmetrischen Modellen oder in Form des *mixed-motive model* praktiziert als in Kulturen mit schwacher Unsicherheitsvermeidung.	*Tendenz bestätigt*

In Bezug auf die beiden einseitigen Modelle ergibt sich der höchste Prozentsatz für Dänemark (54%), gefolgt von Österreich (41%), Deutschland (38%) und Indien (27%). In der Rangfolge zeigen sich die Dimension der Machtdistanz sowie tendenziell der Individualismusindex:

H_{m30}:	In Kulturen mit großer Machtdistanz dominieren einseitige PR-Modelle oder das zweiseitig-asymmetrische Modell.	*nicht bestätigt*

H_{i21}:	In kollektivistischen Kulturen sind eher einseitige Modelle zu finden als in individualistischen Kulturen.	*nicht bestätigt*

H_{fl4}:	In maskulinen Kulturen ist PR eher in Form einseitiger PR-Modelle oder in Form des asymmetrischen Modells zu finden als in femininen Kulturen.	*nicht bestätigt*

Für Indien wurde erwartet, ein fünftes PR-Modell, das Modell der persönlichen Einflussnahme zu finden. Tatsächlich zeigt sich unter indischen Befragten eine weitaus stärkere Zustimmung zu den entsprechenden Fragen im Bereich der Modellerhebung. Da die für den „personal influencer" formulierten zwei Items jedoch nicht trennscharf waren, sondern in erster Linie auf das symmetrische Modell luden, kann allenfalls von einer Bestätigung der Tendenz gesprochen werden.

H_{m31}:	Je größer die Machtdistanz in einer Kultur, desto eher findet sich das Modell der persönlichen Einflussnahme.	*Tendenz bestätigt*

Zusammenfassung des Abschnitts
In Deutschland und Österreich dominiert das *mixed-motive model* die Unternehmens-PR der Befragten. Das symmetrische Modell liegt in allen vier Ländern der Mehrzahl der PR-Tätigkeiten zu Grunde, in Deutschland ergänzt um die Publicity-Tätigkeit, in Österreich und bei den indischen Befragten um das asymmetrische Modell sowie bei den Befragten in Dänemark um die Informationstätigkeit.

PR-Ziele und -Erfolgsfaktoren

Informieren, Vertrauen aufbauen und Erklären, so lauten die für die Befragten aller Länder wichtigsten Ziele der PR. In Deutschland und Österreich wird darüber hinaus das Ziel der Setzung und Lenkung von Themen häufig genannt. Für die dänischen und indischen Befragten sind eher die Werbung um Verständnis und die Beeinflussung der öffentlichen Meinung wichtig (Abbildung 48). Die deutlichsten Unterschiede zeigen sich beim Themenmanagement: Während knapp ein Drittel der Befragten in Österreich diese Dimension als eine wesentliche Zielsetzung der PR nennt, ist sie nur für 5% der befragten indischen PR-Verantwortlichen wichtig.

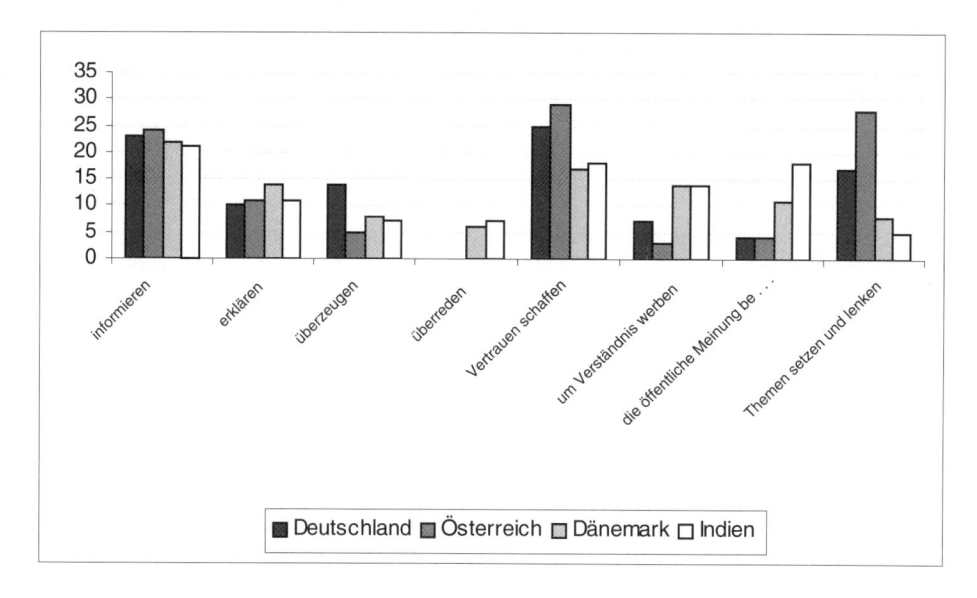

Abb. 48: Ziele der PR im Ländervergleich (in %)[126]

Dem PR-Ziel der Überredung wird ausschließlich von Befragten in Indien (7%) und Dänemark (6%) Bedeutung beigemessen. Für deutsche und österreichische PR-Arbeit hat die Überredung keine Bedeutung. Diese Rangfolge lässt keinen Zusammenhang mit einer der Kulturdimensionen erkennen, so dass keine der Hypothesen bestätigt werden kann.

H_{m17}:	In Kulturen mit großer Machtdistanz kommt dem Ziel der Überredung eine größere Bedeutung zu als in Kulturen mit geringer Machtdistanz.	*nicht bestätigt*

---

126 Mehrfachantworten möglich.

H_{i16}:	In individualistischen Kulturen kommt dem Ziel der Überredung eine größere Bedeutung zu als in kollektivistischen Kulturen.	*nicht bestätigt*

Erklären wird in allen vier Ländern als Ziel der PR genannt. Am meisten Zustimmung findet es in Dänemark (knapp 15%), gefolgt von Österreich, Indien (jeweils 11%) und Deutschland (10%). Hypothese H_{f10} kann bestätigt werden, da diese Reihung Hofstedes Länderrangfolge des Maskulinitätsindexes zu Grunde liegt:

H_{f10}:	In femininen Kulturen hat PR eher das Ziel des Erklärens als in maskulinen Kulturen.	*bestätigt*

Die Werbung um Verständnis wird v.a. von den Befragten in Dänemark und Indien (jeweils 14%) als wichtig angesehen, in Deutschland (7%) und Österreich (3%) kommt ihr keine große Bedeutung zu. Als Basis kann auch hier der Maskulinitätsindex vermutet werden:

H_{f12}:	In femininen Kulturen hat PR häufiger die Werbung um Verständnis zum Ziel als in maskulinen Kulturen.	*bestätigt*

H_{i14}:	In kollektivistischen Kulturen kommt dem Ziel der Werbung um Verständnis eine größere Bedeutung zu als in individualistischen Kulturen.	*nicht bestätigt*

In Österreich hingegen spielt die Setzung und Lenkung von Themen eine große Rolle: 28% der befragten österreichischen PR-Verantwortlichen nannten das Themensetting als Ziel der PR, in Deutschland immerhin noch 17%. Bei den dänischen (8%) und den indischen Befragten (5%) spielt dieses Ziel kaum eine Rolle. In der Tendenz lässt sich hier die Dimension der Machtdistanz erkennen:

H_{m18}:	In Kulturen mit geringer Machtdistanz kommt dem Ziel der Setzung und Lenkung von Themen eine größere Bedeutung zu als in Kulturen mit großer Machtdistanz.	*Tendenz bestätigt*

Auch das Ziel, Vertrauen zu schaffen, dominiert in Österreich (knapp 30%) und Deutschland (25%). Mit Werten um die 17% kommt ihm aber auch bei den befragten dänischen und indischen PR-Verantwortlichen eine nicht unwesentliche Bedeutung zu. Weder die Machtdistanz noch die Femininität lassen sich als Erklärungsvariable nennen, so dass die in Bezug auf dieses Ziel formulierten Hypothesen verworfen werden müssen.

| H_{m19}: | In Kulturen mit geringer Machtdistanz soll eher Vertrauen geschaffen werden als in Kulturen mit großer Machtdistanz. | *nicht bestätigt* |

| H_{f11}: | In femininen Kulturen hat PR eher die Werbung um Vertrauen zum Ziel als in maskulinen Kulturen. | *nicht bestätigt* |

Für die Beeinflussung der öffentlichen Meinung wurden keine Hypothesen formuliert. Die Daten zeigen jedoch, dass insbesondere indische (17%) und dänische Befragte (11%) hier ein nicht unwesentliches Ziel der PR sehen, wohingegen jeweils nur knapp 5% der befragten Deutschen und Österreicher die Beeinflussung der öffentlichen Meinung als Ziel nennen. Das Ziel der Information wird von allen Befragten als wichtig bezeichnet (jeweils zwischen 20% und 25%), so dass hier keine Hypothesen geprüft werden können.

| H_{i15}: | In individualistischen Kulturen kommt dem Ziel der Information eine größere Bedeutung zu als in kollektivistischen Kulturen. | *nicht bestätigt* |

Im Rahmen der Analyse von PR-Zielen ist auch die Frage nach den Erfolgsfaktoren von PR aufschlussreich. Analog zu Röttger (2000, S. 297) wurde unterschieden zwischen Erfolgsfaktoren, die sich auf persönliche Instrumente beziehen (z.B. Meinungsänderung bei Entscheidungsträgern), und Erfolgsfaktoren, die auf die Öffentlichkeit als Masse gerichtet sind (hohe Medienresonanz, d.h. Bedeutung von Clippings, hoher Bekanntheitsgrad, usw.). Dabei lässt sich auch hier zwischen ungeplanter, operativer PR und strategisch geplanter, gemanagter PR unterscheiden (Tabelle 26).

In allen vier Ländern kommt Ergebnissen, die auf die Öffentlichkeit als Ganzes ausgerichtet sind, eine größere Bedeutung zu als Erfolgsfaktoren, die auf Meinungsführer abzielen. Allerdings ist die Differenz zwischen den beiden Indexwerten in Dänemark und Indien jeweils weitaus geringer und nicht im selben Maß ausgeprägt wie in Deutschland und Österreich. Es zeigt sich, dass Deutschland und Österreich sowie die dänischen und indischen Befragten auch im Hinblick auf die Erfolgsfaktoren von PR paarweise ähnliche Ausprägungen aufweisen. Die auf die Öffentlichkeit ausgerichteten Erfolgsfaktoren spielen insbesondere in Deutschland und Österreich eine große Rolle, so dass der vermutete Zusammenhang zur Machtdistanz deutlich wird.

Tab. 26: Angestrebte Ergebnisse der PR und ihre Indizes (Mittelwerte)

Angestrebte Ergebnisse der PR: Ausrichtung auf die Öffentlichkeit	Deutschland	Österreich	Dänemark	Indien
Hohe und qualitativ gute Medienresonanz	1,48	1,44	2,10	1,82
Aufbau und Entwicklung eines positiven Images	1,25	1,03	1,27	1,09
Besetzung eines wichtigen Themas in der öffentlichen Diskussion	1,95	2,03	2,27	2,11
Profilierung durch ein einheitliches Erscheinungsbild (Corporate Identity)	1,92	2,03	1,36	1,09
Dialog mit den relevanten Teilen der Öffentlichkeit herstellen	1,48	1,59	1,91	1,80
Öffentlichkeitsindex[127]	**1,61**	**1,62**	**1,78**	**1,58**
Angestrebte Ergebnisse der PR: Ausrichtung auf Meinungsführer				
Meinungsänderung bei Journalisten bewirken	2,31	2,21	2,36	1,90
Verhinderung einer politischen Maßnahme, die dem Unternehmen schadet	2,70	2,74	2,30	2,20
Information und Motivation der Mitarbeiter	1,62	1,64	1,55	1,82
Meinungsänderung bei Entscheidungsträgern erwirken	2,20	2,00	1,64	2,00
Meinungsführerindex	**2,21**	**2,15**	**1,96**	**1,98**

H_{m20}:	In Kulturen mit großer Machtdistanz wird Erfolgsfaktoren, die sich auf persönliche Instrumente beziehen, größere Bedeutung beigemessen als in Kulturen mit geringer Machtdistanz. Hier gelten eher solche Faktoren, die auf die Öffentlichkeit als Masse gerichtet sind, als Erfolgsfaktoren.	*bestätigt*

Zusammenfassung des Abschnitts
Allgemein anerkannte Ziele der PR sind Information, Vertrauensaufbau und Erklärung von Sachverhalten. In Deutschland und Österreich tritt das Themenmanagement hinzu, für die Befragten in Dänemark und Indien liegt der Schwerpunkt eher auf Werbung um Verständnis sowie auf der Beeinflussung. In den beiden deutschsprachigen Ländern spielen Ergebnisse, die auf die Öffentlichkeit als Ganzes ausgerichtet sind, eine größere Rolle als für die indischen und dänischen Befragten.

---

127 Je kleiner der Indexwert, desto größer die Bedeutung des betreffenden Ergebnisses.

Aufgaben- und Tätigkeitsfelder der PR

Sind Ziele und anzustrebende Erfolgsfaktoren definiert, so folgt im Rahmen der PR-Planung die Entwicklung möglicher Einsatzfelder und Maßnahmen. Die Ergebnisse der Befragung zeigen deutlich, dass die Aufgabenfelder der PR von Land zu Land unterschiedliche Ausprägungen erfahren. Entsprechend der Herkunft vieler deutscher PR-Verantwortlicher aus dem Journalismus wird der Pressearbeit in Deutschland die höchste Bedeutung zugesprochen (Tabelle 27).

Tab. 27: Aufgabenfelder der PR

Aufgabenfelder der PR (Mittelwerte)	Deutschland	Österreich	Dänemark	Indien
Pressearbeit	1,11	1,39	2,00	1,09
Regierungs-PR insbes. Lobbying	3,08	3,31	3,27	2,00
Business-to-Business-PR	2,43	2,60	2,09	2,00
Produkt- oder Dienstleistungs-PR	2,25	1,94	2,45	1,70
Anwohner- bzw. Nachbarschafts-PR	3,31	3,26	2,73	1,91
Investor Relations (Finanz-PR)	2,67	3,03	2,91	1,45
Interne PR/Mitarbeiterkommunikation	1,47	1,54	1,82	1,55
Issues Management, d.h. Früherkennung konflikthaltiger Themen	2,33	2,33	2,27	2,18
Krisenkommunikation	2,35	2,69	2,50	1,91

Am zweitwichtigsten ist hier die interne PR, gefolgt von Produkt- oder Dienstleistungs-PR. Dieselbe Rangfolge ergibt sich auch für Österreich, obwohl die Pressearbeit keine so exponierte Rolle wie in Deutschland einnimmt. Den dänischen Befragten ist die interne Kommunikation gefolgt von Pressearbeit und Business-to-Business-PR am wichtigsten. Die Arbeit der indischen PR-Verantwortlichen dominieren Pressearbeit, Investor Relations und interne PR. Aufgrund der geringen Unterschiede in Reihung und Ausprägung können die diesbezüglich formulierten Hypothesen nicht bestätigt werden:

H_{i17}:	In individualistischen Kulturen kommt Aufgabenfeldern, die auf einzelne Meinungsführer ausgerichtet sind (z.B. Media Relations, Lobbying), eine bedeutendere Rolle zu als in kollektivistischen Kulturen.	*nicht bestätigt*

H_{i18}:	In kollektivistischen Kulturen kommt Aufgabenfeldern, die auf Gruppen (z.B. die Öffentlichkeit) ausgerichtet sind, eine bedeutendere Rolle zu als in individualistischen Kulturen.	*nicht bestätigt*

| H_{m23}: | In Kulturen mit geringer Machtdistanz wird die Mitarbeiterkommunikation als wichtiger angesehen als in Kulturen mit großer Machtdistanz. | *nicht bestätigt* |

Vergleicht man die Abstufung der Antworten in Bezug auf das Feld des Issues Management, so zeigt sich eine deutliche Reihung von Deutschland und Österreich über Dänemark bis Indien. Prinzipiell ist die Zustimmung der indischen Befragten zu den Aussagen über alle Fragen und Items hinweg zwar höher als die in den anderen drei Ländern, allerdings scheint diese Reihenfolge der Länder auch unabhängig davon zu bestehen. H_{m21} kann dementsprechend als bestätigt gelten:

| H_{m21}: | In Kulturen mit großer Machtdistanz wird das Issues Management als wichtiger angesehen als in Kulturen mit geringer Machtdistanz. | *bestätigt* |

Gleicht man die generell stärkere Zustimmung der indischen Befragten innerhalb ihrer Antworten aus, so ergibt sich für die Community Relations die Reihung von Österreich, Deutschland, Dänemark bis Indien von größerer Bedeutung hin zu geringer. Die Reihung entspricht dem Machtdistanzindex, so dass folgende Hypothese als bestätigt gelten kann:

| H_{m24}: | In Kulturen mit geringer Machtdistanz wird die Anwohner-PR als wichtiger angesehen als in Kulturen mit großer Machtdistanz. | *bestätigt* |

Die Krisenkommunikation hat die größte Bedeutung für indische Befragte, gefolgt von den deutschen, dänischen und schließlich österreichischen Befragten. Es zeigen sich die Rangfolge von Machtdistanz und von Unsicherheitsvermeidung, so dass zwei weitere Hypothesen bestätigt werden können:

| H_{m22}: | In Kulturen mit großer Machtdistanz wird die Krisenkommunikation als wichtiger angesehen als in Kulturen mit geringer Machtdistanz. | *bestätigt* |

| H_{u8}: | In Kulturen mit starker Unsicherheitsvermeidung wird der Krisenkommunikation eine größere Bedeutung zugeschrieben als in Kulturen mit schwacher Unsicherheitsvermeidung. | *bestätigt* |

Regierungs-PR und Lobbying spielen in allen vier Ländern im Vergleich zu den anderen Aufgabenfeldern eine eher geringe Rolle. In Deutschland wird die Regierungs-PR zusammen mit der Anwohner-PR als unwichtigstes Tätigkeitsgebiet der PR genannt, ebenso in Österreich. Die dänischen Befragten nennen die Regierungs-PR an letzter Stelle, in Indien rangiert sie auf dem vorletzten Platz. Hypothese H_{m25}

kann aufgrund des nicht erkennbaren Zusammenhangs zur Machtdistanz nicht bestätigt werden.

H_{m25}:	In Kulturen mit großer Machtdistanz kommt dem Lobbying eine geringere Rolle zu als in Kulturen mit geringer Machtdistanz.	*nicht bestätigt*

Als Indikator für die Ausprägung strategischer PR im Sinne des in Abschnitt 2.2.3 dargestellten Planungsprozesses wurde im Rahmen der Erhebung auch der Anteil des Budgets erfragt, der für Evaluation verwendet wird (Abbildung 49).

Bei der Auswertung zeigt sich, dass der Anteil des Budgets für Evaluation in Deutschland und Österreich die breiteste Streuung auch bis in große Budgetanteile aufweist. Die dänischen Befragen verfügen nur über ein sehr geringes Budget für die Evaluation, die indischen Befragten weisen den größten Ausschlag im Bereich von einem bis fünf Prozent Anteil auf. Hypothese H_{m28} kann in der Tendenz in Bezug auf Deutschland, Österreich und Dänemark bestätigt werden, die Ergebnisse für Indien hingegen überraschen:

H_{m28}:	In Kulturen mit geringer Machtdistanz liegt der PR eher ein Managementprozess zu Grunde als in Kulturen mit großer Machtdistanz (gemessen am Anteil des PR-Evaluations-Budgets am gesamten PR-Budget).	*Tendenz bestätigt*

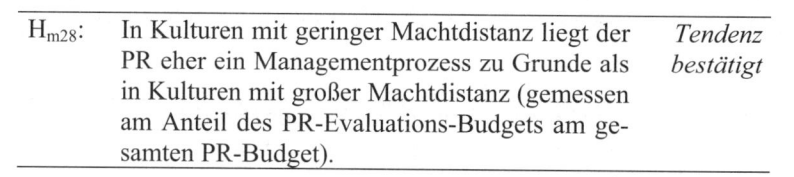

Abb. 49: Prozentualer Anteil des Evaluationsbudgets am PR-Gesamtbudget (in %)

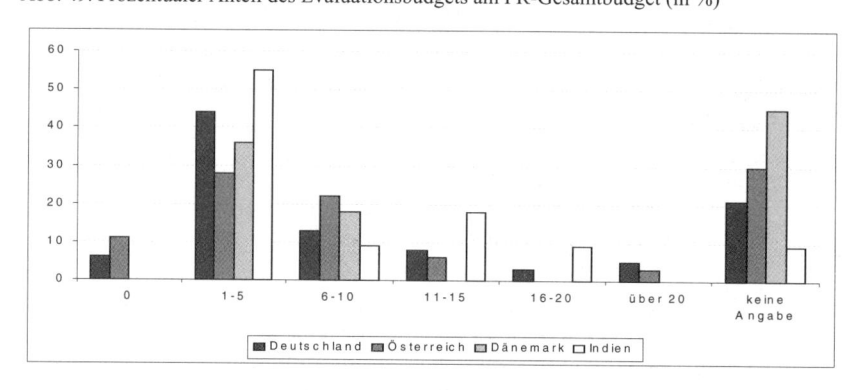

Zusammenfassung des Abschnitts

Die Pressearbeit und die interne Kommunikation sind in allen vier Ländern zentrale Tätigkeitsfelder. Während die indischen Befragten zusätzlich die Investor Relations nennen, ist die Arbeit der befragten dänischen PR-Verantwortlichen durch Business-to-Business-PR geprägt. In Deutschland und Österreich sind Publicity und Dienstleistungs-/Produkt-PR vorherrschende Tätigkeitsfelder. Die am stärksten strategische Ausrichtung (gemessen am Anteil des Evaluationsbudgets am gesamten PR-Budget) hat Deutschland.

6.1.3 Ergebnisse der Hypothesenprüfung im Überblick

Für die Machtdistanz zeigt sich der im theoretischen Teil der Arbeit vermutete allgemeine Zusammenhang mit der PR (Tabelle 28). In Kulturen mit großer Machtdistanz, die u.a. durch große, allgemeinhin akzeptierte Hierarchieunterschiede gekennzeichnet sind, hat der PR-Verantwortliche als Kommunikationstechniker eine v.a. operative Funktion. Auch in seiner Kommunikation mit Kollegen und Mitarbeitern, die primär über mediale Kanäle verläuft, spiegelt die geringe Bedeutung der persönlichen Kommunikation diese hierarchische Abstufung deutlich wider.

Tab. 28: Zusammenhang von Nationalkultur und PR: Machtdistanz

Je größer die Machtdistanz,		
	desto seltener schreiben PR-Verantwortliche dem Unternehmen eine soziale Verantwortung zu.	In Kulturen mit **großer Machtdistanz** verfolgt PR das Ziel der Lenkung der öffentlichen Meinung. Dabei kommt *boundary spanning*, Issues Management und Krisenkommunikation eine zentrale Bedeutung zu. Der PR-Verantwortliche ist meist Kommunikationstechniker, der für seine interne Kommunikation mit Mitarbeitern und Kollegen v.a. mediale Kanäle einsetzt. In Kulturen mit **geringer Machtdistanz** hat PR mehr Einfluss im Unternehmen. Der PR-Verantwortliche übt v.a. die Rolle des Kommunikationsmanagers aus. In diesem Zusammenhang kommt dem Unternehmen aus Sicht der PR-Verantwortlichen auch eine soziale Verantwortung zu. Hauptaugenmerk liegt auf Instrumenten und Maßnahmen, die auf die Masse, d.h. die Öffentlichkeit ausgerichtet sind. Unwahre Informationen werden durchaus als legitimes Mittel der Krisenkommunikation verstanden.
	desto eher übt der PR-Verantwortliche die Rolle des PR-Technikers aus.	
	desto seltener nehmen PR-Verantwortliche die Aufgabe der Beratung des Vorstands wahr.	
	desto häufiger kommuniziert der PR-Verantwortliche über mediale Kanäle.	
	desto seltener wird unwahre Information zur Vermeidung von Krisen auf Ebene ungleicher Machtverhältnisse der Beteiligten als legitim verstanden.	
	desto eher wird PR als Managementfunktion verstanden.	
	desto wichtiger ist das *boundary spanning*.	
	desto seltener gehört der PR-Verantwortliche dem internen Führungszirkel an.	
	desto seltener ist die PR-Abteilung direkt der Unternehmensleitung zugeordnet.	
	desto größere Bedeutung kommt Erfolgsfaktoren zu, die sich auf persönliche Instrumente beziehen.	
	desto größere Bedeutung kommt dem Ziel der Beeinflussung und Lenkung der öffentlichen Meinung zu.	
	desto wichtiger ist die Anwohner-PR.	
	desto wichtiger sind Issues Management und Krisenmanagement.	
	desto eher basiert Unternehmens-PR auf dem zweiseitig-symmetrischen Modell oder dem *mixed-motive model*.	

Auf den Bereich der externen Kommunikation lassen sich die Hierarchieunterschiede großer Machtdistanz ebenfalls übertragen: Bedenkt man die große Bedeutung der Lenkung und Beeinflussung der öffentlichen Meinung, so versucht das Unternehmen in diesem Bereich, der Öffentlichkeit seine Position zu oktroyieren und gleichzeitig durch *boundary spanning* und Issues Management die Reaktion der Öffentlichkeit zu antizipieren und sie unter Kontrolle zu halten. In Abschnitt 2.3.3 wurde für Indien kurz angedeutet, welche Gefahr aktivistische Teilöffentlichkeiten für Unternehmen in Kulturen großer Machtdistanz darstellen. PR kann in diesem Kontext als operative und untergeordnete Funktion zur Lenkung und Kontrolle der Öffentlichkeit verstanden werden.

Kulturen mit geringer Machtdistanz, die sich durch eine weitgehende Gleichstellung aller auszeichnen, sehen PR als wesentlich wichtiger an. Die PR-Abteilung und ihr Leiter haben bedeutenden Einfluss innerhalb des Unternehmens, der PR-Verantwortliche selbst hat eher Managementaufgaben. Die Rolle des Unternehmens in der Gesellschaft wird als eine soziale und gesellschaftlich verantwortliche verstanden. Im Mittelpunkt steht dabei die Kommunikation mit der Öffentlichkeit ganz allgemein. So verantwortungsvoll die Rolle des Unternehmens und so professionell die PR-Arbeit in Kulturen mit geringer Machtdistanz sind, so überraschender ist das Ergebnis, dass die PR v.a. auf einseitigen bzw. asymmetrischen Modellen beruht und dass in Krisenzeiten durchaus unwahre Informationen im Rahmen von PR-Botschaften eingesetzt werden. Eine mögliche Erklärung für diese Aussage kann darin zu sehen sein, dass eine Krise für jedes Unternehmen eine existenzbedrohende Situation darstellt, in der hohe ethische Leitsätze nicht immer realistisch sind. Die Tatsache, dass in alltäglichen Situationen oder auch im kompetitiven Umfeld unwahre Informationen nicht eingesetzt werden würden, stützt hingegen die Vermutung einer „professionalisierten" PR in Kulturen mit geringer Machtdistanz.

> Der Zusammenhang zwischen Machtdistanz und PR zeigt sich v.a. in dem Einfluss, der PR im Unternehmen zukommt, sowie in ihrer Sicht der Öffentlichkeit.

In Bezug auf den Einfluss der PR im Unternehmen gehen geringe Machtdistanz und Individualismus Hand in Hand (Tabelle 29). PR-Verantwortliche sind meist Kommunikationsmanager und Teil des internen Führungszirkels. Auch im Kriterium der sozialen Verantwortlichkeit kommen Individualismus und Kollektivismus zum Ausdruck: Während eine soziale Verantwortlichkeit in individualistischen Kulturen nicht berücksichtigt wird, stellt sie in kollektivistischen Kulturen *das* zentrale Kriterium der PR dar.

Die wesentlichen Hypothesen, die für die Kollektivismusdimension bestätigt werden konnten, beziehen sich mit der sozialen Verantwortlichkeit von Unternehmen und dem gesellschaftlichen Interessenausgleich auf soziale Elemente. Die Grunddichotomie zwischen den Extremen der Skala lässt sich also lediglich sehr begrenzt und spezifisch auf die PR übertragen, indem sie in erster Linie auf den sozial-kollektiven Bereich begrenzt bleibt.

Tab. 29: Zusammenhang von Nationalkultur und PR: Individualismus – Kollektivismus

Je individualistischer eine Kultur,	desto eher übt der PR-Verantwortliche die Rolle des PR-Managers aus.	Für die Beziehung zwischen Individualismus/Kollektivismus und PR ermöglichen die Daten zahlreiche Aussagen: In **individualistischen Kulturen** hat PR mehr Einfluss und damit „Macht" im Unternehmen. Entsprechend sind PR-Verantwortliche häufiger Kommunikationsmanager als ihre Kollegen in kollektivistischen Kulturen. In individualistischen Kulturen treten gegenüber **kollektivistischen Kulturen** sozial-integrative Ziele wie die Übernahme sozialer Verantwortung oder das Verständnis von PR als Vermittlung und Ausgleich gesellschaftlicher Interessen in den Hintergrund.
	desto eher kommuniziert der PR-Verantwortliche über persönliche Kanäle.	
	desto größer ist der Einfluss der PR auf organisatorische Entscheidungen.	
	desto häufiger ist PR Teil des internen Führungszirkels.	
	desto seltener wird PR als Managementfunktion und als Vermittlung und Ausgleich gesellschaftlicher Interessen gesehen.	
	desto seltener schreiben PR-Verantwortliche dem Unternehmen eine soziale Verantwortung zu.	

Die Dimension Individualismus – Kollektivismus hängt demnach auf der Ebene der Nationalkultur damit zusammen, inwieweit ein Unternehmen soziale Verantwortung übernimmt und wie stark es gesellschaftliche Interessen im Rahmen seines Unternehmenshandelns berücksichtigt. Je weniger stark diese beiden Elemente ausgeprägt sind, desto eher steht der Erfolg des PR-Verantwortlichen (z.B. seine Tätigkeit als PR-Manager oder ein möglichst großer Einfluss im Unternehmen) im Vordergrund.

> Die Individualismus-Kollektivismus-Dimension lässt sich für die PR auf die Dichotomie zwischen persönlichen und sozial-kollektiven Zielen reduzieren.

Tab. 30: Zusammenhang von Nationalkultur und PR: Maskulinität – Femininität

Je maskulinerer eine Kultur,	desto eher werden in Alltagssituationen unwahre Informationen eingesetzt.	In **femininen Kulturen** stehen Verstehen, Verständnis und Vertrauen sowie die Lenkung der öffentlichen Meinung im Vordergrund der PR, im Rahmen **maskuliner Kulturen** spielen diese Maxime überhaupt keine Rolle. Hier werden auch unwahre Informationen als Instrument der PR zur Erreichung ihrer Ziele als legitim verstanden.
	desto seltener hat PR die Werbung um Verständnis zum Ziel.	
	desto seltener hat PR das Ziel des Erklärens.	
	desto unbedeutender ist das Ziel der Beeinflussung der öffentlichen Meinung.	

Die Dimension Maskulinität – Femininität kann nur in sehr begrenztem Umfang auf die PR übertragen werden (Tabelle 30). Sie drückt sich in harten und weichen Faktoren aus, z.B. in der Frage nach dem Grundverständnis und der Zielsetzung der PR im Hinblick auf Durchsetzung der Unternehmensziele vs. Schaffung von Verstehen, Verständnis und Vertrauen. Während in femininen Kulturen Vertrauen und Verständnis (über das Erklären von Sachverhalten) im Vordergrund stehen, spielen diese Ziele in maskulinen Kulturen eine weit geringere Rolle.

> Der Zusammenhang zwischen der Maskulinität-Femininität-Dimension und der PR zeigt sich in dem Grad, zu dem das Unternehmen als PR-Ziel das Verständnis und das Vertrauen der Öffentlichkeit gewinnen und die öffentliche Meinung lenken will.

Die Unsicherheitsvermeidungstendenz hängt mit der PR zusammen, indem entsprechend ihrer Ausprägung der Grad variiert, in dem risikobehaftete Situationen vermieden werden bzw. Krisenkommunikation als wichtig erachtet wird (Tabelle 31).

Tab. 31: Zusammenhang von Nationalkultur und PR: Unsicherheitsvermeidungstendenz

Je stärker die Unsicherheitsvermeidungstendenz in einer Kultur,	desto eher werden unwahre Informationen als Instrument der PR verstanden. desto eher wird PR als Vermittlung und Ausgleich gesellschaftlicher Interessen gesehen. desto wichtiger ist das PR-Ziel der Beeinflussung der öffentlichen Meinung. desto seltener wird PR als Bemühen um das Vertrauen der Öffentlichkeit verstanden. desto größer ist die Bedeutung der Krisenkommunikation.	Der Zusammenhang zwischen **Unsicherheitsvermeidung** und PR zeigt sich in erster Linie in der Vermeidung risikoreicher Situationen und in der Krisenkommunikation. In Kulturen mit starker Unsicherheitsvermeidung will PR in erster Linie die öffentliche Meinung beeinflussen und zwischen Unternehmen und gesellschaftlichen Interessen vermitteln und ausgleichen. Die Gewinnung des Vertrauens der Öffentlichkeit steht weniger im Vordergrund, dafür werden unwahre Informationen in allen Bereichen der PR als legitim verstanden.

Je größer die Unsicherheitsvermeidungstendenz einer Kultur, desto stärker wird die Öffentlichkeit in Unternehmensprozesse mit einbezogen, um Differenzen durch einen ständigen Dialog frühzeitig zu lösen bzw. gar nicht erst entstehen zu lassen. Zentrales Ziel ist es, die öffentliche Meinung durch diesen Dialog, aber auch jederzeit durch unwahre Informationen zu beeinflussen. Jedes Mittel wird als legitim angesehen, sofern es zur Vermeidung von Risiko und Krisen dient. Wesentliches Aufgabenfeld der PR-Arbeit in Kulturen mit großer Unsicherheitsvermeidung ist die Krisenkommunikation, die durch Krisenfrüherkennung, Krisenvorbereitung und Krisenhandling ihren Teil zur Unsicherheitsvermeidung beitragen soll.

> Der Zusammenhang mit der Unsicherheitsvermeidungstendenz zeigt sich für die PR in der Rolle, die das Unternehmen der Öffentlichkeit zuschreibt, d.h. inwieweit sich das Unternehmen für die Belange der Teilöffentlichkeiten öffnet.

Im Rahmen der Nationalkultur ist die Machtdistanz die einzige Dimension, die sich im großen Maßstab und auch über den begrenzten Fokus ihrer ursprünglichen Funktion hinaus auf PR-Elemente übertragen lässt und ein ganzes Bedingungssystem nach sich zu ziehen scheint. Sie weist nicht nur einen Zusammenhang mit der PR auf der Mikroebene auf, sondern auch auf der Mesoebene. Die drei anderen Kulturdimensionen spielen in ihrer Reichweite eine geringere Rolle für die PR. Über die Wichtigkeit bzw. Stärke des Zusammenhangs kann auf Basis der vorliegenden Daten für keine der vier Dimensionen eine Aussage getroffen werden. Klar ist aber, dass – obschon über die Hälfte der Hypothesen nicht oder nur in der Tendenz bestätigt werden konnte – jede der vier Dimensionen einen spezifischen Zusammenhang mit der PR aufweist. Für das Kultur-PR-Modell heisst das, dass alle vier Kulturdimensionen und damit auch die Nationalkultur als Ganzes mit der PR in Beziehung stehen. Wie sich dieser Zusammenhang im einzelnen gestaltet und wie groß er für jede der Dimensionen ist, muss in weiterführenden Studien gemessen werden.

6.2 Intrakulturelle Auswertung: Verhältnis von Unternehmens- und Individualkultur zu Public Relations

Neben der Nationalkultur auf der Makroebene wurden als weitere Kulturelemente die Individualkultur (Mikroebene) und die Unternehmenskultur (Mesoebene) in das Kultur-PR-Modell mit einbezogen. Kapitel 6.2 weist den Zusammenhang von Individual- und Unternehmenskultur mit PR, wie er im Modell in Abschnitt 4.3.1 aufgezeigt wurde, für Deutschland statistisch nach. Darüber hinaus wird der in der Einleitung der Arbeit vermutete und in Kapitel zwei theoretisch fundierte Zusammenhang der einzelnen PR-Elemente untereinander empirisch untersucht. Die im Rahmen des Modells formulierten Annahmen werden anhand der in Deutschland gewonnen Daten mittels statistischer Verfahren in Form einer intrakulturellen Auswertung überprüft: Korrelations-[128] und Regressionsanalyse[129] sollen die Stärke und erste Hinweise für die Richtung des Zusammenhangs zwischen den Kulturvariablen auf der Meso- bzw. Mikroebene auf der einen und den einzelnen Ausprägungen der PR auf der anderen Seite offenbaren. Sowohl die Individual- als auch die Unterneh-

---

128 Von einem leichten, jedoch deutlich vorhandenen Zusammenhang soll im Rahmen der Korrelationsanalyse gesprochen werden, wenn die Korrelation nach Pearson Werte zwischen .2 bis unter .4 ergibt. Als starker Zusammenhang werden Werte von über .4 interpretiert. Die Werte werden auf zwei Stellen hinter dem Komma gerundet und im Text in Klammern angegeben.

129 Der Regressionskoeffizient r^2 misst im Rahmen der Regressionsanalyse, um wie viele Einheiten der vorausgesagte Wert der abhängigen Variable sich verändert, wenn die unabhängige Variable um eine Einheit verändert wird (vgl. Meulemann, 2002, S. 19). Je größer der r^2-Wert, desto höher der Erklärungsbeitrag der unabhängigen für die abhängige Variable. Als unabhängige Variable wird dabei entsprechend der Setzung zu Beginn dieser Arbeit Kultur, als abhängige Variable PR gesetzt. Da im Rahmen dieser Untersuchung lediglich die Kultur erhoben wurde und mögliche andere externe (politisches System, ökonomisches System, usw.) und interne Einflussvariable (z.B. Einstellung des Vorstands zu PR, Budget der PR, usw.) nicht mit einbezogen wurden, ist damit zu rechnen, dass sich lediglich geringe r^2-Werte ergeben. Insofern sollen bereits r^2-Werten ab .05 als deutlich erkennbar, ab .10 gar als ausgesprochen hoch bewertet werden.

menskultur wurden im Fragebogen durch einen eigenen Fragenkomplex erhoben, so dass Primärdaten für die Weltsicht der PR-Verantwortlichen und für die partizipative bzw. autoritäre Orientierung der Unternehmenskultur vorliegen. Abschnitt 6.2.1 geht der Frage nach, ob und inwiefern ein Zusammenhang zwischen der Unternehmenskultur und der PR-Arbeit der Top 500-Unternehmen Deutschlands besteht. Abschnitt 6.2.2 rückt die Beschäftigung mit der Bedeutung der Weltsicht der befragten PR-Verantwortlichen für ihr PR-Verständnis und ihre Arbeit in den Vordergrund. Abschnitt 6.2.3 untersucht den Zusammenhang zwischen den einzelnen PR-Dimensionen, für die bereits im theoretischen Teil der Arbeit vermutet wurde, dass sie ein in sich schlüssiges System von Wenn-Dann-Aussagen darstellen.

6.2.1 Zusammenhang von Unternehmenskultur und PR

Die Unternehmenskultur ist wie jede Kultur nur schwer messbar, weil sie kaum operationalisierbar ist (vgl. Bea/Haas, 2001, S. 471). Basis für die Befragung im Rahmen dieser Arbeit bildet die Typologie nach Dozier, Grunig und Grunig (1995, S. 139), die Unternehmenskulturen zwischen den beiden Extremen „partizipativ" und „autoritär" verortet. Tabelle 32 zeigt die im Fragebogen enthaltenen Items in ihrer Zuordnung zu den beiden Dimensionen der Unternehmenskultur.

Der partizipative und der autoritäre Index, über die Mittelwerte der jeweiligen Items errechnet, bilden die Grundlage für die nachfolgenden Ausführungen zu ihrem Zusammenhang mit der PR.[130] Die Korrelationsanalyse[131] zeigt, dass der Zusammenhang zwischen Unternehmenskultur und PR am deutlichsten für die PR-Modelle zu Tage tritt: PR-Verantwortliche, die die Unternehmenskultur ihres Arbeitgebers als eher autoritär einstufen, geben auch häufiger als ihre Kollegen aus partizipativen Unternehmenskulturen an, dass ihrer Unternehmens-PR das Modell der Informationstätigkeit (Korrelation nach Pearson: .32) zu Grunde liege. In partizipativen Unternehmenskulturen hingegen legen die Befragten ihrer PR-Arbeit in erster Linie das symmetrische Zweiweg-Modell (.33) zu Grunde. Für die PR-Rollen zeigt sich ein ähnlicher Zusammenhang: Befragte, bei denen die Rolle des PR-Managers vorherrscht, sprachen für ihr Unternehmen eher von einer partizipativen Unternehmenskultur (.30). Kommunikationstechniker hingegen finden sich v.a. in autoritären Unternehmenskulturen (.12). Befragte, die in autoritären Unternehmenskulturen tätig sind, sehen den Einsatz unwahrer Informationen zum Sieg über einen Konkurrenten eher als legitim an (.28) als ihre Kollegen in partizipativen Unternehmenskulturen (-.23). Auch für die Kommunikationspartner der befragten PR-Verantwortlichen ergibt sich ein spezifischer Zusammenhang mit der Unternehmenskultur: Je partizipativer eine Unternehmenskultur, desto häufiger kommuniziert

---

130 Die Korrelationswerte nach Pearson finden sich im Einzelnen in Tabelle 50 im Anhang dieser Arbeit.
131 erhoben über eine Korrelationsanalyse. Bei den Werten in Klammern handelt es sich um Korrelationswerte nach Pearson, soweit sie nicht mit einem r^2 als Regressionswerte ausgewiesen sind.

der PR-Verantwortliche mit Mitarbeitern und Kollegen der eigenen Abteilung (.19) sowie anderer Abteilungen (.20), mit Vorgesetzten (.14) und Journalisten (.18). Für PR-Verantwortliche in autoritären Unternehmenskulturen zeigt sich lediglich für die Kommunikation mit Journalisten ein nennenswerter Zusammenhang (.14).

Tab. 32: Items zur Erhebung der Unternehmenskultur

Charakteristikum	partizipative Unternehmenskultur	autoritäre Unternehmenskultur
Zusammengehörigkeitsgefühl	Nahezu jeder Mitarbeiter unseres Unternehmens fühlt sich als Teil eines Teams.	Ein Zusammengehörigkeitsgefühl der Mitarbeiter gibt es kaum.
Offenheit des Unternehmens für Neues	Das Unternehmen ist immer offen für neue Ideen, innovativ und fortschrittlich.	Das Unternehmen verhält sich neuen Ideen gegenüber normalerweise ablehnend.
Bedeutung der Leistungsorientierung	Der Aufstieg ist im Unternehmen davon abhängig, welche Leistung man erbringt.	Der Aufstieg ist im Unternehmen eher davon abhängig, wen man kennt, als welche Leistung man erbringt.
Effektivitität der Zusammenarbeit	Die Abteilungen unseres Unternehmens arbeiten wie eine gut geölte Maschine zusammen.	Die meisten Abteilungen in unserem Unternehmen haben keine gemeinsame Zielsetzung.
Entscheidungs- bzw. Führungsstil	Die meisten Entscheidungen werden erst nach sorgfältiger Diskussion des Problems mit den betroffenen Mitarbeitern getroffen.	Entscheidungen basieren in unserem Unternehmen auf Autorität.
Hierarchie	Alle Mitarbeiter werden gleich behandelt.	Es gibt deutliche Hierarchieunterschiede.
Orientierung der Mitarbeiter	Alle arbeiten zusammen, um das Unternehmen so effektiv wie möglich zu machen.	Die meisten Mitarbeiter haben v.a. ihren eigenen Vorteil im Blick.

Entsprechend der Unternehmenskultur variieren auch die Ziele der PR-Arbeit: In autoritären Unternehmenskulturen besteht der größte Zusammenhang zum Ziel, eine hohe und qualitativ gute Medienresonanz zu erhalten (.21), in partizipativen Kulturen zum Ziel der Information und Motivation der Mitarbeiter (.11). Während demnach in partizipativen Kulturen die Mitarbeiter im Zentrum der Unternehmenskultur stehen, sind autoriäre Unternehmenskulturen eher auf externe Zielgruppen fokussiert. Entsprechend offenbart sich ein Zusammenhang mit den Tätigkeitsfeldern der PR: In partizipativen Unternehmenskulturen konzentriert sich die PR v.a. auf Mitarbeiter- bzw. interne PR (.20), aber auch auf Issues Management (.31), Investor Relations (.28) und Community Relations (.23). In autoritären Unternehmenskulturen ist der Zusammenhang für all diese Tätigkeitsfelder negativ. Hier wird v.a. der Pressearbeit eine besondere Bedeutung beigemessen. Insgesamt scheint die PR in partizipativen Unternehmenskulturen weit häufiger aktiv zu kommunizieren und auch sehr viel mehr Zielgruppen anzusprechen als in autoritären Unternehmenskulturen. Tabelle 33 zeigt die Zusammenhänge zwischen den beiden Dimensionen der Unternehmenskultur und den einzelnen PR-Elementen.

Tab. 33: Zusammenhang von partizipativer bzw. autoritärer Unternehmenskultur und PR

PR-Element	partizipative Unternehmenskultur	autoritäre Unternehmenskultur
PR-Rolle	Kommunikationsmanager	Kommunikationstechniker
Einstellung zur Wahrheit	unwahre Information wird als Instrument der PR abgelehnt	unwahre Informationen sind legitimes Mittel der PR
Kommunikationspartner	Mitarbeiter und Kollegen der eigenen und anderer Abteilungen, Vorgesetzte und Journalisten	Journalisten
PR-Modell	symmetrisches Zweiweg-Modell	Informationstätigkeit
Ziele	Information und Motivation der Mitarbeiter	hohe und qualitativ gute Medienresonanz
Tätigkeitsfelder	Interne PR, Issues Management und Investor Relations	Pressearbeit

Die beiden unterschiedlichen Ausprägungen der Unternehmenskultur hängen systematisch mit der PR zusammen: So basiert die Unternehmens-PR in partizipativen Unternehmenskulturen v.a. auf dem symmetrischen Zweiweg-Modell. Inbesondere die interne PR und mit ihr das Ziel der Information und Motivation der Mitarbeiter werden als wichtig wahrgenommen. Entsprechend häufig kommuniziert der PR-Verantwortliche mit Kollegen, Mitarbeitern und Vorgesetzten. Die große Bedeutung des Issues Management in partizipativen Unternehmenskulturen fügt sich zusammen mit dem symmetrischen Zweiweg-Modell, der Tätigkeit des PR-Verantwortlichen als Kommunikationsmanager und seiner Betonung einer wahrheitsgemäßen Information und Kommunikation in das Bild einer PR ein, die als Kommunikationsmanagement bezeichnet werden kann.

In autoritären Unternehmenskulturen hingegen dominiert eher die Technikorientierung von PR: Der PR-Verantwortliche übernimmt in erster Linie Aufgaben eines Kommunikationstechnikers und sieht auch unwahre Informationen als legitimes Instrument der PR-Arbeit an. Der Zusammenhang mit dem Modell der Informationstätigkeit, mit Journalisten als wichtigsten Kommunikationspartnern und mit dem Ziel einer guten Medienresonanz zeigt die Dominanz der Pressearbeit. Demnach konzentrieren sich diejenigen deutschen Befragten, die ihre Unternehmenskultur als autoritär beschreiben, im Rahmen ihrer stark handwerklich-technisch orientierten PR v.a. auf die Pressearbeit.

Entsprechend der zu Beginn der Arbeit als weiterführender Ansatzpunkt vorgenommenen Setzung, dass insbesondere die Bedeutung der Kultur für die PR im Vordergrund einer anwendungsbezogenen PR-Forschung stehen sollte, soll an dieser Stelle der mögliche Einfluss von Kultur auf PR als interessierende Richtung des

Zusammenhang untersucht werden: So deutlich die Zusammenhänge zwischen Unternehmenskultur und PR auf der einen Seite sind, so gering ist auf der anderen Seite die einseitige Prägung der PR durch die Unternehmenskultur. Dass die Unternehmenskultur ein nur sehr geringer Einflussfaktor für die PR-Praxis deutscher Unternehmen ist, wird bei einem Blick auf die Regressionswerte[132] deutlich: Einseitige Einflüsse der Unternehmenskultur auf die PR von rund .10 oder größer, wie sie zu Beginn dieses Kapitels als aussagekräftig festgesetzt wurden, ergeben sich lediglich im Bereich der Einstellung zur Wahrheit, in Bezug auf das Issues Management und für PR-Rollen und -Modelle. Die Unternehmenskultur, durch die die befragten PR-Verantwortlichen in Deutschland geprägt sind, erklärt demnach in erster Linie das Vorhandensein der Rolle des Kommunikationsmanagers (r^2 = .10) sowie der beiden Modelle Informationstätigkeit (r^2 = .11) und symmetrisches Zweiweg-Modell (r^2 = .12). Alle anderen Regressionswerte fallen weit geringer aus, für viele PR-Elemente (z.B. für die Mehrzahl der PR-Verständnisse und deren konkrete Ausgestaltung, für Ziele und Tätigkeitsfelder) ergibt sich innerhalb der deutschen Daten sogar überhaupt kein Einfluss von Seiten der Unternehmenskultur. Demnach kann vermutet werden, dass die Unternehmenskultur der deutschen Befragten lediglich für einige wenige Elemente der PR einen dominanten Einflussfaktor darstellt.

> **Zusammenfassung des Abschnitts**
> Für fast alle PR-Elemente zeigen sich im deutschen Datensatz Zusammenhänge mit der Unternehmenskultur. Während partizipative Unternehmenskulturen eine stark managementorientierte PR aufweisen, in der das symmetrische Zweiweg-Modell dominiert und die Mitarbeiter des Unternehmens eine zentrale Zielgruppe darstellen, zeigt sich für autoritäre Unternehmenskulturen ein Zusammenhang mit der Pressearbeit in Verbindung mit einer eher handwerklich-technisch orientierten PR-Arbeit. Von einer einseitigen Prägung der PR durch die Unternehmenskultur kann jedoch für deutsche Top-Unternehmen nicht gesprochen werden: Die Regressionswerte fallen insgesamt so gering aus, dass die Unternehmenskultur als Einflussfaktor für PR nahezu vernachlässigt werden kann.

6.2.2 Individualkultur als Indikator der Nationalkultur

Ob und inwieweit die Individualkultur, also die Weltsicht der befragten PR-Verantwortlichen in Deutschland, einen Zusammenhang mit der PR-Arbeit aufweist, soll die Auswertung der im Fragebogen enthaltenen Kulturitems nach Hofstedes zeigen. Die Individualkultur gilt dabei als Indikator der Nationalkultur, durch die sie am stärksten und fast ausschließlich kulturell geprägt wird. In aggregierter Form kann sie auch als Berufs- oder Professionskultur verstanden werden.[133]

---

132 Die Regressionswerte finden sich im einzelnen in Tabelle 50 im Anhang dieser Arbeit.
133 Nachfolgend werden wie schon für die Unternehmenskultur lediglich diejenigen Korrelationen und Regressionen im Text aufgegriffen, für die sich aussagekräftige Werte ergeben. Die Individualkultur wird entsprechend der vier Kulturdimensionen nach Hofstede ausgewertet und in Zusammenhang zu einzelnen PR-Elementen gesetzt. Einen vollständigen Überblick über die Ergebnisse bietet Tabelle 51 im Anhang dieser Arbeit.

Die Kulturdimension der Machtdistanz wurde entsprechend Hofstedes Vorgehensweise im Rahmen seiner Studien durch zwei verschiedene Fragen erhoben. Die erste Frage erfasste den tatsächlichen und den gewünschten Führungsstil des Vorgesetzten eines PR-Verantwortlichen.[134] Als zweite Frage wurde den PR-Verantwortlichen die Aussage „In meinem Arbeitsumfeld haben Mitarbeiter keine Scheu, auch Meinungen zu äußern, die der des Vorgesetzten widersprechen" vorgelegt und um ihre Zustimmung bzw. Ablehnung auf einer fünfstufigen Ratingskala gebeten.[135] Für die Machtdistanz zeigt sich bei den deutschen Befragten ein deutlicher Zusammenhang mit der PR. So spielt das Ausmaß der individuellen Machtdistanz eine Rolle für das Verständnis von PR als reaktiver Funktion (.19) sowie für verschiedene Ziele der PR in den Bereichen Media Relations und Issues Management.[136] Die bei den deutschen PR-Verantwortlichen dominierende Ausprägung der Machtdistanz korreliert zudem mit den PR-Modellen Publicity (.13), Informationstätigkeit (.14) und dem asymmetrischen Zweiweg-Modell (.13) sowie mit der PR-Rolle des Kommunikationsmanagers (.27) positiv. Mit der Machtdistanz hängt auch zusammen, mit wem und über welchen Kanal kommuniziert wird: Die Machtdistanz der Individualkultur kommt v.a. in der Kommunikation mit Kollegen und Mitarbeitern anderer Abteilungen (.19), Politikern (.14) und Journalisten (.15) zum Ausdruck. Ein besonders starker Zusammenhang besteht mit persönlichen Gespräche (.29).

Mittlere bis starke Zusammenhänge, d.h. Korrelationswerte von über .20, zeigen sich für die Machtdistanz im Rahmen des deutschen Datensatzes demnach in erster Linie für das managementorientierte Verständnis von PR in Verbindung mit der Rolle des Kommunikationsmanagers, dem Ziel der Besetzung eines Themas in der öffentlichen Diskussion sowie der Dominanz des persönlichen Gesprächs im Rahmen der interpersonellen Kommunikation. Mit Blick auf die Kernfrage dieses Abschnitts, ob und wie die Individualkultur mit der PR in Zusammenhang steht, kann für die Dimension der Machtdistanz folgende Erkenntnis festgehalten werden:

> Die Dimension der Machtdistanz hängt im Rahmen der individuellen Weltsicht der PR-Verantwortlichen (Individualkultur) in Deutschland v.a. mit der Managementorientierung von PR zusammen. Sie spielt in erster Linie für die Manager-Rolle des PR-Verantwortlichen sowie – damit eng verbunden – für seine Art und Weise der Kommunikation (v.a. persönliches Gespräch) eine Rolle.

Die Individualismus-Kollektivismus-Dimension wurde über die von Hofstede im Rahmen seiner Befragungen verwendeten Items erhoben. Den Befragten wurden mit

---

[134] Die Befragten erhielten zwei Fragen: „Bitte geben Sie an, unter welchem der oben beschriebenen Managertypen Sie am liebsten arbeiten würden" und „Welchem dieser Managertypen entspricht Ihr derzeitiger Vorgesetzter am ehesten?". Managertyp 1 und 2 entsprachen dem autoritären Führungsstil und damit großer Machtdistanz, Typ 3 und 4 dem eher konsultativ orientierten Führungsstil und einer geringen Machtdistanz.

[135] Eine starke Zustimmung wurde als Ausprägung großer Machtdistanz gewertet, eine starke Ablehnung als Indikator für geringe Machtdistanz.

[136] Besetzung eines Themas in der öffentlichen Diskussion (.21); Verhinderung einer politischen Maßnahme, die dem Unternehmen schadet (.19); gute und qualitativ hochwertige Medienresonanz (.19); Aufbau eines positiven Images (.19).

der Frage „Wenn Sie nun Ihre derzeitige Tätigkeit einmal vergessen und sich eine ideale Arbeit vorstellen – wie wichtig wäre Ihnen an dieser idealen Tätigkeit dann..."[137] verschiedene Items vorgelegt, die in Tabelle 34 den Kulturausprägungen zugeordnet sind.

Tab 34: Items zur Messung der Individualismusdimension

Individualismus	Kollektivismus
...genug Freizeit für sich selbst und die Familie?	...einen angemessenen Arbeitsplatz (z.B. Klimaanlage, Licht, Platz, usw.)?
...anspruchsvolle und herausfordernde Aufgaben, die Sie ausfüllen und zufrieden stellen?	...die Möglichkeit, Ihre Fertigkeiten zu verbessern oder neue Fertigkeiten zu erlernen?
...große Freiheiten, um Ihre eigenen Vorstellungen von Ihrer Tätigkeit umzusetzen?	...Ihre Fähigkeiten und Kenntnisse in Ihrer Position voll einsetzen zu können?

Für das PR-Verständnis, seine Ausgestaltung, für PR-Modelle, PR-Rollen und Kommunikationskanäle ergeben sich im Rahmen der Individualismus-Kollektivismus-Dimension keine hohen Korrelationswerte, so dass lediglich der deutliche negative Zusammenhang zur Business-to-Business-PR erwähnenswert ist. Für die Elemente der politisch-gesellschaftlichen Dimension von PR zeigen sich durchweg negative Zusammenhänge.[138] Für die Einstellung zur Wahrheit bringt die Korrelation für alle drei Items, die die ethische Komponente der PR erheben, Werte zwischen .19 und .23, so dass dieser Zusammenhang als am aussagekräftigsten für den Individualismusindex angesehen werden kann. Demnach weisen Individualismus und Kollektivismus auf der Mikroebene v.a. damit einen Zusammenhang auf, inwiefern die Wahrheit für den PR-Verantwortlichen eine Rolle spielt. Folgende Aussage lässt sich für weiterführende Studien zur Rolle der Individualkultur für PR formulieren:

> Die Individualismusdimension hängt bei deutschen PR-Verantwortlichen mit der ethischen Komponente der PR, v.a. mit ihrer Einstellung zur Wahrheit zusammen.

Die Dimension Maskulinität – Femininität wurde entsprechend der Individualismusdimension erhoben und berechnet. Tabelle 35 zeigt die verwendeten Items in ihrer Zuordnung zu Maskulinität und Femininität.

Die Individualkultur der befragten deutschen PR-Verantwortlichen ist stark maskulin geprägt. Sie korreliert v.a. mit dem Verständnis von PR als Instrument zur Lenkung der öffentlichen Meinung (.21), mit der Besetzung eines Themas in der öffentlichen Diskussion (.24) sowie mit dem Ziel der Herstellung eines Dialogs mit relevanten Teilöffentlichkeiten (.28). Ein ebenfalls deutlicher Zusammenhang zeigt sich für die Verhinderung einer politischen Maßnahme, die dem Unternehmen scha-

---

137 Die Befragten konnten auf einer fünfstufigen Skala von „sehr wichtig" bis „unwichtig" antworten.
138 Verhinderung einer politischen Maßnahme, die dem Unternehmen schadet (-.32); Dialog mit relevanten Teilöffentlichkeiten herstellen (-.35); Kommunikation mit Politikern (-.26).

den könnte (.18). Darüber hinaus weisen interne PR (.26), Krisenkommunikation (.29) sowie die Rolle des Kommunikationstechnikers (.20) in kultureller Hinsicht eine klare Beziehung mit dem Grad der individuellen Maskulinität des PR-Verantwortlichen auf.

Tab. 35: Items zur Messung der Maskulinitätsdimension

Maskulinität	Femininität
...die Aussicht auf ein hohes Einkommen?	...ein gutes Arbeitsverhältnis zu Ihrem direkten Vorgesetzten?
...Aufstiegsmöglichkeiten im Unternehmen?	...ein sicherer Arbeitsplatz?
...für ein gutes Arbeitsergebnis die Anerkennung zu erhalten, die Sie verdient haben?	...mit Menschen zu arbeiten, die gut im Team zusammenarbeiten?
	...in einer Gegend zu wohnen, die für Sie und Ihre Familie erstrebenswert ist?

Bezogen auf den Kommunikationsstil hängt lediglich die Kommunikation mit Politikern mit der Maskulinitätsdimension zusammen. Andererseits zeigen sich für die Einstellung zur Wahrheit und für das im Unternehmen vorherrschende PR-Modell lediglich so geringe Korrelationswerte, dass von einem Zusammenhang nur ansatzweise gesprochen werden kann. Für die Maskulinitätsdimension zeigt sich demnach eine deutliche Wechselwirkung mit der Funktion von PR, Themen zu setzen und zu lenken, d.h. die öffentliche Diskussion und die politische Willensbildung zu prägen. Entsprechend deutlich ist ihr Zusammenhang mit dem Ziel der Lenkung politischer Gesetzgebung und mit der Kommunikation mit Politikern. Als Teil dieser Orientierung hin auf eine gesellschaftlich-politische Funktion von PR kann auch die Bedeutung der Maskulinitätsdimension für die Krisenkommunikation sowie für die Rolle des Technikers verstanden werden, der diese Funktion dann operativ umsetzt. Für die Bedeutung der Individalkultur für PR kann zusammenfassend folgende Kernaussage festgehalten werden:

> Die Maskulinität-Femininität-Dimension der Weltsicht deutscher PR-Verantwortlicher steht in Zusammenhang mit dem politisch-gesellschaftlichen Verständnis von PR. Sie spielt eine zentrale Rolle für sämtliche Tätigkeitsbereiche und Ziele der PR, die auf Themenmanagement, politische Willensbildung und den Gesetzgebungsprozess ausgerichtet sind.

Die Unsicherheitsvermeidungstendenz wurde ähnlich der Machtdistanz über die oben bereits angesprochene Frage der geplanten weiteren Arbeitsdauer im Unternehmen sowie durch zwei weitere Fragen erhoben: Die Befragten sollten ihre Zustimmung oder Ablehnung zu den Aussagen „Die Regeln eines Unternehmens sollten nicht gebrochen werden – auch wenn der Angestellte der Meinung ist, es sei zum Vorteil des Unternehmens" und „Ich bin bei der Arbeit oft angespannt oder nervös" angeben. Eine starke Zustimmung wurde als Indikator für eine große, eine starke

Ablehnung für eine geringe Unsicherheitsvermeidungstendenz gewertet. Je länger ein Befragter im Unternehmen zu bleiben plante, desto eher wurde er einer starken Unsicherheitsvermeidung zugeordnet.

Für die Dimension der Unsicherheitsvermeidung zeigen sich im Rahmen der Auswertung des deutschen Datensatzes nur wenige auffällige Korrelationen. Die Unsicherheitsvermeidungstendenz hängt in besonderem Maß mit dem Verständnis von PR als Kommunikationsmanagement (.28), dem Publicity- (.20) und dem symmetrischen Zweiweg-Modell (.23) zusammen. Darüber hinaus zeigt sie sich in der Dominanz schriftlicher Kommunikation per E-Mail (.23) und Chat (.25). Ein negativer Zusammenhang besteht hingegen zur persönlichen Kommunikation (-.26). Im Hinblick auf das Kernelement der Unsicherheitsvermeidung, risikoreiche Situationen und Zustände zu vermeiden, erscheint insbesondere die Dominanz schriftlicher Kommunikation interessant: Schriftlich fixierte Inhalte können jederzeit als Nachweis dienen, lassen sich im Vergleich zu spontanen Antworten in Form von persönlicher Kommunikation bei ihrer Formulierung besser durchdenken und bergen somit weniger Risiken. Auch der relativ starke Zusammenhang zum symmetrischen Zweiweg-Modell der PR lässt sich über den Wunsch, Risiko zu vermeiden, erklären. Ein frühzeitiger Dialog mit Teilöffentlichkeiten hilft, Issues früh zu erkennen und im Dialog zu lösen, noch bevor daraus bedrohliche Situationen entstehen. Für die Dimension der individuellen Unsicherheitsvermeidung lässt sich folgende Zusammenfassung im Hinblick auf ihre Bedeutung für die PR formulieren:

> Die Unsicherheitsvermeidung der Individualkultur deutscher PR-Verantwortlicher weist in erster Linie einen Zusammenhang mit der Kommunikation und der Wahl des PR-Modells auf. Sie hängt mit dem Einsatz schriftlicher Kommunikation, dem Publicity- und dem symmetrischen Zweiweg-Modell zusammen.

Der Zusammenhang zwischen Individualkultur im Allgemeinen und PR lässt sich im Hinblick auf seine Wirkungsrichtung präzisieren: Eine Regressionsanalyse zeigt, dass die Individualkultur der befragten deutschen PR-Verantwortlichen besonders ihr PR-Verständnis stark prägt. Demnach ist die Individualkultur einer der Gründe für die Dominanz des managementorientierten Verständnisses ($r^2 = .21$). Darüber hinaus nimmt sie Einfluss auf das Verständnis von PR als Kommunikationsmanagement ($r^2 = .09$) sowie als reaktive Funktion ($r^2 = .11$). Hohe Werte zeigen sich auch für die kulturelle Prägung der Einstellung zur Wahrheit. Mit einem r^2-Wert von rund .13 ist das PR-Ziel einer „hohen und qualitativ guten Medienresonanz" ebenfalls stark durch die Individualkultur bestimmt. Ähnliche Ergebnisse zeigen sich für das Ziel des Themenmanagements ($r^2 = .17$), die Verhinderung einer politischen Maßnahme, die dem Unternehmen schadet ($r^2 = .15$), sowie die Etablierung eines Dialogs mit relevanten Teilöffenltichkeiten ($r^2 = .17$). Bezüglich der Tätigkeitsfelder der PR ergibt sich eine Prägung durch die Individualkultur für die Krisenkommunikation ($r^2 = .10$) und die Community Relations ($r^2 = .09$). Als Vorhersagewert kann sie v.a. für die Rolle des PR-Managers ($r^2 = .11$), aber auch für das Publicity-Modell ($r^2 = .09$) sowie das symmetrischen Zweiweg-Modell ($r^2 = .10$) gelten. Auch die interpersonelle Kommunikation ist durch die Individualkultur geprägt: Deutsche PR-Verantwortliche kommunizieren in erster Linie über persönliche Gespräche ($r^2 = .20$).

Im Rahmen der Regressionsanalyse zeigen die fast durchweg relativ hohen r^2-Werte[139], dass die Individualkultur des PR-Verantwortlichen ein wesentlicher Einflussfaktor für sein PR-Verständnis und seine PR-Praxis sein könnte. Bedenkt man die Ausführungen zu Beginn des Kapitels 6.2 im Hinblick auf die Aussagekraft von Regressionswerten im Rahmen der Anlage der Studie, so sind die für die Individualkultur identifizierten r^2-Werte bis .21 überraschend hoch. Im Vergleich mit der Unternehmenskultur ist die Individualkultur der PR-Verantwortlichen vermutlich eine wesentlich bedeutendere Einflusskomponente für die Unternehmens-PR.

Zusammenfassung des Abschnitts
Für jede der vier Kulturdimensionen nach Hofstede ergibt sich im Rahmen der Individualkultur der befragten PR-Verantwortlichen in der Bundesrepublik ein spezifischer Zusammenhang mit einzelnen PR-Elementen. Im Gegensatz zur Unternehmenskultur stellt die Individualkultur des PR-Praktikers vermutlich einen zentralen Einflussfaktor für seine PR-Arbeit dar, indem sie die jeweilige Ausprägung der PR-Elemente zu prägen scheint.

6.2.3 Vernetzung der PR-Dimensionen

Im Rahmen der Darstellungen zur PR-Theorie in Kapitel zwei wurde deutlich, dass innerhalb der einzelnen Theorieelemente bestimmte Zusammenhänge vermutet werden können. So beeinflussen PR-Modell oder -Rolle aller Voraussicht nach die Art und Weise, in der PR im Unternehmen verstanden und wie sie eingesetzt wird. Die *excellence*-Study, die einzelne Aspekte von PR-Theorie und -Praxis und deren Verbindungen untersuchte, stützt diese Vermutung. Im Kultur-PR-Modell wurde auf Basis dieser Hinweise PR als weitgehend in sich geschlossenes Theoriekonstrukt dargestellt. Im Rahmen der Modellprüfung ist als weiterer Schritt eine empirische Überprüfung dieser Grundannahme am Beispiel des deutschen Datensatzes möglich und notwendig. Sie zeigt, dass zwischen den einzelnen PR-Dimensionen tatsächlich ein deutlicher, teilweise sogar starker Zusammenhang besteht. Die fast durchweg positiven, teilweise starken Korrelationen zwischen den einzelnen Elementen der PR machen deutlich, dass die Theorie der PR, die dieser Arbeit und ihrer Erhebung zu Grunde liegt, für Deutschland ein in sich geschlossenes und miteinander vernetztes System von Aussagen darstellt.

Befragte, die PR aus Sicht des gesellschaftsorientierten Ansatzes sehen, verstehen das Bemühen um Vertrauen als ihre Hauptaufgabe (.40). Gleichzeitig schreiben sie dem Unternehmen eine soziale Verantwortung zu (.31) und sind der Meinung, PR müsse *boundary spanning* betreiben (.31). Ein deutlicher, jedoch schwächerer Zusammenhang besteht auch im Hinblick auf die Überzeugung, PR als Funktion zur gesellschaftlichen Interessenartikulation müsse wichtige Themen in der öffentlichen

---

139 vgl. Tabelle 51 im Anhang.

Diskussion besetzen (.26), für das Unternehmen schädliche politische Maßnahmen verhindern (.30) sowie einen Dialog mit den relevanten Teilen der Öffentlichkeit herstellen (.27). Stark miteinander korrelieren insbesondere die Betonung der Notwendigkeit, ein wichtiges Thema in der öffentlichen Diskussion zu besetzen sowie das Ziel, eine politische Maßnahme zu verhindern, die dem Unternehmen schaden könnte (.45). Insgesamt zeigt sich damit ein deutlicher Zusammenhang zwischen all jenen Items, die auf die gesellschaftlichen Aspekte ausgerichtet sind.

PR-Verantwortliche, die ihr Unternehmen vor dem Hintergrund des verständigungsorientierten Ansatzes sehen, stimmen eher der Aussage zu, PR sei Bemühen um Vertrauen (.26), verstehen PR eher als gesellschaftlichen Interessenausgleich (.31), als Funktion des Marketing (.30) und als Instrument zur Lenkung der öffentlichen Meinung (.37). Aus dem Rahmen fällt der Zusammenhang mit dem Verständnis von PR als Marketingfunktion. Die anderen drei PR-Elemente jedoch erscheinen in Verbindung mit der sozialen Verantwortung durchaus schlüssig. Versteht man PR als eine Marketingfunktion, so kann jedoch auch hier vermutet werden, dass die marktorientierte Unternehmensführung im Sinne eines weit gefassten Marketingverständnisses durchaus die soziale Verantwortung eines Unternehmens als relevant für wirtschaftliche Größen wahrnimmt.

Befragte, die einen marketingorientierten Ansatz vertreten, sehen PR in erster Linie als Kommunikationsmanagement (.25) mit dem Ziel, das Unternehmen durch ein einheitliches Erscheinungsbild und eine klare Corporate Identity zu profilieren (.35). Eng in Zusammenhang mit dem Ziel, ein positives Image aufzubauen und zu entwickeln, steht das verwandte Ziel einer einheitlichen Corporate Identity (.50) sowie das angestrebte Ergebnis, bei Journalisten Meinungsänderungen zu bewirken (.37). Insofern weist das marketingtheoretische Verständnis zumindest bei deutschen Praktikern einen starken Bezug zur Pressearbeit auf. Erkannt haben die Befragten in diesem Zusammenhang auch die Bedeutung der internen Kommunikation: Je eher ein Befragter als Aufgabe der PR die Profilierung durch ein einheitliches Erscheinungsbild sieht, desto höher ist auch seine Zustimmung zum Ziel der Information und Motivation von Mitarbeitern (.35). Im Hinblick auf die PR-Rolle zeigt sich ein Zusammenhang mit der Rolle des Kommunikationstechnikers: Befragte, die PR als Teil des Marketing verstehen, übernehmen eher alltägliche Kommunikationsaufgaben wie z.B. Korrespondenz (.40), etablieren eher Medienkontakte (.30) und konzentrieren ihre PR-Aktivitäten v.a. in den Bereichen Produkt- bzw. Dienstleistungs-PR (.47) und Business-to-Business-PR (.30). Wenn PR dem Marketing untergeordnet ist, so dominiert auch klar das Ziel, PR habe einen Beitrag zum Abverkauf zu leisten.

Im Hinblick auf das Verständnis von PR als Managementfunktion zeigen die Antworten einen deutlichen Zusammenhang mit der Überzeugung, *boundary spanning* sei eine zentrale Aufgabe der PR (.40). Wer PR als Managementfunktion versteht, lehnt reaktive PR (-.20) und jegliche Form unwahrer oder falscher Kommunikation (-.30) ab. Unter keinem anderen PR-Verständnis ist der Zusammenhang zur Ablehnung unethischer Praktiken so deutlich wie im Rahmen des managementorientierten Ansatzes. Es scheint in der Praxis tatsächlich der Fall zu sein, dass sich PR –

wenn sie eine Managementfunktion im Unternehmen übernimmt – als Management-Subsystem versteht, das Informationen von innen nach außen und von außen nach innen trägt. Je eher PR als Management verstanden wird, desto eher scheint sie also auch die Funktion einer Liaison zwischen internen und externen Gruppen und eines Frühwarnsystems in Bezug auf konflikthaltige Themen zu übernehmen. Tabelle 36 zeigt die Zusammenhänge innerhalb der vier Grundverständnisse von PR im Überblick, wie sie in der Theorie bereits im zweiten Kapitel angeklungen sind.

Tab. 36: Wirkung des PR-Verständnisses auf die konkrete Ausgestaltung

PR-Verständnis/ PR-Ansatz	Zielsetzungen	Grundannahmen	Besonderheiten der Umsetzung
Gesellschafts-orientiert	• Themen in der öffentlichen Diskussion setzen und *be*setzen • politische Maßnahmen, die dem Unternehmen schaden, verhindern • Dialog mit relevanten Teilen der Öffentlichkeit herstellen und halten	• Unternehmen hat soziale Verantwortung • PR ist Bemühen um Vertrauen	• *boundary spanning*
Verständigungs-orientiert	• Herbeiführung eines gesellschaftlichen Interessenausgleichs • Lenkung der öffentlichen Meinung	• PR ist Bemühen um Vertrauen • PR ist eine Funktion des Marketing	–
Marketing-orientiert	• Schaffung eines einheitlichen Erscheinungsbilds/Coporate Identity • Meinungsänderung bei Journalisten • Motivation und Information der Mitarbeiter	• PR ist Kommunikationsmanagement	• v.a. als Produkt-/Dienstleistungs-PR • v.a. in Form der PR-Techniker-Rolle
Management-orientiert	• aktive PR	• oberste Prämisse in Zusammenhang mit der PR-Ethik: Inhalte und Botschaften müssen wahr sein	• *boundary spanning*

Wer als Ziel der PR die Meinungsänderung bei Journalisten sieht, also PR stark auf die Pressearbeit ausrichtet, beurteilt PR eher als Instrument zur Lenkung der öffentlichen Meinung (.37) mit den Zielen, eine hohe und qualitativ gute Medienresonanz zu erzielen (.20), ein positives Image aufzubauen (.37) sowie ein wichtiges Thema in der öffentlichen Diskussion zu besetzen (.33). Für die PR-Praxis bedeutet das, dass der Journalist und seine Berichterstattung als Vermittler hin zur Öffentlichkeit gesehen werden, über die mittels „Agenda Setting" Themen gesetzt und gelenkt werden können und zudem das Image geprägt wird. Noch deutlicher wird der Zusammenhang zwischen PR und der Rolle der Öffentlichkeit in Bezug auf das angestrebte Ergebnis, eine politische Maßnahme zu verhindern, die dem Unternehmen schadet. Wenn ein Befragter dieser Aussage zustimmte, so sah er die Aufgabe der PR auch eher im *boundary spanning* (.34), im Themenmanagement (.45) sowie im Dialog mit Journalisten (.30) und relevanten Teilen der Öffentlichkeit (.46). Diese Befragten versuchen in erster Linie, Meinungsänderungen bei Entscheidungsträgern zu bewirken (.48), v.a. über das Lobbying (.25). Dazu wird vor Beginn eines PR-Programms die öffentliche Meinung mittels systematischer Meinungsforschung erhoben (.29), der Dialog mit relevanten Teilöffentlichkeiten hergestellt (.46) und *boundary spanning* betrieben (.34). Im Rahmen der Regierungs-PR bzw. des Lobbying gewinnen v.a. das Issues Management (.37) und die Krisenkommunikation (.40) an Bedeutung. Ob Anwohner- oder Nachbarschafts-PR von einem Unternehmen eingesetzt werden, scheint in erster Linie von dessen Branche abzuhängen (.37). Befragte, die als Ziel ihrer PR eine hohe und qualitativ gute Medienresonanz nennen, beschreiben ihre PR-Aufgaben auch weitaus häufiger als die restlichen Befragten mit Schreiben, Redigieren und Publikationen erstellen (.33) sowie ihr Tätigkeitsfeld als Pressearbeit (.29). Tabelle 37 gibt einen Überblick über die Zusammenhänge zwischen zwei exemplarischen Zielen und ihren Ausprägungen.

Tab. 37: PR-Ziele und ihre Wechselwirkungen mit anderen PR-Elementen

Zielsetzung	Ausprägung
Meinungsänderung bei Journalisten	▪ hohe und qualitativ gute Medienresonanz ▪ Lenkung der öffentlichen Meinung ▪ positives Image ▪ wichtiges Thema in der öffentlichen Diskussion besetzen
Verhinderung einer politischen Maßnahme, die dem Unternehmen schadet	▪ Dialog mit Journalisten ▪ Dialog mit relevanten Teilen der Öffentlichkeit ▪ Themen setzen und beeinflussen (Themenmanagement) ▪ *boundary spanning*

Deutlich zeigt sich auch der Zusammenhang zwischen PR-Rollen und -Modellen: Die PR-Manager-Rolle korreliert negativ mit dem Publicity-Modell (Korrelation nach Pearson -.26), hingegen positiv mit dem asymmetrischen (.25), dem symmetrischen Zweiweg-Modell (.28) sowie dem *mixed-motive model* (.20). Je eher ein befragter deutscher PR-Verantwortlicher also die Rolle des Kommunikationsmanagers ausübt, desto eher liegt der PR seines Unternehmens auch ein Zweiweg-Modell zu Grunde. PR-Techniker hingegen verstehen die PR-Arbeit ihres Unternehmens am häufigsten als Publicity-Funktion (.37) oder als Informationstätigkeit (.30). Ein etwas geringerer Zusammenhang zeigt sich für die Rolle des Kommunikationstechnikers mit dem asymmetrischen Zweiweg-Modell (.12). Je eher ein Befragter PR als reaktive Funktion versteht, desto eher stimmt er auch der Aussage zu, die Wahrheit trete im Rahmen der PR in Krisensituationen (z.B. bei einer drohenden Intervention der Regierung) in den Hintergrund (.38). Der Zusammenhang zwischen reaktiver PR und der Bereitschaft, unwahre oder gezielte Falschinformation zur Kommunikation einzusetzen, ist offensichtlich: Reaktive PR ist eine PR-Praxis, die nur auf Anfrage Informationen weitergibt und häufig in Situationen eingesetzt wird, in denen ein Unternehmen unter Druck gerät. Je größer der Druck auf das Unternehmen, desto wahrscheinlicher wird der Einsatz „unethischer" Praktiken. Insgesamt ist der Zusammenhang zwischen den Items, die die Einstellung zur Wahrheit messen, sehr stark: Werte zwischen .67 und .83 zeigen sich im Rahmen der Korrelation dieser Dimensionen. Wer bereit ist, unwahre Informationen in der alltäglichen PR-Arbeit des Unternehmens einzusetzen, kann erst recht in existenziell bedrohenden Krisensituationen nichts Falsches daran erkennen, von der Wahrheit abzuweichen. Andererseits besteht bei denjenigen PR-Verantwortlichen, die unwahre Information gezielt einsetzen würden, ein negativer Zusammenhang zum Verständnis von PR als Managementfunktion. Es scheinen sich Grunigs Vermutungen in Bezug auf exzellente PR zu bestätigen: Wer die ethischen Grundsätze westlicher PR-Berufsverbände befolgt, d.h. keine unwahren oder falschen Informationen verbreitet, der versteht seine Arbeit eher als Managementfunktion.

Die PR-Ausbildung des Einzelnen korreliert lediglich mit dem Verständnis von PR als gesellschaftlichem Interessenausgleich stark (.48). Je eher ein Befragter in seiner derzeitigen Situation persönlich für die PR des Unternehmens verantwortlich ist, desto eher trifft er kommunikationspolitische Entscheidungen (.39), berät den Vorstand (.21) und führt und koordiniert seine Mitarbeiter (.27). Auf der anderen Seite setzt er umso seltener Vorgaben anderer um (-.27), lehnt den Einsatz unwahrer Informationen (-.35) sowie die Aussage, „Probleme bespreche ich nie mit der Geschäftsführung" (-.49), eher ab. Neben der PR-Ausbildung und der Übernahme persönlicher Verantwortung scheint die Mitgliedschaft in einem Berufsverband ein weiterer Indikator für das Vorliegen der PR-Managerrolle zu sein: Je eher ein Befragter angibt, Mitglied in einem PR-Berufsverband zu sein, desto seltener gehören alltägliche Kommunikationsaufgaben wie z.B. Korrespondenz zu seinen Aufgaben (-.41), desto eher betreibt er Issues Management (.29), berät den Vorstand (.27) und versteht sich als *boundary spanner* (.24). Wer Entscheidungen bezüglich der Kommunikationspolitik trifft, plant auch weit häufiger als seine Kollegen PR-Programme und managt diese (.46), hat zugleich einen hohen Einfluss auf Unternehmensentscheidungen (.58) und nimmt regelmäßig an Meetings der Unternehmensleitung zur Festlegung der Unternehmenspolitik teil (.46). Er betreibt darüber hinaus weit häufiger Issues Management (.52). Je aktiver ein PR-Verantwortlicher seine PR-Arbeit (gemessen am Indikator *boundary spanning*) ausrichtet und betreibt, desto häufiger berät er seinen Vorstand (.33) und verfolgt das Ziel, zwischen dem Management des Unternehmens und Teilöffentlichkeiten im Umfeld zu vermitteln (.39).

Tabelle 38 zeigt die Zusammenhänge zwischen den PR-Elementen der Mikro- und der Mesoebene, wie sie im Kultur-PR-Modell prognostiziert und für deutsche

Top-Unternehmen empirisch untersucht wurden. Die beiden Spalten mit der Management- und der Technikorientierung stellen dabei idealtypische Extreme dar.[140]

Tab. 38: Beziehung der PR-Elemente zueinander

Mikroebene	Managementorientierung	Technikorientierung
Ausbildung	▪ PR-spezifisch	▪ nicht PR-spezfisch
ethische Grundhaltung	▪ wahre Information als oberste Leitlinie der PR-Arbeit	▪ unwahre Informationen als legitimes Mittel der PR
PR-Rolle	▪ PR-Manager ▪ persönlich für das PR-Ergebnis verantwortlich	▪ PR-Techniker ▪ nicht persönlich für das PR-Ergebnis verantwortlich

Mesoebene	Managementorientierung	Technikorientierung
PR-Organisation	▪ Einfluss des PR-Verantwortlichen bzw. der PR-Abteilung hoch	▪ Einfluss des PR-Verantwortlichen bzw. der PR-Abteilung gering
PR-Prozess	▪ aktive PR ▪ *boundary spanning* und Issues Management wichtige Elemente des Prozesses	▪ reaktive PR
PR-Modell	▪ zweiseitig-asymmetrisch ▪ zweiseitig-symmetrisch ▪ *mixed-motive*	▪ Publicity ▪ Informationstätigkeit

Zusammenfassung des Abschnitts
Für die PR-Elemente zeigen sich sowohl innerhalb als auch zwischen den Analyseebenen zahlreiche Zusammenhänge, so dass von der PR-Theorie als einem in sich schlüssigen Aussagensystem gesprochen werden kann. Damit bestätigen sich die im Kultur-PR-Modell vermuteten Wechselwirkungen zwischen den Ebenen der PR.

6.3   Anpassung des Kultur-PR-Modells

Kapitel 6.3 fasst die Erkenntnisse der Datenauswertung und -interpretation vor dem Hintergrund der Kulturebenen zusammen und integriert sie im Kultur-PR-Modell. In Abschnitt 6.3.1 wird der Zusammenhang von Unternehmenskultur und PR in Art und Ausprägungsgrad im Überblick dargestellt und seine Konsequenzen für das Modell aufgezeigt. Abschnitt 6.3.2 rückt die Individualkultur und die Nationalkultur als verwandte Konzepte sowie deren Erkenntnisse zur Überarbeitung des Modells in den Fokus der Analyse. Abschnitt 6.3.3 schließlich stellt das überarbeitete Modell dar.

---

140   Es handelt sich also nicht um Gesetzmäßigkeiten, sondern lediglich um Beobachtungen im deutschen Datensatz.

6.3.1 Bedeutung der Unternehmenskultur für PR

Im Rahmen des Kultur-PR-Modells wurde vermutet, dass die Unternehmenskultur einer jener Kulturfaktoren sei, der mit der PR-Praxis in Verbindung steht. Die Angaben der befragten deutschen PR-Verantwortlichen stützen diese Annahme: Zwischen Unternehmenskultur und PR scheint ein deutlicher Zusammenhang zu bestehen. Je nach Ausprägung des partizipativen bzw. des autoritären Elements zeigt sich eine stärker management- oder eine stärker technikorientierte PR-Praxis. Die jeweiligen Pole – Management- und Technikorientierung – werden dabei durch die PR-Praxis selbst bestimmt: Die einzelnen PR-Elemente stehen untereinander in Zusammenhang. Während in der managementorientierten Ausrichtung der PR Zweiweg-Modell der Kommunikation dominieren, PR proaktiv betrieben wird und der PR-Verantwortliche eher die Rolle eines Kommunikationsmanagers wahrnimmt, ist die Technikorientierung geprägt durch einseitige Modelle, ein reaktives Verständnis, einen geringen Einfluss der PR innerhalb des Unternehmens sowie die Rolle des Kommunikationstechnikers. Welche dieser beiden Ausprägungen dominiert, wird u.a. durch die jeweilige Unternehmenskultur bestimmt, so lassen die Daten vermuten.

Von einer einseitigen Prägung der PR durch die Unternehmenskultur kann jedoch nur bedingt und mit starken Einschränkungen gesprochen werden. Die Ergebnisse deuten darauf hin, dass interne Kulturelemente insgesamt eine eher geringe Rolle für die PR-Praxis spielen. Viel entscheidender für die PR scheint die jeweilige Öffentlichkeit „vor Ort" zu sein. Die Unternehmenskultur tritt somit in den Hintergrund, v.a. wenn es um die Kommunikation mit externen Zielgruppen geht. So amerikanisch etwa die Nationalkultur eines US-Unternehmens auch ausgerichtet sein mag – wenn das Unternehmen den deutschen Markt erschließt, so muss es sich z.B. dem hiesigen Mediensystem anpassen und sich den herrschenden Grundsätzen der Medienarbeit unterwerfen, will es erfolgreich sein. Auch im Hinblick auf die Mitarbeiter gewinnen National- und Individualkultur eine zentrale Bedeutung für die PR. Denn sie muss sich auf deren Weltsicht und Grundhaltungen beziehen, will sie ihre internen Ziele erreichen. Demnach kann vermutet werden, dass die Unternehmenskultur zwar zur Schaffung einer gemeinsamen kulturellen Basis alle Mitarbeiter im Unternehmen integriert. Die interne und die externe PR-Arbeit werden von ihr jedoch weniger als von der kulturellen Prägung des entsprechenden Arbeitslandes und den jeweiligen Zielgruppen bestimmt. Ergänzt man diese Vermutung um die individualkulturelle Prägung des PR-Verantwortlichen eines Unternehmens, so schließt sich der Kreis. Denn die PR scheint eine Profession zu sein, in der internationale Fluktuation und berufliche Migration eher selten sind, so dass PR-Fachleute v.a. in dem Land tätig werden, in dem sie geboren oder zumindest ausgebildet wurden. In gewissen Aufgabengebieten der PR (z.B. als Pressesprecher) ist die perfekte Beherrschung von Sprache und ihren Facetten ohnehin unumgänglich. Darüber hinaus werden im Rahmen internationaler PR-Arbeit weit häufiger nationale PR-Agenturen oder internationale Netzwerke mit Spezialisten vor Ort beauftragt, so dass auch in dieser Beziehung von einer insgesamt starken nationalen Orientierung der PR ausgegangen werden kann. Insofern überraschen die Ergebnisse zur geringen Bedeutung der Unternehmenskultur für die PR weder im Hinblick auf Teilöffentlichkeiten noch auf PR-Fachleute.

6.3.2 Bedeutung von Individual- und Nationalkultur für PR

Für alle vier Kulturdimensionen lassen sich Ähnlichkeiten der Nationalkultur und der Individualkultur in ihrem Zusammenhang mit der PR erkennen. Während etwa die Machtdistanz im Rahmen der Nationalkultur mit dem Einfluss, der der PR-Abteilung im Unternehmen zukommt, zusammenhängt, steht sie auf der Mikroebene mit Funktion, Position und Rolle des PR-Verantwortlichen in Zusammenhang. Insofern zeigt sich sowohl für die Ebene der Nationalkultur als auch für die Ebene der Individualkultur ein konsistentes Zusammenwirken im Hinblick auf den Einfluss der PR. Im Rahmen der Individualismus-Kollektivismus-Dimension zeigt sich für die Individualkultur einen Zusammenhang damit, inwieweit persönliche bzw. sozialintegrative Ziele die PR-Ausrichtung dominieren. Auf der Mikroebene der Individualkultur, die politische Kategorien in den Vordergrund rückt, wirkt diese individualistische bzw. kollektivistische Ausrichtung mit dem Verständnis von Öffentlichkeit und mit der gesellschaftlichen Ausrichtung zusammen. Je eher der Unternehmens-PR (durch die Nationalkultur) eine individualistisch-persönliche Orientierung zu Grunde liegt, desto stärker wird die Individualkultur des Einzelnen im Verständnis, dass Themen gelenkt und die öffentliche Willensbildung beeinflusst werden kann und soll, zum Ausdruck kommen. Die Verbindung der beiden Kulturebenen erfolgt demnach über die Gesellschaftsorientierung der PR. Die Maskulinität-Femininität-Dimension steht im Rahmen der Auswirkungen der Nationalkultur auf PR u.a. mit der kooperativen Sichtweise der Beziehung zu den Teilöffentlichkeiten in Beziehung. Sie korreliert mit dem Grad, zu dem ein Unternehmen das Verständnis und das Vertrauen der Öffentlichkeit gewinnen oder die öffentliche Meinung lenken will. Spiegelt man diese Erkenntnis auf die Mikroebene, so wird im Rahmen der Vertrauensbildung die wahrheitsgemäße Informations- und Kommunikationstätigkeit zum zentralen Erfolgsfaktor. Für die Lenkung und Beeinflussung der öffentlichen Meinung hingegen kann eine unwahre Informationsarbeit wesentlich einfacher und erfolgreicher sein als eine wahre. Insofern lässt sich auch hier zwischen National- und Individualkultur ein Zusammenhang mit der PR herstellen, der unter den Begriff der angestrebten Glaubwürdigkeit gefasst werden kann. Wie bereits bei den vorangegangenen drei Dimensionen ist auch für die Unsicherheitsvermeidungstendenz ein Rückbezug auf die Nationalkultur möglich: Sie spiegelt sich v.a. in der Öffnung des Unternehmens für Belange der Teilöffentlichkeiten wider, also im Grad ihrer Einbeziehung ins Unternehmen. Im Hinblick auf die Individualkultur kommt die unternehmenseigene Sicht von PR-Adressaten im gewählten Modell zum Ausdruck. Indem deutsche PR-Verantwortliche aufgrund ihrer Weltsicht das Publicity-Modell wählen, tragen sie einer vollständig asymmetrischen Sichtweise der Beziehung zur Öffentlichkeit Rechnung. Wählen sie das zweiseitig-symmetrische Modell, so dominiert die Sichtweise einer kooperativen Beziehung. Die Verbindung von Nationalkultur und Individualkultur erfolgt demnach über die Einbeziehung und den Grad der Öffnung des Unternehmens für Belange der Öffentlichkeit.

Die Verbindung der Ergebnisse auf Makro- und Mikroebene deutet darauf hin, dass die Individualkultur als Ausprägung der Nationalkultur mit der PR-Arbeit des Einzelnen in der Weise zusammenhängt, die konsistent zum Verhältnis von Nationalkultur und PR ist. Damit zeigt sich nicht nur, dass sowohl National- als auch Individualkultur mit der PR zusammenhängen. Ebenso bedeutend ist das Ergebnis, dass die Einflüsse beider Kulturebenen in dieselbe Richtung gehen.

6.3.3 Überarbeitung des Modells

Die Ergebnisse des empirischen Teils zeigen deutlich, dass die Kultur auf allen drei untersuchten Ebenen mit der PR zusammenhängt. PR kann in diesem Zusammenhang als in sich schlüssiges Konstrukt verschiedener Elemente verstanden werden, wie es im Kultur-PR-Modell festgehalten ist. Für die Nationalkultur zeigte sich in allen vier Kulturdimensionen ein Zusammenhang mit der PR, so dass das Modell auch in diesem Kontext bestätigt werden kann. Da für die Stärke des jeweiligen Zusammenhangs aufgrund der Untersuchungsanlage keine Aussagen möglich sind, muss der Verbindungspfeil im Modell in unveränderter Stärke bestehen bleiben.

Abb. 50: Das Kultur-PR-Modell nach seiner empirischen Überprüfung

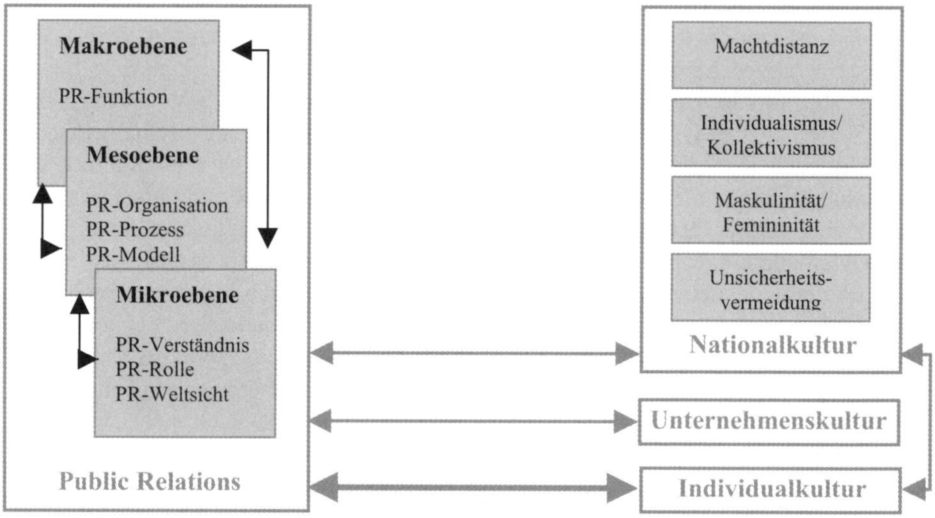

Der Verbindungspfeil für die Individualkultur und ihr Zusammenwirken mit den einzelnen PR-Dimensionen wurde in Abbildung 50 verstärkt. Denn die Ergebnisse der Befragung lassen vermuten, dass der Zusammenhang von Individualkultur und PR besonders stark ist. Für Individual- und Nationalkultur ergeben sich ähnliche, für manche Kulturdimensionen sogar nahezu identische Zusammenhänge mit den PR-Elementen, so dass die im theoretischen Teil der Arbeit formulierte Vermutung einer Interdependenz als vorläufig bestätigt gelten kann. Abbildung 50 zeigt das Modell, wie es als Ergebnis von theoretischem und empirischem Teil am Ende der Arbeit steht.

III Bedeutung der Ergebnisse für Forschung und Praxis

7 Kultur als Basis und Rahmen der Public Relations

Die Ergebnisse dieser explorativen Studie zeigen, dass National-, Unternehmens- und Individualkultur mit der PR-Praxis zusammenhängen. Darüber hinaus legen sie die Vermutung nahe, dass auch zwischen den einzelnen PR-Elementen selbst vielfältige Verbindungslinien bestehen. Kapitel 7.1 fasst die wesentlichen Befunde dieser Arbeit zusammen. Die Ergebnisse für den Zusammenhang zwischen den drei Kulturebenen und der PR sowie für die Frage nach einer Wechselbeziehung der einzelnen PR-Elemente untereinander werden zusammengefasst. Sie liefern zahlreiche Ansatzpunkte für die weitere Theoriebildung, die in Kapitel 7.2 in Form von vier Postulaten dargelegt werden. Auch für die PR-Praxis gibt die Studie Hinweise, die in Kapitel 7.3 festgehalten werden: Mit Blick auf die internationale PR werden die verschiedenen Internationalisierungsstrategien um den Aspekt der Kommunikation und der Kultur erweitert, so dass am Ende der Arbeit drei idealtypische Unternehmensstrategien für grenzüberschreitende PR stehen. Auf ihrer Basis lassen sich mögliche Bereiche für universelle Grundelemente und kulturspezifische Ausprägungen der PR identifizieren.

7.1 Kultur als Rahmenfaktor der Public Relations

Ausgehend von den Erkenntnissen des Forschungsfelds „Kultur und Kommunikation" (Kapitel 3.4) kann vermutet werden, dass sich Nationalkultur und PR wechselseitig bedingen und beeinflussen. Denn einerseits bestimmt die Weltsicht des Individuums dessen Kommunikation, andererseits ist die Kommunikation der Kanal, über den Kultur im Rahmen der Enkulturation vermittelt wird. Das aus der Theorie entwickelte und empirisch überprüfte Kultur-PR-Modell (vgl. Abbildung 50) verdeutlicht, dass zwischen den PR-Elementen der Mikro-, Meso- und Makroebene wechselseitige Beziehungen bestehen, so dass von PR als in sich schlüssigem Aussagensystem gesprochen werden kann.

Die Ergebnisse der Befragung deuten darauf hin, dass ein Zusammenhang zwischen den einzelnen PR-Elementen besteht. Je nach Ausprägung bestimmter Rahmenfaktoren (wie z.B. Organisation und Einfluss der PR im Unternehmen) scheinen zwei idealtypische Entwicklungslinien von PR möglich: eine Managementorientierung und eine Technikorientierung. Im Rahmen der Managementorientierung hat PR relativ großen Einfluss innerhalb des Unternehmens, wird proaktiv und prozessual gestaltet und kommt in zweiseitigen PR-Modellen zum Ausdruck. Der PR-Verantwortliche verfügt über eine PR-spezifische Ausbildung, hat hohe ethische Grundsätze in Bezug auf die Wahrheit der PR-Botschaften und -Inhalte und übt die Rolle eines PR-Managers aus. Im Rahmen der Technikorientierung hat PR einen eher geringen Einfluss im Unternehmen und wird reaktiv in Form einseitiger PR-Modelle umgesetzt. Der PR-Verantwortliche ist in erster Linie Kommunikationstechniker, häufig ohne PR-spezifische Ausbildung und ohne den Anspruch, immer wahr kommunizieren zu wollen.

Verhältnis von Unternehmenskultur und PR

Der Zusammenhang von Unternehmenskultur und Unternehmens-PR ist in der Literatur hinlänglich thematisiert worden:[141] Aufgabe der Unternehmenskultur ist es, die Mitglieder des Unternehmens mit ihren jeweils individuellen Werten, Normen und Grundhaltungen (also ihrer Individualkultur) in einer gemeinsamen Basis zu integrieren. Diese gemeinsame kulturelle Basis der Unternehmensmitglieder entwickelt sie über Werte, Normen und Symbole, die von allen Mitarbeitern mitgetragen werden müssen und die v.a. auch von der PR vermittelt werden. Die empirische Überprüfung im zweiten Teil der Arbeit deutet darauf hin, dass die Unternehmenskultur je nach Grad ihrer partizipativen bzw. autoritären Orientierung einen spezifischen Zusammenhang mit der PR aufweist (vgl. Abschnitt 6.2.1): In Unternehmen mit einer partizipativen Unternehmenskultur fand sich in erster Linie eine managementorientierte PR, in autoritären Unternehmenskulturen dominierte bei den befragten deutschen PR-Experten die Technikorientierung. In der Theoriebildung wird die Unternehmenskultur meist als zentraler Einflussfaktor für PR verstanden. Diese Überzeugung konnte anhand der in Deutschland erhobenen Daten allerdings nicht bestätigt werden: Sie legen lediglich einen schwachen Einfluss nahe und lassen vermuten, dass die Unternehmenskultur im Vergleich zur National- oder Individualkultur der PR-Verantwortlichen einen eher geringen Einflussfaktor für die Unternehmens-PR darstellt.

> Während in partizipativen Unternehmenskulturen eine eher managementorientierte PR dominiert, findet sich in autoritären Unternehmenskulturen eher eine handwerklich-technische PR. In den befragten deutschen Unternehmen sind die Einflüsse der Unternehmenskultur auf PR jedoch so schwach, dass vermutet werden kann, dass die Unternehmenskultur nur einen sehr geringen Einflussfaktor für PR darstellt.

Die Ergebnisse legen im Hinblick auf die Unternehmenskultur den Schluss nahe, dass diese zwar die Mitglieder des Unternehmens in einer gemeinsamen kulturellen Basis integriert, sich jedoch kaum auf die PR auswirkt. So sehr das Ergebnis vor

---

141 Da sie im Vergleich zu den Rahmengrößen National- und Individualkultur in der Vergangenheit bereits relativ ausführlich untersucht worden ist, wurde sie in diese Arbeit nur am Rande und der Vollständigkeit halber integriert.

dem Hintergrund der Theoriebildung und bisherigen Forschung überrascht, so konsistent erscheint es mit Blick auf die Internationalisierung von PR: In multinationalen Unternehmen hat die Unternehmenskultur die Aufgabe, über Individual- und Nationalkulturen hinweg eine einheitliche kulturelle Basis bei allen Mitarbeitern des Unternehmens zu schaffen. Insofern sorgt sie intern für eine „interkulturelle Kompatibilität". Im Hinblick auf die externe Kommunikation jedoch muss sie in den Hintergrund treten, will das Unternehmen seine verschiedenen Zielgruppen in einer Vielzahl von Ländern so kulturspezifisch wie möglich ansprechen. PR muss hier in erster Linie auf die kulturelle Prägung der Adressaten eingehen, so dass die jeweilige Nationalkultur zur zentralen Richtgröße wird.

Verhältnis von Nationalkultur und PR

Die theoretische Verbindung von Nationalkultur und Unternehmens-PR in Kapitel 3.4 ließ vermuten, dass die Nationalkultur als ein gesellschaftlicher Rahmenfaktor sowohl direkt als auch indirekt mit der PR in Verbindung steht: Ein indirekter Zusammenhang zeigt sich über die Individualkultur, d.h. die Weltsicht der PR-Fachleute des Unternehmens. Der direkte Zusammenhang kommt in der kulturellen Prägung der Öffentlichkeit zum Ausdruck, die vermutlich *die* zentrale Größe der PR-Arbeit darstellt. Bei der Öffentlichkeit handelt es sich dabei sowohl um externe Teilöffentlichkeiten (z.B. Kunden, Journalisten oder Investoren) als auch um interne Adressaten (wie Mitarbeiter oder Pensionäre).

Aus der Verbindung von Erkenntnissen erster anekdotischer Untersuchungen mit der theoretischen Verknüpfung der Konzepte Kultur und PR konnten in Abschnitt 4.3.2 zahlreiche Hypothesen für den Zusammenhang zwischen den einzelnen Nationalkulturdimension und der PR formuliert werden. Der Kulturvergleich deutet darauf hin, dass jede der vier Nationalkulturdimensionen in einer besonderen Beziehung zu PR-Verständnis, PR-Rolle, -Modell und den weiteren in Kapitel 2.2 dargestellten PR-Charakteristika steht (vgl. Kapitel 6.1):

> Machtdistanz: *Wie einflussreich und professionell ist PR innerhalb des Unternehmens?*
>
> Die Ergebnisse der Studie lassen vermuten, dass PR in Kulturen mit großer Machtdistanz das Ziel der Lenkung der öffentlichen Meinung verfolgt. Dabei kommt *boundary spanning*, Issues Management und Krisenkommunikation eine zentrale Bedeutung zu. Der PR-Verantwortliche setzt für seine interne Kommunikation mit Mitarbeitern und Kollegen v.a. mediale Kanäle ein. In Kulturen mit geringer Machtdistanz hingegen hat PR vermutlich mehr Einfluss im Unternehmen: Der PR-Verantwortliche übt hier eher die Rolle des Kommunikationsmanagers aus. Das Hauptaugenmerk liegt auf Instrumenten und Maß-

nahmen, die auf die breite Öffentlichkeit ausgerichtet sind. Unwahre Informationen werden als legitimes Mittel der Krisenkommunikation verstanden.

Individualismus – Kollektivismus: *Wie stark gesellschaftsorientiert ist die Unternehmens-PR?*

Während in individualistischen Kulturen das Unternehmensinteresse dominiert, kommt in kollektivistischen Kulturen sozial-integrativen Zielen wie der Übernahme sozialer Verantwortung oder dem Verständnis von PR als Vermittlung und Ausgleich gesellschaftlicher Interessen besondere Bedeutung zu, so die Hinweise dieser Arbeit.

Maskulinität – Femininität: *Wie stark ist PR darauf ausgerichtet, Verständnis und Vertrauen zu gewinnen?*

Die Datenauswertung lässt vermuten, dass in femininen Kulturen eher Verstehen, Verständnis und Vertrauen im Vordergrund der PR stehen, wohingegen im Rahmen maskuliner Kulturen als Ziel der PR v.a. die Lenkung der öffentlichen Meinung (z.T. auch über unwahre Informationen) gesehen wird.

Unsicherheitsvermeidung: *Wie weit öffnet sich das Unternehmen für Belange seiner Teilöffentlichkeiten?*

Die Unsicherheitsvermeidung scheint sich in erster Linie in der Vermeidung risikoreicher Situationen auszudrücken. In Kulturen mit starker Unsicherheitsvermeidung will PR v.a. die öffentliche Meinung beeinflussen und zwischen Unternehmen und gesellschaftlichen Interessen vermitteln und ausgleichen. Eine zentrale Rolle spielt hier vermutlich auch die Krisenkommunikation. Die Gewinnung des Vertrauens der Öffentlichkeit steht weniger im Vordergrund, dafür werden unwahre Informationen in allen Bereichen der PR als legitim verstanden.

Verhältnis von Weltsicht und PR

Eng mit der Nationalkultur verbunden ist die Individualkultur der PR-Fachleute. Als individuelle Weltsicht des einzelnen PR-Verantwortlichen steht sie vermutlich nicht nur mit seinem PR-Verständnis in Zusammenhang, sondern auch mit seiner PR-Praxis (vgl. Abschnitt 6.2.2):

Machtdistanz: *Wie stark managementorientiert ist die PR-Arbeit des PR-Verantwortlichen?*

Die Ergebnisse der Befragung legen nahe, dass die Dimension der Machtdistanz im Rahmen der individualkulturellen Prägung deutscher PR-Verantwortlicher mit der Managementorientierung von PR in Verbindung steht. Sie hängt vermutlich in erster Linie mit der PR-Manager-Rolle des PR-Verantwortlichen sowie mit seiner Art der Kommunikation (v.a. persönliches Gespräch) zusammen.

Individualismusdimension: *Wie hoch sind die ethischen Maßstäbe des PR-Verantwortlichen?*

Die Individualismusdimension scheint für deutsche PR-Verantwortliche einen Rahmenfaktor für die ethische Komponente der PR darzustellen und v.a. mit der Einstellung zur Wahrheit zusammenzuhängen.

Maskulinitätsdimension: *Wie politisch-gesellschaftlich richtet der PR-Verantwortliche PR aus?*

Die Maskulinitätsdimension der Individualkultur scheint in Deutschland eng mit dem politisch-gesellschaftlichen Verständnis von PR verbunden zu sein. Die Befragung deutscher PR-Verantwortlicher zeigte einen Zusammenhang mit sämtlichen Tätigkeitsbereichen und Zielen der PR, die auf Themenmanagement, politische Willensbildung und den Gesetzgebungsprozess ausgerichtet sind.

Unsicherheitsvermeidung: *Welches PR-Modell wählt der PR-Verantwortliche?*

Die Ergebnisse der Studie deuten an, dass die Dimension der Unsicherheitsvermeidung mit der persönlichen Kommunikation und der Wahl des PR-Modells zusammenhängt. In deutschen Top-Unternehmen scheint sie v.a. mit dem Einsatz schriftlicher Kommunikation und der Wahl des Publicity- und des symmetrischen Zweiweg-Modells verbunden zu sein.

Vergleicht man diese Ergebnisse zum Verhältnis von Individualkultur und PR mit den Ergebnissen für die Nationalkultur, so legen sie einen systematischen Bezug zwischen den beiden Kulturebenen nahe: Jede der vier Kulturdimensionen nach Hofstede scheint sowohl auf der Ebene der Nationalkultur als auch auf der Ebene der Individualkultur in ähnlicher Weise mit der PR in Zusammenhang zu stehen. Damit liefern sowohl der Kulturvergleich als auch die intrakulturelle Auswertung für Deutschland erste Hinweise darauf, dass beide Kulturebenen in gleicher Weise mit der PR-Praxis verbunden sein könnten.

> Die Individualkultur eines PR-Verantwortlichen scheint dafür zu sorgen, dass er seine PR-Praxis konform zur Nationalkultur ausrichtet. Sie würde dann zum identitätsstiftenden Element für die Integration der Unternehmens-PR auf Mikro- und Mesoebene.

7.2 *Bedeutung der Ergebnisse für die Forschung*

Die zentralen Erkenntnisse dieser Studie lassen vermuten,
- dass National- und Individualkultur nicht nur wesentliche Rahmenfaktoren der Unternehmens-PR darstellen, sondern mit der PR in enger Verbindung stehen,
- dass zwischen Unternehmenskultur und PR eine Verbindung besteht, die Unternehmenskultur jedoch eine wesentlich geringere Bedeutung für die PR hat als National- und Individualkultur, und
- dass die im Theorieteil der Arbeit vorgestellten Elemente der PR-Theorie wechselseitig aufeinander bezogen sind und mit der Management- und der Technikorientierung zwei idealtypische Ausprägungen annehmen können.

Diese Ergebnisse bieten zahlreiche Ansatzpunkte für weiterführende Studien auf allen drei Untersuchungsebenen: In erster Linie kann das Kultur-PR-Modell als Grundlage für Nachfolgestudien sowohl quantitativer als auch qualitativer Art dienen und weiter verfeinert werden. Andererseits sollte die bestehende PR-Theorie auf Basis der Ergebnisse kritisch untersucht werden. So entstehen Fragen etwa in Bezug auf eine mögliche „kulturelle Enge" bestehender Theorien und Modelle oder auf eine evtl. notwendige Neuorientierung der PR-Forschung hin auf Rahmen- und Einflussfaktoren der gesellschaftlichen Unternehmensumwelt. Nachfolgend werden diese und weitere Ansatzpunkte für die Theoriebildung in Form von vier Postulaten festgehalten und in deren Rahmen näher ausgeführt.

> *Postulat 1*
> Die Frage nach dem Zusammenhang zwischen Nationalkultur und PR (insbesondere im Hinblick auf die Rolle der Kultur für PR) sollte als eigenständiges Feld in die PR-Forschung eingehen und durch Nachfolgestudien bearbeitet werden.

Diese Studie möchte mit dazu beitragen, die Aufmerksamkeit der PR-Forschung vom internen Bereich verstärkt auf externe Rahmenfaktoren und -elemente zu lenken: Bis heute stehen unternehmensinterne Faktoren v.a. auf der Mesoebene im Vordergrund der wissenschaftlichen Analyse. Eine solche Konzentration klammert eine wichtige Größe der PR weitgehend aus: die externe Umwelt und mit ihr die Öffentlichkeit, an der sich fast jeder Tätigkeitsbereich der PR-Arbeit zu orientieren hat. Die empirischen Erkenntnisse dieser Arbeit stützen die Vermutung, dass neben den internen Einflussvariablen auch die Nationalkultur als externer Faktor eine zentrale Rolle für die PR-Praxis einer Organisation spielen könnte.

Andererseits kann die Identifikation eines Zusammenhangs und insbesondere von möglichen kulturellen Einflüssen dazu dienen, der Frage nach national- oder kulturspezifischer PR näherzukommen. Eine nähere Betrachtung unter dem Blickwinkel der Kulturdimensionen könnte erste Hinweise darauf liefern, wie PR in den einzelnen Ländern der Welt verstanden und umgesetzt wird, wo internationale Gemeinsamkeiten und wo lokale Unterschiede liegen. Notwendig sind hierfür zahlreiche qualitative Studien, um einen möglichst offenen Analyserahmen zu entwickeln, der dieses zu erwartende breite Spektrum an PR-Aktivität erfassen kann. Die dann gewonnenen Erkenntnisse dienen nicht nur der Weiterentwicklung der PR-Theorien in den einzelnen Ländern, sondern in erster Linie auch der Annäherung an eine Theorie internationaler PR. Nur wenn nationale bzw. kulturell bedingte PR-Spezifika bekannt sind, kann eine fundierte wissenschaftliche Beschäftigung mit länderübergreifender, globaler PR stattfinden.

Durch Nachfolgestudien sollten die Erkenntnisse dieser Arbeit in einem größeren Kontext überprüft und präzisiert werden, so dass das Kultur-PR-Modell entweder verfeinert werden kann oder verworfen werden muss. Es bedarf eines umfassenden, internationalen Vergleichs, der möglichst viele unterschiedliche Kulturen einbezieht. Die Daten, die im Rahmen der vorliegenden Untersuchung gewonnen wurden, können weder als repräsentativ für die gesamte PR innerhalb der einzelnen Länder noch für den Ländervergleich gelten. Insofern sollte eine Nachfolgestudie nicht nur eine größere Anzahl an Ländern in ihrem Sample beinhalten, sondern auch eine repräsentative Unternehmensstichprobe ziehen. Auch die Zusammensetzung der Stichprobe auf der Mikroebene spielt eine zentrale Rolle: Eine Ausweitung auf PR-Fachleute im Allgemeinen und die Einbeziehung von Vorstand oder Geschäftsführung der Unternehmen könnten einen noch tieferen Einblick in den Bereich des Zusammenhangs von Kultur und PR und damit auch einer möglichen kulturellen Prägung von PR erlauben. Das Augenmerk kann in einer solchen Erhebung stärker auf der Bedeutung der einzelnen Kulturdimensionen liegen.

Die Frage nach einer Kulturbezogenheit von PR ist nicht nur für das Kultur-PR-Modell relevant, sondern v.a. auch in Hinblick auf die bislang vorliegende allgemeine PR-Theorie: Stellen die Nationalkultur und mit ihr andere Rahmenfaktoren der Makro-Umwelt eines Unternehmens zentrale Größen für die PR dar, so müssen kulturspezifische Modelle und Theorien entwickelt werden. Einige der bestehenden Modelle und Theorien, Forschungserkenntnisse und Fachliteratur müssten in ihrer Reichweite in Frage gestellt werden, so dass Forschung in einer ersten Stufe immer auf den Bereich innerhalb ihrer Kulturgrenzen beschränkt bliebe.

Postulat 2
Die Rolle der Unternehmenskultur für die PR sollte untersucht werden. Möglicherweise wird ihre Bedeutung bislang zu hoch eingeschätzt.

Vielversprechend dürfte sich auch die weitere Beschäftigung mit der Bedeutung der Unternehmenskultur für die PR gestalten. Zwar deuten die Ergebnisse der Befragung für Deutschland einen Zusammenhang von PR und Unternehmenskultur an, allerdings fiel der Einfluss der Unternehmenskultur auf PR weit schwächer aus als z.B. der Einfluss der Individualkultur. In der Literatur wurde die Unternehmenskultur bislang als einer der zentralen Einflussfaktoren für PR gesehen. Nachfolgestudien, die sich empirisch mit der Rolle und Bedeutung der Unternehmenskultur für die PR beschäftigen, könnten zu überraschenden Ergebnissen kommen. Bestätigen sie deren vermutete geringe Bedeutung für die PR-Arbeit, so hätte dies sowohl für die Forschung als auch für die bislang erfolgte Theoriebildung (v.a. im Rahmen der internen PR) tiefgehende Konsequenzen. Folgende Fragen sind in diesem Zusammenhang eine nähere Beschäftigung wert: Welche Rolle spielt die Unternehmenskultur für die PR? Wenn die Unternehmenskultur kein zentraler Einflussfaktor für die Art und Weise ist, wie PR verstanden und umgesetzt wird: Wie wird sichergestellt, dass die PR-Arbeit in die Corporate Identity des Unternehmens integriert werden kann? Ist die Unternehmenskultur ihrerseits eine zentrale Größe für die Individualkultur des PR-Fachmanns? Als vielversprechend erscheint auch die Beleuchtung der anderen Einflussrichtung des unterstellten und empirisch in Ansätzen bestätigten Zusammenhangs zwischen Unternehmenskultur und PR. Wie stark beeinflusst die PR ihrerseits die Unternehmenskultur? Geschieht dies durch gezielte, interne Gestaltungsmaßnahmen oder hat auch die auf externe Zielgruppen ausgerichtete PR-Arbeit Einflüsse und Rückwirkungen auf die Unternehmenskultur (innerhalb des Unternehmens als offenem System)?

Postulat 3
Die Bedeutung der individuellen Weltsicht von PR-Fachleuten für ihre PR-Arbeit sollte näher untersucht werden.

Eine nähere Untersuchung erfordert im Rahmen der PR-Forschung auch das Konzept der Individualkultur. Zwar liegt der Fokus der Forschung mit der Entwicklung von Rollenmodellen und Untersuchungen z.B. zur Professionalisierung der PR bereits auf der Mikroebene. Die Frage, welche Rolle die Sozialisation und die kulturell geprägte Weltsicht des Einzelnen für seine Arbeit spielen, stellt jedoch eine Erweiterung der Perspektive dar.

Wenn weiterführende Untersuchungen bestätigen, was auf Basis der Ergebnisse dieser Arbeit nur vermutet werden kann, nämlich dass die Individualkultur als Verbindung von Nationalkultur und PR die wichtigste kulturelle Einflussgröße ist, so ergeben sich zahlreiche Fragen im Hinblick auf die Kulturbezogenheit von PR: Sind PR-Ausbildung und -Praxis kulturspezifisch zu sehen? Wenn ja, dann wäre ein PR-Fachmann immer ein Spezialist, der festgelegt ist auf den Kulturbereich, in dem er ausgebildet wurde und praktische Erfahrungen gesammelt hat. Pressearbeit etwa funktioniert in Deutschland anders als in Frankreich oder Großbritannien. Wenn schon innerhalb Europas keine einheitliche Pressearbeit existiert, so kann ein deutscher PR-Fachmann seine Kenntnisse und Erfahrungen auch nicht ohne weiteres z.B. auf den japanischen Medienmarkt übertragen. Sind PR-Fachleute stärker kulturgebunden als Manager oder IT-Experten? Erfordert die PR-Arbeit eine den Teilöffentlichkeiten entsprechende kulturelle Prägung auf Seiten des PR-Fachmanns, so dass er „gute PR-Arbeit" machen kann? Ist eine ähnliche kulturelle Prägung des PR-Fachmanns und seiner Zielgruppen eine weitere Voraussetzung der *excellence* von PR? Wenn die Individualkultur von PR-Fachleuten einen Faktor für die PR darstellt, inwiefern beeinflussen dann eine im Ausland absolvierte PR-Ausbildung oder ein Auslandsstudium – d.h. eine anderweitige kulturelle (Berufs-)Prägung als im Heimatland – das Verständnis und die Praxis von PR? Diese Frage ist besonders im Hinblick auf Deutschland relevant, wo PR als Vollstudium noch immer nicht angeboten wird und Studierende bspw. in die USA abwandern. Wenn ein PR-Fachmann z.B. in den USA studiert hat, liegt seinem Berufsverständnis eher eine amerikanische Sichtweise von PR zu Grunde?

Auch auf der Mikroebene scheint eine Betrachtung der Bedeutung von Kultur für PR, wie sie bereits im Rahmen des zweiten Postulats gefordert wurde, möglich. Wie wird die Individualkultur ihrerseits durch die PR geprägt? Gibt es eine PR-spezifische Berufskultur?

> *Postulat 4*
> Die Rolle der PR für kulturelle Veränderungen sollte nicht nur in Bezug zur Unternehmenskultur, sondern auch für die Berufs- bzw. Individualkultur von PR-Fachleuten und für die Nationalkultur näher untersucht werden.

Im Rückbezug auf die Systemtheorie können Kultur und PR als offene, soziale Systeme verstanden werden. Während die Kultur bei den vorläufigen Erkenntnissen dieser Arbeit als relevantes Umsystem von PR verstanden werden sollte, zeigt das Ergebnis eines wechselseitigen Zusammenhangs auch Einflüsse bzw. Rückwirkungen von PR auf Kultur. Inwiefern trägt PR zu den allmählichen Veränderungen der Nationalkulturen bei? Zu welchem Anteil prägt die PR-Praxis des Einzelnen seine Weltsicht und seine Berufsethik? Welche Rolle spielt PR für die Gestaltung und proaktive Entwicklung einer Unternehmenskultur?

Diese und zahlreiche weitere Fragen im Forschungsfeld „Kultur und PR" zeigen die Spannbreite des bestehenden Forschungsbedarfs. Mit einer zunehmenden Erschließung des Forschungsfeldes der Internationalisierung von PR wird das Interesse an gesellschaftlichen Rahmenfaktoren und damit auch an den verschiedenen Ebenen und Formen der Kultur vermutlich deutlich steigen. Nicht nur für die Theoriebildung, sondern auch vor dem Hintergrund aktueller Problemstellungen in der Praxis erscheint die Beschäftigung mit dem Thema als bedeutsam.

7.3 Bedeutung der Ergebnisse für die Praxis

Welche Bedeutung haben diese Ergebnisse für die Internationalisierung der PR? Welche Hinweise liefern sie für die Idee von allgemeingültigen PR-Grundsätzen und kulturspezifischen Ausprägungen? Die Vermutung, dass National- und Individualkultur mit der Unternehmens-PR zusammenhängen und somit auch einen Bezug zur individuellen PR-Arbeit des Einzelnen haben, ist – unabhängig von der Frage nach ihrer unmittelbaren praktischen Verwertbarkeit – eine wichtige Erkenntnis für die Reflexion über PR an sich. Sie trägt dazu bei, dass sich der einzelne PR-Fachmann über die vielfältigen Einflüsse, die auf ihn und seine tägliche Arbeit einwirken, ebenso bewusst wird wie über die Spannungsfelder, in denen er aktiv ist. Im Rahmen einer Metabetrachtung von PR ist die Kultur ein weiteres Steinchen im Mosaik der Hintergründe und Rahmenfaktoren, die die PR-Profession prägen und konstituieren, zugleich aber auch von der PR selbst beeinflusst sind.

Vor dem Hintergrund des Erkenntnisinteresses dieser Arbeit ist besonders die Bedeutung der Kultur für die PR relevant. Bei den nachfolgenden Ausführungen liegt der Schwerpunkt deshalb auf der Einflussrichtung von Kultur auf PR, d.h. im Mittelpunkt steht die Bedeutung kultureller Einflüsse für PR.

Bedeutung der Ergebnisse für nationale PR

Als einer der gesellschaftlichen Rahmenfaktoren eines Landes prägt die Nationalkultur das Umfeld mit, in dem PR aktiv ist. Ihre Rolle zeigt sich v.a. in der kulturellen Prägung der Öffentlichkeit. „Die Öffentlichkeit" schlechthin gibt es aber gerade in kultureller Hinsicht nicht. Sie ist durch eine Vielzahl von Subkulturen gekennzeichnet, die sich z.B. entlang ethnischer Unterschiede voneinander abgrenzen lassen. Aus kultureller Sicht muss demnach auch von nationaler PR als interkultureller PR gesprochen werden, wenn sie verschiedene Bevölkerungs- oder Kulturgruppen anspricht (etwa in multikulturellen Nationen wie den USA oder der Schweiz). Für die nationale Unternehmenskommunikation heißt das: Wo notwendig sollte die Kommunikation auf homogene, in sich weitgehend geschlossene Subkulturen (oder: subkulturelle Teilöffentlichkeiten) eingehen, um ihre Ziele zu erreichen. In den USA ist bereits von Ethno-Marketing die Rede, wenn es um die Ansprache von z.B. chinesisch-stämmigen oder latino-amerikanischen Gruppen im Land geht. Sogar in Deutschland zeigen sich erste Ansätze, wenn etwa Websites deutscher Unternehmen in Türkisch bereitgestellt werden (vgl. Pfister, 2002). Eine Lokalisierung, wie sie in der Einleitung dieser Arbeit im Rahmen der internationalen PR angesprochen wurde, kann mit dem nationalen Kontext in einen wesentlich kleineren Maßstab übertragen werden. Sie setzt bereits innerhalb eines Landes an, wenn sie Subkulturen der Öffentlichkeit identifiziert und gezielt anspricht. Insbesondere im Hinblick auf ein dialogisches Verständnis von PR gewinnt eine derartige Adressatendifferenzierung an Bedeutung. Unterschiedliche kulturelle Prägungen der Menschen könnten in Zukunft also innerhalb von Ländergrenzen für die PR relevant werden und zu deren Ausdifferenzierung hin zu einer kulturell geprägten PR führen.

Als gesellschaftlicher Rahmenfaktor bestimmt die Nationalkultur das Umfeld mit, in dem PR aktiv wird. Sie stellt gewissermaßen „Spielregeln" auf, die sich auf das Verhalten des Einzelnen, auf den Umgang der Menschen miteinander und auf die Kommunikation untereinander beziehen. Diese Spielregeln gelten sowohl für die Mitglieder der Kultur als auch für das Unternehmen. Wer sich in die Gesellschaft einfügen und erfolgreich sein will, muss sich diesen kulturellen Regeln unterordnen. Dies gilt auch für die PR. Jede Nationalkultur bringt bestimmte Anforderungen, aber auch Einschränkungen für die Anlage und die Umsetzung der PR mit sich. Als Beispiel können die Einflüsse der Machtdistanz dienen: In Kulturen mit großer Machtdistanz ist die gesellschaftliche Macht in den Händen einiger weniger Personen konzentriert, die sie deutlich zeigen und kommunizieren. Die breite Masse erwartet eine entsprechende Zurschaustellung der Macht von Seiten der Machtinhaber und empfindet diese ungleiche Machtverteilung ebenso wie ihre eigene Unterordnung als richtig und wünschenswert. Ein Unternehmen, das in einem Land mit großer Machtdistanz tätig ist, wird seiner PR im Rahmen einer solch asymmetrischen Gesellschaft und Kommunikation wohl kaum ein gesellschaftsorientiertes, dialogisches Verständnis zu Grunde legen können. Durch den Wunsch der Öffentlichkeit nach ungleicher Machtverteilung und durch die Undenkbarkeit symmetrischer Kommunikationsprozesse wäre eine solche PR aller Wahrscheinlichkeit nach zum Scheitern verurteilt.

PR-Fachleute, die in einem Kulturkontext tätig werden, in dem sie selbst enkulturiert wurden, legen ihrer PR vermutlich implizit eine der Nationalkultur entsprechende PR-Ausrichtung zu Grunde – und richten ihre PR damit unbewusst nationalkulturkonform aus. Je ähnlicher sich der PR-Fachmann und der PR-Adressat in ihrer kulturellen Prägung sind, desto eher wird die PR-Arbeit auch ihre Zielgruppen erreichen und überzeugen können. Im Rahmen der internationalen PR fällt dieses implizite Wissen weg, wenn ein PR-Fachmann in mehreren, u.U. sogar stark heterogenen Kulturen PR betreiben soll. Denn als Summe von Werten, Normen und Einstellungen sind Nationalkulturen weder selbst, noch ihre Implikationen für die PR sichtbar. Deshalb lassen sich viele international tätige Unternehmen von einer Agentur oder von nationalen Mitarbeitern vor Ort unterstützen, die (entsprechend ihrer Enkulturation im jeweiligen Land) die Unternehmens-PR implizit auf die gesellschaftlichen Rahmenbedingungen ihres Landes ausrichten. Der Einsatz nationaler PR-Fachleute ist besonders im Rahmen der Strategie der lokalen internationalen PR, die auf nationale Besonderheiten abhebt und auf ein globales, übergreifendes „PR-Dach" verzichtet, unumgänglich. Im Hinblick auf die Idee der globalen PR jedoch, in deren Rahmen eine weltweit weitgehend einheitliche PR-Arbeit angestrebt wird, dominiert die Überzeugung von global vorhandenen Gemeinsamkeiten. Hier steht die integrative Sicht der Nationalkulturen im Vordergrund, Kulturunterschiede werden fast vollständig ausgeblendet.

Bedeutung der Ergebnisse für die Internationalisierung von PR

Wie bereits in der Einleitung dieser Arbeit erwähnt wurde, erscheint lediglich ein Mittelweg zwischen lokaler und globaler internationaler PR sinnvoll. Um diesen Mittelweg gehen zu können, müssen die PR-Fachleute in Unternehmen und Agenturen sowohl allgemeingültige als auch kulturspezifische Bedingungen für PR kennen. Um sich als weltweit tätiges Unternehmen möglichst gut an die Bedingungen vor Ort anpassen zu können, kann ein Lernen von erfolgreichen nationalen Unternehmen sinnvoll sein. Erste Hinweise dafür, wie sich die Nationalkultur in der PR-Praxis nationaler Unternehmen eines Landes niederschlägt, liefern die Erkenntnisse dieser Studie. Allerdings kann die Frage, wie PR umgesetzt werden soll, wenn ein Land bestimmte Ausprägungen auf den Hofstede-Dimensionen aufweist, nicht abschließend beantwortet werden. Eine Kultur-PR-Matrix also, die aufgrund einzelner Kulturdimensionen eine bestimmte PR-Praxis erklären oder gar prognostizieren könnte, kann es in dieser Stufe der Forschung nicht geben. Die Abstraktion der Ergebnisse liefert jedoch erste Hinweise auf den Zusammenhang. Nimmt man die Ergebnisse für den Zusammenhang der National- und Individualkultur nach Hofstede mit der PR-Arbeit nationaler Unternehmen als Basis, so zeigt sich die in Abbildung 51 visualisierte Zuordnung.

Während die Machtdistanz in erster Linie die internen Machtverhältnisse prägt, sind die drei anderen Kulturdimensionen tendenziell eher auf die Offenheit der Kommunikation sowie auf die Grundhaltung des Unternehmens gegenüber der Öffentlichkeit und deren Position ausgerichtet. Die Auswirkungen dieses idealtypischen Zusammenhangs von Nationalkultur und PR sind weitreichend: Im Hinblick auf die zu Beginn des zweiten Kapitels angesprochenen PR-Ansätze kann z.B. vermutet werden, dass der gesellschaftorientierte Ansatz der Unternehmens-PR eher in kollektivistischen als in individualistischen Nationalkulturen zu finden sein wird. Der verständigungsorientierte Ansatz fügt sich von seinem Grundgedanken her eher in feminine als in maskuline Kulturen ein.

Für die Wahl des PR-Modells bildet vermutlich insbesondere die Unsicherheitsvermeidungstendenz eine Basis: In Kulturen mit starker Unsicherheitsvermeidung werden aller Wahrscheinlichkeit nach eher zweiseitige Modelle im Sinne einer Öffnung und Dialogorientierung, in Kulturen mit schwacher Unsicherheitsvermeidungstendenz eher einseitige Modelle gewählt. Mit der zunehmenden Globalisierung entwickelte sich PR in den letzten Jahrzehnten von einer nationalen immer stärker hin zu einer grenzüberschreitenden Funktion. Internationale PR[142] überspannt nicht nur verschiedene Länder, sondern weltweit immer auch verschiedene Kulturen, so dass sie fast zwangsläufig transkulturell ausgerichtet ist. Was aber bedeutet der Zusammenhang von Kultur und PR nun genau für die internationale PR? Wie kann eine weltweit ausgerichtete PR ihre Zielgruppen im globalen Maßstab und innerhalb der einzelnen Nationalkulturen erfolgreich und effektiv ansprechen? Die Bedeutung der Kultur für nationale PR, wie sie im Kultur-PR-Modell anklingt, bringt in erster Linie Restriktionen für die Standardisierung weltweiter PR mit sich. Die Frage nach einer effektiven Ansprache der Öffentlichkeit im Heimatland des Unternehmens und in denjenigen Ländern, in denen es darüber hinaus aktiv ist, führt zu vier Strategien. Sie lassen sich anhand der in der Einleitung bereits dargestellten Dichotomie von Standardisierung und Differenzierung bzw. globaler PR und lokaler internationaler PR auf die Kulturbezogenheit von PR übertragen.[143]

---

[142] Wilcox et al. (1999, S. 343) definieren internationale PR i.w.S. als „the planned and organized effort of a company, institution, or government to establish mutually beneficial relations with publics of other nations". Als deutsches Gegenstück lässt sich die Definition internationaler PR von Kunczik (1992, S. 335) anführen, die jedoch durch ihre Reduktion auf die Imagekomponente weniger geeignet scheint für einen holistischen Ansatz: „Internationale Public Relations bezeichnet die gewußt geplante, dauerhafte Verbreitung interessengebundener Information mit dem Ziel, ein positives Image eines sozialen Systems (z.B. Unternehmen, Staaten oder internationale Organisationen) im Ausland generell oder bei bestimmten Teilöffentlichkeiten aufbauen oder stabilisieren bzw. ein negatives Image abbauen zu wollen." Für die im Zeitalter der Globalisierung herrschenden Rahmenbedingungen und die Entwicklung der Internationalisierung von PR siehe bspw. Johanssen (2001, S. 45); Steger (2001, S. 25 f.); Stevenson (2001, S. 81 ff.); Cantor (1989, S. 10); Kohara (1989, S. 409 f.).

[143] Zur globalen PR vgl. etwa Anderson (1989, S. 413); Booth (1986, S. 26); Ovaitt (1988, S. 5). Für die lokale internationale PR siehe Haywood (1991, S. 22); Trevitt (1991, S. 25); Wouters (1991, S. 125 ff.). Eine Diskussion von Vor- und Nachteilen der beiden Ansätze nehmen z.B. Wouters (1991, S. 168 ff.), auch Prahalad/Doz (1987, S. 14 f.) und Streich (1996, S. 54 ff. bezogen auf die Werbung) vor. Die Bedeutung eines konsistenten globalen Images („corporate reputation") zeigt insbesondere Morley (1998) im Rahmen seines Ansatzes zum „global reputation management" auf

Abb. 51: Die vier Kulturdimensionen nach Hofstede und ihr Zusammenhang mit PR

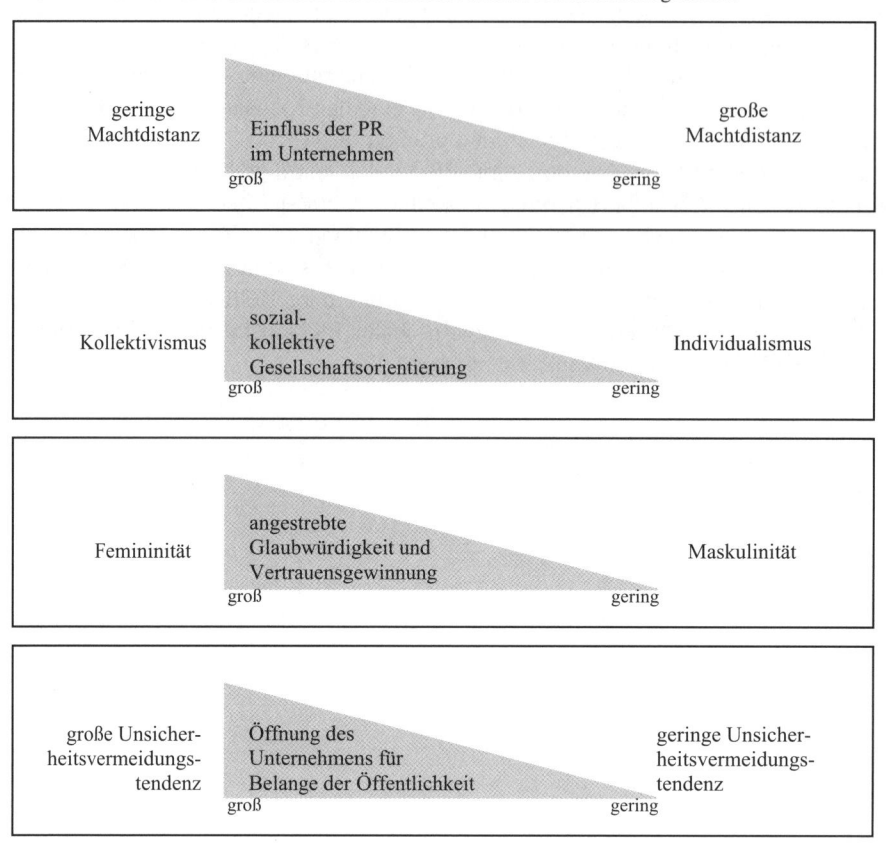

| geringe Machtdistanz | Einfluss der PR im Unternehmen groß — gering | große Machtdistanz |

| Kollektivismus | sozial-kollektive Gesellschaftsorientierung groß — gering | Individualismus |

| Femininität | angestrebte Glaubwürdigkeit und Vertrauensgewinnung groß — gering | Maskulinität |

| große Unsicherheitsvermeidungstendenz | Öffnung des Unternehmens für Belange der Öffentlichkeit groß — gering | geringe Unsicherheitsvermeidungstendenz |

Quelle: eigene Darstellung

Es handelt sich um eine Adaption des EPRG-Modells von Heenan und Perlmutter (1979), nach dem sich international tätige Unternehmen in ethnozentrisch, polyzentrisch, regiozentrisch und geozentrisch unterscheiden lassen. Tabelle 39 zeigt die vier idealtypischen Strategien internationaler Unternehmenstätigkeit.

Tab. 39: Strategien internationaler Unternehmenstätigkeit im Hinblick auf die Kultur

Ausprägung	ethnozentrisch	polyzentrisch	regiozentrisch	geozentrisch
Allgemeine Charakteristika				
Orientierung	am Heimatland	am jeweiligen Tätigkeitsland	an der einzelnen Region	auf den Weltmarkt hin
Führungskonzept: Besetzung von Schlüsselpositionen	weltweit mit Mitarbeitern der Muttergesellschaft	mit Mitarbeitern des jeweiligen Landes	mit Mitarbeitern der entsprechenden Region	Die besten Mitarbeiter aus aller Welt werden weltweit eingesetzt.
Entscheidungskompetenzen	Muttergesellschaft	jeweilige Tochtergesellschaft vor Ort	bei regionalen Headquarters	weltweite Zusammenarbeit
Ausmaß der Tätigkeit im Ausland	v.a. Export (Anfangsstadium der Internationalisierung)	v.a. als selbständige Tochtergesellschaften	v.a. über regional selbständige Unternehmensformen	weltweite Integration der unternehmerischen Aktivitäten
Strategie	Standardisierung	Differenzierung	Adaption/ standardisierte Differenzierung	Standardisierung
Kommunikative Aspekte				
Kommunikation und Informationsfluss	hohe Anzahl von Aufträgen, Weisungen und Ratschlägen von der Zentrale an die Tochtergesellschaften	sowohl mit der Muttergesellschaft als auch mit anderen Tochtergesellschaften gering	mit der Muttergesellschaft gering, jedoch mit anderen Tochtergesellschaften der Region hoch	sowohl mit der Muttergesellschaft als auch mit anderen Tochergesellschaften hoch
PR-Strategie	**heimatlandorientierte PR**	**lokale PR** (internationale PR i.e.S.)	**regionale PR**	**globale PR**
Kommunikationsrelevante Vorteile (Auswahl)	▪ keine Kenntnis der Strukturen vor Ort nötig ▪ Ressourcenaufwand gering, da keine Adaption von PR-Programmen	▪ optimale Orientierung an kulturellen Besonderheiten ▪ Adressaten können zielgenau angesprochen werden	▪ kombiniert Vorteile sowie Nachteile von Standardisierung und Differenzierung	▪ global einheitliches Image gut entwickelbar ▪ Austausch von Know-How und Personal ▪ Synergieeffekte ▪ kostengünstig
Kommunikationsrelevante Nachteile (Auswahl)	▪ weder Orientierung an kulturellen Besonderheiten der einzelnen Länder noch an der globalen Perspektive	▪ schwierig, globale Ziele wie z.B. Image konsistent zu kommunizieren ▪ kaum Austausch von Know-How und Personal möglich ▪ hoher Ressourcenaufwand	▪ keine Orientierung an kulturellen Besonderheiten der einzelnen Länder ▪ Festlegung von Kriterien zur Bildung der Länder-Cluster	▪ keine Orientierung an kulturellen Besonderheiten ▪ Adressaten können nicht zielgenau angesprochen werden

Kulturprägung der PR				
kulturelle Grundhaltung	**ethnokulturell** Dominanz der eigenen Kultur	**polykulturell** Kulturen stehen gleichberechtigt neben der Kultur des Heimatlands	**regiokulturell** Kulturen werden zu regionalen Gruppen zusammengefasst	**geokulturell** Negierung kultureller Unterschiede zu Gunsten einer Globalkultur
Kulturorientierung der PR	Im Heimatland erfolgreiche PR-Arbeit wird auf Gastländer übertragen, als gebe es keine Kulturunterschiede.	PR ist in Form nationaler PR-Arbeit fast vollständig auf die jeweilige Kultur ausgerichtet.	PR wird regional geplant und umgesetzt, indem kulturelle Gemeinsamkeiten der Länder einer Ländergruppe adressiert werden.	PR wird global geplant und weltweit umgesetzt, ohne dass kulturelle Unterschiede berücksichtigt werden.

Quelle: eigene Darstellung

Im ersten Teil der Tabelle werden allgemeine Charakteristika der Strategien dargestellt (vgl. Wind/Douglas/Perlmutter, 1973, S. 14 ff.; vgl. Perlitz, 2000, S. 137 ff.), die im zweiten Teil auf kommunikative Aspekte und v.a. auf die PR übertragen werden. Der dritte Teil der Tabelle vernetzt die PR-Spezifika mit der Kultur. Während die ethnozentrische Strategie die im Ursprungsland des Unternehmens gemachten Erfahrungen ohne weitere Adaption auf neue Tätigkeitsländer überträgt, stellt die polyzentrische Strategie die jeweiligen Besonderheiten der Gastländer in den Vordergrund. In ihrer Reinform stellt sie eine vollständige Lokalisierung der Unternehmenstätigkeit dar, als handele es sich bei den Tochtergesellschaften um unabhängige lokale Einheiten und nicht um Landesvertretungen eines international tätigen Unternehmens. Geozentrische Unternehmen hingegen versuchen, Strategien und Entscheidungen im Unternehmen zu Gunsten einer globalen Integration und einer erhöhten Effizienz zu zentralisieren und zu standardisieren. Sie betrachten die Welt als einen einzigen Markt. Den Mittelweg zwischen Geo- und Polyzentrismus stellt die regiozentrische Strategie dar, in der die Zentrale wie im Rahmen der geozentrischen Strategie umfangreiche Entscheidungs- und Kontrollkompetenzen innehat. Die regionalen Einheiten haben hier allerdings weitaus mehr Spielraum im Hinblick auf nationale Adaptionen (vgl. Bartlett/Ghoshal, 1990, S. 31).

Abbildung 52 zeigt die Zuordnung der vier Strategien zu den beiden idealtypischen Extrempolen der Internationalisierung, zu globaler Standardisierung und lokaler Differenzierung. Während polykulturelle PR vollständig lokalisiert und geokulturelle PR vollständig globalisiert ist, weist regiokulturelle PR sowohl standardisierte als auch differenzierte Elemente auf.

Abb. 52: Zuteilung der Internationalisierungsstrategien zu Standardisierung und Differenzierung

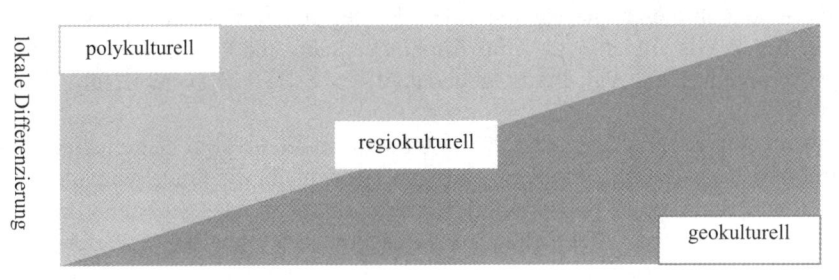

Quelle: eigene Darstellung

Die ethnokulturelle Strategie wurde in Abbildung 52 nicht aufgenommen, da bei einer Übertragung der PR vom Heimatland des Unternehmens auf neue Tätigkeitsländer nicht von einer internationalen Strategie i.e.S. gesprochen werden kann. Vor dem Hintergrund der empirischen Hinweise dieser Arbeit, dass Individual- und Nationalkultur wichtige Einflussgrößen für die PR-Praxis darstellen könnten, stößt insbesondere diese ethnokulturelle Orientierung der Internationalisierung von PR an ihre Grenzen. Da ihre Beschränkung auch in der Praxis deutlich zu spüren ist, stellt sie lediglich eine Option für die Anfänge des Internationalisierungsprozesses eines Unternehmens dar.

Als ebenfalls problematisch ist die geokulturelle Strategie der PR zu sehen, in deren Rahmen kulturelle Unterschiede so gut wie keine Rolle spielen. Allerdings hat sie vor dem Hintergrund globaler Unternehmensziele durchaus ihre Daseinsberechtigung: Nur durch eine länderübergreifende Planung und Ausrichtung internationaler PR lässt sich ein weltweit schlüssiges und einheitliches Image vermitteln. Hinzu kommen auch und gerade im Bereich des Kommunikationsmanagements weitere Faktoren wie etwa die Notwendigkeit ökonomischen Wirtschaftens oder des internationalen Know-How-Transfers zur Erlangung von Wettbewerbsvorteilen. In ihrer Absolutheit ist die geokulturelle Strategie zwar abzulehnen, in bestimmten Situationen und für bestimmte Bereiche des Kommunikationsmanagements international tätiger Unternehmen jedoch eine ernst zu nehmende Option.

Indem die Nationalkultur sowohl direkt als auch indirekt über die Individualkultur der PR-Experten die PR eines Unternehmens prägt, erscheint die lokalisierte internationale PR der polykulturellen und (wo aufgrund kultureller Ähnlichkeiten möglich) auch der regiokulturellen Strategie am vielversprechendsten. Die PR des weltweit tätigen Unternehmens ist hier so ausgerichtet, als handele es sich um ein nationales Unternehmen. Sie ist soweit nötig und möglich auf lokale Gegebenheiten und somit auch auf die Nationalkultur hin orientiert, ohne jedoch die globalen Ziele aus den Augen zu verlieren. Als optimale Strategie für jedes Unternehmen, jede

Situation und jedes Umfeld kann und soll aber auch die polykulturelle Strategie nicht verstanden werden. Jedes Unternehmen muss zu jeder Zeit eine individuelle Position innerhalb dieser vier idealtypischen Strategien und ihrer konkreten Umsetzung in der Praxis finden (vgl. Dibb/Simkin/Vancini, 2000, S. 388; vgl. Wakefield/Rosborough, 2000; vgl. Pratt/Ogbondah, 1996, S. 386; Traverse-Healy, 1991, S. 35 ff.).

Obwohl sich PR als Subsystem des Unternehmens in die vom Unternehmen gewählte Internationalisierungsstrategie einfügen muss, bleibt die Frage, wie internationale PR innerhalb dieser polykulturellen, regiokulturellen oder geokulturellen Unternehmenstätigkeit auf Öffentlichkeiten zugeschnitten werden kann. Welche Elemente der PR können standardisiert und welche globalisiert werden? Grundannahme für diese Frage nach internationalen Gemeinsamkeiten und kulturspezifischen Adaptionen bildet die Überzeugung, dass sich die PR eines internationalen Unternehmens nicht nur auf ökonomische Richtgrößen konzentriert, sondern gerade auch im Hinblick auf kommunikative Zielsetzungen wie die Schaffung eines global einheitlichen Images (z.B. auch über ein weltweit gültiges Corporate Design) oder die Generierung und Einhaltung einer globalen Kommunikationsstrategie hin arbeitet.[144]

Dass manche Elemente internationaler PR-Arbeit weltweit, andere jedoch stärker lokal umgesetzt werden sollten, ist weder in der Theorie noch in der Praxis umstritten.[145] Bei welchen Elementen es sich um universelle Grundelemente und bei welchen es sich um kulturspezifische Ausprägungen von PR handeln könnte, soll durch einen Blick auf den im Rahmen der Befragung erhobenen Teilbereich der Internationalisierung zumindest in Ansätzen geklärt werden. Alle befragten PR-Verantwortlichen in Deutschland, Österreich, Dänemark und Indien weisen ein gemeinsames Grundverständnis von PR auf. Sie verstehen PR als Funktion zur Schaffung und zur Pflege von Kontakten zu ausgewählten Adressatengruppen, aber auch als vertrauensbildende Funktion. Die konkrete Umsetzung dieses PR-Verständnisses, die Aufgabenfelder und die tatsächlichen Tätigkeiten variieren zwar von Land zu Land, allerdings handelt es eher um graduelle als um strukturelle Unterschiede. Sieht man die Vorgaben von Seiten der Zentrale als Hinweise darauf, welche Ziele und Bereiche der PR länder- und kulturübergreifend realisiert werden sollen und können, so sind dies in erster Linie Botschaften, Strategien und Programme.[146] Je nach Strategie variieren einerseits die Zahl und der Umfang, andererseits die Inhalte zentraler Vorgaben. Während im Rahmen einer polykulturellen Strategie nur wenige Vorgaben in den Bereichen Botschaft, Strategie und Programm die PR-Arbeit vor Ort prägen,

---

[144] Mit dem Begriff „global" sind in diesem Zusammenhang all diejenigen Länder eines multinationalen Unternehmens gemeint, in denen es aktiv ist bzw. aktiv zu werden gedenkt.

[145] Wie eine kombinierte Strategie der standardisierten Differenzierung jedoch umgesetzt werden kann, ist bis heute aufgrund mangelnder Kenntnis der Bestimmungsfaktoren offen. Siehe z.B. Dibb/Simkin/ Vancini (2000, S. 387); Wakefield/Rosborough (2000); Falconi (1989, S. 446); Ovaitt (1988, S. 5).

[146] vgl. Abbildung 60 im Anhang dieser Arbeit.

sind die Vorgaben im Rahmen geokultureller Strategien zahlreicher und betreffen weit mehr Bereiche (z.B. auch Kernbotschaften und Image). Bei den kulturspezifischen PR-Elementen hingegen scheint es sich in erster Linie um Aufgabenfelder, Instrumente und Maßnahmen zu handeln. Um wechselseitige Beziehungen zu den Zielgruppen eines jeden Landes zu etablieren, müssen sowohl Instrumenten und Maßnahmen kulturspezifisch ausgewählt als auch PR-Botschaften, -Strategien und -Programme an die jeweilige Nationalkultur vor Ort angepasst werden.

Je nachdem, wie stark der Zusammenhang zwischen Nationalkultur und PR in einem Land ausgeprägt ist, kann für internationale PR die Notwendigkeit einer umfangreichen Adaption bestehen. Wird die Kultur für die PR-Arbeit im notwendigen Umfang berücksichtigt, so kann sie einen wesentlichen Erfolgsfaktor für PR darstellen. Bleiben ausgeprägte Kulturunterschiede jedoch unbeachtet, so kann sich Kultur aber auch zu einer ernstzunehmenden Barriere für die internationale PR-Arbeit eines Unternehmens entwickeln.

Anhang

Literaturverzeichnis

Aarebrot, Frank H. / Bakka, Paul H. (1997): Die vergleichende Methode in der Politikwissenschaft. In: Berg-Schlosser, Dirk / Müller-Rommel, Ferdinand (Hrsg.): Vergleichende Politikwissenschaft. Ein einführendes Studienhandbuch. 3., überarbeitete und ergänzte Auflage. Opladen: Leske + Budrich, S. 49-66.

Achleitner, Ann-Kristin / Bassen, Alexander (2001): Konzeptionelle Einführung in die Investor Relations am Neuen Markt. In: dies. (Hrsg.): Investor Relations am Neuen Markt. Zielgruppen, Instrumente, rechtliche Rahmenbedingungen und Kommunikationsinhalte. Stuttgart: Schäffer-Poeschel, S. 3-20.

Achleitner, Ann-Kristin / Bassen, Alexander (Hrsg.) (2001): Investor Relations am Neuen Markt. Zielgruppen, Instrumente, rechtliche Rahmenbedingungen und Kommunikationsinhalte. Stuttgart: Schäffer-Poeschel.

ADM (2001): Standards zur Qualitätssicherung für Online-Befragungen. Mehrwert durch Qualität. Ausgabe Mai 2001. o.O.: Arbeitskreis Deutscher Markt- und Sozialforschungsinstitute.

Ady, Jeffrey C. (1994): Minimizing Threats to the Validity of Cross-Cultural Organizational Research. In: Wiseman, Richard L. / Shuter, Robert (Eds.): Communicating in Multinational Organizations. Thousand Oaks u.a.: Sage, S. 30-42.

Al-Enad, Abdulrahman H. (1990): Public Relations' Roles in Developing Countries. In: Public Relations Quarterly, Vol. 35, No. 4, S. 24-26

Alexander, Jeffrey C. / Seidman, Steven (Eds.) (1990): Culture and Society: Contemporary Debates. Cambridge: Cambridge University Press.

Allison, Ron (1995): Cross-Cultural Factors in Global Advertising. In: Bolten, Jürgen (Hrsg.): Cross Culture – Interkulturelles Handeln in der Wirtschaft. Berlin: Verlag Wissenschaft & Praxis, S. 92-101.

Ancona, Deborah G. / Goodman, Paul S. / Lawrence, Barbara S. / Tushman, Michael L. (2001): Time: A New Research Lens. In: Academy of Management Review, Vol. 26, No. 4, S. 645-663.

Anderson, Gavin (1989): A Global Look at Public Relations. In: Cantor, Bill (Ed.): Experts in Action. 2nd edition. White Plains: Longman, S. 412-422.

Andersson, Per (Ed.) (1998): Marketing Research und Practice. Proceedings 27th EMAC Conference, Stockholm, Track 5.

Argenti, Paul A. (1998): Corporate Communications. 2nd edition. Boston u.a.: McGraw-Hill.

Atwood, R. (1984): Critical Perspectives on the State of Intercultural Communication Research. In: Dervin, Brenda / Voight, Melvin J. (Eds.): Progress in Communication Sciences. New Jersey: Ablex, S. 67-96.

Austin, Erica Weintraub / Pinkleton, Bruce E. (2001): Strategic Public Relations Management. Planning and Managing Effective Communication Programs. Mahwah: Lawrence Erlbaum Associates.

Avenarius, Horst (2000): Public Relations. Die Grundform der gesellschaftlichen Kommunikation. 2., überarbeitete Auflage. Darmstadt: Wissenschaftliche Buchgesellschaft.

Avenarius, Horst / Armbrecht, Wolfgang (Hrsg.) (1992): Ist Public Relations eine Wissenschaft? Eine Einführung. Opladen: Westdeutscher Verlag.

Averbeck, Stefanie / Wehmeier, Stefan (2002): Kommunikationswissenschaft, Journalistik und Public Relations in Osteuropa: Eine Einleitung. In: dies. (Hrsg.): Kommunikationswissenschaft und Public

Relations in Osteuropa: Arbeitsberichte. Leipzig: Leipziger Universitätsverlag, S. 20-24.

Averbeck, Stefanie / Wehmeier, Stefan (Hrsg.) (2002): Kommunikationswissenschaft und Public Relations in Osteuropa: Arbeitsberichte. Leipzig: Leipziger Universitätsverlag.

Bänsch, Axel (1995): Kommunikationspolitik. In: Tietz, Bruno / Köhler, Richard / Zentes, Joachim (Hrsg.): Handwörterbuch des Marketing. 2., vollständig überarbeitete Auflage. Stuttgart: Schäffer-Poeschel, S. 1186-1200.

Baerns, Barbara (Hrsg.) (1995): PR-Erfolgskontrolle. Messen und Bewerten in der Öffentlichkeitsarbeit. Verfahren, Strategien, Beispiele. Frankfurt am Main: IMK.

Bandilla, Wolfgang (1999a): WWW-Umfragen – eine alternative Datenerhebungstechnik für die empirische Sozialforschung? In: Batinic, Bernad / Werner, Andreas / Gräf, Lorenz / Bandilla, Wolfgang (Hrsg.): Online Research: Methoden, Anwendungen und Ergebnisse. Göttingen u.a.: Hogrefe-Verlag, S. 9-19.

Bandilla, Wolfgang (1999b): Abstract zum Vortrag „Internetbasierte Umfragen – zu beachtende Einschränkungen für die empirische Forschung", 24. Kongress der deutschen Marktforschung, 09.-11.05.1999, Fulda.

Banks, Stephen P. (1995): Multicultural Public Relations. A Social-Interpretive Approach. Thousand Oaks: Sage.

Barnlund, Dean (1998): Communication in a Global Village. In: Bennett, Milton J. (Ed.): Basic Concepts of Intercultural Communication: A Reader. Yarmouth: Intercultural Press.

Bartlett, Christopher A. / Ghoshal, Sumantra (1990): Internationale Unternehmensführung: Innovation, globale Effizienz, differenziertes Marketing. Frankfurt am Main: Campus.

Batinic, Bernad / Bosnjak, Michael (1997): Determinanten der Teilnahmebereitschaft an Internet-basierten Fragebogenuntersuchungen. GOR: 1997. In: http://infosoc.uni-koeln.de/girlws/abstracts/sa_05.html, zugegriffen am 01.11.2001.

Batinic, Bernad / Puhle, Birgit / Moser, Klaus (1999): Der WWW-Fragebogen-Generator (WFG). In: Batinic, Bernad / Werner, Andreas / Gräf, Lorenz / Bandilla, Wolfgang (Hrsg.): Online Research: Methoden, Anwendungen und Ergebnisse. Göttingen u.a.: Hogrefe, S. 93-102.

Batinic, Bernad / Werner, Andreas / Gräf, Lorenz / Bandilla, Wolfgang (Hrsg.) (1999): Online Research: Methoden, Anwendungen und Ergebnisse. Göttingen u.a.: Hogrefe.

Bea, Franz Xaver / Haas, Jürgen (2001): Strategisches Managemt. 3., neu bearbeitete Auflage. Stuttgart: Lucius & Lucius.

Beger, Rudolf / Gärtner, Hans-Dieter / Mathes, Rainer (1989): Unternehmenskommunikation. Grundlagen, Strategien, Instrumente. Wiesbaden: Gabler / Frankfurt am Main: F.A.Z.-Institut

Bennett, Milton J. (1998): Intercultural Communication: A Current Perspective. In: ders. (Ed.): Basic Concepts of Intercultural Communication: A Reader. Yarmouth: Intercultural Press.

Bennett, Milton J. (Ed.) (1998): Basic Concepts of Intercultural Communication: A Reader. Yarmouth: Intercultural Press.

Bentele, Günter (1997a): Public Relations and Reality: a Contribution to a Theory of Public Relations. In: Moss, Danny / MacManus, Toby / Vercic, Dejan (Eds.): Public Relations Research. An International Perspective. London: International Thomson Business Press, S. 89-109.

Bentele, Günter (1997b): PR-Histographie und funktional-integrative Schichtung. Ein neuer Ansatz zur PR-Geschichtsschreibung. In: Szyska, Peter (Hrsg.): Auf der Suche nach Identität: PR-Geschichte als Theoriebaustein. Berlin: Vistas, S. 137-169.

Bentele, Günter (1997c): PR-Wissenschaft in Deutschland: Eine Annäherung. In: Public Relations Forum, 3. Jg., Nr. 3, S. 8-15.

Bentele, Günter / Haller, Michael (Hrsg.) (1997): Aktuelle Entstehung von Öffentlichkeit. Akteure, Strukturen, Veränderungen. Konstanz: UVK.

Bentele, Günter / Steinmann, Horst / Zerfaß, Ansgar (Hrsg.) (1996): Dialogorientierte Unternehmenskommunikation. Grundlagen – Praxiserfahrungen – Perspektiven. Berlin: Vistas.

Berg-Schlosser, Dirk / Müller-Rommel, Ferdinand (1997): Entwicklung und Stellenwert der Vergleichenden Politikwissenschaft. In: dies. (Hrsg.): Vergleichende Politikwissenschaft. Ein einführendes Studienhandbuch. 3., überarbeitete und ergänzte Auflage. Opladen: Leske + Budrich, S. 11-24.

Berg-Schlosser, Dirk / Müller-Rommel, Ferdinand (Hrsg.) (1997): Vergleichende Politikwissenschaft. Ein einführendes Studienhandbuch. 3., überarbeitete und ergänzte Auflage. Opladen: Leske + Budrich.

Berkowitz, Daniel / Hristodoulakis, Ilias (1999): Practitioner Roles, Public Relations Education, and Professional Socialization: An Explanatory Study. In: Journal of Public Relations Research, Vol. 11, No. 1, S. 91-103.

Bernays, Edward L. (1923): Crystallizing Public Opinion. New York: Liveright.

Bernays, Edward L. (Ed.) (1955): The Engineering of Consent. Norman: University of Oklahoma Press.

Berry, John W. (1980): Introduction to Methodology. In: Triandis, Harry C. / Berry, John W. (Eds.): Handbook of Cross-Cultural Psychology: Methodology. Boston: Allyn and Bacon, S. 1-28.

Bird, Jasmin (2001): Internationale Public Relations. In: Merten, Klaus / Zimmermann, Rainer (Hrsg.): Das Handbuch der Unternehmenskommunikation 2000/2001. Köln: Deutscher Wirtschaftsdienst / Neuwied; Kriftel: Luchterhand, S. 206-218.

Blau, Judith R. (1989): The Shape of Culture. A Study of Contemporary Cultural Patterns in the United States. Cambridge: Cambridge University Press.

Bleicher, Knut (1999): Unternehmenskultur und strategische Unternehmensführung. In: Hahn, Dietger / Taylor, Bernard (Hrsg.): Strategische Unternehmensführung. 8. Auflage. Heidelberg: Physica, S. 223-265.

Böhmer, Reinhold (2002): Sand in der Seele. In: Wirtschaftswoche Nr. 22 vom 23.05.2002, S. 102-110.

Bogner, Franz M. (1999): Das neue PR-Denken. Strategien, Konzepte, Aktivitäten. 3., aktualisierte und erweiterte Auflage. Wien: Überreuter.

Bogner, Franz M. (2000): Die Lüge von der medienzentrierten PR. Eine Stellungnahme zu Klaus Mertens „Lüge vom Dialog". In: Public Relations Forum, 6. Jg., Nr. 4, S. 210-211.

Bolten, Jürgen (Hrsg.) (1995): Cross Culture – Interkulturelles Handeln in der Wirtschaft. Berlin: Verlag Wissenschaft & Praxis.

Booth, Alyse L. (1986): Going Global. In: Public Relation Journal, Vol. 42, No. 1, S. 22-27.

Borghs, Horst P. (1994): Einordnung der Öffentlichkeitsarbeit in die Unternehmensstruktur. In: Kalt, Gero (Hrsg.): Öffentlichkeitsarbeit und Werbung: Instrumente, Strategien, Perspektiven. 5. Auflage. Frankfurt am Main: IMK, S. 63-67.

Bosnjak, Michael / Batinic, Bernad (1997): Zur Äquivalenz von WWW- und E-Mail-Umfragen: Ergebnisse zur Reliabilität und „Sozialen Erwünschtheit". GOR 1997. In: http://infosoc.uni-koeln.de/girlws/abstracts/fr_10.html, zugegriffen am 01.11.2001.

Bosnjak, Michael / Batinic, Bernad (1999): Determinanten der Teilnahmebereitschaft an internetbasierten Fragebogenuntersuchungen am Beispiel E-Mail. In: Batinic, Bernad / Werner, Andreas / Gräf, Lorenz / Bandilla, Wolfgang (Hrsg.): Online Research: Methoden, Anwendungen und Ergebnisse. Göttingen u.a.: Hogrefe-Verlag, S. 145-157.

Botan, Carl H. (1989): Theory Development in Public Relations. In: Botan, Carl H. / Hazleton, Vincent Jr. (Eds.): Public Relations Theory. Hillsdale: Lawrence Erlbaum Associates, S. 99-110.

Botan, Carl H. (1992a): Public Relations as a Science – Implications of Cultural Differences and International Events. In: Avenarius, Horst / Armbrecht, Wolfgang (Hrsg.): Ist Public Relations eine Wissenschaft? Eine Einführung. Opladen: Westdeutscher Verlag, S. 17-31.

Botan, Carl H. (1992b): International Public Relations: Critique and Reformulation. In: Public Relations Review, Vo. 18, No. 2, S. 149-159.

Botan, Carl H. / Hazleton, Vincent Jr. (1989): The Role of Theory in Public Relations. In: dies. (Eds.): Public Relations Theory. Hillsdale: Lawrence Erlbaum Associates, S. 3-15.

Botan, Carl H. / Hazleton, Vincent Jr. (Eds.) (1989): Public Relations Theory. Hillsdale: Lawrence Erlbaum Associates.

Boyd-Barrett, Oliver (1997): International Communication and Globalization: Contradictions and Directions. In: Mohammadi, Ali (Ed.): International Communication and Globalization. London: Sage, S. 11-26.

Brauner, Detlef J. / Leitolf, Jörg / Raible-Besten, Robert / Weigert, Martin M. (Hrsg.) (2001): Lexikon der Presse- und Öffentlichkeitsarbeit. München; Wien: Oldenbourg.

Brinkerhoff, Derick W. / Ingle, Marcus D. (1989): Between Bluerint and Process: a Structured Flexibility Approach to Development Management. In: Public Administration and Development, Vol. 9, No. 5, S. 487-503.

Broom, Glen M. (1982): Comparison of Sex Roles in Public Relations. In: Public Relations Review, Vol. 8, No. 3, S. 17-22.

Broom, Glen M. / Dozier, David M. (1986): Advancement for Public Relations Role Models. In: Public Relations Review, Vol. 12, No. 1, S. 37-56.

Broom, Glen M. / Dozier, David M. (1990): Using Research in Public Relations. Applications to Program Management. Englewood Cliffs: Prentice Hall.

Broom, Glen M. / Smith, G. D. (1979): Testing the Practitioner's Impact on Clients. In: Public Relations Review, Vol. 5, No. 3, S. 47-59.

Bruhn, Manfred (1991): Sponsoring: Unternehmen als Mäzene und Sponsoren. 2. Auflage. Wiesbaden: Gabler / Frankfurt am Main: F.A.Z.-Institut.

Bruhn, Manfred (1995): Integrierte Unternehmenskommunikation. Ansatzpunkte für eine strategische und operative Umsetzung integrierter Kommunikationsarbeit. 2., überarbeitete und erweiterte Auflage. Stuttgart: Schäffer-Poeschel.

Bruhn, Manfred (1997): Kommunikationspolitik. Grundlagen der Unternehmenskommunikation. München: Vahlen.

Bruhn, Manfred / Boenigk, Michael (2000): Integrierte Kommunikation in deutschen Unternehmen – Ergebnisse einer empirischen Untersuchung. In: Bruhn, Manfred / Schmidt, Siegfried J. / Tropp, Jörg (Hrsg.): Integrierte Kommunikation in Theorie und Praxis. Betriebswirtschaftliche und kommunikationswissenschaftliche Perspektiven. Wiesbaden: Gabler, S. 65-85.

Bruhn, Manfred / Schmidt, Siegfried J. / Tropp, Jörg (Hrsg.) (2000): Integrierte Kommunikation in Theorie und Praxis. Betriebswirtschaftliche und kommunikationswissenschaftliche Perspektiven. Wiesbaden: Gabler.

Burkart, Roland (1995a): Erfolg und Erfolgskontrolle in der Öffentlichkeitsarbeit: eine Antwort auf kommunikationstheoretischen Grundlagen. In: Baerns, Barbara (Hrsg.): PR-Erfolgskontrolle. Messen und Bewerten in der Öffentlichkeitsarbeit. Verfahren, Strategien, Beispiele. Frankfurt am Main: IMK, S. 71-84.

Burkart, Roland (1995b): Kommunikationswissenschaft. 2. Auflage. Wien: Böhlau.

Burkart, Roland (1996): Verständigungsorientierte Öffentlichkeitsarbeit: Der Dialog als PR-Konzeption. In: Bentele, Günter / Steinmann, Horst / Zerfaß, Ansgar (Hrsg.): Dialogorientierte Unternehmenskommunikation. Grundlagen – Praxiserfahrungen – Perspektiven Berlin: Vistas, S. 245-270.

Burkart, Roland (2000): Die Wahrheit über die Verständigung. In: Public Relations Forum, 6. Jg., Nr. 2, S. 96-99.

Burkart, Roland / Hömberg, Walter (Hrsg.) (1992): Kommunikationstheorien. Ein Textbuch zur Einführung. Wien: Braumüller.

Burkart, Roland / Probst, Sabine (1991): Verständigungsorientierte Öffentlichkeitsarbeit: Eine kommunikationswissenschaftlich begründete Perspektive. In: Publizistik, 35. Jg., Nr. 1, S. 56-76.

Buß, Eugen (1997): Propaganda. Anmerkungen zu einem diskreditierten Begriff. In: Piwinger, Manfred (Hrsg.): Stimmungen, Skandale, Vorurteile. Formen symbolischer und emotionaler Kommunikation. Wie PR-Praktiker sie verstehen und steuern können. Frankfurt am Main: F.A.Z.-Institut, S. 90-114.

Buß, Eugen / Fink-Heuberger (2000): Image Management. Frankfurt am Main: F.A.Z.-Institut.

Cantor, Bill (1989): An Author's Perspective. In: ders. (Ed.): Experts in Action. 2nd edition. White Plains: Longman, S. 10-12.

Cantor, Bill (Ed.) (1989): Experts in Action. 2nd edition. White Plains: Longman.

Carey, James W. (1989): Communication as Culture: Essays on Media and Society. Boston: Unwin Hyman.

Carroll, Archie B. / Bucholtz, Ann K. (2000): Business & Society: Ethics and Stakeholder Management. 4th edition. Cincinnati: South-Western College.

Casmir, Fred L. (1992): Mass Communication and Culture. An Epilogue. In: Korzenny, Felipe / Ting-Toomey, Stella (Eds.): Mass Media Effects Across Cultures. Newbury Park: Sage, S. 247-262.

Cathcart, Robert S. / Samovar, Larry A. / Henman, Linda D. (Eds.) (1996): Small Group Communication. Theory & Practice. 7th edition. Dubuque: Brown & Benchmark.

Chase, W. Howard (1977): Public Issue Management: The New Science. In: Public Relations Journal, Vol. 33, No. 10, S. 25-26.

Chase, W. Howard (1984): Issue Management. Origins of the Future. Stamford: Issue Action Publications.

Cheney, George / Dionisopoulos, George N. (1989): Public Relations? No, Relations with Publics: A Rhetorical-Organizational Approach to Contemporary Corporate Communication. In: Botan, Carl H. / Hazleton, Vincent Jr. (Eds.): Public Relations Theory. Hillsdale: Lawrence Erlbaum Associates, S. 135-157.

Chesebro, James W. (1998): Distinguishing Cultural Systems. Change as a Variable Explaining and Predicting Cross-Cultural Communication. In: Tanno, Dolores V. / González, Alberto (Eds.): Communication and Identity Across Cultures. Thousand Oaks: Sage, S. 177-192.

Clare, John (2001): John Clare's Guide to Media Handling. Aldershot: Gower.

Collier, Mary Jane (2000): Understanding Cultural Identities in Intercultural Communication: A Ten-Step Inventory. In: Porter, Richard E. / Samovar, Larry A. (Eds.): Intercultural Communication. A Reader. 9th edition. Belmont u.a.: Wadsworth, S. 16-33.

Conrad, Charles (1985): Strategic Organizational Communication: Cultures, Situations, and Adaptation. New York: Holt, Rinehart & Winston.

Coombs, W. Timothy / Holladay, Sherry / Hasenauer, Gabriele / Signitzer, Benno (1994): A Comparative Analysis of International Public Relations: Identification Interpretation of Similarities and Differences Between Professionalisation in Austria, Norway and the USA. In: Journal of Public Relations Research, Vol. 6, No. 1, S. 23-39.

Cox, Taylor H. (1993): Cultural Diversity in Organisations: Theory, Research and Practice. San Francisco: Berrett-Koehler.

Culbertson, Hugh M. (1996): Introduction. In: Culbertson, Hugh M. / Chen, Ni (Eds.): International Public Relations. A Comparative Analysis. Mahwah: Lawrence Erlbaum Associates, S. 1-13.

Culbertson, Hugh M. / Chen, Ni (Eds.) (1996): International Public Relations. A Comparative Analysis. Mahwah: Lawrence Erlbaum Associates.

Culbertson, Hugh M. / Jeffers, Dennis W. / Besser Stone, Donna / Terrell, Martin (1993): Social, Political, and Economic Contexts in Public Relations: Theory and Cases. Hillsdale: Lawrence Erlbaum Associates, S. 103-120.

Cutlip, Scott M. (1994): The Unseen Power: Public Relations. A History. Hillsdale: Lawrence Erlbaum Associates.

Cutlip, Scott M. / Center, Allen H. / Broom, Glen M. (2000): Effective Public Relations. 8th edition. Upper Saddle River: Prentice Hall.

Daft, Richard L. / Lengel, Robert H. (1986): Organizational Information Requirements, Media Richness and Structural Design. In: Management Science, Vol. 32, No. 5, S. 554-571.

Dahl, Stephan (2001): Communications and Culture Transformation. Cultural Diversity, Globalization and Cultural Convergence. Paper presented to the European University (Barcelona). In: http://stephweb.com/capstone, zugegriffen am 01.01.2001.

Deal, Terrence E. / Kennedy, Allan A. (1982): Corporate Cultures. The Rites and Rituals of Corporate Life. Reading: Addison-Wesley.

Deatherage, Christina P. / Hazleton, Vincent (1998): Effects of Organizational Worldviews on the Practice of Public Relations: A Test of the Theory of Public Relations Excellence. In: Journal of Public Relations Research, Vol. 10, No.1, S. 57-71.

Dees, Matthias (1996): Public Relations als Managementaufgabe. Eine Untersuchung des Berufsfeldes ‚Öffentlichkeitsarbeit' und seiner zunehmenden Feminisierung. In: Publizistik, 41. Jg., Nr. 2, S. 155-171.

Delhees, Karl H. (1994): Soziale Kommunikation: Psychologische Grundlagen für das Miteinander in der modernen Gesellschaft. Opladen: Westdeutscher Verlag.

De Long, David W. / Fahey, Liam (2000): Diagnosing Cultural Barriers to Knowledge Management. In: The Academy of Management Executive, Vol. 14, No. 4, S. 113-127.

Dervin, Brenda / Voight, Melvin J. (Eds.) (1984): Progress in Communication Sciences. New Jersey: Ablex.

Dibb, Sally / Simkin, Lyndon / Vancini, Adam (2000): Competition, Strategy, Technology and People: The Challenges Facing PR. In: FitzGerald, Maureen / Arnott, David (Eds.): Marketing Communications Classics. An International Collection of Classic and Contemporary Papers. London: Thomson Learning, S. 384-394.

Dilenschneider, Robert L. (1992): A Briefing for Leaders: Communication as the Ultimate Exercise of Power. New York: Harper Collins.

Diller, Hermann (1995): Beziehungsmanagement. In: Tietz, Bruno / Köhler, Richard / Zentes, Joachim (Hrsg.): Handwörterbuch des Marketing. 2., vollständig überarbeitete Auflage. Stuttgart: Schäffer-Poeschel, S. 285-300.

Djuric, Milenko D. (1997): Public Relations Around the World: The Yugoslav Experience. Paper Presented at the IPRA Professional Development Seminar „Reach for the Stars", 24./25.11.1997, Harare (Zimbabwe).

Djursaa, Malene (1994): North European Business Cultures: Britain vs. Denmark and Germany. In: European Management Journal, Vol. 12, No. 2, S. 138-146.

Dmoch, Thomas (1997): Interkulturelle Werbung: Verhaltenswissenschaftliche Grundlagen für die Standardisierung erlebnisbetonter Werbung. Aachen: Shaker.

Dodd, Charley H. (1977): Perspectives on Cross-Cultural Communication. Dubuque: Kendall-Hunt.

Dörrbecker, Klaus / Fissenewert-Goßmann, Renée (1997): Wie Profis PR-Konzeptionen entwickeln: das Buch zur Konzeptionstechnik. 3., erweiterte und aktualisierte Auflage. Frankfurt am Main: IMK.

Dorer, Johanna (1994): Public Relations-Forschung im Wandel? Öffentlichkeitsarbeit im Spannungsfeld zwischen Verwissenschaftlichung und Professionalisierung der Berufspraxis. In: Publizistik, 39. Jg., Nr. 1, S. 13-26.

Dorer, Johanna / Marschik, Matthias (1995). Whose Side are You on? Anmerkungen zu Roland Burkarts Konzept verständigungsorientierter Öffentlichkeitsarbeit. In: Liebert, Tobias / Bentele, Günther (Hrsg.): Verständigungsorientierte Öffentlichkeitsarbeit. Darstellung und Diskussion des Ansatzes von Roland Burkart. Leipzig: Leipziger Skripten für Public Relations und Kommunikationsmanagement, S. 31-37.

Dormayer, H.-Jürgen / Kettern, Thomas (1997): Kulturkonzepte in der allgemeinen Kulturforschung. Grundlage konzeptioneller Überlegungen zur Unternehmenskultur. In: Heinen, Edmund / Frank, Matthias: Unternehmenskultur. Perspektiven für Wissenschaft und Praxis. 2., bearbeitete und erweiterte Auflage. München; Wien: Oldenbourg, S. 49-66.

Dornis, Peter (1971): Public Relations der internationalen Unternehmung – Grundlagen, Entscheidungsstruktur und Strategien. Meisenheim am Glan: Verlag Anton Hain.

Douglas, Susan P. / Craig, C. Samuel (1984): Establishing Equivalence in Comparative Consumer Research. In: Kaynak, Erdener / Savitt, Ronald (Eds.): Comparative Marketing Systems. New York: Praeger, S. 93-113.

Dozier, David M. (1992): The Organizational Roles of Communications and Public Relations Practitioners. In: Grunig, James E. (Ed.) u.a.: Excellence in Public Rrelations and Communication Management. Hillsdale: Lawrence Erlbaum Associates, S. 327-355.

Dozier, David M. / Broom, Glen M. (1995): Evolution of the Manager Role in Public Relations Practice. In: Journal of Public Relations Research, Vol. 7, No. 1, S. 3-26.

Dozier, David M. / Ehling, William P. (1992): Evaluation of Public Relations Programs: What the Literature Tells Us About Their Effects. In: Grunig, James E. (Ed.) u.a.: Excellence in Public Relations and Communication Management. Hillsdale: Lawrence Erlbaum Associates, S. 159-184.

Dozier, David M. / Grunig, Larissa A. / Grunig, James E. (1995): Manager's Guide to Excellence in Public Relations and Communication Management. Mahwah: Lawrence Erlbaum Associates.

Droste, Heinz W. (2001): Praktikerhandbuch Investor Relations. Mit IPO-Kommunikationskalender für die erfolgreiche Börsenpräsenz. Stuttgart: Schäffer-Poeschel.

Dyson, Robert G. (1990): Strategic Planning: Models and Analytic Techniques. Chichester u.a.: John Wiley & Sons.

Edelstein, Alex S. (1982): Comparative Communication Research. Beverly Hills: Sage.

Edelstein, Alex S. (1984): Comparative Communication Research: A Response to World Problems. In: Dervin, Brenda / Voight, Melvin J. (Eds.): Progress in Communication Sciences. New Jersey: Ablex, S. 43-66.

Edelstein, Alex S. / Ito, Youichi / Kepplinger, Hans Mathias (1989): Communication & Culture. A Comparative Approach. New York; London: Longman.

Ehling, William P. (1992): Public Relations Education and Professionalism. In: Grunig, James E. (Ed.) u.a.: Excellence in Public Relations and Communication Management. Hillsdale: Lawrence Erlbaum Associates, S. 439-464.

Ehling, William P. / White, Jon / Grunig, James E. (1992): Public Relations and Marketing Pracitices. In: Grunig, James E. (Ed.) u.a.: Excellence in Public Relations and Communication Management. Hillsdale: Lawrence Erlbaum Associates, S. 357-393.

Englis, Basil G. (Ed.) (1994): Global and Multinational Advertising. Hillsdale: Lawrence Erlbaum Associates.

Esch, Franz-Rudolf (2000): Verhaltenswissenschaftliche Erkenntnisse zur wirksamen Gestaltung Integrierter Kommunikation. In: Bruhn, Manfred / Schmidt, Siegfried J. / Tropp, Jörg (Hrsg.): Integrierte Kommunikation in Theorie und Praxis. Betriebswirtschaftliche und kommunikationswissenschaftliche Perspektiven. Wiesbaden: Gabler, S. 21-46.

Ewen, Stuart (1997): PR! A Social History of Spin. New York: Basic Books.

Falconi, Toni Muzi (1989): Management of International Public Relations. In: Cantor, Bill (Ed.): Experts in Action. 2nd edition. White Plains: Longman, S. 444-449.

Femers, Susanne / Klewes, Joachim (1995): Medienresonanzanalysen als Evaluationsinstrument der Öffentlichkeitsarbeit. In: Baerns, Barbara (Hrsg.): PR-Erfolgskontrolle. Messen und Bewerten in der Öffentlichkeitsarbeit. Verfahren, Strategien, Beispiele. Frankfurt am Main: IMK, S. 115-134.

Fisher, Glen (1988): Mindsets. The role of culture and perception in international relations. Yarmouth: Intercultural Press.

FitzGerald, Maureen / Arnott, David (Eds.) (2000): Marketing Communications Classics. An International Collection of Classic and Contemporary Papers. London: Thomson Learning.

Franck, Georg (2001): Ökonomie der Aufmerksamkeit. Ein Entwurf. München: Hanser.

Frank, Matthias (1997): Ansatzpunkte für eine Abgrenzung des Begriffs Unternehmenskultur anhand der Betrachtung verschiedener Kulturebenen und Konzepte der Organisationstheorie. In: Heinen, Edmund / Frank, Matthias: Unternehmenskultur. Perspektiven für Wissenschaft und Praxis. 2., bearbeitete und erweiterte Auflage. München; Wien: Oldenbourg, S. 239-262.

Frederick, William C. (1994a): From CSR_1 to CSR_3: the maturing of business-and-society thought. In: Business and Socitey, Vol. 33, No. 2, S. 150-164.

Frederick, William C. (1994b): Coda: 1994. Business and Socitey, Vol. 33, No. 2, S. 165-166.

Freeman, R. Edward (1984): Strategic Management: A Stakeholder Approach. Marchfield: Pitman.

Fröhlich, Romy (1997): Auf der Suche nach dem ‚Urknall'. Mißverständnisse und Defizite in der PR-Geschichtsschreibung. In: Szyska, Peter (Hrsg.): Auf der Suche nach Identität: PR-Geschichte als Theoriebaustein. Berlin: Vistas, S. 69-77.

Frost, Fraser (1998): Electronic Surveys – New Methods of Primary Data Collection. In: Andersson, Per (Ed.): Marketing Research und Practice. Proceedings 27th EMAC Conference, Stockholm, Track 5, S. 213-232.

Fuhrberg, Reinhold (1995): Teuer oder billig, Kopf oder Bauch – Versuch einer systematischen Darstellung von Evaluationsverfahren. In: Baerns, Barbara (Hrsg.): PR-Erfolgskontrolle. Messen und Bewerten in der Öffentlichkeitsarbeit. Verfahren, Strategien, Beispiele. Frankfurt am Main: IMK, S. 47-69.

Gadeib, Andrea (1999): Ansprüche und Entwicklung eines Systems zur Befragung über das World Wide Web. In: Batinic, Bernad / Werner, Andreas / Gräf, Lorenz / Bandilla, Wolfgang (Hrsg.): Online Research: Methoden, Anwendungen und Ergebnisse. Göttingen u.a.: Hogrefe-Verlag, S. 103-111.

Galtung, Johan (1981): Structure, Culture, and Intellectual Style: An Essay Comparing Saxonic, Teutonic, Gallic and Nipponic Approaches. In: Social Science Formation, Vol. 20, No. 6, S. 817-856.

Gerdemann, Peter (2001): Going Glocal. In: Merten, Klaus / Zimmermann, Rainer (Hrsg.): Das Handbuch der Unternehmenskommunikation 2000/2001. Köln: Deutscher Wirtschaftsdienst / Neuwied; Kriftel: Luchterhand, S. 112-120.

Gerwien, Matthias H. / Halik, Claudius (2002): Internationale PR für den Mittelstand. Ein neues Organisationsmodell schafft die Voraussetzungen. In: PR-Guide Mai 2002, http://www.pr-guide.de/onlineb/p020503.htm.

Giddens, Anthony (1991): Modernity and Self-identity: Self and Society in the Late Modern Age. Cambridge: Polity Press.

Gilfeather, John (1989): Research: The Indispensable Tool. In: Cantor, Bill (Ed.): Experts in Action. 2nd edition. White Plains: Longman, S. 241-245.

Glagow, Hella (2002): Organisation von Mehrländerumfragen. In: Statistisches Bundesamt (Hrsg.): Aspekte internationaler und interkultureller Umfragen. Wiesbaden: Statistisches Bundesamt, S. 60-71.

González, Hernando / Akel, Desireé (1996): Elections and Earth Matters: Public Relations in Costa Rica. In: Culbertson, Hugh M. / Chen, Ni (Eds.): International Public Relations. A Comparative Analysis. Mahwah: Lawrence Erlbaum Associates, S. 257-272.

Goodenough, Ward H. (1970): Description and Comparison in Cultural Anthropology. Chicago: Aldine.

Goodenough, Ward H. (1981): Culture, Language and Society. Reading: The Benjamin/Cummings Publishing Company.

Gozzi Jr., Raymond (1992): Mass Media Effects in High- and Low-Context-Cultures. In: Korzenny, Felipe / Ting-Toomey, Stella (Eds.): Mass Media Effects Across Cultures. Newbury Park: Sage, S. 55-66.

Gräf, Lorenz (1999): Optimierung von WWW-Umfragen: Das Online Pretest-Studio. In: Batinic, Bernad / Werner, Andreas / Gräf, Lorenz / Bandilla, Wolfgang (Hrsg.): Online Research: Methoden, Anwendungen und Ergebnisse. Göttingen u.a.: Hogrefe-Verlag, S. 159-178.

Gräf, Lorenz / Heidingsfelder, Martin (1999): Bessere Datenqualität bei WWW-Umfragen-Erfahrungen aus einem Methodenexperiment mit dem Internet-Rogator. In: Batinic, Bernad / Werner, Andreas / Gräf, Lorenz / Bandilla, Wolfgang (Hrsg.): Online Research: Methoden, Anwendungen und Ergebnisse. Göttingen u.a.: Hogrefe-Verlag, S. 113-126.

Grunig, James E. (1989): Symmetrical Presuppositions as a Framework for Public Relations Theory. In: Botan, Carl H. / Hazleton, Vincent Jr. (Eds.): Public Relations Theory. Hillsdale: Lawrence Erlbaum Associates, S. 17-44.

Grunig, James E. (1992a): Communication, Public Relations, and Effective Organizations: An Overview of the Book. In: ders. (Ed.) u.a.: Excellence in Public Relations and Communication Management. Hillsdale: Lawrence Erlbaum Associates, S. 1-28.

Grunig, James E. (1992b): What is Excellence in Management? In: ders. (Ed.) u.a.: Excellence in Public Relations and Communication Management. Hillsdale: Lawrence Erlbaum Associates, S. 219-250.

Grunig, James E. (1992c): Symmetrical Systems of Internal Communication. In: ders. (Ed.) u.a.: Excellence in Public Relations and Communication Management. Hillsdale: Lawrence Erlbaum Associates, S. 531-575.

Grunig, James E. (1992d): The Development of Public Relations Research in the United States and its Status in Communication Science. In: Avenarius, Horst / Armbrecht, Wolfgang (Hrsg.): Ist Public Relations eine Wissenschaft? Eine Einführung. Opladen: Westdeutscher Verlag, S. 103-132.

Grunig, James E. (1997): A Situational Theory of Publics: Conceptual History, Recent Challenges and New Research. In: Moss, Danny / MacManus, Toby / Vercic, Dejan (Eds.): Public Relations Research. An International Perspective. London: International Thomson Business Press, S. 3-49.

Grunig, James E. (2000a): Collectivism, Collaboration, and Societal Corporatism as Core Professional Values in Public Relations. In: Journal of Public Relations Research, Vol. 12, No. 1, S. 23-48.

Grunig, James E. (2000b): Global Public Relations. In: http://www.ipranet.org/workbook/ page38.htm, zugegriffen am 12.3.2001.

Grunig, James E. (Ed.) u.a. (1992): Excellence in Public Relations and Communication Management. Hillsdale: Lawrence Erlbaum Associates.

Grunig, James E. / Grunig, Larissa A. (1992): Models of Public Relations and Communication. In: Grunig, James E. (Ed.) u.a.: Excellence in Public Relations and Communication Management. Hillsdale: Lawrence Erlbaum Associates, S. 285-325.

Grunig, James E. / Grunig, Larissa A. / Sriramesh, K. / Huang, Yi-Hui / Lyra, Anastasia (1995): Models of Public Relations in an International Setting. In: Journal of Public Relations Research, Vol. 7, No. 3, S. 163-186.

Grunig, James E. / Hunt, Todd T. (1984): Managing Public Relations. New York: Holt, Rinehart and Winston.

Grunig, James E. / Repper, Fred C. (1992): Strategic Management, Publics, and Issues. In: Grunig, James E. (Ed.) u.a.: Excellence in Public Relations and Communication Management. Hillsdale: Lawrence Erlbaum Associates, S. 117-157.

Grunig, James E. / White, Jon (1992): The Effect of Worldviews on Public Relations Theory and Practice. In: Grunig, James E. (Ed.) u.a.: Excellence in Public Relations and Communication Management. Hillsdale: Lawrence Erlbaum Associates, S. 31-64.

Grunig, Larissa A. (1992a): Power in the Public Relations Department. In: Grunig, James E. (Ed.) u.a.: Excellence in Public Relations and Communication Management. Hillsdale: Lawrence Erlbaum Associates, S. 483-501.

Grunig, Larissa A. (1992b): Activism: how it Limits the Effectiveness of Organizations and how Excellent Public Relations Departments Respond. In: Grunig, James E. (Ed.) u.a.: Excellence in Public Relations and Communication Management. Hillsdale: Lawrence Erlbaum Associates, S. 503-530.

Grunig, Larissa A. (1992c): How Organization Theory can Influence Public Relations Theory. In: Avenarius, Horst / Armbrecht, Wolfgang (Hrsg.): Ist Public Relations eine Wissenschaft? Eine Einführung. Opladen: Westdeutscher Verlag, S. 223-244.

Grunig, Larissa A. (1995): The Consequences of Culture for Public Relations: The Case of Women in the Foreign Service. In: Journal of Public Relations Research, Vol. 7, No. 2, S. 139-161.

Grunig, Larissa A. / Grunig, James E. / Dozier, David M. (2002): Excellent Public Relations and Effective Organizations: A Studie of Communication Management in Three Countries. Mahwah: Lawrence Erlbaum Associates.

Gudykunst, William B. / Ting-Toomey, Stella / Chua, Elizabeth (1988): Culture and Interpersonal Communication. Newbury Park u.a.: Sage.

Haberman, David A. / Dolphin, Harry A. (1988): Public Relations. The Necessary Art. Ames: Iowa State University Press.

Habermas, Jürgen (1995): Theorie des kommunikativen Handelns. Taschenbuchausgabe. 2 Bde. Frankfurt am Main: Suhrkamp.

Haedrich, Günther (1992): Public Relations im System des Strategischen Managements. In: Avenarius, Horst / Armbrecht, Wolfgang (Hrsg.): Ist Public Relations eine Wissenschaft? Eine Einführung. Opladen: Westdeutscher Verlag, S. 257-278.

Hagen, Lutz M. / Oberle, Cathrin (1994a): Wirkungskontrolle von Öffentlichkeitsarbeit. Teil 1: Publikumsbezogene Kontrollinstrumente. In: PR-Magazin, Nr. 8, S. 27-34.

Hagen, Lutz M. / Oberle, Cathrin (1994b): Wirkungskontrolle von Öffentlichkeitsarbeit. Teil 2: Kontrollinstrumente für die Pressearbeit. In: PR-Magazin, Nr. 10, S. 31-38.

Hahn, Dietger / Taylor, Bernard (Hrsg.) (1999): Strategische Unternehmensführung. 8. Auflage. Heidelberg: Physica.

Hall, Edward T. (1959): The Silent Language. Greenwich: Fawcett Publications.

Hall, Edward T. (1977): Beyond Culture. Garden City: Anchor Books.

Hall, Edward T. (2000): Context and Meaning. In: Porter, Richard E. / Samovar, Larry A. (Eds.): Intercultural Communication. A Reader. 9th edition. Belmont u.a.: Wadsworth, S. 34-43.

Hall, Edward T. / Hall, Mildred Reed (1990): Understanding Cultural Differences. Yarmouth: Intercultural Press.

Halloran, James (1997): International Communication Research: Opportunities and Obstacles. In: Mohammadi, Ali (Ed.): International Communication and Globalization. London: Sage, S. 27-47.

Hampden-Turner, Charles / Trompenaars, Alfons (1993): The Seven Cultures of Capitalism: Value Systems for Creating Wealth in the United States, Japan, Germany, France, Britain, Sweden, and the Netherlands. New York: Coubleday.

Harlow, Richard F. (1976): Building a Public Relations Definition. In: Public Relations Review, Vol. 2, No. 4, S. 34-42.

Harms, Leroy S. (1973): Intercultural Communication. New York: Harper & Row.

Harrison, Shirley (1995): Public Relations. An Introduction. London: International Thomson Business Press.

Hasenstab, Michael (1999): Interkulturelles Management. Bestandsaufnahme und Perspektiven. Sternenfels; Berlin: Wissenschaft und Praxis.

Hauptmanns, Peter (1999): Grenzen und Chancen von quantitativen Befragungen mit Hilfe des Internet. In: Batinic, Bernad / Werner, Andreas / Gräf, Lorenz / Bandilla, Wolfgang (Hrsg.): Online Research: Methoden, Anwendungen und Ergebnisse. Göttingen u.a.: Hogrefe, S. 21-38.

Haywood, R. (1991): Organizing the International Operation. Are the Issues Converging? In: Nally, Margaret (Ed.): International Public Relations in Practice. First Hand Experience of 14 Professionals. London: Kogan Page, S. 21-25.

Hazleton, Vincent (1992): Toward a Systems Theory of Public Relations. In: Avenarius, Horst / Armbrecht, Wolfgang (Hrsg.): Ist Public Relations eine Wissenschaft? Eine Einführung. Opladen: Westdeutscher Verlag, S. 34-45.

Heath, Robert L. (1997): Strategic Issues Management. Organizations and Public Policy Challenges Thousand Oaks: Sage.

Heath, Robert L. / Nelson, Richard A. (1986): Issues Management. Corporate Public Policymaking in an Information Society. Beverly Hills: Sage.

Heenan, David A. / Perlmutter, Howard V. (1979): Multinational Organization Development. A Social Architectural Perspective. Reading: Addison Wesley.

Heinen, Edmund (1997): Unternehmenskultur als Gegenstand der Betriebswirtschaftslehre. In: Heinen, Edmund / Frank, Matthias: Unternehmenskultur. Perspektiven für Wissenschaft und Praxis. 2., bearbeitete und erweiterte Auflage. München; Wien: Oldenbourg, S. 1-48.

Heinen, Edmund / Frank, Matthias (1997): Unternehmenskultur. Perspektiven für Wissenschaft und Praxis. 2., bearbeitete und erweiterte Auflage. München; Wien: Oldenbourg.

Heylin, A. (1991): Organizing the International Operation. An Alternative Approach to International Public Relations. In: Nally, Margaret (Ed.): International Public Relations in Practice. First Hand Experience of 14 Professionals. London: Kogan Page, S. 19-21.

Hilger, Angelika / Kaapke, Andreas (1995): PR-Erfolgskontrolle. Ansätze und Instrumente zur Evalierung markt- und gesellschaftsorientierter Unternehmenskommunikation. In: PR-Magazin, Nr. 8, S. 33-40.

Hoffmann, Claus (2001): Das Intranet. Ein Medium der Mitarbeiterkommunikation. Konstanz: UVK.

Hofstede, Geert (1980): Culture's Consequences. International Differences in Work-Related Values. Thousand Oaks: Sage.

Hofstede, Geert (1989): Sozialisation am Arbeitsplatz aus kulturvergleichender Sicht. In: Trommsdorff, Gisela (Hrsg.): Sozialisation im Kulturvergleich. Stuttgart: Ferdinand Enke, S. 156-173.

Hofstede, Geert (1991): Cultures and Organizations. London: McGraw-Hill.

Hofstede, Geert (1993a): Interkulturelle Zusammenarbeit: Kulturen – Organisationen – Management. Wiesbaden: Gabler.

Hofstede, Geert (1993b): Cultural Constraints in Management Theories. In: The Executive, Vol. 7, No. 1, S. 81-94.

Hofstede, Geert / Neuijen, B. / Ohayu, D. D. / Sanders, G. (1990). Measuring Organizational Cultures: A Qualitative and Quantitative Study Across Twenty Cases. In: Administrative Science Quarterly, Vol. 35, No. 286-316.

Holtzhausen, Derina R. (2000): Postmodern Values in Public Relations. In: Journal of Public Relations Research, Vol. 12, No. 1, S. 93-114.

Hon, Linda Childers / Grunig, James E. (1999): Guidelines for Measuring Relationships in Public Relations. Florida; Mayland: The Institute for Public Relations.

Howard, Carole M. / Mathews, Wilma K. (2000): On Deadline. Managing Media Relations. 3rd edition. Prospect Heights: Waveland.

Huang, Y. H. (1990): Risk Communication, Models of Public Relations and Anti-Nuclear Activitites: A Case Study of a Nuclear Power Plant in Taiwan. Unpublished Master's Thesis. College Park: University of Maryland.

Huck, Simone (2001): Wie global ist internationale PR? Zu den Defiziten eines jungen Forschungsfeldes. In: PR-Guide Oktober 2001, http://www.pr-guide.de/onlineb/p011001.htm, zugegriffen am 06.01.2003.

Huck, Simone (2002): Internationalisierung der Unternehmenskommunikation. In: Mast, Claudia: Unternehmenskommunikation: ein Leitfaden. Stuttgart: Lucius & Lucius, S. 343-359.

Hüttner, Manfred (1997): Grundzüge der Marktforschung. 5., überarbeitete und erweiterte Auflage. München: Oldenbourg.

Hundhausen, Carl (1951): Werbung um öffentliches Vertrauen. Public Relations. Essen: W. Girardet.

Hundhausen, Carl (1969): Public Relations. Theorie und Systematik. Berlin: de Gruyter.

Hunt, Todd / Grunig, James E. (1994): Public Relations Techniques. Fort Worth u.a.: Harcourt Brace.

Huntington, Samuel P. (1996): The Clash of Civilizations. New York: Simon and Schuster.

Iburg, Holger / Oplesch, Angelika (2001): Online-PR. Exakte Zielgruppenansprache, interaktive Kundenkontakte, innovative Kommunikationskonzepte. Landberg am Lech: mi, Verlag Moderne Industrie.

Jacobsen, Niels (1996): Unternehmenskultur. Entwicklung und Gestaltung aus interaktionistischer Sicht. Fankfurt am Main u.a.: Lang.

Jahnke, Ralph (1996): Wirtschaftlichkeitsaspekte interkultureller Kommunikation: Interkulturelle Kommunikation in international tätigen Unternehmen unter besonderer Berücksichtigung von Führungskräften. Sternenfels: Verlag Wissenschaft und Praxis.

Jandt, Fred E. (2001): Intercultural Communication. An Introduction. 3rd edition. Thousand Oaks: Sage.

Johanssen, Klaus-Peter (2000): Vom professionellen Umgang mit Krisen. In: Public Relations Forum, 6. Jg., Nr. 2, S. 94-95.

Johanssen, Klaus-Peter (2001): Lokal oder global – ist das die Frage? In: Johanssen, Klaus-Peter / Steger, Ulrich (Hrsg.): Lokal oder Global? Frankfurt am Main: F.A.Z.-Institut, S. 42-75.

Johanssen, Klaus-Peter / Steger, Ulrich (Hrsg.) (2001): Lokal oder Global? Frankfurt am Main: F.A.Z.-Institut.

Jones, Clarence (1999): Winning With the News Media. A Self-Defense Manual When You're the Story. Tampa: Video Consultants.

Joynt, Pat (1985): Cross-Cultural Management: The Cultural Context of Micro and Macro Organizational Variables. In: Joynt, Pat / Warner, Malcom (Hrsg.): Managing in Different Cultures: Issues and Perspectives. New York: Columbia University Press, S. 57-68.

Joynt, Pat / Warner, Malcom (Hrsg.) (1985): Managing in Different Cultures: Issues and Perspectives. New York: Columbia University Press.

Judy, Richard W. / D'Amico, Carol (1997): Workforce 2020. Work and Workers in the 21st Century. Indianapolis: Hudson Institute.

Kalmus, Michael (1998): Praxis der Internen Kommunikation. Vom Schwarzen Brett zum Intranet. Essen: Stamm.

Kalt, Gero (Hrsg.) (1994): Öffentlichkeitsarbeit und Werbung: Instrumente, Strategien, Perspektiven. 5. Auflage. Frankfurt am Main: IMK.

Katz, Daniel / Kahn, Robert L. (1966): The Social Psychology of Organizations. New York: Wiley.

Kaynak, Erdener / Savitt, Ronald (Eds.) (1984): Comparative Marketing Systems. New York: Praeger.

Kelleher, Tom (2001): Public Relations Roles and Media Choice. In: Journal of Public Relations Research, Vol.13, No. 4, S. 303-320.

Kelly, William / Masumoto, Tomoko / Gibson, Dirk (2002): Kisha Kurabu and Koho: Japanese Media Relations and Public Relations. In: Public Relations Review, Vol. 28, No. 3, S. 265-281.

Kent, Michael L. / Taylor, Maureen (2002): Toward a Dialogic Theory of Public Relations. In: Public Relations Review, Vol. 28. No. 1, S. 21-37.

Kim, Youngwook (1996): Positive and Normative Models of Public Relations and their Relationship to Job Satisfaction Among Korean Public Relations Practitioners. Unpublished Master's Thesis. Gainesville: University of Florida.

Kim, Yungwook / Hon, Linda Childers (1998): Craft and Professional Models of Public Relations and Their Relation to Job Satisfaction among Korean Public Relations Practitioners. In: Journal of Public Relations Research, Vol. 10, No. 3, S. 155-175.

Kirchhoff, Klaus Rainer (2001): Grundlagen der Investor Relations. In: Kirchhoff, Klaus Rainer / Piwinger, Manfred (Hrsg.): Die Praxis der Investor Relations. Effiziente Kommunikation zwischen Unternehmen und Kapitalmarkt. Neuwied; Kriftel: Luchterhand, S. 25-55.

Kirchhoff, Klaus Rainer / Piwinger, Manfred (Hrsg.) (2001): Die Praxis der Investor Relations. Effiziente Kommunikation zwischen Unternehmen und Kapitalmarkt. Neuwied; Kriftel: Luchterhand.

Kirchner, Karin (1996): Evaluation von Public Relations. Ansatz zur Modellbildung anhand empirischer Fallstudien von amerikanischen Großunternehmen. In: PR-Magazin, Nr. 10, S. 48-59.

Kirchner, Karin (2001): Integrierte Unternehmenskommunikation. Theoritische und empirische Bestandsaufnahme und eine Analyse amerikanischer Großunternehmen. Wiesbaden: Westdeutscher Verlag.

Kitchen, Philip J. (1997): The Evolution of Public Relations: Principles and Practice. In: ders. (Ed.): Public Relations: Principles and Practice. London: International Thomson Press, S. 22-42.

Kitchen, Philip J. (Ed.) (1997): Public Relations: Principles and Practice. London: International Thomson Press.

Kitchen, Philip J. / Papasolomou, Ionna (1997): The Emergence of Marketing PR. In: Kitchen, Philip J. (Ed.): Public Relations: Principles and Practice. London: International Thomson Press, S. 239-271.

Kleebinder, Hans-Peter (1995): Internationale Public Relations: Analyse öffentlicher Meinungsbildung in Europa zum Thema Mobilität. Wiesbaden: Dt. Univ-Verlag / Gabler.

Klein, Joachim / Ringlstetter, Max / Oelert, Jochen (2001): Interne Kommunikation. In: Brauner, Detlef J. / Leitolf, Jörg / Raible-Besten, Robert / Weigert, Martin M. (Hrsg.): Lexikon der Presse- und Öffentlichkeitsarbeit. München; Wien: Oldenbourg, S. 160-168.

Klineberg, Otto (1980): Historical Perspectives: Cross-Cultural Psychology Before 1960. In: Triandis, Harry C. / Lambert, W. W. (Eds.): Handbook of Cross-Cultural Psychology: Perspectives. Boston: Allyn and Bacon, S. 31-67.

Klöfer, Franz (1999): Grundlagen: Mitarbeiterführung durch Kommunikation. In: ders. (Hrsg.): Erfolgreich durch interne Kommunikation. Mitarbeiter informieren, motivieren und aktivieren. Neuwied; Kriftel: Luchterhand, S. 3-92.

Klöfer, Franz (Hrsg.) (1999): Erfolgreich durch interne Kommunikation. Mitarbeiter informieren, motivieren und aktivieren. Neuwied; Kriftel: Luchterhand.

Klöfer, Franz / Nies, Ulrich (2001): Erfolgreich durch interne Kommunikation. Mitarbeiter besser informieren, motivieren, aktivieren. 2., aktualisierte und erweiterte Auflage. Neuwied; Kriftel: Luchterhand.

Kluckhohn, Florence R. / Strodtbeck, Fred L. (1961): Variations in Value Orientations. Evanston: Row, Peterson and Company.

Köbben, André J. F. (1970): Comparativists and Non-Comparativists in Anthropology. In: Naroll, Raoul / Cohen, Ronald (Eds.): A Handbook of Method in Cultural Anthropology. New York: The Natural History Press, S. 581-596.

Köcher, Alfred / Birchmeier, Eliane (1992): Public Relations? Public Relations! Konzepte, Instrumente und Beispiele für erfolgreiche Unternehmenskommunikation. Zürich: Verlag Industrielle Organisation / Köln: Verlag TÜV-Rheinland.

Köppl, Peter (1999): Lobbying: Das politische Instrument der Public Relations? In: Public Relations Forum, 5. Jg., Nr. 1, S. 12-14.

Köppl, Peter (2000): Public Affairs Management. Strategien und Taktiken erfolgreicher Unternehmenskommunikation. Wien: Linde.

Kohara, Taiji (1989): An Overview. In: Cantor, Bill (Ed.): Experts in Action. 2nd edition. White Plains: Longman, S. 409-411.

Konken, Michael (1998): Pressearbeit. Mit den Medien in die Öffentlichkeit. Limburgerhof: FBV-Medien.

Korte, Friedrich H. (1997): Spurensuche auf einem ‚weiten Feld' Zu den Beziehungen zwischen Steinzeit und Gegenwart deutscher Public Relations. In: Szyska, Peter (Hrsg.): Auf der Suche nach Identität: PR-Geschichte als Theoriebaustein. Berlin: Vistas, S. 37-67.

Korzenny, Felipe / Ting-Toomey, Stella (Eds.) (1992): Mass Media Effects Across Cultures. Newbury Park: Sage.

Kotler, Philip / Bliemel, Friedhelm (1995): Marketing-Management. Analyse, Planung, Umsetzung und Steuerung. 8., vollständig neubearbeitete und erweiterte Auflage. Stuttgart: Schäffer-Poeschel.

Kotler, Philip / Bliemel, Friedhelm (2001): Marketing-Management. Analyse, Planung, Umsetzung und Steuerung. 10., überarbeitete und aktualisierte Auflage. Stuttgart: Schäffer-Poeschel.

Kotler, Philip / Mindak, William (2000): Marketing and Public Relations – Should they be partners or rivals? In: FitzGerald, Maureen / Arnott, David (Eds.): Marketing Communications Classics. An International Collection of Classic and Contemporary Papers. London: Thomson Learning, S. 351-362.

Kroeber, A. L. / Kluckhohn, Clyde (1952): Culture: A Critical Review of Concepts and Definitions. In: Papers of the Peabody Museum, Vol. 47, No. 1, S. 1-23.

Kroeber-Riel, Werner (1995): Werbung. In: Tietz, Bruno / Köhler, Richard / Zentes, Joachim (Hrsg.): Handwörterbuch des Marketing. 2., vollständig überarbeitete Auflage. Stuttgart: Schäffer-Poeschel, S. 2692-2703.

Krzeminski, Michael (1998): Interaktivität und Vernetzung. Zur Rolle neuer Medien in der Unternehmenskommunikation. In: Krzeminski, Michael / Zerfaß, Ansgar (Hrsg.): Interaktive Unternehmenskommunikation: Internet, Intranet, Datenbanken, Online-Dienste und Business-TV als Bausteine erfolgreicher Öffentlichkeitsarbeit. Frankfurt am Main: IMK, S. 13-28.

Krzeminski, Michael / Zerfaß, Ansgar (Hrsg.) (1998): Interaktive Unternehmenskommunikation: Internet, Intranet, Datenbanken, Online-Dienste und Business-TV als Bausteine erfolgreicher Öffentlichkeitsarbeit. Frankfurt am Main: IMK.

Kückelhaus, Andrea (1998): Public Relations: Die Konstruktion von Wirklichkeit. Kommunikationstheoretische Annäherungen an ein neuzeitliches Phänomen. Opladen; Wiesbaden: Westdeutscher Verlag.

Kunczik, Michael (1992): Internationale Public Relations als Forschungsfeld. In: Avenarius, Horst / Armbrecht, Wolfgang (Hrsg.): Ist Public Relations eine Wissenschaft? Eine Einführung. Opladen: Westdeutscher Verlag, S. 335-370.

Kunczik, Michael (1993): Public Relations: Konzepte und Theorien. Köln u.a.: Böhlau.

Kunczik, Michael (2002): Public Relations: Konzepte und Theorien. 4. Auflage. Köln u.a.: Böhlau.

Kuß, Alfred (1995): Befragungsmethoden. In: Tietz, Bruno / Köhler, Richard / Zentes, Joachim (Hrsg.): Handwörterbuch des Marketing. 2., vollständig überarbeitete Auflage. Stuttgart: Schäffer-Poeschel, S. 190-200.

Lauzen, Martha M. / Dozier, David M. (1994): Issues Management Mediation of Linkages Between Environmental Complexity and Management of the Public Relations Function. In: Journal of Public Relations Research, Vol. 6, No. 3, S. 163-184.

Lazarsfeld, Paul F. / Berelson, Bernard / Gaudet, Hazel (1944): The People's Choice. How the Voter Makes Up His Mind in a Presidential Campaign. New York: Duel, Sloan and Pearce.

Lesly, Philip (1962): Public Relations Handbook. Englewood Cliffs: Prentice-Hall.

Levine, Robert (2001): Eine Landkarte der Zeit. Wie Kulturen mit Zeit umgehen. 6. Auflage. München: Piper.

Lieberman, Devorah A. / Gurtov, Ellene (1994): Co-Cultural Communication Within the Organization. In: Wiseman, Richard L. / Shuter, Robert (Eds.): Communicating in Multinational Organizations. Thousand Oaks u.a.: Sage, S. 141-152.

Liebert, Tobias (1997): Über einige inhaltliche und methodische Probleme einer PR-Geschichtsschreibung. In: Szyska, Peter (Hrsg.): Auf der Suche nach Identität: PR-Geschichte als Theoriebaustein. Berlin: Vistas, S. 79-99.

Liebert, Tobias / Bentele, Günther (Hrsg.) (1995): Verständigungsorientierte Öffentlichkeitsarbeit. Darstellung und Diskussion des Ansatzes von Roland Burkart. Leipzig: Leipziger Skripten für Public Relations und Kommunikationsmanagement.

Liebl, Franz (1996): Strategische Frühaufklärung. Trends – Issues – Stakeholder. München; Wien: Oldenbourg.

Liebl, Franz (2000): Der Schock des Neuen. Entstehung und Management von Issues und Trends. München: Gerling Akademie.

Long, Larry W. / Hazleton, Vincent (1987): Public Relations. A Theoretical and Practical Response. In: Public Relations Review, Vol. 13., No. 2, S. 3-13.

Lustig, Myron W. / Koester, Jolene (1999): Intercultural Competence: Interpersonal communcation across Cultures. 3rd edition. New York u.a.: Longman.

Lyra, A. (1991): Public Relations in Greece: Models, Roles and Gender. Unpublished Master's Thesis. College Park: University of Maryland.

Macdonald, Alan (1991): Financial Public Relations in a Global Context. In: Nally, Margaret (ed.): International Public Relations in Practice. First Hand Experience of 14 Professionals. London: Kogan Page, S. 43-59.

MacManus, Toby (1997): A Comparative Analysis of Public Relations in Austria and the United Kingdom. In: Moss, Danny / MacManus, Toby / Vercic, Dejan (Eds.): Public Relations Research. An International Perspective. London: International Thomson Business Press, S. 170-196

MacManus, Toby (2000): Public Relations. The Cultural Dimension. In: Moss, Danny / Vercic, Dejan / Warnaby, Gary (Eds.): Perspectives on Public Relations Research. London; New York: Routledge, S. 159-178.

Maletzke, Gerhard (1963): Psychologie der Massenkommunikation. Theorie und Systematik. Hamburg: Hans Bredow-Institut.

Maletzke, Gerhard (1976): Ziele und Wirkungen der Massenkommunikation. Grundlagen und Probleme einer zielorientierten Mediennutzung. Hamburg: Hans-Bredow-Institut.

Maletzke, Gerhard (1984): Bausteine zur Kommunikationswissenschaft 1949-1984. Berlin: Wissenschaftsverlag Volker Spiess.

Maletzke, Gerhard (1996): Interkulturelle Kommunikation. Zur Interaktion zwischen Menschen verschiedener Kulturen. Stuttgart: Westdeutscher Verlag.

Mallinson, Bill (1990): Bridging the Gap between Theory and Practice in Post-1992 Europe: The Changing Face of Public Relations. Paper presented to the International Communication Association, Dublin.

Mallinson, Bill (1991): A Clash of Culture: Anglo-Saxon and European Public Relations. New Versus Old, or Just Dynamic Interaction? In: International Public Relations Review, Vol. 14, No. 3, S. 24-29.

Mannigel, Christian (2001): Evaluation von Public Relations. In: Brauner, Detlef J. / Leitolf, Jörg / Raible-Besten, Robert / Weigert, Martin M. (Hrsg.): Lexikon der Presse- und Öffentlichkeitsarbeit. München; Wien: Oldenbourg, S. 95-100.

Marston, John E. (1963): The Nature of Public Relations. New York u.a.: McGraw-Hill.

Maslow, Abraham H. (1981): Motivation und Persönlichkeit: Reinbek: Rowohlt.

Mast, Claudia (1992): Anmerkungen zur Kommunikationspolitik von Organisationen. In: Avenarius, Horst / Armbrecht, Wolfgang (Hrsg.): Ist Public Relations eine Wissenschaft? Eine Einführung. Opladen: Westdeutscher Verlag, S. 381-396.

Mast, Claudia (1994): Qualitätssicherung im Kommunikationsmanagement. In: FORUM, Jg. 44, Nr. 22.

Mast, Claudia (1997a): Kommunikation – Grundlage des wirtschaftlichen Erfolges von Unternehmen. In: FORUM, Jg. 47, Nr. 29.

Mast, Claudia (2000a): Effektive Kommunikation für Manager: Informieren, Diskutieren, Überzeugen. Landsberg am Lech: mi, Verlag Moderne Industrie.

Mast, Claudia (2000b): Durch bessere interne Kommunikation zu mehr Geschäftserfolg. Ein Leitfaden für Unternehmer. Berlin: Deutscher Industrie- und Handelstag DIHT.

Mast, Claudia (2002a): Unternehmenskommunikation: ein Leitfaden. Stuttgart: Lucius & Lucius.

Mast, Claudia (2002b): Interne Unternehmenskommunikation als Wettbewerbsfaktoren. Ergebnisse aus Umfragen unter DAX-100-Unternehmen und Schlussfolgerungen. In: PR-Magazin, Nr. 6, S. 41-48.

Mathes, Rainer / Gärtner, Hans-Dieter (1994): PR-Erfolgskontrolle durch wissenschaftliche Begleitforschung. In: Kalt, Gero (Hrsg.): Öffentlichkeitsarbeit und Werbung: Instrumente, Strategien, Perspektiven. 5. Auflage. Frankfurt am Main: IMK, S. 129-139.

Mathes, Rainer / Gärtner, Hans-Dieter / Czaplicki, Andreas (1991): Kommunikation in der Krise. Autopsie eines Medienereignisses. Frankfurt am Main: IMK.

Maurer, Andrea (1997): Zeit im Widerspruch. Über Zeitmißverständnisse, Ungleichzeitigkeiten und Dominanz der Weltzeit. In: Reimann, Helga (Hrsg.): Weltkultur und Weltgesellschaft: Aspekte globalen Wandels. Opladen: Westdeutscher Verlag, S. 26-43.

McCarty, John A. (1994): The Role of Cultural Value Orientation in Cross-Cultural Research and International Marketing and Advertising. In: Englis, Basil G. (Ed.): Global and Multinational Advertising. Hillsdale: Lawrence Erlbaum Associates, S. 23-45.

McGregor, Douglas (1960): The Human Side of Enterprise. New York: McGraw-Hill.

Meffert, Heribert (1986): Marketing. Grundlagen der Absatzpolitik. 7. Auflage. Wiesbaden: Gabler.

Meffert, Heribert (1988): Strategische Unternehmensführung und Marketing: Beitrag zur marktorientierten Unternehmenspolitik. Wiesbaden: Gabler, S. 374-386.

Meffert, Heribert (1998): Marketing. Grundlagen marktorientierter Unternehmensführung. Konzepte – Instrumente – Praxisbeispiele. 8., vollständig neubearbeitete und erweiterte Auflage. Wiesbaden: Gabler.

Merten, Klaus (1977): Kommunikation. Eine Begriffs- und Prozessanalyse. Opladen: Westdeutscher Verlag.

Merten, Klaus (1998): Wer die Kommunikation hat, hat die Zukunft. In: Merten, Klaus / Zimmermann, Rainer (Hrsg.): Das Handbuch der Unternehmenskommunikation. Köln: Deutscher Wirtschaftsdienst / Neuwied; Kriftel: Luchterhand, S. 5-13.

Merten, Klaus (2000): Das Handwörterbuch der PR. Band 1: A-Q. Frankfurt am Main: F.A.Z.-Institut.

Merten, Klaus / Zimmermann, Rainer (Hrsg.) (1998): Das Handbuch der Unternehmenskommunikation. Köln: Deutscher Wirtschaftsdienst / Neuwied; Kriftel: Luchterhand.

Merten, Klaus / Zimmermann, Rainer (Hrsg.) (2001): Das Handbuch der Unternehmenskommunikation 2000/2001. Köln: Deutscher Wirtschaftsdienst / Neuwied; Kriftel: Luchterhand.

Meulemann, Heiner (2002): Perspektiven und Probleme der internationalen Umfrageforschung. In: Statistisches Bundesamt (Hrsg.): Aspekte internationaler und interkultureller Umfragen. Wiesbaden: Statistisches Bundesamt, S. 13-19.

Meyer, Jörn-Axel (1995): Public Relations. In: Tietz, Bruno / Köhler, Richard / Zentes, Joachim (Hrsg.): Handwörterbuch des Marketing. 2., vollständig überarbeitete Auflage. Stuttgart: Schäffer-Poeschel, S. 2195-2204.

Mintzberg, Henry (1973): The Nature of Managerial Work. New York: Harper Collins.

Mohammadi, Ali (Ed.) (1997): International Communication and Globalization. London: Sage.

Morley, Michael (1998): How to Manage Your Global Reputation. A Guide to the Dynamics of International Public Relations. London: Macmillan.

Moss, Danny / MacManus, Toby / Vercic, Dejan (Eds.) (1997): Public Relations Research. An International Perspective. London: International Thomson Business Press.

Moss, Danny / Vercic, Dejan / Warnaby, Gary (2000): Introduction. Public Relations Research: Interdisciplinary Perspectives. In: dies. (Eds.): Perspectives on Public Relations Research. London; New York: Routledge, S. 1-6.

Moss, Danny / Vercic, Dejan / Warnaby, Gary (Eds.) (2000): Perspectives on Public Relations Research. London; New York: Routledge.

Moss, Danny / Warnaby, Gary (1997): A Strategic Perspective for Public Relations. In: Kitchen, Philip J. (Ed.): Public Relations: Principles and Practice. London: International Thomson Press, S. 43-73.

Moss, Danny / Warnaby, Gary (2000): Strategy and Public Relations. In: Moss, Danny / Vercic, Dejan / Warnaby, Gary (Eds.): Perspectives on Public Relations Research. London; New York: Routledge, S. 59-85.

Moss, Danny / Warnaby, Gary / Newman, Andrew J. (2000): Public Relations Practitioner Role Enactment at the Senior Management Level Within U.K. Companies. In: Journal of Public Relations Research, Vol. 12, No. 4, S. 277-307.

Müller, Harald (1999): Deutsche Zeitgeschichte war zur [sic!, S.H.] keiner Zeit ausschließlich „westdeutsch". Anmerkungen zum Beitrag von Dr. Peter Szyska „Öffentlichkeitsarbeit – ein Kind der Zeitgeschichte", Public Relations Forum 3/98, S. 138. In: Public Relations Forum, 5. Jg., Nr. 1, S. 58-59.

Murphy, Priscilla (1991): The Limits of Symmetry: A Game Theory Approach to Symmetric and Asymmetric Communication. In: Public Relations Research Annual, No. 3, S. 115-131.

Mussler, Dieter (1994): Sponsoring. In: Kalt, Gero (Hrsg.): Öffentlichkeitsarbeit und Werbung: Instrumente, Strategien, Perspektiven. 5. Auflage. Frankfurt am Main: IMK, S. 83-100.

Nally, Margaret (Ed.) (1991): International Public Relations in Practice. First Hand Experience of 14 Professionals. London: Kogan Page.

Nanni, Elizabeth (1980): Case Studies of Organizational Management and Public Relations Practices. Master's Thesis. College Park: University of Maryland.

Naroll, Raoul / Cohen, Ronald (Eds.) (1970): A Handbook of Method in Cultural Anthropology. New York: The Natural History Press.

Nessmann, Karl (1995): Public Relations in Europe: A Comparison with the United States. In: Public Relations Review, Vol. 21, No. 2, S. 151-160.

Nessmann, Karl (2000): The Origins and Development of Public Relations in Germany and Austria. In: Moss, Danny / Vercic, Dejan / Warnaby, Gary (Eds.): Perspectives on Public Relations Research. London; New York: Routledge, S. 211-225.

Newsom, Doug / Turk, Judy VanSlyke / Kruckeberg, Dean (1996): This is PR. The Realities of Public Relations. 6th edition. Belmont u.a.: Wadsworth.

Nieschlag, Robert / Dichtl, Erwin / Hörschgen, Hans (1997): Marketing. 18., durchgesehene Auflage. Berlin: Duncker und Humblot.

Nitsch, Harry (1975): Dynamische Public Relations. Stuttgart: Taylorix.

Nolan, Riall W. (1999): Communicating and Adapting Across Cultures: Living and Working in the Global Village. London: Bergin & Garvey.

Ochsenbauer, Christian / Klofat, Bernhard (1997): Überlegungen zur paradigmatischen Dimension der Unternehmenskulturdiskussion in der Betriebswirtschaftslehre. In: Heinen, Edmund / Frank, Matthias: Unternehmenskultur. Perspektiven für Wissenschaft und Praxis. 2., bearbeitete und erweiterte. Auflage. München; Wien: Oldenbourg, S. 67-106.

Oeckl, Albert (1964): Handbuch der Public Relations. München: Süddeutscher Verlag.

Oeckl, Albert (1994): Die historische Entwicklung der PR in Deutschland. In: Kalt, Gero (Hrsg.): Öffentlichkeitsarbeit und Werbung: Instrumente, Strategien, Perspektiven. 5. Auflage. Frankfurt am Main: IMK, S. 17-25.

Oeckl, Albert (2000): Die historische Entwicklung der Public Relations. In: Reineke, Wolfgang / Eisele, Hans: Taschenbuch der Öffentlichkeitsarbeit. Public Relations in der Gesamtkommunikation. 3., neubearbeitete und erweiterte Auflage. Heidelberg: Sauer, S. 13-17.

Ono, Kent A. (1998): Problematizing „Nation" in Intercultural Communication Research. In: Tanno, Dolores V. / González, Alberto (Eds.): Communication and Identity Across Cultures. Thousand Oaks: Sage, S. 193-202.

Orbe, Mark P. (1998): Constructing Co-Cultural Theory: An Explication of Culture, Power, and Communication. Thousand Oaks: Sage.

Ovaitt, Frank Jr. (1988): PR without Boundaries: Is Globalization an Option? In: Public Relations Quaterly, Vol. 33, No. 1, S. 5-9.

Pareek, Udai / Rao, T. Venkateswara (1980): Cross-Cultural Surveys and Interviewing. In: Triandis, Harry C. / Berry, John W. (Eds.): Handbook of Cross-Cultural Psychology: Methodology. Boston: Allyn and Bacon, S. 127-179.

Parsons, Talcott / Shils, Edward A. (1962): Values, Motives, and Systems of Action: Categories of the Orientation and Organization of Action. In: dies. (Eds.): Toward a General Theory of Action. 5th Printing. Cambridge: Harvard University Press, S. 47-109.

Parsons, Talcott / Shils, Edward A. (Eds.) (1962): Toward a General Theory of Action. 5th Printing. Cambridge: Harvard University Press.

Parsons, Talcott / Shils, Edward A. (1990): Values and Social Systems. In: Alexander, Jeffrey C. / Seidman, Steven (Eds.): Culture and Society: Contemporary Debates. Cambridge: Cambridge University Press, S. 39-46 *(Auszüge aus: Values, Motives, and Systems of Actions, in: Parsons, Talcott / Shils, Edward A. (Eds.): Towards a General Theory of Action. Cambridge, Massachusetts: Harvard University Press, 1951).*

Pavlik, John V. (1987): Public Relations. What Research Tells Us. Beverly Hills; London: Sage.

Pearson, R. (1989): A Theory of Public Relations Ethics. Unpublished Doctoral Thesis. Ohio: Ohio University.

Peters, Thomas J. / Waterman, Robert H. (1982): In Search of Excellence: Lessons from America's best-run companies. New York: Harper and Row.

Peters, Tom / Austin, Nancy (1985): A Passion for Excellence. New York: Random House.

Pfister, Sandra (2002): Die Seele umschmeicheln. Ob Autohersteller, Bausparkasse, Stromanbieter oder Telefonfirma – Ethno-Marketing soll die kaufkräftigen Minderheiten in Deutschland ködern. In: DIE ZEIT Nr. 44 vom 24.10.2002, S. 29.

Pflaum, Dieter / Pieper, Wolfgang (Hrsg.) (1993): Lexikon der Public Relations. 2., überarbeitete und erweiterete Auflage. Landsberg am Lech: mi, Verlag Moderne Industrie.

Pimlott, J. A. R. (1951): Public Relations and American Democracy. In: Public Opinion Quarterly, Vol. 16, No. 1, S. 136-138.

Piwinger, Manfred (Hrsg.) (1997): Stimmungen, Skandale, Vorurteile. Formen symbolischer und emotionaler Kommunikation. Wie PR-Praktiker sie verstehen und steuern können. Frankfurt am Main: F.A.Z.-Institut.

Plasser, Fritz / Plasser, Gunda (2002): Global Political Campaigning. A Worldwide Analysis of Campaign Professionals and their Practices. Westport: Praeger.

Porter, Michael (1985): Competitive Advantage. New York: The Free Press.

Porter, Richard E. / Samovar, Larry A. (1996): Communication in the Multicultural Group. In: Cathcart, Robert S. / Samovar, Larry A. / Henman, Linda D. (Eds.): Small Group Communication. Theory & Practice. 7th edition. Dubuque: Brown & Benchmark Publishers, S. 306-315.

Porter, Richard E. / Samovar, Larry A. (Eds.) (2000): Intercultural Communication. A Reader. 9th edition. Belmont u.a.: Wadsworth.

Prahalad, C. K. / Doz, Yves L. (1987): The Multinational Mission. Balancing Local Demands and Global Vision. New York: The Free Press.

Pratt, Cornelius B. / Ogbondah, Chris W. (1996): International Public Relations Education: U.S. Issues and Perspectives. In: Culbertson, Hugh M. / Chen, Ni (Eds.): International Public Relations. A Comparative Analysis. Mahwah: Lawrence Erlbaum Associates, S. 381-395.

Prosser, Michael H. (1978): The Cultural Dialogue. An Introduction to Intercultural Communication. Boston: Houghton Mifflin Company.

Puchleitner, Klaus (1994): Public Relations in Krisenzeiten. Wien: Signum.

Quirke, Bill (2000): Making the Connections. Using Internal Communication to Turn Strategy into Action. Aldershot Kampshire: Gower.

Raffée, Hans / Wiedmann, Klaus-Peter (1987): Dialoge 2: Konsequenzen für das Marketing. Hamburg: Gruner & Jahr.

Rakow, Lana F. (1989): Information and Power: Toward a Critical Theory of Information Campaigns. In: Salmon, Charles T. (Ed.): Information Campaigns: Balancing Social Values and Social Change. Newbury Park: Sage, S. 164-184.

Reineke, Wolfgang (2000): Public Relations als Management-Funktion. In: Reineke, Wolfgang / Eisele, Hans: Taschenbuch der Öffentlichkeitsarbeit. Public Relations in der Gesamtkommunikation. 3., neubearbeitete und erweiterte Auflage. Heidelberg: Sauer, S. 39-60.

Reineke, Wolfgang / Eisele, Hans (2000): Taschenbuch der Öffentlichkeitsarbeit. Public Relations in der Gesamtkommunikation. 3., neubearbeitete und erweiterte Auflage. Heidelberg: Sauer.

Rolke, Lothar (1995): Kennziffern für erfolgreiche Medienarbeit – Zum Messen und Bewerten von PR-Wirkungen. In: Baerns, Barbara (Hrsg.): PR-Erfolgskontrolle. Messen und Bewerten in der Öffentlichkeitsarbeit. Verfahren, Strategien, Beispiele. Frankfurt am Main: IMK, S. 173-197.

Ronneberger, Franz (1977): Legitimation durch Information – Legitimation by Information. Düsseldorf: Econ.

Ronneberger, Franz (1993): Theorie der Public Relations. In: Pflaum, Dieter / Pieper, Wolfgang (Hrsg.): Lexikon der Public Relations. Landsberg am Lech: mi, Verlag Moderne Industrie, S. 494-498.

Ronneberger, Franz / Rühl, Manfred (1992): Theorie der Public Relations: ein Entwurf. Opladen: Westdeutscher Verlag.

Röttger, Ulrike (2000): PR – Organisation und Profession. Opladen; Wiesbaden: Westdeutscher Verlag.

Röttger, Ulrike (2001): Issues Management – Mode, Mythos oder Managementfunktion? Begriffserklärungen und Forschungsfragen – eine Einleitung. In: ders. (Hrsg.): Issues Management: Theoretische Konzepte und Praktische Umsetzung. Eine Bestandsaufnahme. Opladen: Westdeutscher Verlag, S. 11-39.

Röttger, Ulrike (Hrsg.) (2001): Issues Management: Theoretische Konzepte und Praktische Umsetzung. Eine Bestandsaufnahme. Opladen: Westdeutscher Verlag.

Rühl, Manfred (1992): Public Relations – Innenansichten einer emergierenden Kommunikationswissenschaft. In: Avenarius, Horst / Armbrecht, Wolfgang (Hrsg.): Ist Public Relations eine Wissenschaft? Eine Einführung. Opladen: Westdeutscher Verlag, S. 79-102.

Ryan, Michael (1987): Participative vs. Authoritaritative Environments. In : Journalism Quarterly, Vol. 64, No. 4, S. 853-857.

Sallot, L. M. (2002): What the Public Thinks About Public Relations: An Impression Management Experiment. In: Journalism & Mass Communication Quarterly. Vol. 79, No. 1, S. 150-171.

Salmon, Charles T. (Ed.) (1989): Information Campaigns: Balancing Social Values and Social Change. Newbury Park: Sage.

Salzberger, Thomas (1999): Interkulturelle Marktforschung. Methoden zur Überprüfung der Datenäquivalenz. Wien: Service-Fachverlag.

Samovar, Larry A. / Porter, Richard E. (2000): Understanding Intercultural Communication: An Introduction and Overview. In: Porter, Richard E. / Samovar, Larry A. (Eds.): Intercultural Communication. A Reader. 9th edition. Belmont u.a.: Wadsworth, S. 5-16.

Sassenberg, Kai / Kreutz, Stefan (1997): Online-Research und Anonymität: Experimente im WWW und mit Internet Relay Chats. GOR: 1997. In: http://infosoc.uni-koeln.de/girlws/abstracts/fr_07.html, zugegriffen am 01.11.2001.

Sassenberg, Kai / Kreutz, Stefan (1999): Online Research und Anonymität. In: Batinic, Bernad / Werner, Andreas / Gräf, Lorenz / Bandilla, Wolfgang (Hrsg.): Online Research: Methoden, Anwendungen und Ergebnisse. Göttingen u.a.: Hogrefe, S. 61-75.

Schein, Edgar H. (1984): Coming to a New Awareness of Organizational Culture. In: Sloan Management Review, Vol. 25, Nr. 2, S. 3-16..

Schein, Edgar H. (1995): Unternehmenskultur. Ein Handbuch für Führungskräfte. Frankfurt am Main; New York: Campus.

Schillewart, Niels / Langerak, Fred / Duhamel, Tim (1998): Non Probability Sampling for WWW Surveys: A Comparison of Methods. In: Andersson, Per (Ed.): Marketing Research und Practice. Proceedings 27th EMAC Conference, Stockholm, Track 5, S. 201-212.

Schulz, Beate (1992): Strategische Planung von Public Relations: das Konzept und ein Fallbeispiel. Frankfurt am Main; New York: Campus.

Schulz-Bruhdoel, Norbert (2001): Die PR- und Pressefibel. Zielgerichtete Medienarbeit. Ein Praxislehrbuch für Ein- und Aufsteiger. Frankfurt am Main: F.A.Z.-Institut.

Schulze-Fürstenow, Günther (1987): Konzeptions-Modell für gesellschaftsorientierte PR. In: PR-Magazin, Nr. 3, S. 23-30.

Schulze-Fürstenow, Günther (1988): Plädoyer für eine neue PR-Qualität. In: ders. (Hrsg.): PR-Perspektiven. Beiträge zum Selbstverständnis gesellschaftsorientierter Öffentlichkeitsarbeit. Neuwied: Luchterland, S. 7-12.

Schulze-Fürstenow, Günther (Hrsg.) (1988): PR-Perspektiven. Beiträge zum Selbstverständnis gesellschaftsorientierter Öffentlichkeitsarbeit. Neuwied: Luchterland.

Schuwirth, Anne (2001): E or Not to Be. Die Zukunft von Business-TV in Unternehmen. In: PR-Guide Oktober 2001, http://www.pr-guide.de/onlineb/p011004.htm.

Schweiger, Günter (1995): Image und Imagetransfer. In: Tietz, Bruno / Köhler, Richard / Zentes, Joachim (Hrsg.): Handwörterbuch des Marketing. 2., vollständig überarbeitete Auflage. Stuttgart: Schäffer-Poeschel, S. 915-928.

Seitel, Fraser P. (1998): The Practice of Public Relations. 7th edition. Upper Saddle River: Prentice Hall.

Sharpe, Melvin L. (1992): The Impact of Social and Cultural Conditioning on Global Public Relations. In: Public Relations Review, Vol. 18, No. 2, S. 103-107.

Sharpe, Melvin L. / Simoes, Roberto P. (1996): Public Relations Performance in South and Central America. In: Culbertson, Hugh M. / Chen, Ni (Eds.): International Public Relations. A Comparative Analysis. Mahwah: Lawrence Erlbaum Associates, S. 273-298.

Shuter, Robert / Wiseman, Richard L. (1994): Communication in Multinational Organizations. Conceptual, Theoretical, and Practical Issues. In: Wiseman, Richard L. / Shuter, Robert (Eds.): Communicating in Multinational Organizations. Thousand Oaks u.a.: Sage, S. 3-11.

Signitzer, Benno (1992): Theorie der Public Relations. In: Burkart, Roland / Hömberg, Walter (Hrsg.): Kommunikationstheorien. Ein Textbuch zur Einführung. Wien: Böhlau, S. 134-149.

Simmet-Blomberg, Heike (1998): Interkulturelle Marktforschung im europäischen Transformationsprozeß. Stuttgart: Schäffer-Poeschel.

Singelis, Theodore M. / Brown, W. (1995): Culture, Self, and Collectivist Communication: Linking Culture to Individual Behavior. In: Human Communication Research, Vol. 21, S. 354-389.

Singer, Marshall R. (1998): Culture: A Perceptual Approach. In: Bennett, Milton J. (Ed.): Basic Concepts of Intercultural Communication: A Reader. Yarmouth: Intercultural Press.

Smircich, L. (1983): Concepts of Cultural and Organizational Analysis. In: Administrative Science Quarterly, Vol. 28, S. 339-358.

Sondergaard, Mikael (1994): Research Note: Hofstede's Consequences: A Study of Reviews, Citations and Replications. In: Journal of Organization Studies, Vol. 15, No. 3, S. 447-456.

Sommer, Rudolf (2002): Globale Markenführung und kulturelle Unterschiede. In: Statistisches Bundesamt (Hrsg.): Aspekte internationaler und interkultureller Umfragen. Wiesbaden: Statistisches Bundesamt, S. 72-78.

Spicer, Christopher (1997): Organisational Public Relations. A Political Perspective. Mahwah: Lawrence Erlbaum Associates.

Sriramesh, K. (1991): The Impact of Societal Culture on Public Relations: Ethnographic Evidence From South India. Unpublished Doctoral Dissertation. College Park: University of Maryland.

Sriramesh, K. (1996): Power Distance and Public Relations: An Ethnographic Study of Southern Indian Organizations. In: Culbertson, Hugh M. / Chen, Ni (Eds.): International Public Relations. A Comparative Analysis. Mahwah: Lawrence Erlbaum Associates, S. 171-190.

Sriramesh, K. / Grunig, James E. / Buffington, Jody (1992): Corporate Culture and Public Relations. In: Grunig, James E. (Ed.) u.a.: Excellence in Public Relations and Communication Management. Hillsdale: Lawrence Erlbaum Associates, S. 577-595.

Sriramesh, K. / Kim, Yungwook / Takasaki, Mioko (1999): Public Relations in Three Asian Cultures: An Analysis. In: Journal of Public Relations Research, Vol. 11, No. 4, S. 271-292.

Sriramesh, K. / White, Jon (1992): Societal Culture and Public Relations. In: Grunig, James E. (Ed.) u.a.: Excellence in Public Relations and Communication Management. Hillsdale: Lawrence Erlbaum Associates, S. 597-614.

Staehle, Wolfgang H. (1992): Vom Unternehmer zum Manager – Konsequenzen für die PR. In: Avenarius, Horst / Armbrecht, Wolfgang (Hrsg.): Ist Public Relations eine Wissenschaft? Eine Einführung. Opladen: Westdeutscher Verlag, S. 245-255.

Statistisches Bundesamt (Hrsg.) (2002): Aspekte internationaler und interkultureller Umfragen. Wiesbaden: Statistisches Bundesamt.

Steger, Ulrich (2001): Globalisierte Unternehmenskommunikation: Rahmenbedingungen und Voraussetzungen. In: Johanssen, Klaus-Peter / Steger, Ulrich (Hrsg.): Lokal oder Global? Frankfurt am Main: F.A.Z.-Institut, S. 20-41.

Stender-Monhemius, Kerstin (1999): Einführung in die Kommunikationspolitik. München: Vahlen.

Stevenson, Robert L. (2001): Die Sicht des Kommunikationswissenschaftlers. Globale Kommunikation im 21. Jahrhundert. In: Johanssen, Klaus-Peter / Steger, Ulrich (Hrsg.): Lokal oder Global? Frankfurt am Main: F.A.Z.-Institut, S. 78-94.

Stewart, Edward C. / Danielian, Jack / Foster, Robert J. (1998): Cultural Assumptions and Values. In: Bennett, Milton J. (Ed.): Basic Concepts of Intercultural Communication: A Reader. Yarmouth: Intercultural Press, S. 157-172.

Straubhaar, Joseph D. / Heeter, Carrie / Greenberg, Bradley S. / Ferreira, Leonardo / Wicks, Robert H. / Lau, Tuen-yu (1992): What Makes News: Western, Socialist, and Third-World Television Newscasts Compared in Eight Countries. In: Korzenny, Felipe / Ting-Toomey, Stella (Eds.): Mass Media Effects Across Cultures. Newbury Park: Sage, S. S. 89-109.

Streich, Michael (1996): Internationale Werbeplanung: Eine Analyse unter besonderer Berücksichtigung der internationalen Werbebudgetierung. Heidelberg: Physica.

Stuiber, Heinz-Werner (1992): Theorieansätze für Public Relations – Anmerkungen aus sozialwissenschaftlicher Sicht. In: Avenarius, Horst / Armbrecht, Wolfgang (Hrsg.): Ist Public Relations eine Wissenschaft? Eine Einführung. Opladen: Westdeutscher Verlag, S. 207-220.

Szyska, Peter (1997a): PR-Geschichte als Theoriebaustein. Einführung. In: ders. (Hrsg.): Auf der Suche nach Identität: PR-Geschichte als Theoriebaustein. Berlin: Vistas, S. 9-17.

Szyska, Peter (1997b): Marginalie oder Theoriebaustein? Zum Erkenntniswert historischer PR-Forschung. In: ders. (Hrsg.): Auf der Suche nach Identität: PR-Geschichte als Theoriebaustein. Berlin: Vistas, S. 112-136.

Szyska, Peter (2000a): Journalisten in der Öffentlichkeitsarbeit? In: Reineke, Wolfgang / Eisele, Hans: Taschenbuch der Öffentlichkeitsarbeit. Public Relations in der Gesamtkommunikation. 3., neubearbeitete und erweiterte Auflage. Heidelberg: Sauer, S. 127-135.

Szyska, Peter (2000b): Interne Kommunikation oder interne PR? Eine Klärung der Funktion interner Öffentlichkeitsarbeit. In: PR-Guide Juni 2000, http://www.dprg.de/onlineb/p200601.htm.

Szyska, Peter (2001): Öffentlichkeitsarbeit, zeitgeschichtliche Entwicklung. In: Brauner, Detlef J. / Leitolf, Jörg / Raible-Besten, Robert / Weigert, Martin M. (Hrsg.): Lexikon der Presse- und Öffentlichkeitsarbeit. München; Wien: Oldenbourg, S. 284-289.

Szyska, Peter (Hrsg.) (1997): Auf der Suche nach Identität: PR-Geschichte als Theoriebaustein. Berlin: Vistas.

Takasaki, Myoko (1994): Public Relations in Japan. Unpublished Term Paper. West Lafayette: Purdue University.

Tanno, Dolores V. / González, Alberto (Eds.) (1998): Communication and Identity Across Cultures. Thousand Oaks: Sage.

Tayeb, Monir H. (1988): Organizations and National Culture. A Comparative Analysis. London: Sage.

Teboul, Jc. Bruno / Chen, Ling / Fritz, Lynn M. (1994): Intercultural Organizational Communication Research in Multinational Organizations. In: Wiseman, Richard L. / Shuter, Robert (Eds.): Communicating in Multinational Organizations. Thousand Oaks u.a.: Sage, S. 12-29.

Theobald, Axel (2000): Das World Wide Web als Befragungsinstrument. Wiesbaden: Gabler.

Thieme, Werner M. (2000): Interkulturelle Kommunikation und internationales Marketing; theoretische Grundlagen als Anknüpfungspunkt für ein Management kultureller Unterschiede. Frankfurt am Main: Lang.

Throsby, C. David (2001): Economics and Culture. New York: Cambridge University Press.

Tietz, Bruno / Köhler, Richard / Zentes, Joachim (Hrsg.) (1995): Handwörterbuch des Marketing. 2., vollständig überarbeitete Auflage. Stuttgart: Schäffer-Poeschel.

Ting-Toomey, Stella (1999): Communicating Across Cultures. New York; London: Guilford.

Töpfer, Armin (1999): Plötzliche Unternehmenskrisen – Gefahr oder Chance? Grundlagen des Krisenmanagement, Praxisfälle, Grundsätze zur Krisenvorsorge. Neuwied; Kriftel: Luchterhand.

Tomlinson, John (1997): Cultural Globalization and Cultural Imperialism. In: Mohammadi, Ali (Ed.): International Communication and Globalization. London: Sage, S. 170-198.

Toth, Elizabeth / Grunig, Larissa A. (1993): The Missing Story of Women in Public Relations. In: Journal of Public Relations Research, Vol. 5, Nr. 3, S. 153-175.

Traverse-Healy, Tim (1991): The Corporate Aspect. In: Nally, Margaret (Ed.): International Public Relations in Practice. First Hand Experience of 14 Professionals. London: Kogan Page, S. 29-39.

Trevitt, G. (1991): Organizing the International Operation. The World is Huge. In: Nally, Margaret (Ed.): International Public Relations in Practice. First Hand Experience of 14 Professionals. London: Kogan Page, S. 25-27.

Triandis, Harry C. (1972): The Analysis of Subjective Culture. Comparative Studies in Behavioral Science. New York: Wiley Interscience.

Triandis, Harry C. (1980): Introduction to Handbook of Cross-Cultural Psychology. In: Triandis, Harry C. / Lambert, W. W. (Eds.): Handbook of Cross-Cultural Psychology: Perspectives. Boston: Allyn and Bacon, S. 1-14.

Triandis, Harry C. / Berry, John W. (Eds.) (1980): Handbook of Cross-Cultural Psychology: Methodology (Volume 1). Boston: Allyn and Bacon.

Triandis, Harry C. / Lambert, W. W. (Eds.) (1980): Handbook of Cross-Cultural Psychology: Perspectives (Volume 2). Boston: Allyn and Bacon.

Trillo, Néstor G. (1996a): Intercultural Communication: Edward T. Hall. In: http://www2.soc.hawaii.edu/css/dept/com/resources/intercultural/Hall.html, zugegriffen am 28.11.2000

Trillo, Néstor G. (1996b): Intercultural Communication: G. Hofstede. In: http://www2.soc.hawaii.edu/css/dept/com/resources/intercultural/Hall.html, zugegriffen am 28.11.2000.

Trommsdorff, Gisela (1989): Kulturvergleichende Sozialisationsforschung. In: dies. (Hrsg.): Sozialisation im Kulturvergleich. Stuttgart: Ferdinand Enke, S. 6-24.

Trommsdorff, Gisela (Hrsg.) (1989): Sozialisation im Kulturvergleich. Stuttgart: Ferdinand Enke.

Tuten, Tracy L. (1997): Electronic Methods of Collecting Survey Data: A Review of „E-Research". ZUMA-Arbeitsbericht Nr. 97/09 vom Juli 1997.

Usunier, Jean-Claude (1998): International and Cross-Cultural Management Research. London u.a.: Sage.

Usunier, Jean-Claude (2000): Marketing Across Cultures. 3rd edition. Harlow: Pearson Education Limited.

Van Leuven, James K. / Pratt, Cornelius B. (1996): Public Relations' Role: Realities in Asia and in Africa South of the Sahara. In: Culbertson, Hugh M. / Chen, Ni (Eds.): International Public Relations. A Comparative Analysis. Mahwah: Lawrence Erlbaum Associates, S. 92-105.

Varey, Richard (1997a): Public Relations: The External Publics Context. In: Kitchen, Philip J. (Ed.): Public Relations: Principles and Practice. London: International Thomson Press, S. 89-108.

Varey, Richard (1997b): External Public Relations Activities. In: Kitchen, Philip J. (Ed.): Public Relations: Principles and Practice. London: International Thomson Press, S. 109-127.

Vasquez, Gabriel M. / Taylor, Maureen (1994): A Cultural Approach to Public Relations Research: An Extension of Hofstede's Variables to Grunig's Models of Public Relations. Paper presented at the Annual Meeting of the Speech Communication Association, New Orleans, 19.-22. November 1994.

Vercic, Dejan (2002): Public Relations Research and Education in Slovenia. In: Averbeck, Stefanie / Wehmeier, Stefan (Hrsg.): Kommunikationswissenschaft und Public Relations in Osteuropa: Arbeitsberichte. Leipzig: Leipziger Universitätsverlag, S. 157-173.

Vercic, Dejan / Grunig, James E. (1995): The Origins of Public Relations Theory in Economics and Strategic Management. Paper Presented to The Second International Public Relations Research Symposium, Bled, Slovenia, July 6-9, 1995.

Vercic, Dejan / Grunig, James E. (2000): The Origins of Public Relations Theory in Economics and Strategic Management. In: Moss, Danny / Vercic, Dejan / Warnaby, Gary (Eds.): Perspectives on Public Relations Research. London; New York: Routledge, S. 10-58.

Vercic, Dejan / Grunig, Larissa A. / Grunig, James E. (1993): Global and Specific Principles of Public Relations: Evidence from Slovenia. Paper presented to the Association of Policy, Research and Development in the Third World, Cairo.

Vercic, Dejan / Grunig, Larissa A. / Grunig, James E. (1996): Global and Specific Principles of Public Relations: Evidence From Slovenia. In: Culbertson, Hugh M. / Chen, Ni (Eds.): International Public Relations. A Comparative Analysis. Mahwah: Lawrence Erlbaum Associates, S. 31-65.

Volkart, Rudolf / Labhart, Peter (2001): Investor Relations als Wertsteigerungsmanagement. In: Kirchhoff, Klaus Rainer / Piwinger, Manfred (Hrsg.): Die Praxis der Investor Relations. Effiziente Kommunikation zwischen Unternehmen und Kapitalmarkt. Neuwied; Kriftel: Luchterhand, S. 134-151.

Von Bargen, Jörg (1987): Public Relations 2000. Die Öffentlichkeitsarbeit im Unternehmen auf dem Weg zu einem neuen Selbstverständnis. In: PR-Magazin, Nr. 11, S. 25-29.

Von Bertalanffy, Ludwig (1968): General Systems Theory: Foundations, Development, Application. New York: George Brazillier.

Wakefield, Robert (2000): Preliminary Delphi Research on International Public Relations Programming. Initial Data Supports Application of Certain Generic/Specific Concepts. In: Moss, Danny / Vercic, Dejan / Warnaby, Gary (Eds.): Perspectives on Public Relations Research. London; New York: Routledge, S. 179-208.

Wakefield, Robert / Rosborough, Amy (2000): Globalization and Diversifying PR Management, Part II: Examples from Research and Practice. PRSA/IPRA World Congress 2000, Chicago. In: http://www.ipranet.org/workboog/page43.htm, zugegriffen am 09.01.2001.

Walther, Christoph (1998): Internationalisierung und Dezentralisierung. In: Merten, Klaus / Zimmermann, Rainer (Hrsg.): Das Handbuch der Unternehmenskommunikation. Köln: Deutscher Wirtschaftsdienst / Neuwied; Kriftel: Luchterhand, S. 106-112.

Warnaby, Gary / Moss, Danny (1997): The Role of Public Relations in Organisations. In: Kitchen, Philip J. (Ed.): Public Relations: Principles and Practice. London: International Thomson Press, S. 6-21.

Watson, Tom (1997): Measuring the Success Rate: Evaluating the PR Process and PR Programmes. In: Kitchen, Philip J. (Ed.): Public Relations: Principles and Practice. London: International Thomson Press, S. 283-299.

Weaver, David H. / (Ed.) (1998): The Global Journalist. News People Around the World. Cresskill: Hampton Press.

Weidinger, Dorothea (1998): Nation – Nationalismus – Nationale Identität. Bonn: Bundeszentrale für politische Bildung.

Werner, Oswald / Campbell, Donald T. (1970): Translating, Working Through Interpreters and the Problem of Decentering. In: Naroll, Raoul / Cohen, Ronald (Eds.): A Handbook of Method in Cultural Anthropology. New York: The Natural History Press, S. 398-420.

White, Jon / Dozier, D. M. (1992): Public Relations and Management Decision-Making. In: Grunig, James E. (Ed.) u.a.: Excellence in Public Relations and Communication Management. Hillsdale: Lawrence Erlbaum Associates, S. 91-108.

Widmaier, Ulrich (1997): Vergleichende Aggregatdatenanalyse. In: Berg-Schlosser, Dirk / Müller-Rommel, Ferdinand (Hrsg.): Vergleichende Politikwissenschaft. Ein einführendes Studienhandbuch. 3., überarbeitete und ergänzte Auflage. Opladen: Leske + Budrich, S. 103-118.

Wilcox, Dennis L. / Ault, Phillip H. / Agee, Warren K. (1992): Public Relations. Strategies and Tactics. 3rd edition. New York: Harper Collins.

Wilcox, Dennis L. / Ault, Phillip H. / Agee, Warren K. / Cameron, Glen T. (1999): Public Relations. Strategies and Tactics. 6th edition. New York u.a.: Addison Wesley Longman.

Will, Michael (2001): Corporate Communications. In: Brauner, Detlef J. / Leitolf, Jörg / Raible-Besten, Robert / Weigert, Martin M. (Hrsg.): Lexikon der Presse- und Öffentlichkeitsarbeit. München; Wien: Oldenbourg, S. 48-57.

Wilson, Larie J. (1996): Strategic Cooperative Communities: A Synthesis of Strategic, Issue Management, and Relationship-Building Approaches in Public Relations. In: Culbertson, Hugh M. / Chen, Ni (Eds.): International Public Relations. A Comparative Analysis. Mahwah: Lawrence Erlbaum Associates, S. 67-80.

Wimmer, Oliver (1994): International integrierte Unternehmenskommunikation: Die Konfiguration internationaler Klienten-Agentur-Netzwerke. Konstanz: Univ.-Verl.

Wimmer, Thomas (2001): Corporate Social Responsibility als Chance. Eine Meinungsbildnerstudie in Frankreich, Großbritannien und Deutschland. In: Public Relations Forum, 7. Jg., Nr. 2, S. 80 -82.

Wind, Yoram / Douglas, Susan P. / Perlmutter, Howard V. (1973): Guidelines for Developing International Marketing Strategies. In: Journal of Marketing, Vol. 37, No. 2, S. 14-23.

Wiseman, Richard L. / Shuter, Robert (Eds.) (1994): Communicating in Multinational Organizations. Thousand Oaks u.a.: Sage.

Wottawa, Heinrich (1995): Erfolgskontrolle – Ein Instrumente der Selbstdisziplin oder der Disziplinierung? In: Baerns, Barbara (Hrsg.): PR-Erfolgskontrolle. Messen und Bewerten in der Öffentlichkeitsarbeit. Verfahren, Strategien, Beispiele. Frankfurt am Main: IMK, S. 31-46.

Wouters, Joyce (1991): International Public Relations. Hot to Establish Your Company's Product, Service, and Image in Foreign Markets. New York: Amacom.

Zaidman, Nurit (2001): Cultural Codes and Language Strategies in Business Communication. Interactions Between Israeli and Indian Businesspeople. In: Management Communication Quarterly, Vol. 14, No. 3, S. 408-441.

Zerfaß, Ansgar (1996): Unternehmensführung und Öffentlichkeitsarbeit: Grundlegung einer Theorie der Unternehmenskommunikation und Public Relations. Opladen: Westdeutscher Verlag.

Zerfaß, Ansgar (2001a): Interaktive Öffentlichkeitsarbeit. In: Brauner, Detlef J. / Leitolf, Jörg / Raible-Besten, Robert / Weigert, Martin M. (Hrsg.): Lexikon der Presse- und Öffentlichkeitsarbeit. München; Wien: Oldenbourg, S. 156-160.

Zerfaß, Ansgar (2001b): Unternehmensführung und Öffentlichkeitsarbeit. In: Brauner, Detlef J. / Leitolf, Jörg / Raible-Besten, Robert / Weigert, Martin M. (Hrsg.): Lexikon der Presse- und Öffentlichkeitsarbeit. München; Wien: Oldenbourg, S. 394-399.

Zimmermann, Rainer (1998): Public Relations als Führungsdisziplin. Die politische Natur von Public Relations und ihre Geltung für die Unternehmenskommunikation. In: Merten, Klaus / Zimmermann, Rainer (Hrsg.): Das Handbuch der Unternehmenskommunikation. Köln: Deutscher Wirtschaftsdienst / Neuwied; Kriftel: Luchterhand, S. 57-63.

Zlateva, Minka (2002): The Development of Public Relations in Bulgaria (1989-2000). In: Averbeck, Stefanie / Wehmeier, Stefan (Hrsg.): Kommunikationswissenschaft und Public Relations in Osteuropa: Arbeitsberichte. Leipzig: Leipziger Universitätsverlag, S. 30-55.

Tabellen und Abbildungen

Indizes der Kulturdimensionen nach Hofstede

Tab. 40: Machtdistanzindex (MDI) [147]

Position	Land oder Region	MDI-Punkte	Position	Land oder Region	MDI-Punkte
1	Malaysia	104	27/28	Südkorea	60
2/3	Guatemala	95	29/30	Iran	58
2/3	Panama	95	29/30	Taiwan	58
4	Philippinen	94	31	Spanien	57
5/6	Mexiko	81	32	Pakistan	55
5/6	Venezuela	81	33	Japan	54
7	Arabische Länder	80	34	Italien	50
8/9	Ecuador	78	35/36	Argentinien	49
8/9	Indonesien	78	35/36	Südafrika	49
10/11	Indien	77	37	Jamaika	45
10/11	Westafrika	77	38	USA	40
12	Jugoslawien	76	39	Kanada	39
13	Singapur	74	40	Niederlande	38
14	Brasilien	69	41	Australien	36
15/16	Frankreich	68	42/44	Costa Rica	35
15/16	Hongkong	68	42/44	Bundesrepublik Deutschland	35
17	Kolumbien	67	42/44	Großbritannien	35
18/19	Salvador	66	45	Schweiz	34
18/19	Türkei	66	46	Finnland	33
20	Belgien	65	47/48	Norwegen	31
21/23	Ostafrika	64	47/48	Schweden	31
21/23	Peru	64	49	Irland	28
21/23	Thailand	64	50	Neuseeland	22
24/25	Chile	63	51	Dänemark	18
24/25	Portugal	63	52	Israel	13
26	Uruguay	61	53	Österreich	11
27/28	Griechenland	60			

Quelle: Hofstede (1993a, S. 40)

Tab. 41: Individualismusindex (IDV) [148]

Position	Land oder Region	IDV-Punkte	Position	Land oder Region	IDV-Punkte
1	USA	91	28	Türkei	37
2	Australien	90	29	Uruguay	36
3	Großbritannien	89	30	Griechenland	35
4/5	Kanada	80	31	Philippinen	32
4/5	Niederlande	80	32	Mexiko	30
6	Neuseeland	79	33/35	Ostafrika	27
7	Italien	76	33/35	Jugoslawien	27
8	Belgien	75	33/35	Portugal	27
9	Dänemark	74	36	Malaysia	26

---

[147] Bereinigt um die in der Originalquelle falsche Reihung im Feld „Position". (Je größer der Indexwert, desto größer die Machtdistanz.).
[148] Je größer der Indexwert, desto individualistischer die Kultur.

Position	Land oder Region	Punkte	Position	Land oder Region	Punkte
10/11	Schweden	71	37	Hongkong	25
10/11	Fankreich	71	38	Chile	23
12	Irland	70	39/41	Westafrika	20
13	Norwegen	69	39/41	Singapur	20
14	Schweiz	68	39/41	Thailand	20
15	Bundesrepublik Deutschland	67	42	El Salvador	19
16	Südafrika	65	43	Südkorea	18
17	Finnland	63	44	Taiwan	17
18	Österreich	55	45	Peru	16
19	Israel	54	46	Costa Rica	15
20	Spanien	51	47/48	Pakistan	14
21	Indien	48	47/48	Indonesien	14
22/23	Japan	46	49	Kolumbien	13
22/23	Argentinien	46	50	Venezuela	12
24	Iran	41	51	Panama	11
25	Jamaika	39	52	Equador	8
26/27	Brasilien	38	53	Guatemala	6
26/27	Arabische Länder	38			

Quelle: Hofstede (1993a, S. 69)

Tab. 42: Maskulinitätsindex (MAS)[149]

Position	Land oder Region	MAS-Punkte	Position	Land oder Region	MAS-Punkte
1	Japan	95	28	Singapur	48
2	Österreich	79	29	Israel	47
3	Venezuela	73	30/31	Indonesien	46
4/5	Italien	70	30/31	Westafrika	46
4/5	Schweiz	70	32/33	Türkei	45
6	Mexiko	69	32/33	Taiwan	45
7/8	Irland	68	34	Panama	44
7/8	Jamaica	68	35/36	Iran	43
9/10	Großbritannien	66	35/36	Frankreich	43
9/10	Deutschland West	66	37/38	Spanien	42
11/12	Philippinen	64	37/38	Peru	42
11/12	Kolumbien	64	39	Ost-Afrika	41
13/14	Süd-Afrika	63	40	El Salvador	40
13/14	Ecuador	63	41	Südkorea	39
15	USA	62	42	Uruguay	38
15	Australien	61	43	Guatemala	37
17	Neuseeland	58	44	Thailand	34
18/19	Griechenland	57	45	Portugal	31
18/19	Hongkong	57	46	Chile	28
20/21	Argentinien	56	47	Finnland	26
20/21	Indien	56	48/49	Jugoslawien	21
22	Belgien	54	48/49	Costa Rica	21
23	Arabische Länder	53	50	Dänemark	16
24	Kanada	52	51	Niederlande	14
25/26	Malaysia	50	52	Norwegen	8
25/26	Pakistan	50	53	Schweden	5
27	Brasilien	49			

Quelle: Hofstede (1993a, S. 103)

Tab. 43: Unsicherheitsvermeidungsindex (UVI)[150]

Position	Land oder Region	UVI-Punkte	Position	Land oder Region	UVI-Punkte
1	Griechenland	112	28	Equador	67
2	Portugal	104	29	Bundesrepublik Deutschland	65
3	Guatemala	101	30	Thailand	64
4	Uruguay	100	31/32	Iran	59
5/6	Belgien	94	31/32	Finnland	59
5/6	El Salvador	94	33	Schweiz	58
7	Japan	92	34	Westafrika	54
8	Jugoslawien	88	35	Niederlande	53
9	Peru	87	36	Ostafrika	52
10/15	Frankreich	86	37	Australien	51
10/15	Chile	86	38	Norwegen	50
10/15	Spanien	86	39/40	Südafrika	49
10/15	Costa Rica	86	39/40	Neuseeland	49
10/15	Panama	86	41/42	Indonesien	48
10/15	Argentinien	86	41/42	Kanada	48
16/17	Türkei	85	43	USA	46
16/17	Südkorea	85	44	Philippinen	44
18	Mexiko	82	45	Indien	40
19	Israel	81	46	Malaysia	36
20	Kolumbien	80	47/48	Großbritannien	35
21/22	Venezuela	76	47/48	Irland	35
21/22	Brasilien	76	49/50	Hongkong	29
23	Italien	75	49/50	Schweden	29
24/25	Pakistan	70	51	Dänemark	23
24/25	Österreich	70	52	Jamaika	13
26	Taiwan	69	53	Singapur	8
27	Arabische Länder	68			

Quelle: Hofstede (1993a, S. 133)

[149] Je größer der Indexwert, desto stärker die Ausprägung der Maskulinität in der entsprechenden Kultur.

[150] Je größer der Indexwert, desto stärker die Tendenz zur Vermeidung von Unsicherheiten in der jeweiligen Kultur.

Ergebnisse der Datenauswertung

Tab. 44 Alter der Befragten (in %)

Alter der Befragten	Deutschland	Österreich	Dänemark	Indien
20-30	7	8	36	18
31-40	40	47	36	18
41-50	9	25	18	36
51-60	21	19	9	9
61 oder älter	2	0	0	9
Keine Angabe	1	0	0	9

Brancheneinteilung

Tab. 45: Branchenzuordnung der Unternehmen

Branchen	Deutschland	Österreich	Dänemark	Indien
Hersteller von Nahrungs- und Genussmitteln	7	3	0	0
Hersteller von Textil- und Stoffprodukten	0	5	0	0
Hersteller von Gummi- und Plastikprodukten	3	3	19	0
Chemikalien und Pharma	5	5	0	30
Maschinen-, Automobil- und Fahrzeugbau	12	17	9	20
Metallbearbeitendes Gewerbe	5	0	9	0
Computer, Hardware, Software und Elektronik	13	14	18	20
andere Herstellungsbetriebe	8	14	9	0
Transport und Logistik	7	3	9	10
Banken, Finanzinstitute und Versicherungen	0	0	0	10
Groß- und Einzelhandel	12	19	9	0
Telekommunikation	7	3	9	0
Bergbau, Erdöl- und Energiegewinnung aller Art	3	5	0	10
Dienstleistung	16	6	9	0
Baugewerbe	2	3	0	0

Größe der Unternehmen gemessen an der Mitarbeiterzahl

Abb. 53: Zahl der Mitarbeiter international (in %)

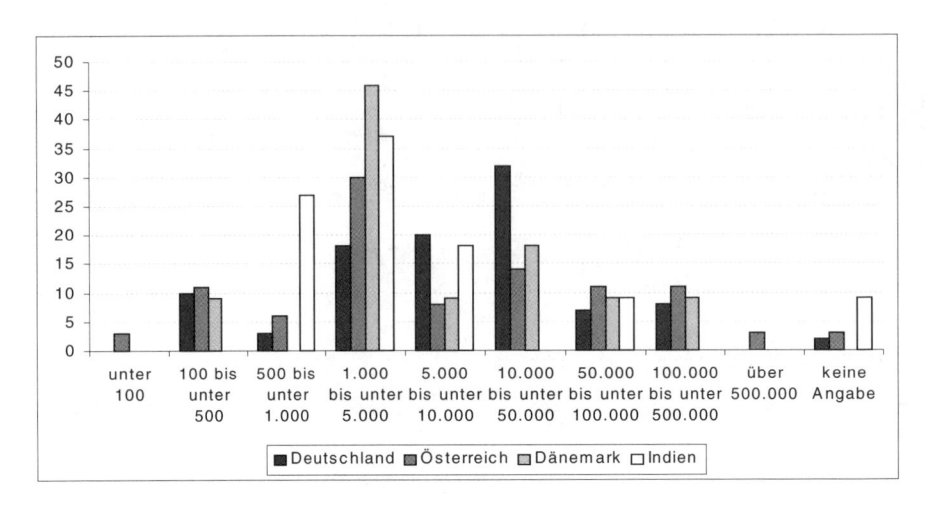

Abb. 54: Zahl der Mitarbeiter im Land (in %)

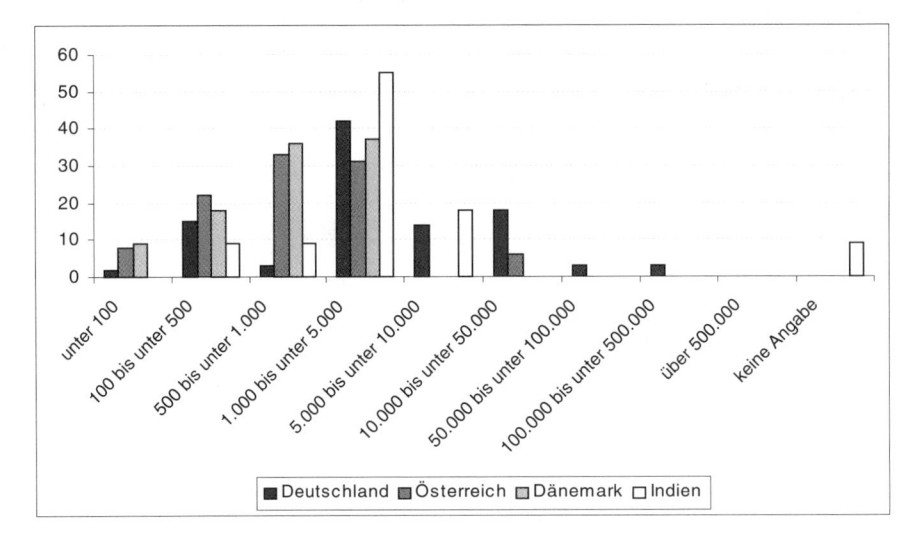

Ausgestaltung des PR-Verständnisses

Abb. 55: Soziale Verantwortung von Unternehmen

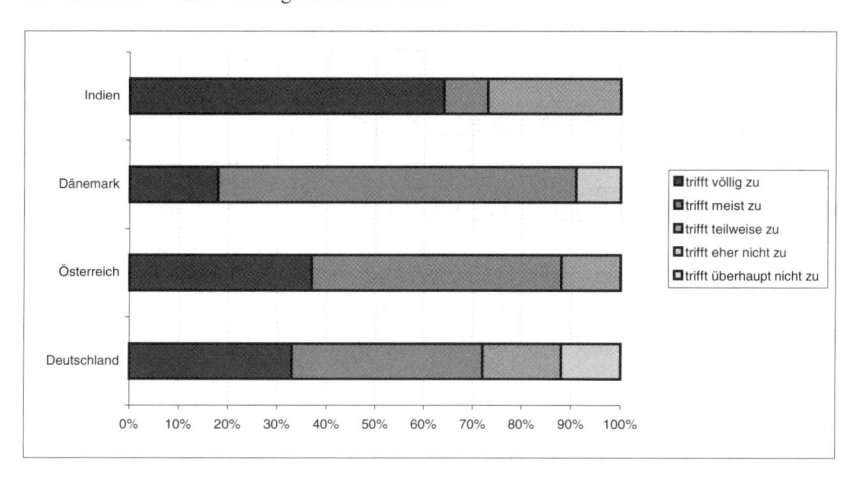

Abb. 56: PR als Managementfunktion

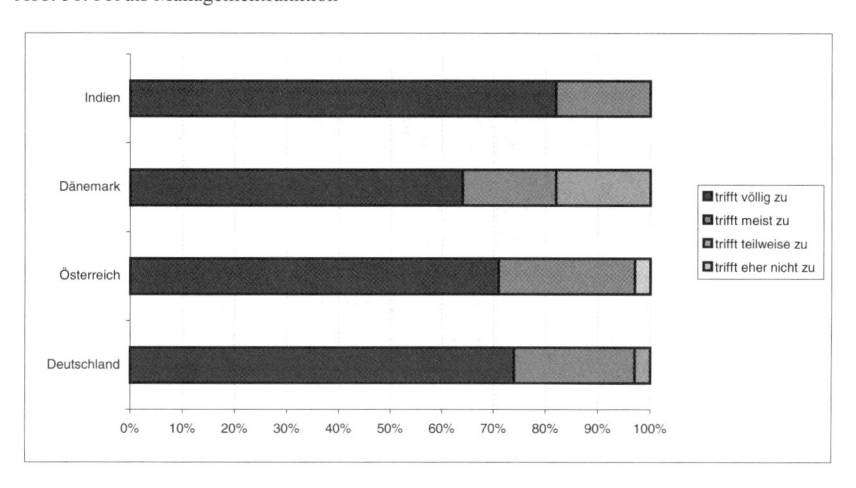

Abb. 57: PR zur Lenkung der öffentlichen Meinung

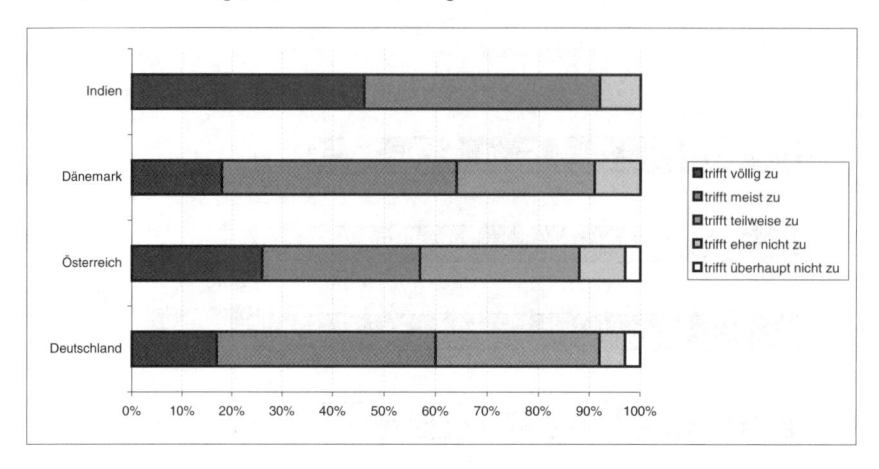

Abb. 58: Boundary Spanning als Aufgabe der PR

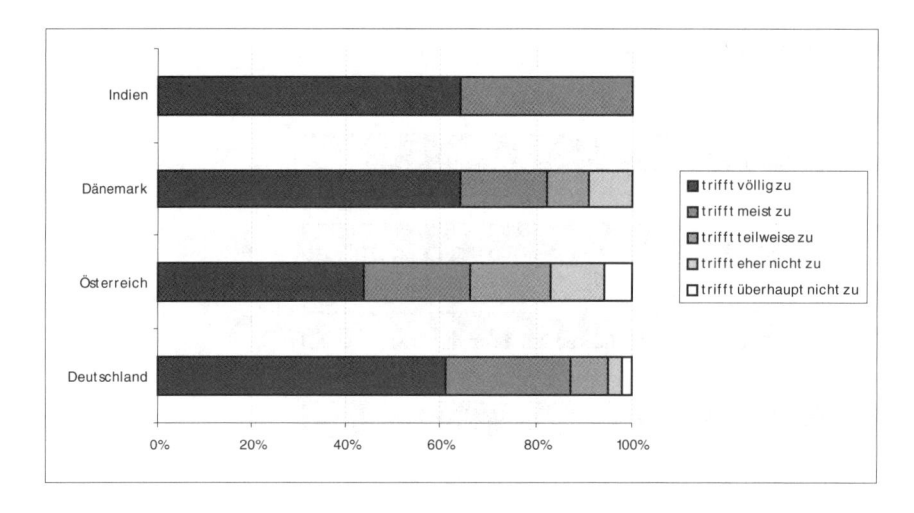

Abb. 59: Reaktive PR

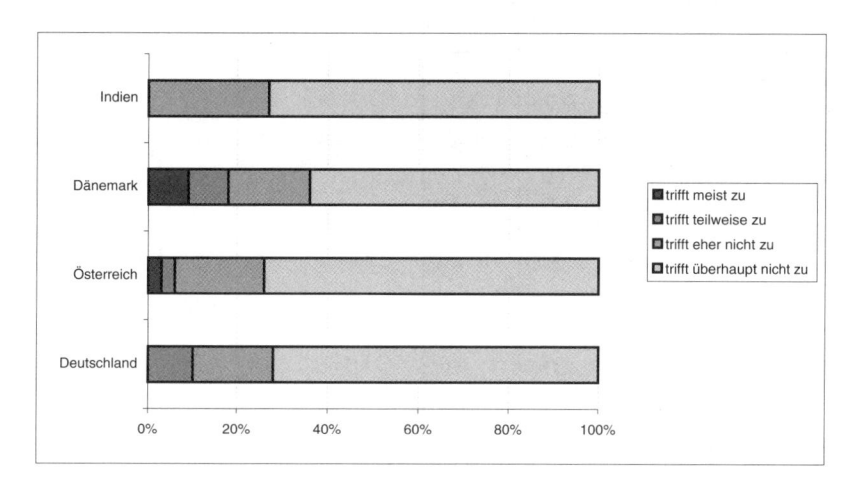

[Balkendiagramm: Indien, Dänemark, Österreich, Deutschland; Kategorien: trifft meist zu, trifft teilweise zu, trifft eher nicht zu, trifft überhaupt nicht zu]

Faktoranalysen für Deutschland und Österreich

Tab. 46: Ergebnisse einer Faktoranalyse zu den PR-Rollen in Deutschland

Erklärte Gesamtvarianz[a]

Komponente	Anfängliche Eigenwerte			Rotierte Summe der quadrierten Ladungen		
	Gesamt	% der Varianz	Kumulierte %	Gesamt	% der Varianz	Kumulierte %
1	3,118	28,345	28,345	2,708	24,620	24,620
2	2,213	20,116	48,461	2,257	20,517	45,137
3	1,320	12,005	60,466	1,686	15,328	60,466
4	,992	9,014	69,479			
5	,796	7,235	76,714			
6	,763	6,937	83,651			
7	,509	4,624	88,276			
8	,388	3,527	91,802			
9	,362	3,286	95,089			
10	,283	2,571	97,660			
11	,257	2,340	100,000			

Extraktionsmethode: Hauptkomponentenanalyse.
a. Arbeitsland = Deutschland

Komponententransformationsmatrix[a]

Komponente	1	2	3
1	,865	,382	-,325
2	-,217	,869	,444
3	,452	-,314	,835

Extraktionsmethode: Hauptkomponentenanalyse.
Rotationsmethode: Varimax mit Kaiser-Normalisierung.
a. Arbeitsland = Deutschland

Rotierte Komponentenmatrix[a,b]

	Komponente		
	1	2	3
Schreiben, Redigieren, Publikationen erstellen	-,143	-,230	,799
Beratung des Vorstands	,823	9,850E-02	-4,15E-02
Mitarbeiterführung und -koordination	,833	5,455E-02	9,468E-02
Umsetzung von Vorgaben bzw. Entscheidungen anderer	-,570	,362	,305
Alltägliche Kommunikationsaufgaben wie Korrespondenz,	-,200	,346	,604
Budgetplanung und -management	,287	,744	,107
Herstellung und Pflege von Medienkontakten	,401	,196	,510
Planung und Management von PR-Programmen	,435	,545	-,336
Umsetzung von PR-Maßnahmen	2,991E-02	,738	-4,66E-03
Organisatorische Durchführung von Veranstaltungen	-,138	,702	6,452E-02
Treffen von Entscheidungen bezüglich der Kommunikationspolitik	,706	,123	-,436

Extraktionsmethode: Hauptkomponentenanalyse.
Rotationsmethode: Varimax mit Kaiser-Normalisierung.
a. Die Rotation ist in 5 Iterationen konvergiert.
b. Arbeitsland = Deutschland

Tab. 47: Ergebnisse einer Faktoranalyse zu den PR-Rollen in Österreich

Erklärte Gesamtvarianz[a]

Komponente	Anfängliche Eigenwerte			Rotierte Summe der quadrierten Ladungen		
	Gesamt	% der Varianz	Kumulierte %	Gesamt	% der Varianz	Kumulierte %
1	3,047	27,698	27,698	2,854	25,949	25,949
2	1,944	17,673	45,371	1,717	15,613	41,562
3	1,748	15,893	61,263	1,651	15,010	56,572
4	1,117	10,156	71,420	1,633	14,848	71,420
5	,866	7,869	79,288			
6	,656	5,963	85,252			
7	,541	4,920	90,171			
8	,440	3,997	94,169			
9	,350	3,177	97,346			
10	,196	1,786	99,132			
11	9,549E-02	,868	100,000			

Extraktionsmethode: Hauptkomponentenanalyse.
a. Arbeitsland = Österreich

Komponententransformationsmatrix[a]

Komponente	1	2	3	4
1	,927	,134	,056	,345
2	,071	-,745	,663	-,011
3	-,341	,412	,510	,674
4	,136	,508	,545	-,653

Extraktionsmethode: Hauptkomponentenanalyse.
Rotationsmethode: Varimax mit Kaiser-Normalisierung.

a. Arbeitsland = Österreich

Rotierte Komponentenmatrix[a,b]

	Komponente			
	1	2	3	4
Schreiben, Redigieren, Publikationen erstellen	,223	-,127	,636	,285
Beratung des Vorstands	,729	5,102E-03	,142	9,200E-02
Mitarbeiterführung und -koordination	,257	,364	-9,19E-02	,719
Umsetzung von Vorgaben bzw. Entscheidungen anderer	-4,51E-02	-,153	,204	,891
Alltägliche Kommunikationsaufgaben wie Korrespondenz,	-,107	-,236	,620	2,791E-03
Budgetplanung und -management	,322	,763	,143	,245
Herstellung und Pflege von Medienkontakten	,781	-,307	,135	-,285
Planung und Management von PR-Programmen	,841	1,863E-02	-,180	,158
Umsetzung von PR-Maßnahmen	,304	-,805	,249	,170
Organisatorische Durchführung von Veranstaltungen	-7,90E-02	,267	,796	-5,66E-02
Treffen von Entscheidungen bezüglich der Kommunikationspolitik	,821	,305	-,156	,184

Extraktionsmethode: Hauptkomponentenanalyse.
Rotationsmethode: Varimax mit Kaiser-Normalisierung.

a. Die Rotation ist in 6 Iterationen konvergiert.

b. Arbeitsland = Österreich

Tab. 48: Ergebnisse einer Faktoranalyse zu den PR-Modellen in Deutschland

Erklärte Gesamtvarianz [a]

Komponente	Anfängliche Eigenwerte			Rotierte Summe der quadrierten Ladungen		
	Gesamt	% der Varianz	Kumulierte %	Gesamt	% der Varianz	Kumulierte %
1	2,391	23,910	23,910	2,272	22,716	22,716
2	1,581	15,807	39,716	1,587	15,869	38,585
3	1,316	13,159	52,875	1,372	13,719	52,304
4	1,196	11,964	64,840	1,254	12,536	64,840
5	,988	9,882	74,722			
6	,719	7,187	81,909			
7	,687	6,867	88,776			
8	,463	4,631	93,407			
9	,383	3,831	97,239			
10	,276	2,761	100,000			

Extraktionsmethode: Hauptkomponentenanalyse.
a. Arbeitsland = Deutschland

Komponententransformationsmatrix [a]

Komponente	1	2	3	4
1	,942	,233	-,220	,102
2	-,162	,896	,355	,211
3	,219	-,375	,762	,480
4	-,197	-,039	-,495	,845

Extraktionsmethode: Hauptkomponentenanalyse.
Rotationsmethode: Varimax mit Kaiser-Normalisierung.
a. Arbeitsland = Deutschland

Rotierte Komponentenmatrix [a,b]

	Komponente			
	1	2	3	4
Ob ein PR-Programm erfolgreich war, können wir allein über	-,229	-6,52E-02	,791	8,658E-02
Public Relations basiert auf dem Prinzip des gegenseitigen	-,147	,272	-5,81E-02	,861
Vor Beginn eines PR-Programms werden die Einstellung der	,755	9,542E-02	-7,98E-02	9,212E-02
Ziel der PR-Arbeit ist es, zwischen dem Management unseres	,420	-,375	,117	,655
Wir sind mit dem Tagesgeschäft so beschäftigt, dass uns	,152	,460	-,438	2,780E-02
Zu einer guten PR-Arbeit gehört es, wichtigen Personen wie	9,446E-02	,657	6,616E-03	-7,47E-02
Vor Beginn eines PR-Programms ermitteln wir die öffentliche	,788	,219	-,153	-6,88E-03
In der PR geben wir für das Unternehmen ungünstige	3,773E-03	,717	,150	,218
Ziel unserer PR-Arbeit ist es, möglichst viel Publicity	,154	,387	,696	-8,98E-02
Vor Beginn eines PR-Programms beschaffen wir uns (z.B. durch	,880	-6,76E-02	1,423E-02	-7,13E-02

Extraktionsmethode: Hauptkomponentenanalyse.
Rotationsmethode: Varimax mit Kaiser-Normalisierung.
a. Die Rotation ist in 6 Iterationen konvergiert.
b. Arbeitsland = Deutschland

Tab. 49: Ergebnisse einer Faktoranalyse zu den PR-Modellen in Österreich

Erklärte Gesamtvarianz[a]

Komponente	Anfängliche Eigenwerte			Rotierte Summe der quadrierten Ladungen		
	Gesamt	% der Varianz	Kumulierte %	Gesamt	% der Varianz	Kumulierte %
1	3,045	30,452	30,452	2,980	29,798	29,798
2	1,784	17,843	48,296	1,609	16,087	45,885
3	1,325	13,249	61,544	1,483	14,830	60,714
4	1,021	10,208	71,752	1,104	11,038	71,752
5	,917	9,174	80,926			
6	,631	6,309	87,235			
7	,481	4,805	92,040			
8	,343	3,431	95,472			
9	,261	2,610	98,082			
10	,192	1,918	100,000			

Extraktionsmethode: Hauptkomponentenanalyse.
a. Arbeitsland = Österreich

Komponententransformationsmatrix[a]

Komponente	1	2	3	4
1	,976	,118	,171	-,067
2	-,201	,803	,553	-,092
3	-,042	-,470	,745	,471
4	-,076	-,347	,330	-,875

Extraktionsmethode: Hauptkomponentenanalyse.
Rotationsmethode: Varimax mit Kaiser-Normalisierung.
a. Arbeitsland = Österreich

Rotierte Komponentenmatrix[a,b]

	Komponente			
	1	2	3	4
Ob ein PR-Programm erfolgreich war, können wir allein über	-,795	,118	,291	,225
Public Relations basiert auf dem Prinzip des gegenseitigen	,146	-2,36E-02	7,247E-02	-,910
Vor Beginn eines PR-Programms werden die Einstellung der	,776	,127	,401	-3,20E-02
Ziel der PR-Arbeit ist es, zwischen dem Management unseres	-3,04E-02	,878	-,146	1,380E-02
Wir sind mit dem Tagesgeschäft so beschäftigt, dass uns	-8,92E-02	-,648	-,551	5,513E-02
Zu einer guten PR-Arbeit gehört es, wichtigen Personen wie	-1,96E-02	-8,60E-02	,880	-2,41E-02
Vor Beginn eines PR-Programms ermitteln wir die öffentliche	,685	,471	,171	8,270E-03
In der PR geben wir für das Unternehmen ungünstige	,463	-,392	,142	,435
Ziel unserer PR-Arbeit ist es, möglichst viel Publicity	-,633	5,847E-02	,262	,129
Vor Beginn eines PR-Programms beschaffen wir uns (z.B. durch	,794	-2,74E-02	,126	,116

Extraktionsmethode: Hauptkomponentenanalyse.
Rotationsmethode: Varimax mit Kaiser-Normalisierung.
a. Die Rotation ist in 7 Iterationen konvergiert.
b. Arbeitsland = Österreich

Einfluss von Unternehmens- und Individualkultur auf die deutsche PR-Praxis

Tab. 50: Erklärungsbeitrag der Unternehmenskultur für die PR

Element der PR	Korrelation nach Pearson	Regressionskoeffizient r^2
PR-Verständnis		
Gesellschaftsorientierter Ansatz	-.105	.010
Marketingorientierter Ansatz	.021	.004
Managementorientierter Ansatz	-.072	.000
Verständigungsorientierter Ansatz	-.054	.048
Konkrete Ausgestaltung des PR-Verständnisses		
Das Unternehmen hat der Öffentlichkeit gegenüber eine soziale Verantwortung, die durch die PR vermittelt werden muss.	.054	.003
Durch PR kann ein Unternehmen die öffentliche Meinung lenken.	-.051	.003
PR ist Kommunikationsmanagement zur Erreichung der wirtschaftlichen bzw. politischen Ziele des Unternehmens.	.125	.016
Aufgabe der PR ist es, Entwicklungen im Umfeld des Unternehmens wahrzunehmen, aufzugreifen und ggfs. die Geschäftsführung zu informieren. (*boundary spanning*)	.080	.006
PR wird erst dann aktiv, wenn von außen Informationen gewünscht werden (z.B. durch Anfragen eines Journalisten). (*reaktive PR*)	-.154	.024
Ethische Komponente: Einstellung zur Wahrheit		
Um eine Intervention der Regierung (z.B. in Form einer für das Unternehmen nachteiligen Gesetzgebung) zu verhindern, ist es manchmal notwendig, von der Wahrheit abzuweichen.	-.098	.010
Die Bekanntgabe nicht ganz wahrheitsgemäßer Informationen ist eine gute Taktik, um aus Konflikten als Sieger hervorzugehen (z.B. bei einer drohenden Übernahme durch einen Konkurrenten).	**-.314**	**.099**
Die Verbreitung unzutreffender Informationen ist dann gerechtfertigt, wenn gewisse Aspekte des Unternehmens, seiner Produkte oder seiner Dienstleistungen kommuniziert werden sollen.	-.015	.000
Angestrebte Ergebnisse der PR		
Hohe und qualitativ gute Medienresonanz	-.098	.010
Aufbau und Entwicklung eines positiven Images	-.005	.000
Besetzung eines wichtigen Themas in der öffentlichen Diskussion	.076	.006
Profilierung durch ein einheitliches Erscheinungsbild (Corporate Identity)	.006	.000
Meinungsänderung bei Journalisten bewirken	-.047	.002
Verhinderung einer politischen Maßnahme, die dem Unternehmen schadet	.018	.000
Dialog mit den relevanten Teilen der Öffentlichkeit herstellen	.113	.013
Information und Motivation der Mitarbeiter	.032	.001
Meinungsänderung bei Entscheidungsträgern erwirken	.095	.009

Tätigkeitsfelder		
Pressearbeit (Media Relations)	.101	.010
Regierungs-PR (insbes. Lobbying)	.169	.028
Business-to-Business-PR	.066	.004
Produkt- oder Dienstleistungs-PR	-.171	.029
Anwohner- bzw. Nachbarschafts-PR (Community Relations)	.096	.009
Investor Relations (Finanz-PR)	.147	.022
Interne PR / Mitarbeiterkommunikation	.130	.017
Issues Management, d.h. Früherkennung konflikthaltiger Themen	**.303**	**.092**
Krisenkommunikation	.051	.003
PR-Rollen		
Manager	**.256**	.066
Techniker	-.076	.006
PR-Modelle		
Publicity	.134	.018
Informationstätigkeit	**-.220**	.049
Asymmetrisches Zweiweg-Modell	-.115	.013
Symmetrisches Zweiweg-Modell	**.280**	.078
mixed-motive model	-.042	.002
Kommunikationspartner		
Kollegen und Mitarbeiter der eigenen PR-Abteilung	**.200**	.040
Kollegen und Mitarbeiter anderer Abteilungen des Unternehmens	.023	.001
Vorgesetzte	-.052	.003
Politiker	-.009	.000
Journalisten	-.125	.016
Kommunikationskanäle		
Persönliche Gespräche	.014	.000
Telefonisch	.135	.018
Per Brief	.094	.009
E-Mail	-.172	.030
Chat	-.041	.002
Fax	.143	.020

Tab. 51: Erklärungsbeitrag der Individualkultur für die PR[151]

Element der PR	Korrelation nach Pearson				Regressionskoeffizient r^2
	MD	Mas	Ind	UV	ges. Kulturdimensionen
PR-Verständnis					
Gesellschaftsorientierter Ansatz	-.100	.105	.014	-.105	.042
Marketingorientierter Ansatz	.139	-.021	.132	.021	.044
Managementorientierter Ansatz	**-.295**	**-.268**	-.101	-.072	**.210**
Verständigungsorientierter Ansatz	-.057	.091	.125	-.054	.035

---

151 MD = Machtdistanz, Mas = Maskulinität, Ind = Individualismus, UV = Unsicherheitsvermeidung.

Konkrete Ausgestaltung des PR-Verständnisses					
Das Unternehmen hat der Öffentlichkeit gegenüber eine soziale Verantwortung, die durch die PR vermittelt werden muss.	.015	.118	.021	.113	.033
Durch PR kann ein Unternehmen die öffentliche Meinung lenken.	.008	**.213**	-.120	.064	.056
PR ist Kommunikationsmanagement zur Erreichung der wirtschaftlichen bzw. politischen Ziele des Unternehmens.	.042	.034	-.068	**.279**	.094
Aufgabe der PR ist es, Entwicklungen im Umfeld des Unternehmens wahrzunehmen, aufzugreifen und ggfs. die Geschäftsführung zu informieren. (*boundary spanning*)	-.174	.081	-.152	-.048	.049
PR wird erst dann aktiv, wenn von außen Informationen Gewünscht werden (z.B. durch Anfragen eines Journalisten).(Reaktive PR)	.185	-.119	.163	.188	**.114**
Ethische Komponente: Einstellung zur Wahrheit					
Um eine Intervention der Regierung (z.B. in Form einer für das Unternehmen nachteiligen Gesetzgebung) zu verhindern, ist es manchmal notwendig, von der Wahrheit abzuweichen.	.105	-.056	**.230**	.046	.045
Die Bekanntgabe nicht ganz wahrheitsgemäßer Informationen ist eine gute Taktik, um aus Konflikten als Sieger hervorzugehen (z.B. bei einer drohenden Übernahme durch einen Konkurrenten).	.153	.032	.187	.063	**.123**
Die Verbreitung unzutreffender Informationen ist dann gerechtfertigt, wenn gewisse Aspekte des Unternehmens, seiner Produkte oder seiner Dienstleistungen kommuniziert werden sollen.	.104	-.005	**.230**	.154	.084
Angestrebte Ergebnisse der PR					
Hohe und qualitativ gute Medienresonanz	.190	-.045	-.038	**-.261**	**.126**
Aufbau und Entwicklung eines positiven Images	.185	-.021	-.057	-.110	.064
Besetzung eines wichtigen Themas in der öffentlichen Diskussion	**.213**	**.235**	-.180	-.081	**.165**
Profilierung durch ein einheitliches Erscheinungsbild (Corporate Identity)	.123	.109	-.095	**-.209**	.086
Meinungsänderung bei Journalisten bewirken	.139	.050	.067	-.067	.084
Verhinderung einer politischen Maßnahme, die dem Unternehmen schadet	.192	.184	**-.324**	.102	**.147**

Dialog mit den relevanten Teilen der Öffentlichkeit herstellen	.037	**.280**	**-.354**	-.124	**.166**
Information und Motivation der Mitarbeiter	-.090	.045	-.150	-.009	.037
Meinungsänderung bei Entscheidungsträgern erwirken	.165	-.106	-.117	-.072	.072
Tätigkeitsfelder					
Pressearbeit (Media Relations)	.132	.095	-.067	-.079	.047
Regierungs-PR (insbes. Lobbying)	.001	.071	.060	.063	.016
Business-to-Business-PR	.066	.025	**-.295**	-.055	.086
Produkt- oder Dienstleistungs-PR	.062	-.099	-.052	-.134	.066
Anwohner- bzw. Nachbarschafts-PR (Community Relations)	-.103	.091	-.147	.221	.090
Investor Relations (Finanz-PR)	-.014	.105	-.167	.164	.039
Interne PR / Mitarbeiterkommunikation	-.086	**.258**	-.141	.060	.067
Issues Management, d.h. Früherkennung konflikthaltiger Themen	.171	.152	-.050	.137	.075
Krisenkommunikation	.017	**.288**	.020	-.057	**.099**
PR-Rollen					
Manager	**.272**	-.016	-.118	-.129	**.111**
Techniker	.099	.195	-.067	-.063	.050
PR-Modelle					
Publicity	.129	.165	-.145	**.200**	.089
Informationstätigkeit	.138	.044	-.054	.036	.029
Asymmetrisches Zweiweg-Modell	.124	-.079	.006	.027	.021
Symmetrisches Zweiweg-Modell	-.029	.112	-.146	**.232**	**.100**
mixed-motive model	.039	-.067	-.046	.103	.021
Kommunikationspartner					
Kollegen und Mitarbeiter der eigenen PR-Abteilung	.026	.067	.125	.016	.032
Kollegen und Mitarbeiter anderer Abteilungen des Unternehmens	.193	-.014	-.067	-.092	.067
Vorgesetzte	-.121	.093	-.085	-.143	.048
Politiker	.134	**.260**	**-.264**	.094	**.111**
Journalisten	.151	-.041	.036	.027	.043
Kommunikationskanäle					
Persönliche Gespräche	**.287**	.002	-.162	**-.262**	**.196**
Telefonisch	.121	.150	-.050	.089	.051
Per Brief	-.058	.110	-.062	**.233**	.069
E-Mail	-.027	.113	-.150	**.249**	.012
Chat	-.138	-.039	.035	.155	.066
Fax	**.210**	.056	.034	.105	.038

Internationalisierung der PR-Arbeit

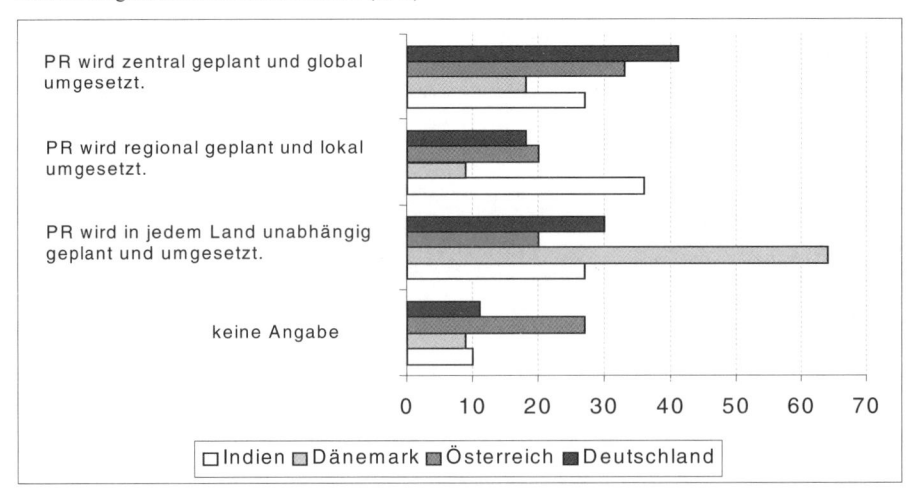

Abb. 60: Vorgaben der internationalen Zentrale in den einzelnen Bereichen

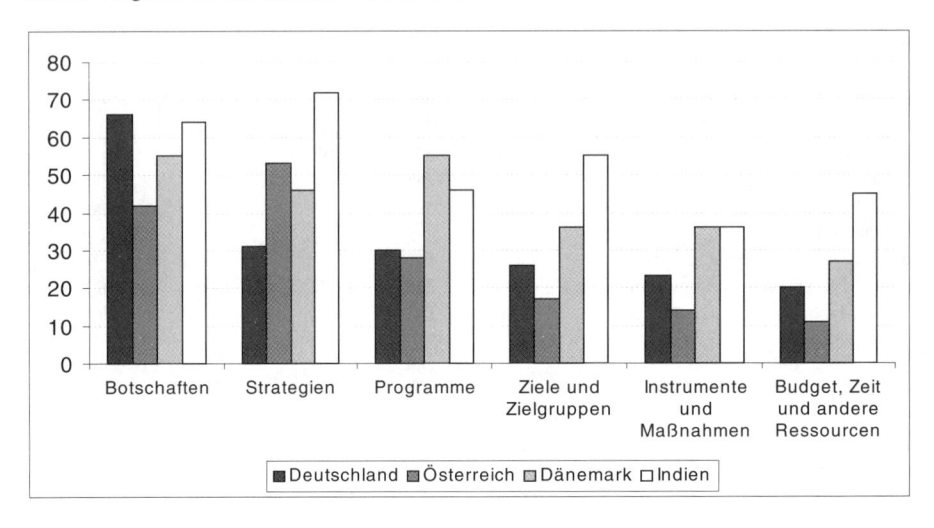

Abb. 61: Organisation internationaler PR (in %)

Abb. 62: Vorgaben der internationalen Zentrale für nationale PR-Arbeit (in %)

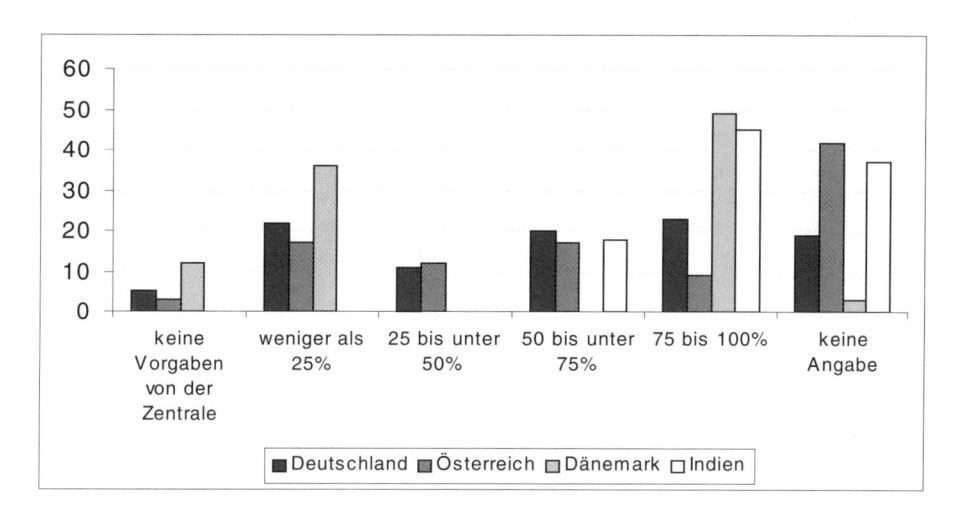

Fragebogen

1. Wenn von Public Relations (PR) bzw. Öffentlichkeitsarbeit gesprochen wird, muss klar sein, was mit den Begriffen überhaupt gemeint ist. Wie gut treffen folgende vier Definitionen von Public Relations auf Ihr PR-Verständnis zu?

	trifft völlig zu				trifft nicht zu
PR ist Kommunikationsmanagement zur Erreichung der wirtschaftlichen bzw. politischen Ziele des Unternehmens.	o	o	o	o	o
PR ist das geplante und zielgerichtete Bemühen eines Unternehmens um das Vertrauen der Öffentlichkeit.	o	o	o	o	o
PR ist Vermittlung und Ausgleich gesellschaftlicher Interessen.	o	o	o	o	o
PR ist eine Kommunikationsfunktion zur Absatzförderung von Produkten oder Dienstleistungen.	o	o	o	o	o

2. Innerhalb dieser grundlegenden Definitionen kann PR unterschiedliche Ausprägungen annehmen. Bitte geben Sie an, wie gut folgende Aussagen auf Ihr persönliches Verständnis von PR zutreffen:

	trifft völlig zu				trifft nicht zu
Das Unternehmen hat der Öffentlichkeit gegenüber eine soziale Verantwortung, die durch die PR vermittelt werden muss.	o	o	o	o	o
Durch PR kann ein Unternehmen die öffentliche Meinung lenken.	o	o	o	o	o
PR ist eine Managementfunktion.	o	o	o	o	o
Aufgabe der PR ist es, Entwicklungen im Umfeld des Unternehmens wahrzunehmen, aufzugreifen und ggfs. die Geschäftsführung zu informieren.	o	o	o	o	o
PR wird erst dann aktiv, wenn von außen Informationen gewünscht werden (z.B. durch Anfragen eines Journalisten).	o	o	o	o	o

3. Bitte geben Sie an, inwieweit Sie folgenden Aussagen zustimmen.

	trifft völlig zu				trifft nicht zu
Um eine Intervention der Regierung (z.B. in Form einer für das Unternehmen nachteiligen Gesetzgebung) zu verhindern, ist es manchmal notwendig, von der Wahrheit abzuweichen.	o	o	o	o	o
Die Bekanntgabe nicht ganz wahrheitsgemäßer Informationen ist eine gute Taktik, um aus Kon-	o	o	o	o	o

flikten als Sieger hervorzugehen (z.B. bei einer drohenden Übernahme durch einen Konkurrenten).

Die Verbreitung unzutreffender Informationen ist dann gerechtfertigt, wenn gewisse Aspekte des Unternehmens, seiner Produkte oder seiner Dienstleistungen kommuniziert werden sollen.   o   o   o   o   o

4. PR kann im Hinblick auf ihre Zielgruppen unterschiedliche Ziele verfolgen. Bitte kreuzen Sie die *drei* Ziele der PR an, die für Sie am wichtigsten sind.

PR will...
- o informieren
- o erklären
- o überzeugen
- o überreden
- o Vertrauen schaffen
- o um Verständnis werben
- o die öffentliche Meinung beeinflussen
- o Themen setzen und lenken

5. Wenn Sie ein PR-Programm durchführen, was sind für Sie die wichtigsten Ergebnisse?

	sehr wichtig				unwichtig
Hohe und qualitativ gute Medienresonanz	o	o	o	o	o
Aufbau und Entwicklung eines positiven Images	o	o	o	o	o
Besetzung eines wichtigen Themas in der öffentlichen Diskussion	o	o	o	o	o
Profilierung durch ein einheitliches Erscheinungsbild (Corporate Identity)	o	o	o	o	o
Meinungsänderung bei Journalisten bewirken	o	o	o	o	o
Verhinderung einer politischen Maßnahme, die dem Unternehmen schadet	o	o	o	o	o
Dialog mit den relevanten Teilen der Öffentlichkeit herstellen	o	o	o	o	o
Information und Motivation der Mitarbeiter	o	o	o	o	o
Meinungsänderung bei Entscheidungsträgern erwirken	o	o	o	o	o

6. Bitte schätzen Sie, wie häufig Sie an einem durchschnittlichen Arbeitstag mit den unten genannten Personengruppen kommunizieren.

	sehr häufig				nie
Mitarbeiter bzw. Kollegen der PR-Abteilung	o	o	o	o	o
Mitarbeiter bzw. Kollegen aus anderen Abteilungen des Unternehmens	o	o	o	o	o
Vorgesetzte	o	o	o	o	o
Politiker	o	o	o	o	o
Journalisten	o	o	o	o	o
Ich kommuniziere mit anderen/weiteren Personengruppen, und zwar:	o	o	o	o	o

7. Über welche Kanäle kommunizieren Sie meistens mit diesen Personengruppen?

	sehr häufig				nie
über persönliche Gespräche (face-to-face)	o	o	o	o	o
telefonisch	o	o	o	o	o
per Brief	o	o	o	o	o
via E-Mail	o	o	o	o	o
Chat	o	o	o	o	o
per Fax	o	o	o	o	o
über andere Kanäle, und zwar:	o	o	o	o	o

8. Unten sehen Sie eine Auflistung allgemeiner PR-Aufgabenfelder. Welche Rolle spielen diese Gebiete in der PR-Praxis Ihres Unternehmens?

	sehr wichtig				unwichtig
Pressearbeit	o	o	o	o	o
Regierungs-PR insbes. Lobbying	o	o	o	o	o
Business to Business-PR	o	o	o	o	o
Produkt- oder Dienstleistungs-PR	o	o	o	o	o
Anwohner- bzw. Nachbarschafts-PR	o	o	o	o	o
Investor Relations (Finanz-PR)	o	o	o	o	o
Interne PR / Mitarbeiterkommunikation	o	o	o	o	o
Issues Management, d.h. Früherkennung konflikthaltiger Themen	o	o	o	o	o
Krisenkommunikation	o	o	o	o	o
Andere Aufgaben, und zwar:	o	o	o	o	o

9. Wenn Sie jetzt an Ihr persönliches Arbeitsgebiet denken: Wie häufig führen Sie persönlich die unten genannten Aufgaben aus?

	sehr häufig				nie
Schreiben, Redigieren, Publikationen erstellen	o	o	o	o	o
Beratung des Vorstands	o	o	o	o	o
Mitarbeiterführung und -koordination	o	o	o	o	o
Umsetzung von Vorgaben bzw. Entscheidungen anderer	o	o	o	o	o
Alltägliche Kommunikationsaufgaben wie Korrespondenz, Telefonate, usw.	o	o	o	o	o
Budgetplanung und -management	o	o	o	o	o
Herstellung und Pflege von Medienkontakten	o	o	o	o	o
Planung und Management von PR-Programmen	o	o	o	o	o
Umsetzung von PR-Maßnahmen	o	o	o	o	o
Organisatorische Durchführung von Veranstaltungen	o	o	o	o	o
Treffen von Entscheidungen bezüglich der Kommunikationspolitik	o	o	o	o	o

10. Nachfolgend finden Sie eine Reihe von Aussagen zum PR-Alltag aus der Praxis. Wie gut trifft jede dieser Aussagen auf die PR-Arbeit Ihres Unternehmens zu?

	trifft völlig zu				trifft nicht zu
Ob ein PR-Programm erfolgreich war, können wir allein über unseren Pressespiegel (Clippings) sehr gut feststellen.	o	o	o	o	o
Public Relations basiert auf dem Prinzip des gegenseitigen Gebens und Nehmens.	o	o	o	o	o
Vor Beginn eines PR-Programms werden die Einstellung der Zielgruppen gemessen, um das Unternehmen und seine Grundsätze im Rahmen der PR so zu beschreiben, dass die Zielgruppen am wahrscheinlichsten überzeugt werden können.	o	o	o	o	o
Ziel der PR-Arbeit ist es, zwischen dem Management unseres Unternehmens und wichtigen Teilen der Öffentlichkeit ein gegenseitiges Verständnis zu entwickeln.	o	o	o	o	o
Wir sind mit dem Tagesgeschäft so beschäftigt, dass uns überhaupt keine Zeit für eine Wirkungskontrolle unserer PR-Aktivitäten bleibt.	o	o	o	o	o
Zu einer guten PR-Arbeit gehört es, wichtigen Personen wie Politikern, Behördenvertretern oder Journalisten kleine Aufmerksamkeiten (Geschenke oder auch Geld) zukommen zu lassen.	o	o	o	o	o

Vor Beginn eines PR-Programms ermitteln wir die öffentliche Meinung in Bezug auf unser Unternehmen und überlegen, wie wir diese zu unseren Gunsten ändern können.	o	o	o	o	o
In der PR geben wir für das Unternehmen ungünstige Informationen nicht von uns aus bekannt, sondern erst auf Nachfrage. Wenn wir Aussagen machen, dann sind die Informationen jedoch immer richtig und wahr.	o	o	o	o	o
Ziel unserer PR-Arbeit ist es, möglichst viel Publicity (Aufmerksamkeit) für unser Unternehmen zu erzeugen.	o	o	o	o	o
Vor Beginn eines PR-Programms beschaffen wir uns (z.B. durch systematische Befragungen) Informationen um herauszufinden, inwieweit die Positionen unseres Managements und unserer Zielgruppen übereinstimmen.	o	o	o	o	o

11. Wie schätzen Sie das Ansehen der PR-Praktiker in Ihrem Land heute ein?

- o sehr gut
- o ganz gut
- o mittelmäßig
- o eher schlecht
- o kann ich nicht beurteilen

Wie wird sich das Ansehen der PR-Praktiker in Ihrem Land in den nächsten zehn Jahren ändern? Bitte schätzen Sie.

- o Das Ansehen wird deutlich steigen.
- o Das Ansehen wird etwas steigen.
- o Es wird sich nichts ändern.
- o Das Ansehen wird eher sinken.
- o Das Ansehen wird deutlich sinken.
- o kann ich nicht beurteilen.

12. Welches (Fach-) Buch hat Ihre PR-Ausbildung und PR-Tätigkeit am stärksten geprägt?

Autor:
Titel:
- o spontan fällt mir kein Buch ein

Nun folgen einige Fragen, die sich auf die Unternehmenskultur und Ihren Arbeitsalltag im Unternehmen beziehen.

13. Wie schätzen Sie Ihr Unternehmen in Bezug auf diese Aussagen ein?
Bitte klicken Sie in das Kästchen, das Ihrer Meinung nach am ehesten zutrifft. Je näher Ihr Kreuz an einer der beiden Aussagen ist, desto stärker stimmen Sie dieser zu.

Ein Zusammengehörigkeitsgefühl der Mitarbeiter gibt es kaum.	o	o	o	o	o	Nahezu jeder Mitarbeiter unseres Unternehmens fühlt sich als Teil eines Teams.
Das Unternehmen ist immer offen für neue Ideen, innovativ und fortschrittlich.	o	o	o	o	o	Das Unternehmen verhält sich neuen Ideen gegenüber normalerweise ablehnend.
Der Aufstieg ist im Unternehmen eher davon abhängig, wen man kennt, als welche Leistung man erbringt.	o	o	o	o	o	Der Aufstieg ist im Unternehmen davon abhängig, welche Leistung man erbringt.
Die Abteilungen unseres Unternehmens arbeiten wie eine gut geölte Maschine zusammen.	o	o	o	o	o	Die meisten Abteilungen in unserem Unternehmen haben keine gemeinsame Zielsetzung.
Die meisten Entscheidungen werden erst nach sorgfältiger Diskussion des Problems mit den betroffenen Mitarbeitern getroffen.	o	o	o	o	o	Entscheidungen basieren in unserem Unternehmen auf Autorität.
Es gibt deutliche Hierarchieunterschiede.	o	o	o	o	o	Alle Mitarbeiter werden gleich behandelt.
Alle arbeiten zusammen, um das Unternehmen so effektiv wie möglich zu machen.	o	o	o	o	o	Die meisten Mitarbeiter haben v.a. ihren eigenen Vorteil im Blick.

14. Die folgenden Beschreibungen beziehen sich auf vier unterschiedliche Managertypen. Bitte lesen Sie diese Beschreibungen durch:
* Wenn nachfolgend von Manager die Rede ist, so ist immer auch die weibliche Form gemeint.

Manager 1:
Er trifft seine Entscheidungen schnell und kommuniziert sie seinen Mitarbeitern gegenüber klar und deutlich. Er erwartet, dass seine Entscheidungen loyal und ohne Nachfragen ausgeführt werden.

Manager 2:
Er trifft seine Entscheidungen normalerweise schnell, versucht aber, sie den Mitarbeitern ausführlich zu erklären. Er erläutert die Gründe für diese Entscheidungen und beantwortet alle Fragen, die die Mitarbeiter diesbezüglich haben.

Manager 3:
Er holt normalerweise die Meinungen seiner Mitarbeiter ein, bevor er Entscheidungen trifft. Er hört auf Ihren Rat, denkt darüber nach und gibt dann seine Entscheidungen bekannt. Er erwartet, dass alle Mitarbeiter seine Entscheidungen loyal umsetzen, unabhängig davon, ob die Entscheidung mit ihrem früheren Rat übereinstimmt.

Manager 4:
Er beruft normalerweise ein Meeting mit seinen Mitarbeitern ein, wenn eine wichtige Entscheidung getroffen werden muss. Er schildert der Gruppe das Problem, stellt es zur Diskussion und akzeptiert die Mehrheitsentscheidung der Gruppe.

Bitte geben Sie an, unter welchem der oben beschriebenen Managertypen Sie am liebsten arbeiten würden.
o Manager 1   o Manager 2   o Manager 3   o Manager 4

Welchem dieser Managertypen entspricht Ihr derzeitiger Vorgesetzter am ehesten?
o Manager 1   o Manager 2   o Manager 3   o Manager 4

15. Bitte geben Sie an, inwieweit Sie folgenden Aussagen zustimmen:	stimme völlig zu				stimme überhaupt nicht zu
Die Regeln eines Unternehmens sollten nicht gebrochen werden - auch wenn der Angestellte der Meinung ist, es sei zum Vorteil des Unternehmens.	o	o	o	o	o
Ich bin bei der Arbeit oft angespannt oder nervös.	o	o	o	o	o
In meinem Arbeitsumfeld haben Mitarbeiter keine Scheu, auch Meinungen zu äußern, die der des Vorgesetzten widersprechen.	o	o	o	o	o

16. Wenn Sie nun Ihre derzeitige Tätigkeit einmal vergessen und sich eine ideale Arbeit vorstellen - wie wichtig wäre Ihnen an dieser idealen Tätigkeit dann...	sehr wichtig				unwichtig
... genug Freizeit für sich selbst und die Familie?	o	o	o	o	o
... anspruchsvolle und herausfordernde Aufgaben, die Sie ausfüllen und zufrieden stellen?	o	o	o	o	o
... einen angemessenen Arbeitsplatz (z.B. Klimaanlage, Licht, Platz, usw.)?	o	o	o	o	o
... ein gutes Arbeitsverhältnis zu Ihrem direkten Vorgesetzten?	o	o	o	o	o
... einen sicheren Arbeitsplatz?	o	o	o	o	o
... große Freiheiten, um Ihre eigenen Vorstellungen von Ihrer Tätigkeit umzusetzen?	o	o	o	o	o
... mit Menschen zu arbeiten, die gut im Team zusammenarbeiten?	o	o	o	o	o
... die Aussicht auf ein hohes Einkommen?	o	o	o	o	o
... die Möglichkeit, Ihre Fertigkeiten zu verbes-	o	o	o	o	o

sern oder neue Fertigkeiten zu erlernen?

... Ihre Fähigkeiten und Kenntnisse in Ihrer Position voll einsetzen zu können? o o o o o

... in einer Gegend zu wohnen, die für Sie und Ihre Familie erstrebenswert ist? o o o o o

... Aufstiegsmöglichkeiten im Unternehmen? o o o o o

... für ein gutes Arbeitsergebnis die Anerkennung zu erhalten, die Sie verdient haben? o o o o o

17. Wie lange werden Sie vermutlich noch für Ihren jetzigen Arbeitgeber arbeiten?
- o höchstens noch fünf Jahre
- o länger als fünf Jahre (aber vermutlich werde ich bis zu meinem Ruhestand noch für mindestens einen anderen Arbeitgeber arbeiten)
- o bis zum Ruhestand

Abschließend benötigen wir noch einige Informationen zu Branche und Größe Ihres Unternehmens und zur Organisationen Ihrer PR-Abteilung.

18. Zu welcher Branche ist Ihr Unternehmen zu rechnen?
- o Hersteller von Nahrungs- und Genussmitteln
- o Hersteller von Textil- und Stoffprodukten
- o Hersteller von Gummi- und Plastikprodukten
- o Chemikalien und Pharma
- o Metallbearbeitendes Gewerbe
- o Maschinen-, Automobil- und Fahrzeugbau
- o Computer, Hardware, Software und Elektronik
- o Andere Herstellungsbetriebe
- o Transport und Logistik
- o Groß- und Einzelhandel
- o Medien, Verlage und Druckereien
- o Banken, Finanzinstitute und Versicherungen
- o Telekommunikation
- o Bergbau, Erdölindustrie und Energiegewinnung aller Art
- o Dienstleistung
- o Land- und Forstwirtschaft
- o Baugewerbe

19. Wie viele Mitarbeiter hat Ihr Unternehmen in Ihrem Land?
- o unter 100
- o 100 bis unter 500
- o 500 bis unter 1.000
- o 1.000 bis unter 5.000
- o 5.000 bis unter 10.000

- o 10.000 bis unter 50.000
- o 50.000 bis unter 100.000
- o 100.000 bis unter 500.000
- o über 500.000
- o keine Angabe

Wie viele Mitarbeiter hat Ihr Unternehmen weltweit?
- o unter 100
- o 100 bis unter 500
- o 500 bis unter 1.000
- o 1.000 bis unter 5.000
- o 5.000 bis unter 10.000
- o 10.000 bis unter 50.000
- o 50.000 bis unter 100.000
- o 100.000 bis unter 500.000
- o über 500.000
- o keine Angabe

Wie viele der Mitarbeiter in Ihrem Land arbeiten als Festangestellte bzw. als freie Mitarbeiter in der PR-Abteilung?
- ___ fest angestellte Mitarbeiter 100
- ___ freie Mitarbeiter
- o keine Angabe

Wie groß ist Ihr Budget für die PR-Wirkungskontrolle gemessen am gesamten PR-Etat?
- ___%

20. Unten sehen Sie verschiedene Modelle, wie PR in ein Unternehmen eingebunden sein kann. Welche der Beschreibungen entspricht am ehesten der Organisation Ihrer PR-Funktion?
- o PR ist als Stabsstelle auf Geschäftsführungsebene angesiedelt.
- o Die PR-Abteilung arbeitet gleichrangig neben anderen Abteilungen.
- o PR ist direkt unter der Geschäftsführung (Vorstand) mit zentraler Weisungsfunktion angesiedelt.
- o Die PR ist eine dem Marketing untergeordnete Funktion.
- o Die PR wird selbständig von jeder Abteilung durchgeführt.
- o Keines der Modelle entspricht der Organisation unserer PR-Abteilung.

Neben der organisatorischen Einordnung der PR-Abteilung im Unternehmen sind der Zugang zu Informationen und ihr Einfluss von Bedeutung. Bitte geben Sie an, inwieweit folgende Aussagen auf Ihren Berufsalltag zutreffen:

	trifft völlig zu				trifft nicht zu
Ich nehme regelmäßig an Sitzungen der obersten Enscheidungsebene des Unternehmens teil.	o	o	o	o	o
Der Einfluss der PR auf unternehmenspolitische Entscheidungen meines Unternehmens ist sehr hoch.	o	o	o	o	o
Probleme bespreche ich nie mit der Geschäftsführung.	o	o	o	o	o

Ich erhalte zum Teil nicht alle Informationen, die ich für meine Arbeit benötige.	o	o	o	o	o
Ich nehme oft an Meetings der Geschäftsführung teil, in denen es um die Festlegung der Unternehmenspolitik geht.	o	o	o	o	o

21. Arbeiten Sie mit Agenturen zusammen?
o   nein
o   ja, mit __ (Anzahl) Agenturen aus folgenden Bereichen:
Art der Agentur(en):
o   Fullservice-Agentur(en)
o   Spezialagentur(en), und zwar: _____

Reichweite der Agentur(en):
o   nationale Agentur(en) vor Ort im jeweiligen Land
o   internationale Agenturen
o   Internationales Agenturnetzwerk

22. Ist Ihr Unternehmen Teil eines multinationalen Konzerns?
o   Nein, wir sind ein unabhängiges nationales Unternehmen.
o   Ja,
    o   wir sind die Zentrale des Konzerns.
    o   wir sind eine Landesniederlassung bzw. Tochtergesellschaft.

Wie ist die internationale PR Ihres Unternehmens organisiert?
o   Die PR wird in jedem der Länder unabhängig und selbständig betrieben.
o   Die PR wird für einzelne Regionen geplant und national umgesetzt.
o   Die internationale PR wird zentral geplant und auch global weitgehend einheitlich durchgeführt.

Bitte geben Sie an, welcher Prozentsatz der nationalen PR-Arbeit von der Unternehmenszentrale vorgegeben wird.
Die Zentrale gibt etwa ___% der PR vor, der Rest wird von den nationalen PR-Abteilungen gemacht. Dabei bestimmt die Zentrale in Sachen PR v.a. (Mehrfachnennung möglich)
    o   Strategie
    o   Programme
    o   Botschaften
    o   Ziele und Zielgruppen
    o   Instrumente und Maßnahmen
    o   Budget, Zeit und andere Ressourcen

23. Zum Abschluss benötigen wir noch einige Informationen zu Ihrer Person:

Geschlecht	o	männlich
	o	weiblich
Alter	____ Jahre	
In welchem Land arbeiten Sie?	o	weiblich

Haben Sie eine formalisierte PR-Ausbildung absolviert?
- o ja, und zwar in ____ (Land) als _____ (Abschluss)
- o nein, es war „learning by doing"

Welchen Beruf haben Sie ausgeübt, bevor Sie diese Stelle angetreten haben?
- o Ich war früher im Journalismus tätig.
- o Meine vorherige Stelle war ebenfalls in der PR.
- o Ich komme aus einem anderen Kommunikationsbereich (z.B. Marketing).
- o Ich hatte vorher eine Stelle in einem ganz anderen Berufsfeld.
- o Ich habe studiert bzw. eine Ausbildung gemacht.
- o Sonstiges

Übernehmen Sie in Ihrer jetzigen Funktion persönlich die Verantwortung für die PR-Arbeit Ihrer Abteilung?
- o ja
- o nein

Sind Sie Mitglied in einem PR-spezifischen Berufsverband?
- o ja
- o nein

Medienökonomie und Public Relations

Klaus-Dieter Altmeppen,
Matthias Karmasin (Hrsg.)
Medien und Ökonomie
Band 2: Problemfelder der
Medienökonomie
2004. ca. 250 S. Br. ca. EUR 19,90
ISBN 3-531-13633-X

Band 3: Anwendungsfelder der
Medienökonomie
2004. ca. 250 S. Br. ca. EUR 19,90
ISBN 3-531-13634-8

Nanette Aimée Besson
Strategische PR-Evaluation
Erfassung, Bewertung und Kontrolle
von Öffentlichkeitsarbeit
2004. 323 S. Br. EUR 32,90
ISBN 3-531-13884-7

Birgit Förg
Moral und Ethik der PR
Grundlagen – theoretische und
empirische Analysen – Perspektiven
2004. 229 S. Br. EUR 26,90
ISBN 3-531-14147-3

Simone Huck
Public Relations ohne Grenzen?
Eine explorative Analyse
der Beziehung zwischen Kultur
und Öffentlichkeitsarbeit
von Unternehmen
2004. 322 S. Br. ca. EUR 32,90
ISBN 3-531-14158-9

Tanja Köhler,
Adrian Schaffranietz (Hrsg.)
**Public Relations –
Perspektiven und Potenziale
im 21. Jahrhundert**
2004. 247 S. mit 34 Abb.
Br. EUR 24,90
ISBN 3-531-14035-3

Juliana Raupp,
Joachim Klewes (Hrsg.)
Quo vadis Public Relations?
Auf dem Weg zum Kommunikations-
management: Bestandsaufnahme
und Entwicklungen
2004. 296 S. Br. EUR 29,90
ISBN 3-531-14034-5

Erhältlich im Buchhandel oder beim Verlag.
Änderungen vorbehalten. Stand: Januar 2004.

www.vs-verlag.de

VS VERLAG FÜR SOZIALWISSENSCHAFTEN

Abraham-Lincoln-Straße 46
65189 Wiesbaden
Tel. 0611.7878-285
Fax 0611.7878-400

Studienbücher Kommunikations- und Medienwissenschaft

Günter Bentele, Hans-Bernd Brosius, Otfried Jarren (Hrsg.)
Öffentliche Kommunikation
Handbuch Kommunikations- und Medienwissenschaft
2003. 607 S. Br. EUR 38,90
ISBN 3-531-13532-5

Günter Bentele, Hans-Bernd Brosius, Otfried Jarren (Hrsg.)
Lexikon Kommunikations- und Medienwissenschaft
2004. ca. 300 S. Br. ca. EUR 24,00
ISBN 3-531-13535-X

Hans-Bernd Brosius, Friederike Koschel
Methoden der empirischen Kommunikationsforschung
Eine Einführung
2., überarb. Aufl. 2003. 256 S. Br. EUR 19,90
ISBN 3-531-33365-8

Michael Jäckel
Medienwirkungen
Ein Studienbuch zur Einführung
2., vollst. überarb. u. erw. Aufl. 2002.
351 S. Br. EUR 24,90
ISBN 3-531-33073-X

Otfried Jarren, Patrick Donges
Politische Kommunikation in der Mediengesellschaft. Eine Einführung
Band 1: Verständnis, Rahmen und Strukturen
2002. 234 S. Br. EUR 18,90
ISBN 3-531-13373-X
Band 2: Akteure, Prozesse und Inhalte
2002. 250 S. Br. EUR 19,90
ISBN 3-531-13818-9

Wiebke Möhring, Daniela Schlütz
Die Befragung in der Medien- und Kommunikationswissenschaft
Eine praxisorientierte Einführung
2003. 219 S. Br. EUR 18,90
ISBN 3-531-13780-8

Rudolf Stöber
Mediengeschichte. Eine Evolution „neuer" Medien von Gutenberg bis Gates
Band 1: Presse – Telekommunikation
2003. 238 S. Br. EUR 19,90
ISBN 3-531-14038-8
Band 2: Film – Rundfunk – Multimedia
2003. 282 S. Br. EUR 22,90
ISBN 3-531-14047-7

Erhältlich im Buchhandel oder beim Verlag.
Änderungen vorbehalten. Stand: Januar 2004.

www.vs-verlag.de

VS VERLAG FÜR SOZIALWISSENSCHAFTEN

Abraham-Lincoln-Straße 46
65189 Wiesbaden
Tel. 0611.7878-285
Fax 0611.7878-400